REISEBUCH

TSCHECHISCHE REPUBLIK
SLOWAKISCHE REPUBLIK

RV VERLAG

REISEBUCH

TSCHECHISCHE REPUBLIK
SLOWAKISCHE REPUBLIK

RV VERLAG

Die Fotos der Aufmacherseiten zeigen:
Haupttitel, Seite 2/3: Zipser Burg (oben), Landschaft bei Pribylina (Mitte) und Telč (unten).
Das Land, Seite 10/11: Blick auf Tábor (groß) und Felsbrücke bei Hřensko (klein).
Die Städte, Seite 98/99: Prag, Blick über Moldau und Karlsbrücke auf den Hradschin (groß) und Karlsbad, Kurpark (kleines Bild).
Reiseziele, Seite 146/147: Burg Karlstein (groß) und Sgraffiti in Slavonice (klein).

Abbildungsnachweis: Wenn im folgenden nicht anderes angegeben, stammen die Fotos in diesem Band von Hans-Horst Skupy und Helene Hartl; Helga Lade - Assmann 10o - BAV 145ur - Fink & Partner 142ro, 157or - Fischer 12o, 173ul - Krecichwost 26u - Nico 144u; IFA-Bilderteam - Everts 14/15 - Schösser 12u - Welsh 136; Jürgens Ost + Europa Photo 12/13, 31o, ul, 34/35, 50/51, 70um, 71ur, 108u, 115ur, 116ur, 132/133u, 156ur, 159u, 166/167; Werner Neumeister 8/9o, u, 64u, 65ur, 83ur, 111u, 118ur, 121l, r, 125l, 163or, 165u, 167o; PhotoPress - Grossmann 133mr -Schweitzer 112om, 112ro; Marton und Katharina Radkai 44/45om, 76l, 76/77u, 82l, o, u, 83o, u, 86l, u, o, 87o, u, 90l, o, u, 91o, 151o, 158/159ol, 160o, 174im, lo, 176om, um ; Zefa - Damm 137u - Havlova 142u - Sekal 10/11, 102u.

2. Auflage 1994

Idee und Reihenkonzept: Prisma Verlag GmbH, München
Kartographie: RV Reise- und Verkehrsverlag GmbH, Berlin • Gütersloh • Leipzig • München
Potsdam/Werder • Stuttgart
Texte: Hans-Horst Skupy, Weßling, assistiert von Helene Hartl, Weßling
Gesamtredaktion: Volker Busch, Prisma Verlag GmbH, München
Grundlayout: Grafik-Design Krön, München
Satz und Layout: Micropress GmbH, Taufkirchen
Reproduktion: Worldscan, München
Druck und Verarbeitung: Neue Stalling, Oldenburg, Oldb.

Printed in Germany
ISBN 3-575-22036-0

Inhalt

Bremen
Hamburg
Hamburg
Rostock
BERLIN
Szczecin
Kostrzyn
Skwierzyna
Celle
Nienburg
Stendal
Lingen
Diepholz
WOLFSBURG
Brandenburg
Frankfurt
Almelo
OSNABRÜCK
Minden
HANNOVER
Peine
POTSDAM
Swiebodzin
Rheine
ENSCHEDE
BIELEFELD
BRAUN-SCHWEIG
Beeskow
Krosno Odrz.
Zielona Góra
Hameln
HILDESHEIM
MAGDEBURG
MÜNSTER
SALZGITTER
Wittenberg
Lübben
Detmold
Clausthal-Zellerfeld
Halberstadt
DESSAU
COTTBUS
Nowa Sól
GELSEN-KCHN
BOCHUM
HAMM
PADERBORN
Herzberg/E.
Zagań
Lippstadt
Brocken
DORTMUND
Scherfede
GÖTTINGEN
Nordhausen
Eisleben
Hoyerswerda
Lubin
Legnica
DUIS-BG
ESSEN
HAGEN
KASSEL
HALLE
LEIPZIG
Görlitz
Bolesławiec
WUPPERTAL
Arnsberg
Korbach
Mühlhausen
DÜSSELDORF
B U N D E S -
Döbeln
Meißen
Bautzen
LEVER-KUSEN
Olpe
Gotha
ERFURT
Weimar
JENA
CHEMNITZ
DRESDEN
Jelenia Góra
KÖLN
SIEGEN
Marburg
Eisenach
GERA
ZWICKAU
Bad Hersfeld
Ústí n.L.
Novy Bor
Liberec
BONN
Wetzlar
Saalfeld
Teplice
Turnov
Gießen
Fulda
Meiningen
Plauen
Chomutov
Mladá Boleslav
Náchod
Limburg
R E P U B L I K
Hradec Králové
KOBLENZ
Bad Neustadt
Hof
Karlovy Vary
Kladno
Coburg
WIESBADEN
FRANKFURT A.M.
Schweinfurt
Cheb
Kolín
Wittlich
Bad Kreuznach
MAINZ
Aschaffenburg
Bayreuth
Mariánské Lázně
PRAHA
DARMSTADT
WÜRZBURG
Bamberg
PLZEŇ
Havlíčkův Brod
Worms
Main
Weiden
Č E S K Á
R E
ERLANGEN
LUDWIGSHAFEN
MANNHEIM
Rothenburg o.d.T.
NÜRNBERG
Amberg
Tábor
Pelhřimov
Jihlava
Fürth
Klatovy
KAISERS-LAUTERN
HEIDELBERG
Ansbach
Písek
Landau
Speyer
REGENS-BURG
Cham
Strakonice
Jindřichův Hradec
HEILBRONN
Pirmasens
Schwäbisch Hall
Regen
České Budějovice
Weißenburg
D E U T S C H L A N D
KARLSRUHE
Ingolstadt
Straubing
Schrems
Haguenau
Aalen
Nördlingen
Deggendorf
PFORZHEIM
STUTTGART
Zwettl
Baden-Baden
Göppingen
Sarrebourg
Donauwörth
Passau
Landshut
Krems
STRASBOURG
Tübingen
Freudenstadt
Reutlingen
LINZ
ULM
AUGSBURG
St.-Dié
Altötting
Wels
Melk
St. Pölten
Haag i.O.
Braunau a.I.
Villingen-Schwenningen
MÜNCHEN
Burghausen
Steyr
Colmar
Memmingen
Landsberg a.L.
FREIBURG I.BR.
Donaueschingen
Rosenheim
Mariazell
Ravensburg
Kaufbeuren
Bad Reichenhall
SALZBURG
MULHOUSE
Friedrichshafen
Kempten
Bad Ischl
Schaffhausen
Konstanz
Füssen
Liezen
Mürzzuschlag
BASEL
Lindau (B.)
Garmisch-Partenkirchen
Kufstein
Bischofshofen
Leoben
Bruck a.d.M.
Winterthur
Bregenz
Kitzbühel
Delémont
Olten
ZÜRICH
St. Gallen
Oberstdorf
INNSBRUCK
Radstadt
Lermoos
Zugspitze
Ö S T E R R E I C H
Feldkirch
Wattwil
LIECHTEN-STEIN
St. Anton a.A.
Schladming
Badgastein
Mauterndorf
Scheifling
GRAZ
Biel/Bienne
Vaduz
Landeck
Zug
Luzern
Brenner
Groß-glockner
BERN
Vierwald-stätter S.
Lienz
Gurk
Fribourg
Thun
Chur
Davos
Reschen
Bressanone Brixen
Spittal
Völkermarkt
S C H W E I Z
Merano Meran
Dobbiaco/Toblach
Villach
Klagenfurt
Andermatt
St. Gotthard
Furka
Rhein
Cortina d'Ampezzo
Tarvisio
Celovec
Dravograd
Brig
St.Moritz
Maloja
Ortler
BOLZANO/BOZEN
Pieve di Cadore
Tolmezzo
Celje
Sion
Simplon
Sondrio
Kranj
Locarno
Bellinzona
Tonale
Tresenda
UDINE
LJUBLJANA
Martigny
Matterhorn
Lago Maggiore
Lugano
Colico
TRENTO
Belluno
Trebnje
Gr. St. Bernard
Lago di Como
Riva d.Garda
Pordenone
R SLOVENIJA
Aosta
Varese
Como
Lecco
Darfo
Rovereto
Feltre
Gorizia
Bassano d.Gr.
Portogruaro
BERGAMO
TRIESTE
TRST
Karlovac
Ivrea
BRESCIA
VICENZA
Treviso
Koper
RIJEKA
MILANO
VERONA
Golfo di Venezia
NOVARA
PADOVA
VENEZIA
Opatija
Lodi
Crema
Vercelli
Chióggia
Poreč
Susa
Pavia
Mantova
Rovinj
Labin
Senj
TORINO
Cremona
Nogara
Monsélice
I T A L I A
PIACENZA
Rovigo
Pula
Pinerolo
Asti
ALESSANDRIA
Tortona
PARMA
FERRARA
Rab
MÓDENA
REGGIO N.E.
GÉNOVA
BOLOGNA
Pag
Cúneo
RAVENNA
MARE ADRIATICO
Savona
Rapallo
Pontrémoli
Pavullo n.F.
Forlì
Tenda
Cesena
RIMINI
LA SPÉZIA
Massa
Pistóia
San Marino
Pésaro
JADRANSKO MORE
MONACO
Imperia
Lucca
Fano
San Remo
Golfo di Génova
Viaréggio
Empoli
Bagno d.R.
SAN MARINO
Monaco
NICE
PISA
FIRENZE
ANCONA
Livorno
Roma
Pescara
Arnheim
Eindhoven
Aachen
Trier
Metz
Besançon
Lausanne
Genève
Grenoble
Marseille

Gdańsk
Brest
WARSZAWA
Kutno
Łowicz
Sochaczew
Kolo
Konin
Minsk Maz.
Biała Podlaska
Międzyrzec Podl.
Ratno
Sarny
Włodawa
Kovel'
O
Ł
S
K
A
Pleszew
Kalisz
ŁODZ
Tomaszów Maz.
RADOM
Kurów
LUBLIN
Chełm
Vladimir-Volynskij
LUCK
Klevan
ROVNO
Ostrów Wlkp.
Sieradz
Piotrków Tryb.
Skarżysko-Kamienna
Krasnystaw
Zamość
Dubno
Kępno
Wielun
Ostrowiec Świ.
WROCŁAW
KIELCE
Sandomierz
Tomaszów Lubelski
Červonograd
Radechov
Kremenec
Brzeg
Dobrodzien
CZESTOCHOWA
Jedrzejów
Nisko
Brody
Nesterov
OPOLE
Mielec
Zoločev
L'VOV
Nysa
BYTOM
SOSNOWIEC
GLIWICE
KATOWICE
TARNÓW
RZESZÓW
Jarosław
TERNOPOL'
RYBNIK
KRAKÓW
Przemyśl
Racibórz
U
K
R
A
Ï
N
A
Sambor
Rogatin
Nowy Sącz
Krosno
Bučač
Čortkov
Gorlice
Sanok
Šumperk
Opava
OSTRAVA
BIELSKO-BIALA
Drogobyč
Stryj
Kaluš
Český Těšín
Rabka
Svidnik
Dolina
IVANO-FRANKOVSK
Hranice
Zakopane
Kolomyja
Žilina
Prešov
Zlín
Martin
Ružomberok
Poprad
Nadvornaja
Michalovce
Mežgorje
Uherské Hradiště
S
L
O
V
E
N
S
K
Á
KOŠICE
Užgorod
Vižnica
Trenčín
Prievidza
Rožňava
Mukačevo
Nové Mesto
Banská Bystrica
Chust
Beregovo
Zvolen
Sátoraljaújhely
Rachov
R
E
P
U
B
L
I
K
A
Lučenec
Kisvárda
Trnava
Mátészalka
Sighetul Marmaţiei
Borşa
MISKOLC
SATU MARE
Nitra
Kálna
Salgótarján
Nyiregyháza
BAIA MARE
Eger
Carei
Vatra Dornei
BRATISLAVA
DEBRECEN
Esztergom
Hatvan
Bistrita
Komárom
BUDAPEST
Zalău
Dej
GYÖR
Püspökladány
Berettyóújfalu
Reghin
M
A
G
Y
A
R
SZÉKESFEHÉRVÁR
Szolnok
ORADEA
Ciucea
CLUJ
TÎRGU MURES
Szombathely
Veszprém
Dunaújváros
Kecskemét
Szarvas
Salonta
Dr. Petru Groza
Turda
Sighişoara
Jánosháza
Békéscsaba
Siófok
Dunaföldvár
Kiskunfélegyháza
Szentes
Körmend
Keszthely
Balaton
Cîmpeni
Mediaş
Zalaegerszeg
O
R
S
Z
Á
G
Hódmezővásárhely
Alba Iulia
Sebeş
Tamási
Kiskunhalas
SZEGED
ARAD
SIBIU
Kaposvár
Szekszárd
Makó
Nădlac
Deva
Nagykanizsa
R
O
M
Â
N
I
A
Baja
Hunedoara
Drava
Subotica
Koprivnica
PÉCS
Mohács
Lugoj
Petroşani
Barcs
Kikinda
TIMIŞOARA
Virovitica
Sombor
Caransebeş
Rimnicu Vilcea
Bjelovar
Srbobran
Zrenjanin
Osijek
Reşiţa
Tirgu Jiu
H
R
V
A
T
S
K
A
Našice
Vukovar
Bačka Palanka
Vršac
NOVI SAD
Drăgăşani
Slavonski Brod
Bela Crkva
Orşova
Filiaşi
Slatina
Dobreta Turnu Severin
Sava
Šabac
BEOGRAD
Dunav
CRAIOVA
Caracal
Doboj
Banja Luka
B
O
S
N
A
Tuzla
Loznica
Băileşti
J
U
G
O
S
L
A
V
I
J
A
Negotin
Vidin
Jajce
Valjevo
Kragujevac
Zaječar
Bechetu
i
Zenica
Kneža
Donji Vakuf
Čačak
Kraljevo
Knjaževac
Mihajlovgrad
H
E
R
Z
E
G
O
V
I
N
A
Užice
B
U
L
G
A
R
I
J
A
Vraca
SARAJEVO
Goražde
NIŠ
Zlatna panega
Livno
Jablanica
Foča
Pirot
Sinj
Raška
SPLIT
Mostar
Novi Pazar
Leskovac
SOFIJA
Dubrovnik
Thessaloníki
Istanbul
Kijev
Odessa
Bucureşti

Tschechische Republik
Slowakische Republik
Kartenübersicht 1:300.000

Tschechische Republik
Slowakische Republik
Zeichenerklärung

VERKEHR

Zličín 20 21	Autobahn (mit Anschlußstelle, Halbanschlußstelle, - Tankstelle, - mit Kleinraststätte Rasthaus, - mit Motel)
	Nur einbahnig - im Bau - geplant
	Vier- oder mehrspurige Straße (ein- oder zweibahnig)
	im Bau - geplant
	Bundes- bzw. Staats- oder Nationalstraße - im Bau
	Wichtige Hauptstraße - im Bau
	Hauptstraße - im Bau
	Nebenstraße - im Bau
	Fahrweg (nur bedingt befahrbar)
	Straßennumerierung
D5 12	Autobahn - Bundes- bzw. Staats- oder Nationalstraße
E48	Europastraße
10%	Steigung
X - IV	Paßstraße mit Wintersperre (von - bis)
	Für Caravans nicht empfehlenswert - verboten
75 30 45	Kilometrierung an Autobahnen
35 25 10	Kilometrierung an übrigen Straßen
	Hauptbahn mit Bahnhof bzw. Haltepunkt
	Nebenbahn mit Bahnhof bzw. Haltepunkt
	Eisenbahn (nur Güterverkehr)
	Zahnrad- oder Standseilbahn
	Seilschwebebahn
	Sessel- oder Skilift
	Autoverladung - Autofähre an Flüssen
	Schiffahrtslinie mit Autotransport - Schiffahrtslinie
	Touristenstraße
	Landschaftlich schöne Strecke
	Gebührenpflichtige (Maut-) Straße
	Für Kfz gesperrte Straße
	Flughafen - Flugplatz - Segelflugplatz

SEHENSWÜRDIGKEITEN

TELČ	Besonders sehenswerter Ort
JIHLAVA	Sehenswerter Ort
Landštein	Besonders sehenswertes Bauwerk
Roštein	Sehenswertes Bauwerk
Boubínský prales	Besondere Natursehenswürdigkeit
Vychylovka	Sonstige Sehenswürdigkeit
	Botanischer Garten, sehenswerter Park
	Zoologischer Garten - Tierpark, Wildgehege
Kysuce	Nationalpark, Naturpark - Aussichtspunkt
	Burg, Schloß - Ruine - Denkmal
	Kloster - Ruine - Kirche - Kapelle
	Turm - Funk- oder Fernsehturm
	Leuchtturm - Feuerschiff - Windmühle

SONSTIGES

	Jugendherberge - Motel
	Alleinstehendes Hotel oder Gasthaus
	Berghütte - Einzelhof
	Campingplatz, ganzjährig - nur im Sommer
	Guter Badestrand
	Strandbad - Schwimmbad - Heilbad
	Staatsgrenze - Grenzübergang (Zoll)
	Verwaltungsgrenze
	Wattenmeer - Sand und Dünen
	Wald - Heide
	Gletscher - Sperrgebiet

1 : 300.000

0 2 4 6 8 10 km

Autobahn	Fußgängerzone	Parken	Polizeistation - Postamt
Vierspurige Straße	Hauptbahn	Information	Kirche
Durchgangsstraße	Nebenbahn, Industriebahn	Krankenhaus	Bebauung, öffentl. Gebäude
Hauptstraße	S-Bahn, Haltestelle	Denkmal	Industriegelände
Sonstige Straßen	U-Bahn, Haltestelle	Jugendherberge	Grünanlage oder Wald

DAS LAND

Vom Böhmerwald über das Erz- und das Riesengebirge bis zu den Zweitausendern der Hohen Tatra erwarten den Gast vielfältigste Eindrücke: bizarre Felsformationen und üppige Tropfsteinhöhlen, gut markierte Wanderwege und wilde Gebirgsflüsse, gotische Kirchen, barocke Klöster und mächtige Renaissanceburgen, orthodoxe Holzkirchen, romantische Dorfidyllen sowie reizvolle denkmalgeschützte Kleinstädte.

Böhmische Schweiz im Elbsandsteingebirge

Das Grenzgebiet war einst stärker nach Dresden als nach Prag ausgerichtet – der Elbe nach. Landschaftlich sind die Übergänge im Elbsandsteingebirge ohnehin kaum zu bemerken. Diesseits heißt es *Böhmische Schweiz*, jenseits der Grenze *Sächsische Schweiz*.

Česká Lípa

Der Lindenbaum spielt in der slawischen Mythologie eine ähnliche Rolle wie in der germanisch-deutschen die Eiche. Die *Böhmische Linde*, wie der Ortsname übersetzt heißt, wurde in der ersten Hälfte des 13. Jh. von Herren aus Lipá gegründet. Während der Hussitenkriege wurde die Ortschaft verwüstet. Die Neubesiedlung folgte in der zweiten Hälfte des 15. Jh. Reste der Wasserburg (16. Jh.) in der Kreisstadt mit 21 000 Einwohnern sind noch vorhanden. Mehrere Gotteshäuser bestimmen das Stadtbild. Die älteste Kirche ist Maria Magdalena geweiht; sie wurde am Ufer der Ploučnice im 13. Jh. erbaut und später barock umgestaltet. Das gotische Hauptschiff mit Kreuzgewölbe blieb erhalten. Ins 14. Jh. wird die ehemalige Friedhofs- bzw. Marienkirche datiert, Anfang des 18. Jh. wurde sie barockisiert. Eine zweite frühere Friedhofskirche, die Kreuzkirche, enthält ein spätgotisches Hauptschiff mit Sterngewölbe. Das Augustinerkloster entstand im 17. Jh., ebenfalls die Loreto-Kapelle. Heute ist darin das Kreis-Heimatmuseum eingerichtet: Eine Ausstellung ist der Geschichte des regionalen Handwerks und der Manufakturen gewidmet. Die Dreifaltigkeitssäule stammt aus dem Jahre 1681. Von den profanen Gebäuden sei das Renaissanceschlößchen Červený dům (Rotes Haus, 16. Jh.) erwähnt. Interessant sind auch die Portale einiger Häuser (18./19. Jh.) in der Klostergasse *Klášterní ulice*.

Děčín

Von hier fuhr 1841 das erste Dampfschiff (*Bohemia*) nach Dresden. Die sächsische Metropole war auf Grund der geographischen Lage jenes Handelszentrum, nach dem man sich von der Böhmischen Schweiz (*České Švýcarsko*) aus stets richtete. Obst, Kohle und Fische waren Produkte, die dort guten Absatz fanden. Die extreme Verschmutzung der Elbe (*Labe*) läßt der Fischwelt keinen Lebensraum mehr. Das Stadtwappen (erste urkundliche Erwähnung im Jahre 1128, die altslawische Burgansiedlung der Děčany soll wesentlich älter sein – 9./10. Jh.) zeigt den böhmischen Löwen, der einen (gleichgroßen) Fisch in den Pranken hält. Die Entwicklung der Stadt ist eng mit der Dampfschiffahrt verknüpft, was gut in einem hübsch eingerichteten Bezirksmuseum (*Okresní muzeum*) nachvollzogen werden kann. Reizvoll auch die Gotik-Kollektion. Sie soll bald stilgerechter im Schloß gezeigt werden, doch ist zu befürchten, daß die Restaurierung lange dauern wird. Das Anwesen ist gegenwärtig nicht zugänglich. Das Thun-Hohensteinsche Schloß wurde in seiner heutigen Form Ende des 18. Jh. auf dem Fundament einer älteren Burg umgestaltet. Reichhaltig ist die Ausschmükkung mit barocken Skulpturen des 18. Jh., die Fresken der sala terrena malte Giustinian Bragaglio im Jahre 1678. Der herrliche Rosengarten des Schlosses (*Růžová zahrada*) ist von Frühjahr bis Herbst (1.4. bis 31.10.) geöffnet. Die Schloß- bzw. Kreuzkirche (*kostel svatého Kříže*) entstand ebenfalls gegen Ende des 17. Jh., wobei die Kalvariengruppe (1689) besondere Beachtung verdient. Etwa aus jener Zeit stammen auch die Statuen von Michael J. Brokoff (Bildhauer einiger Skulpturen auf der Karlsbrücke in Prag), die die versteckte Renaissancebrücke (1564-1567) über die Ploučnice schmücken. Ursprünglich gothisch, „erlitt" die Pfarrkirche des heiligen Wenzel (*farní kostel svatého Václava*) in der zweiten Hälfte des 18. Jh. das Schicksal vieler Gotteshäuser – sie wurde barockisiert. Von den Profanbauten Děčíns (das die Sudetendeutschen Teschen nannten) sei ein klassizistisches zweistöckiges Haus in der Křížová ulice (Kreuzgasse) erwähnt.

Hřensko (links außen).

Ústí nad Labem (links oben).

Die Elbe vor Děčín und Podmokly (links unten).

Heilige, die den Sozialismus überlebten (beide rechts oben).

Schloß Děčín (rechts unten).

Hřensko
Siehe „Böhmens Bergkranz".

Lemberk
Die Geschichte des Ortes ist identisch mit jener der gleichnamigen Burg, die im 13. Jh. gegründet wurde. Seither hat man die Waldstein-Burg häufig umgestaltet. Erhalten blieben ein paar Fresken sowie Stukkaturen. Der Fabelsaal (*Bajkový sál*) mit 77 Motiven aus Äsops Fabeln an der Kassettendecke ist einmalig in ganz Europa. Die Geschichte hat einen einzigen Haken: Die Burg ist seit 1974 „wegen Renovierung" geschlossen.

Nový Bor
Neben dem Glasbläsermuseum (*Sklářské muzeum*), einer Filiale von Jablonec, ist die 1792 vollendete Pfarrkirche erwähnenswert, deren Mobiliar aus der Bauzeit des Gotteshauses stammt.

Osek
Die Ruine der sogen. Riesenburg (*Osek*), entstanden von 1270 bis 1320, gab die richtige Kulisse ab für eines der ältesten Klöster des Landes, das 1196 durch die Zisterzienser aus Waldsassen gegründet wurde; der romanische Kapitelsaal ist gut erhalten. Das Alte Konvent (um 1240) mit dem Original-Rippengewölbe ist eines der großartigsten mittelalterlichen Klostergebäude des Landes. Der ausgedehnte Komplex des Neuen Konvents einschließlich der Wirtschaftsgebäude wurde im 18. Jh. erstellt. Die frühgotische dreischiffige, inzwischen völlig barockisierte Basilika stammt aus den ersten zwei Jahrzehnten des 13. Jh. und ist somit eine der ältesten Kirchen Böhmens. Ihre Einrichtung ist völlig barock. Osek war eines der ersten Klöster, die 1991 den sie bewohnenden Ordensleuten vom Staat in Selbstverwaltung übergeben (d. h. zurückgegeben) wurden.

Střekov
Nichts deutet auf den deutschen Namen *Schreckenstein* bei dieser weithin sichtbaren stattlichen Burg(ruine) aus dem 14. Jh. hin, die Ende des 19. Jh. bewohnbar gemacht wurde. Eine Gedenktafel erinnert an Richard Wagner.

Teplice
Die ersten vier Buchstaben deuten an, daß hier schon immer eine heiße Quelle sprudelte. In der Tat, sowohl in Teplitz (Ursprudel – Pravřídlo 42,8 Grad Celsius) als auch in Schönau (heute *Šanov – Horský pramen*, Bergquell 42 Grad) erkannte man spätestens im 19. Jh., als das klassizistische Bild des Bades geprägt wurde, die Wirkung der Mineralgewässer, auch in Verbindung mit dem heilsamen Schlamm. Freilich sind die historischen Zeugen der im 12. Jh. gegründeten Stadt älter, wie dies auch im mehrfach umgebauten Renaissanceschloß bzw. im dortigen Kreismuseum nachvollzogen werden kann. Den Besucher wird wahrscheinlich erstaunen, daß je ein Gedenksaal Beethoven und Goethe gewidmet ist, die hier zu Kuren weilten. Auch die übrigen Sammlungen verraten etwas vom Reichtum der Region. – Siehe auch „Bäderdreieck in Westböhmen".

Ústí nad Labem
Der Gründung der Königsstadt im Jahre 1260 folgte ein fast siebenhundertjähriges geschichtliches Vakuum, bis in der zweiten Hälfte des 19. Jh. die Industrialisierung der Hafenstadt begann. Ústí nad Labem (Aussig an der Elbe) hat heute von allen tschechischen Städten den größten Bevölkerungsanteil der Roma bzw. Sinti. Der Hauptaltar von 1420 und einige andere Teile der Dekanatskirche Nanebevzetí Panny Marie (erste Hälfte 14. Jh.) erinnern einsam an vergangene Zeiten der Industriestadt, die im Krieg bombardiert wurde.

Information
Česká centrála cestovního ruchu
Staroměstské náměstí 6
110 01 Praha 1

Festkalender
Děčín: im Juni für Freunde der Pop- und Unterhaltungsmusik das Festival Děčínská kotva (Anker von Děčín). **Teplice**: Juni bis August: Kammerkonzerte im Schloß. **Nový Bor**: im Juli internationales Radrennen „Bohemia".

Tips
Teplice: Theaterbesuch (auch Musicals), Casino und Bad (eines der ältesten Heilbäder der Welt). **Osek**: herrliches, üppig ausgestattetes Zisterzienserkloster. Bei **Osek** Berg Stropník (856 m ü. M.) mit schöner Aussicht. Von **Hřensko** und **Děčín** Wandermöglichkeiten durch die Böhmische Schweiz. Bei **Česká Lípa** Canyon Robečský potok. Bei **Ústí**: Schloß Trmice mit Kreismuseum. **Děčín**: Ausstellung zur Geschichte der Elbschiffahrt im regionalen Museum.

Elsterwerda
Lübbenau
DEUTSCHLAND
Hoyerswerda, Cottbus
Riesa
Nossen, Oschatz, Leipzig
DEUTSCHLAND
Chemnitz, Leipzig
Freiberg, Chemnitz
Marienberg
GROSSENHAIN
KAMENZ
KÖNIGSBRÜCK
RADEBURG
PULSNITZ
BISCHOFSWERDA
MEISSEN
COSWIG
RADEBEUL
RADEBERG
GROSSRÖHRSDORF
DRESDEN
STOLPEN
WILSDRUFF
FREITAL
PIRNA
HEIDENAU
RABENAU
DIPPOLDISWALDE
GLASHÜTTE
LIEBSTADT
BAD GOTTLEUBA
ALTENBERG
KURORT BERGGIESSHÜBEL
KÖNIGSTEIN
STADT WEHLEN
Elbsandsteingebirge
Sächsische Schweiz
Děčínský Sněžník
TEPLICE (TEPLITZ)
ÚSTÍ N. LAB (AUSSIG)
LITVÍNOV (LEUTENSDORF)
DUCHCOV (DUX)
Most (Brüx)
Litoměřice (Leitmeritz), Praha (Prag)

Weisswasser
DEUTSCHLAND
Niesky, Cottbus
Bolesławiec
POLSKA
Liberec (Reichenberg)
Litoměřice (Leitmeritz)
Mělník
28
Mladá Boleslav (Jungbunslau)
BAUTZEN
WEISSENBERG
GÖRLITZ
ZGORZELEC
PIENSK
REICHENBACH
LÖBAU
WILTHEN
SCHIRGISWALDE
NEUSALZA-SPREMBERG
EBERSBACH
NEUGERSDORF
HERRNHUT
BERNSTADT
OSTRITZ
SEBNITZ
RUMBURK (RUMBURG)
SEIFHENNERSDORF
VARNSDORF
ZITTAU
TRZCLNIEC
TUROSZÓW
BOGATYNIA
Zittauer Gebirge
HRÁDEK n. Nisou
CHRASTAVA (Kratzau)
Schweiz
Jablonné v Podj.
Cvikov
NOVÝ BOR (HAIDA)
Kamenický Šenov
Česká Kamenice
Benešov n. Ploučnicí
ČES. LÍPA (BÖHM. LEIPA)
Zákupy
Mimoň (Niemes)
DOKSY (Hirschberg)
Ústek (Auscha)
Ještěd
ČESKÝ DUB

Riesengebirge, rund um die Schneekoppe

In dieser Landschaft der Glasbläser, rund um die 1602 m hohe Schneekoppe im Riesengebirge, lag einst ein Zentrum der Sudetendeutschen. Vor 1938 bestand hier, in den Gefilden Rübezahls, ein arbeitsreiches und friedfertiges Zusammenleben zwischen Tschechen und Deutschen.

Broumov

Der Triumph der Katholischen Kirche fiel in Broumov, einst Braunau, besonders *schön* aus: Das mächtige Benediktinerkloster, erstellt von Christoph und Sohn Kilian Ignaz Dientzenhofer, dokumentiert den Sieg über die Protestanten, deren Aufstand 1618 zum Ausbruch des Dreißigjährigen Krieges führte. In der Tat gehört das Ordenshaus ebenso wie die Wenzeslauskirche (*kostel svatého Václava*) zu den Meisterwerken der bayerischstämmigen Architekten. Der Sohn schuf auch das Hauptportal der Klosterkirche des hl. Adalbert (*klášterní kostel svatého Vojtěcha*). Johann Brokoff, einer der Bildhauer der Prager Karlsbrücke, gestaltete 1706 die Mariensäule.

Český Ráj – Das Böhmische Paradies

Siehe „Böhmens Bergkranz".

Frýdlant

Frieden im Land verkündet der Name des gleichnamigen Schlosses und der Burg, deren Ursprünge ins 13. Jh. reichen. Die Schweden saßen im Dreißigjährigen Krieg da, bevor Herzog Albrecht von Waldstein (der bei Schiller zu Wallenstein wurde) sie für seine Verdienste bekommen hat. Nach Waldsteins Ermordung 1634 in Eger fiel der ausgedehnte Grenzbesitz an General Gallas, dessen Nachfahren den allmählichen Verfall nicht haben aufhalten können. Ein Verdienst kommt ihnen dennoch zu: 1801 wurde hier eines der ersten Burgmuseen Europas eingerichtet. Das romantisierende 19. Jahrhundert schuf zusätzlich zu den Barockräumen einige historisch anmutende Interieurs – eine verspielte, überladene Fülle unterschiedlicher Stile. Einheitlicher sind die Sgraffiti der Fassaden.

Jablonec nad Nisou

Der Edelsteinhandel und die Halbedelstein-Schleifereien in Jablonec nad Nisou (Gablonz an der Neiße) besitzen seit dem 18. Jh. Weltruhm. Einen wunderbaren Einblick in das Schaffen der letzten zweihundert Jahre erhält man im hübschen Glasmuseum, wo neben alten Exponaten auch die zeitgenössische, einfallsreiche Glaskunst präsentiert wird. In der Gemeinde ist auch ein Ensemble von Jugendstilgebäuden interessant.

Janské Lázně

Siehe „Auf Bäderreise – Quellen und Kuren".

Jilemnice

Im Riesengebirgsmuseum (*Krkonošské muzeum*) dürften die Weihnachtskrippen (eine davon mit Musikbegleitung) die größte Aufmerksamkeit erregen. Unweit davon sind einige gut erhaltene gezimmerte Riesengebirgshäuser zu sehen. Sie stehen in der Zvědavá ulička, zu deutsch – Neugierigengäßlein. In der Umgebung gibt es gute Skimöglichkeiten.

Liberec

Was Reichenberg, das Textilzentrum der Lausitzer Neiße, auszeichnete, muß im heutigen Liberec sorgsam gesucht werden. Obwohl die ersten Tuchmanufakturen und Leinenwebereien bereits im 15. Jh. erwähnt werden, erfolgt der explosive Aufbruch der Stadt Ende des vorigen Jahrhunderts. Im Stile der flämischen Renaissance entstand zwischen 1888 und 1892 ein monumentales Rathaus (Franz Neumann). Zuvor (1881 bis 83) erbauten die Wiener Architekten Fellner und Helmer das Nordböhmische Theater (*Severočeské divadlo*), wo sogar Opern gespielt werden. Der Wiener Friedrich Ohmann erstellte im Neorenaissancestil das Nordböhmische Museum, das eine schöne Sammlung von europäischem Glas zeigt. Die Bezirksgalerie (im Schloß) wiederum präsentiert niederländische Malerei des 17., französische Land-

Bad Libverda (links außen).

Eine mächtige Schloß- und Burganlage: Frýdlant (oben).

Nordböhmisches Theater von Helmer und Fellner in Liberec (unten Mitte).

Turnov: typischer Bau einer hussitisch-evangelischen Kirche (rechts innen oben).

Heiligenfigur in Jilemnice (rechts außen).

Bei Liberec (rechts unten).

schaftsmalerei des 19. und tschechische Kunst unseres Jahrhunderts. Das Renaissanceschloß selbst erfuhr eine Reihe von Änderungen, dennoch blieben, vor allem in der Schloßkapelle, einige Teile erhalten (*Oratorium*). 1719 bis1720 war der Bildhauer Matthias Braun in Reichenberg tätig: Seine Mariensäule überdauerte alle Wirren in dieser Durchgangsregion. Im Barock entstand die reichgeschmückte Kreuzkirche.

Sněžka – Die Schneekoppe

Der höchste Berg der Tschechei (1602 m) ist zugleich die höchste Erhebung zwischen dem Skandinavischen Gebirge und den Alpen.

Der Gipfel trägt seine Bezeichnung zu Recht, denn das Riesengebirge (*Krkonoše*) ist eine Region, in der über 100 Tage Schnee liegt, in manchen Lagen bis zu sechs Monaten. An 200 Tagen regnet es hier. Die Reize dieser Landschaft werden unterstrichen durch die Bestimmung zum Nationalpark. 22 m unterhalb der Kuppe endet der Sessellift, der die Touristen von **Pec pod Sněžkou**, einem aufstrebenden Wintersportzentrum, hinaufbefördert. – Das sichtbare Ausmaß der Umweltschäden ist übrigens hier wie an allen Gebirgen im Westen und Norden der Republik, um es vorsichtig auszudrücken, beträchtlich.

Špindlerův Mlýn

Gemeinsam mit **Harrachov** (686 m) ist der etwas höher gelegene Ort (deutsche Bezeichnung Spindelmühle, 718 m ü. M.) das bedeutendste Wintersportzentrum der Tschechen. Kilometerweit erstrecken sich die Hänge in dem Areal, das den Naturfreunden mit Liften und Seilbahnen einen Aufstieg bis in eine Höhe von 1237 m ermöglicht. Zahlreiche Berghütten, Hotels und gut markierte Wege laden zum Wandern ein.

Trutnov

Entstanden im 13. Jh., wurde der am Handelsweg nach Schlesien gelegene Marktflecken Trautenau bereits im Jahre 1340 zur Königsstadt erhoben. Seit dem Dreißigjährigen Krieg war da bis 1945/46 eines der Zentren der Sudetendeutschen. Vieles erinnert an ihre Anwesenheit. Aus der Werkstatt von Matthias Braun stammt die Nepomuk-Statuengruppe (1728). Das Renaissancerathaus von 1591 auf dem Rübezahlplatz (*Krakonošovo náměstí*), übrigens einer der wenigen Hauptplätze, die nicht Masaryks Namen tragen, wurde 1862 im Neorenaissancestil aufpoliert. Sehr hübsch sind die Laubengänge im Stadtkern.

Turnov

Mehr noch als durch die zwei Kirchen – eine von 1650, mehrfach umgestaltet, die andere im romanischen Stil als Basilika erbaut – ist Turnau seit dem Mittelalter durch die Bearbeitung von Halb- und Edelsteinen berühmt.

Vrchlabí

Ursprünglich gruppierten sich die wenigen Häuser um das in der ersten Hälfte des 16. Jh. erbaute Schloß. Zwar restauriert, dennoch in ihrer einstigen Form erhalten blieben einige regionaltypische Häuschen aus dem 18. Jh., die als Informationszentrum des Nationalparks Krkonoše (Riesengebirge) und als Museum dienen. Die übrigen Holzhäuser in der Hauptstraße des deutsch einst Hohenelbe genannten Ortes stammen aus dem 18. bzw. 19. Jahrhundert. Ein sehr geschlossenes Bild liefert die barocke Klosterkirche, deren Inneneinrichtung ebenso vor 1725 entstand wie die Fresken.

Železný Brod

Die Eiserne Furt, so die Übersetzung des Ortsnamens, führte über die Jizera (Iser), die auch einem Gebirge den Namen gibt. In dieser herrlichen Landschaft Nordböhmens blieben im Stadtteil Trávníky reichgeschmückte, gezimmerte Gebirgshäuschen vom Ende des 18., Anfang des 19. Jh. erhalten. Holzgeschnitzte Ornamentik tragen auch die typischen Wohnhäuser auf dem Platz Havlíčkovo náměstí und in der Horecká ulice.

Information
Česká centrála cestovního ruchu
Staroměstské náměstí 6
110 01 Praha 1

Festkalender
Harrachov: Weltcup-Skispringen. **Jablonec nad Nisou**: Schmuckwarenausstellung im Juli. **Adršpach**: Juli bis August: internationales Bergsteigertreffen. **Liberec**: Blasorchestertreffen im Juli, Chorgesangsfestival alljährlich im Oktober.

Tips
Kloster **Broumov** und Burgareal **Frýdlant** sind ein Muß. In **Železný Brod** zeigt das Ethnographische Museum (*Národopisné muzeum horního Pojizeří*) eine schöne Sammlung der Glasbläserkunst. Umfangreich die Glas-Kollektion in **Jablonec nad Nisou**. Böhmisches Glas vom 17.-19. Jh. ist in **Turnov** ausgestellt. Interessante Rübezahl-Schau in **Vrchlabí**. Überall herrliche Wandermöglichkeiten – u. a. im **Böhmischen Paradies** (*Český ráj*).

POLSKA
Legnica (Liegnitz)
Qa
Qb
Qc
Qd
Qe
41
42
43
44
45
Zebrzydowa
Wykroty
Czerna
Parzyce
Brzeznik
Otok
Iwiny
Olszanica
NOWOGRODZIEC
Gierałtów
Jeleniów
Godzieszów
Nowa Karczma
Pisarzowice
Siekierczyn
LUBAŃ
LAUBEN
Radostów Górny
Olszyna
Biedrzychowice
GRYFÓW ŚLĄSKI
LWÓWEK ŚLĄSKI
LÖWENBERG
Płakowice
Raciborowice Górne
WLEŃ
Dolina
Pilchowice
Jeżów Sudecki
JELENIA GÓRA
HIRSCHBERG
CIEPLICE
SOBIESZÓW
PIECHOWICE
SZKLARSKA PORĘBA
Karkonosze
Śnieżka
Sněžka
MIRSK
Pobiedna
ŚWIERADÓW-ZDRÓJ
Smrk
Stóg Izerski
LEŚNA
ZAWIDÓW
FRÝDLANT (FRIEDLAND)
Raspenava
HEJNICE
Lázně Libverda
Jizerské hory
JIZERSKÉ HORY
Jizerka
Bukovec
HARRACHOV
Jakuszyce/Harrachov
ROKYTNICE n. Jiz.
ŠPINDLERŮV MLÝN
PEC p. Sněžkou
LIBEREC
(REICHENBERG)
JABLONEC n. Nisou
TANVALD
SMRŽOVKA
DESNÁ
Krkonošský národní park
VRCHLABÍ
(HOHENELBE)
JILEMNICE
(STARKENBACH)
HOSTINNÉ
(Arnau)
ŽELEZNÝ BROD
(EISENBROD)
SEMILY
TURNOV
(TURNAU)
ROVENSKO p. Trosk.
LOMNICE n. Popelkou
(LOMNITZ)
Hrubý Rohozec
Valdštejn
Hrubá Skála
Borecké skály
Praha (Prag)
Jičín
29
Nový Bor (Haida)
Görlitz

Berlin,Görlitz
POLSKA
Ra
Rb
Rc
Rd
LEGNICA
LIEGNITZ
ŚRODA ŚLĄSKA
ZŁOTORYJA
GOLDBERG
JAWOR
JAUER
STRZEGOM
STRIEGAU
BOLKÓW
ŚWIERZAWA
WOJCIESZÓW
ŚWIEBODZICE
ŚWIDNICA
SCHWEIDNITZ
WAŁBRZYCH
WALDENBURG
SZCZAWNO-ZDRÓJ
BOGUSZÓW-GORCE
JEDLINA-ZDRÓJ
KAMIENNA GÓRA
LANDESHUT
LUBAWKA
KOWARY
ŻARÓW
JAWORZYNA ŚLĄSKA
PIESZYCE
BIELAWA
NOWA RUDA
BROUMOV
(BRAUNAU)
TRUTNOV
(TRAUTENAU)
ÚPICE
HRONOV
POLICE n. Met.
TEPLICE n. Met.
ŽACLÉŘ
(SCHATZLAR)
ČERVENÝ KOSTELEC
Rez. przyr. Niedźwiedzie
Muzeum bitwy pod Legnicą 9.04.1241 r.
Opactwo Benedyktynów
Rez. florystyczny Wąwóz Myśliborski
Kościół Pokoju
Zamek Książ
Zamek Książęcy
Opactwo Cystersów Krzeszów
Chełmsko Śląskie
Rez. przyr. nieoż. Głazy Krasnoludków
Rez. krajobr. Góra Chojna
Rez. krajobr. Kruczy Kamień
Adršpašské skály
Teplické skály
Broumovské stěny
Kostel
Przeł. Jugowska
Sudety Przedgórze Sudeckie
Wzgórza Strzegomskie
Rudawski Park Krajobrazowy
Książański Park Krajobrazowy
Góry Sowie
Wrocław (Breslau)
Kłodzko
Dvůr Králové n. Lab.
Náchod
32
E 40
E 65
A4

Entlang dem Erzgebirge

Die Heilquellen und der Braunkohlebergbau beherrschen auch heute das Leben der Menschen im *Westböhmischen Bäderdreieck*, in dem sich im 19. Jahrhundert nicht nur Goethe und Beethoven tummelten. Mehrere der reichen historischen Stadtkerne sind denkmalgeschützt.

Aš

Die westlichste Stadt der Tschechischen Republik war auf Grund der geopolitischen Lage lange Zeit kaum zu erreichen. Es war insofern ebenso schwer, auf Karl Liebknechts Spuren zu wandeln wie auf jenen Goethes, an den ein Denkmal auf dem Hauptplatz erinnert. Die 12 000 Einwohner zählende Stadt (633 m ü. M.) besitzt nur wenige historische Denkmäler, da im Stadtkern nach der Jahrhundertwende viele alte Häuser abgerissen wurden. So gilt die Aufmerksamkeit der spätgotischen Kirche der heiligen Helena. Sowohl das Kreuzrippengewölbe als auch die Tafelmalerei und der Seitenaltar stammen aus der zweiten Hälfte des 15. Jh. Die Umgebung von Asch eignet sich für Wintersport.

Cheb

Cheb, deutsche Bezeichnung Eger, soll im 10. Jh. eine slawische Burgansiedlung gewesen sein, die mit dem übrigen Egerland – abgeleitet vom gleichnamigen Fluß (tschechisch Ohře) – an die bayerische Nordmark fiel. Die romanische Burg der Markgrafen von Vohburg ließ Friedrich Barbarossa in eine Kaiserpfalz umbauen (besonders wertvoll die reichdekorierten Reste der Burgkapelle). Die einzelnen Siedlungen der Kaufleute bildeten im 12. Jh. eine befestigte Stadt, deren Markt günstig an europäischen Handelsstraßen lag. Přemysl Ottakar II. gewährte Eger Privilegien. 1322 kam es zur böhmischen Krone, in den Hussitenkriegen stand der Rat auf der Seite der Katholiken. 1637 eroberten Schweden die Stadt. Eine Reihe prachtvoller Gebäude wurde im 19. Jh. der Stadtvergrößerung geopfert.
Die Pfarrkirche bewahrt einige romanische Teile, doch herrscht in dem dreischiffigen Gotteshaus die Spätgotik vor. Die Barocktürme sind ein Entwurf Balthasar Neumanns. In der Minoritenkirche, die – wie das angeschlossene Kloster – den Franziskanern gehörte, blieben aus der Bauperiode vor 1300 nur wenige Teile erhalten. Gotisch angelegt wurde der Kreuzgang. Aus jener Zeit stammt auch die Kirche svatého Bartoloměje, worin heute in der Galerie der Bildenden Kunst (*Galerie výtvarného umění*) stilgerecht gotische Skulpturen aus Westböhmen ausgestellt sind. Die Klarissinnenkirche mit einem Kloster erfuhr seit 1273 mehrere Veränderungen, die bedeutendsten von Christoph Dientzenhofer. Aus dem 13. Jh. stammt das Dominikanerkloster, dessen Kirche nach dem Stifter Wenzeslaus II. kostel svatého Václava heißt. An die Gotik erinnert nur noch ein Portal; an der Pietà (erste Hälfte 14. Jh.) sind thüringische Einflüsse zu erkennen. Von den Profanbauten des denkmalgeschützten Stadtkerns seien die beiden Rathäuser erwähnt: das spätmittelalterliche Alte und das Neue, erbaut nach 1716. Das Städtische Arsenal wurde 1552 errichtet. Aus dem 16. Jh. stammen die Brunnen (Roland, Herkules). Unter den gotischen Häusern ragt das Ensemble von Krämerläden auf dem Hauptplatz heraus. Bauklötzchen lautet etwa die Übersetzung des Begriffs Špalíček für diese hübsche Häuseransammlung. Im Pachelbelhaus wurde im Februar 1634 Herzog Albrecht von Waldstein (Schillers „Wallenstein") ermordet, der dem Kaiser trotzen wollte.

Chomutov

Wieder eine der Städte (deutscher Name Komotau, 1252 erstmals als

Ein Rathausturm, wie es ihn im Land nur einmal gibt – in Kadaň (links außen).

Eine der schönsten denkmalgeschützten Städte: Cheb (links oben und unten).

Türme der Nikolaus-Kirche in Louny (rechts oben).

Das Atomkraftwerk Tušimice am Rande Kadaňs (rechts Mitte).

Ferienidylle in Klášterec nad Ohří (rechts unten).

Geschenk an einen Ritterorden erwähnt), die hin und her gerissen waren zwischen zwei Vaterländern. Als protestantische Stadt schwer beschädigt im Dreißigjährigen Krieg, galt sie während des *Protektorats Böhmen und Mähren* als eines der Zentren für den Anschluß an das nationalsozialistische Deutschland. Wie wichtig die Region einst war, beweisen zwei Zahlen: Im 19. Jh. haben hier fast siebzig Bergwerke Erze (21) und Braunkohle (47) gefördert.
Die für die Öffentlichkeit verschlossene frühgotische St.-Katharina-Kirche gilt als architektonisches Kleinod. Die spätgotische Pfarrkirche Mariä Himmelfahrt besitzt ein Kreuz- und Netzgewölbe, das alle Umgestaltungen überstand. Die Einrichtung ist größtenteils barock; die Madonna auf dem gotischen Altar (13. Jh.) wurde nach 1500 geschaffen. Der Bau des Jesuitenkollegs sorgte ab 1591 für Scharmützel unter den Religionsgruppen, die erst 1773 mit der Auflösung des Ordens ein Ende fanden. Die angegliederte Kirche des hl. Ignatius (1663-71) weist reiche Stuckdekorationen auf.

Duchcov
Man muß viel Phantasie haben, um sich vorzustellen, daß in dieser im 13. Jh. gegründeten Kleinstadt (deutsche Bezeichnung Dux, 10 500 Einwohner, davon viele Sinti) der größte Frauenheld der Weltliteratur – Casanova – einst seine Altersspielchen und Studien trieb. Freilich läßt das umgestaltete Renaissanceschloß etwas vom Prunk früherer Zeit ahnen, der mit den Namen des Architekten Jean B. Mathey, des Bildhauers Matthias Braun und des Wenzeslaus Reiner, der die Fresken schuf, verbunden ist. Giovanni Giaccomo Casanova (1725-98) lebte hier von 1785 bis zu seinem Tode als Bibliothekar des Hauses Waldstein. Da entstanden auch seine berühmten *Memoiren*.

Františkovy Lázně (Franzensbad) und Jáchymov (St. Joachimsthal)
Siehe „Bäderdreieck in Westböhmen“.

Kadaň
Wie ein Krake umschließt das Atomkraftwerk Tušimice die denkmalgeschützte einstige Königsstadt (deutsche Bezeichnung Kaaden). Von der Stadtbefestigung blieben einige Basteien und Stadttore erhalten (das populärste *barbakán*, 1458). Der Stadtkern gehört zu einem der geschlossensten Stadtgebilde in den böhmischen Ländern. Die ehemalige Klosterkirche der hl. Elisabeth entstand Mitte des 18. Jh. (Mobiliar). Aus jener Zeit stammt auch die prächtige Pestsäule. Mehrere Umbauten erfuhr die einst gotische Dekanatskirche bis zum Ende des 19. Jh. (Fassadenplastiken). Ein städtebauliches Kleinod ist das gotische Rathaus, das mit einem einmaligen Helmturm versehen ist. Am Stadtrand (am Berg Stražiště) befindet sich die wichtigste architektonische Sehenswürdigkeit: das gotische Franziskanerkloster. Die dreischiffige Aufteilung hatte man beim Umbau im 18. Jh. beibehalten. Wertvoll ist das barocke Interieur mit einer Fülle sakraler Gegenstände.

Information
Česká centrála cestovního ruchu
Staroměstské náměstí 6
110 01 Praha 1

Festkalender
Most: Motorsportveranstaltungen; Mai bis Juli: Marionettenausstellung. **Mariánské Lázně**: Mai bis Juli: Musikfestival; im August: Sommerkurs zum Erlernen der tschechischen Sprache.

Tips
Ein Muß: Kloster **Teplá** mit Bibliothek. Sehenswert: verschobene gotische Kirche in **Most**. **Chomutov**: Kreismuseum (*Okresní muzeum*) mit gotischen Skulpturen und Miniaturen; in der Nähe: Kamencové jezero (16,3 ha; *kamenec* = Alaunstein, verhindert jegliche Vegetation). **Cheb**: Regionalmuseum (*Oblastní muzeum*). Englischer Park am Schloß **Libochovice**; ein Park (angelegt 1623) erstreckt sich auch beim Schloß **Ostrov**. **Loket**: auf Goethes Spuren in Westböhmen. Naturschutzgebiet **Soos** mit tätigen Solfataren.

Karlovy Vary (Karlsbad)
Siehe „Die Städte" und „Bäderdreieck in Westböhmen".

Klášterec nad Ohří
Zwei Kirchen – die der Trinitarier baute Carlo Luragho (1665-70), die Friedhofskirche entstand vor 1760 – sowie das um 1590 erbaute Schloß Thun-Hohenstein sind die drei Attraktionen des kleinen Ortes. Böhmens zweitälteste Porzellanmanufaktur (Gründer: Graf Thun) besteht seit 1793/94. Daran erinnert das Schloßmuseum mit wertvollem Porzellan.

Libochovice
Die Geschichte des Ortes geht einher mit jener des Renaissanceschlosses von 1560, das Ende des 17. Jh. von mehreren italienischen Baumeistern und Künstlern barock umgestaltet wurde. Interessant sind die Stukkaturen und die Deckenfresken mit mythologischen Motiven.

Litvínov
Aus dieser Kreisstadt kommt eine der besten Eishockeymannschaften des Landes. Ansonsten muß die Pfarrkirche des Erzengels Michael erwähnt werden, die nach einem Entwurf Jean B. Matheys (s. auch Schloß Duchcov) Ende des 17. Jh. entstand. Auch die Ausstattung und die barocke Inneneinrichtung können sich sehen lassen.

Loket
Für Goethe brach hier 1823 eine Welt zusammen: Die 19jährige Ulrike von Lewetzow gab dem 74jährigen Dichterfürsten einen Korb. Bedeutend ist in dieser im 12. Jh. gegründeten Stadt, deutscher Name Elbogen, neben der Porzellanmanufaktur von 1815 vor allem die Burg, deren älteste Teile romanischen Ursprungs sind. Anfang dieses Jahrhunderts wurde darin ein Museum eingerichtet. Gemeinsam mit einigen Bürgerhäusern auf dem Hauptplatz bilden das barocke Rathaus und die gotisch-barocke Pfarrkirche des hl. Wenzel (*kostel svatého Václava*) den denkmalgeschützten Kern der Stadt.

Louny
Die nach 1260 gegründete Königsstadt wurde um das Jahr 1500 befestigt, wovon das Saazer Tor (*Žatecká brána*) erhalten blieb. Die Nikolaus-Pfarrkirche ist größtenteils ein Werk von Benedikt Ried (1520-38). Die steinerne Kanzel stammt aus dem Jahre 1540. Hübsch sind einige Stadthäuser früherer Jahrhunderte.

Mariánské Lázně (Marienbad)
Siehe „Bäderdreieck in Westböhmen".

Most
Es gäbe einen Grund, die ganze Ortschronik der ehemaligen Königsstadt Most (wörtlich: Brücke, deutscher Name Brüx) einzustampfen: Der Stadtkern existiert seit den siebziger Jahren nicht mehr – er wurde dem Kohletagebau geopfert. In einer aufwendigen Aktion wurde 1975 die ehemalige Pfarrkirche (16. Jh.) durch Umsetzung gerettet. Sie steht heute neben der gotischen Heiliggeist-Spitalkirche (und einer Fabrik).

Peruc
In dem Barockschloß (um 1765) bewundert man abwechselnd die Stukkaturen und die Fresken sowie die kubistischen Gemälde von Emil Filla (1882-1953). Die Skulpturen (1770) stammen aus der Werkstatt von Ignaz Platzer.

Teplá
Die Prämonstratenserkirche, geweiht 1232, ist ein in Böhmen einmaliger Typ der dreischiffigen romanischen Saalkirche. Sie ist fast unverfälscht erhalten. Eines der Kleinodien böhmischer Architektur ist die neobarocke Klosterbibliothek, worin die Bücherbestände eine Einheit mit den Fresken und dem wertvollen Interieur bilden. Goethe hat sich hier jedenfalls wohl gefühlt.

Žatec
Schon 1266 wurde Žatec, deutsche Bezeichnung Saaz, zur königlichen Stadt. Von der Befestigung des 14. Jh. sind zwei Tore teilweise erhalten. Die Burg wurde in eine Brauerei (!) umgewandelt. Die zwei wichtigsten Gebäude der Hopfenbauerstadt, die Pfarrkirche Mariä Himmelfahrt und das Rathaus, sind zwar gotischen Ursprungs, sie wurden jedoch barock umgestaltet. Die Bürgerhäuser, eines hübscher als das andere, ereilte ein ähnliches Schicksal. Die Laubengänge verleihen dem Hauptplatz seine urbane Note.

Unterhalb der Burg Loket (Elbogen) bekam Goethe von Ulrike von Lewetzow eine Absage (oben).

Solfataren sind entlang dem Lehrpfad von Soos bei Františkovy Lázně zu sehen (außen).

Um einen Kilometer versetzte man die gotische Pfarrkirche in Most wegen bergbaubedingter Einsturzgefahr 1975 (unten).

Hermsdorfer Kreuz
Gera
DEUTSCHLAND
Weida, Gera
Zwickau
Chemnitz
ZEULENRODA
GREIZ
REICHENBACH
MYLAU
NETZSCHKAU
ELSTERBERG
LENGENFELD
SCHLEIZ
PAUSA
MÜHLTROFF
TREUEN
RODEWISCH
AUERBACH
FALKENSTEIN
PLAUEN
REUSA
TANNA
GEFELL
OELSNITZ
HIRSCHBERG
SCHÖNECK
KLINGENTHAL
ADORF
MARKNEUKIRCHEN
HOF
SELBITZ
SCHAUENSTEIN
HELMBRECHTS
OBERKOTZAU
REHAU
SCHWARZENBACH a. d. Saale
SCHÖNWALD
BAD ELSTER
AŠ (ASCH)
SELB
MÜNCHBERG
KIRCHENLAMITZ
SPARNECK
MARKTLEUTHEN
WEISSENSTADT
GEFREES
Naturpark
Fichtelgebirge
WUNSIEDEL
HOHENBERG a. d. Eger
ARZBERG
FRANTIŠKOVY LÁZNĚ
CHEB (EGER)
WALDSASSEN
MARKTREDWITZ
WALDERSHOF
MITTERTEICH
Vogtland
Elstergebirge
Fichtelgebirge
ČESKÁ REPUBLIKA
DEUTSCHLAND
Erbendorf Tirschenreuth
Schneeberg
Aue
Karlovy Vary (Karlsbad) Mariánské Lázně (Marienbad)
Bayreuth Nürnberg
Bamberg
Rudolstadt

DEUTSCHLAND
Zwickau
Chemnitz
Zschopau, Freiberg
Marienberg
Rodewisch
Klingenthal
Cheb (Eger)
Stříbro (Mies)
Planá
Plzeň (Pilsen)
KIRCHBERG
SCHNEEBERG
AUE
LÖSSNITZ
ZWÖNITZ
GEYER
ANNABERG-BUCHHOLZ
SCHWARZENBERG
SCHEIBENBERG
JÖHSTADT
EIBENSTOCK
JOHANNGEORGENSTADT
KURORT OBERWIESENTHAL
VEJPRTY (Weipert)
KLÁŠTEREC N. OHŘÍ (KLÖSTERLE A.D. EGER)
JÁCHYMOV
OSTROV
HROZNĚTÍN
KRASLICE (GRASLITZ)
PŘEBUZ
CHODOV (CHODAU)
KARLOVY VARY (KARLSBAD)
SOKOLOV (FALKENAU)
LOKET
KYNŠPERK n. OHŘÍ
BEČOV (PETSCHAU)
TOUŽIM (THEUSING)
LÁZNĚ KYNŽVART (BAD KÖNIGSWART)
MARIÁNSKÉ LÁZNĚ (MARIENBAD)
TEPLÁ (TEPL)
Zakázaný prostor
Doupovské hory
Slavkovský les
Tepelská vrchovina
Klínovec
Fichtelberg
Nd
Ne
Nf
Oa
Ob
45
46
47
48
49
E 48
E 49
E 442

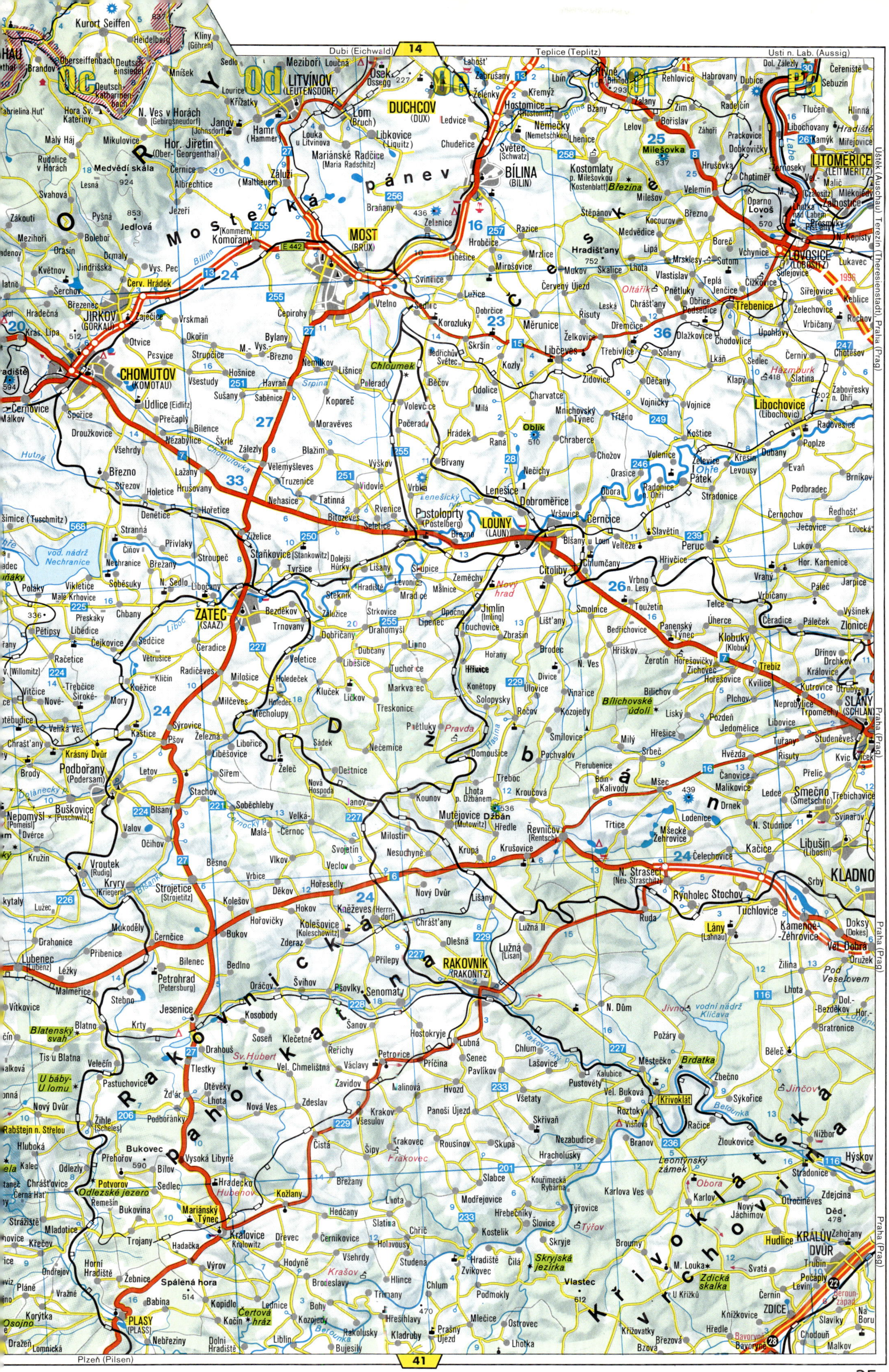
Dubí (Eichwald)
14
Teplice (Teplitz)
Ústí n. Lab. (Aussig)
Ústek (Auschau)
Terezín (Theresienstadt)
Praha (Prag)
Plzeň (Pilsen)
41
Kurort Seiffen
LITVÍNOV (LEUTENSDORF)
DUCHCOV (DUX)
BÍLINA (BILIN)
MOST (BRÜX)
LITOMĚŘICE (LEITMERITZ)
LOVOSICE (LOBOSITZ)
JIRKOV (GÖRKAU)
CHOMUTOV (KOMOTAU)
Libochovice (Libochowitz)
Postoloprty (Postelberg)
LOUNY (LAUN)
ŽATEC (SAAZ)
Podbořany (Podersam)
SLANÝ (SCHLAN)
KLADNO
RAKOVNÍK (RAKONITZ)
Mariánský Týnec
PLASY (PLASS)
Lány (Lahnau)
KRÁLŮV DVŮR
Hudlice
ZDICE
Beroun
Mostecká pánev
Dolnooharská tabule
Rakovnická pahorkatina
Křivoklátská vrchovina
Doupovské hory
Krušné hory
vod. nádrž Nechranice
Křivoklát

Mittelböhmen, rund um Prag

Angezogen von der Goldenen Stadt, entstanden in der Umgebung Prags zahlreiche Städte und Burgen, die heute von der historischen Bedeutung Mittelböhmens zeugen. Auch das fruchtbare Elbetal prägte die Landschaft: Um Mělník wächst ein geschätzter Weißwein.

Čáslav

Der Ort wurde 1253 als königliche Stadt gegründet. Aus jener Zeit blieb ein Turm (*Otakarova věž*) erhalten. Aus dem 15. Jh., als hier Tagungsort böhmischer Landtage war, stammen die Basteien. An die Hussitentradition wird durch das Denkmal des Anführers Jan Žižka (von Josef Myslbek, 1881) erinnert. Das Rathaus von 1765 weist eine schöne Barockfassade auf. Die Dominante der Stadt ist die Peter-Paul-Kirche. Ein Teil der einst romanischen Pfarrkirche (um 1150) bildet nun die Sakristei des gotischen Gotteshauses. Die ältesten Fresken wurden im 14. Jh. aufgemalt.

Jičín

Der Stadtkern des Geburtsorts von Karl Kraus (1874-1936) ist denkmalgeschützt. An den österreichischen Satiriker und Aphoristiker erinnert freilich nichts mehr. Die Stadt erhielt um 1300 ihre Rechte, der Ausbau erfolgte im 16. Jh. (Reste der Stadtbefestigung; das Tor *Valdická brána*). Die Entwicklung der Stadt ging einher mit dem Ausbau (1625-33) des Renaissanceschlosses durch italienische Baumeister und Handwerker. Der prachtvolle Bau beherrscht den Stadtplatz, der Schloßpark bildet eine Oase im Zentrum. In den ehemaligen Stallungen residiert die Kreisgalerie in schönen Ausstellungsräumen. In der St.-Ignaz-Kirche sind trotz barocker Umbauten auch gotische Teile erhalten.

Karlštejn

150 größere, an die 3000 Burgen, Schlösser und Ruinen gibt es in beiden Ländern, aber es gibt nur eine Burg (wie) Karlštejn! Das Nationale Kulturdenkmal war bereits während seiner Entstehung 1348 bis 1355 als Aufbewahrungsort der Kleinodien des Heiligen Römischen Reichs bestimmt, die der Luxemburger Kaiser auf Böhmens Königsthron – Karl IV. – damals besaß. Im Laufe der Jahrhunderte bildete die Burg für die böhmischen Krönungsinsignien einen würdigen Ort. Vieles entstammt dem 14. Jh: die Fresken mit (recht kräftig nachgezogenen) Szenen aus Wenzels (*Václav*) und Ludmillas Leben sowie die 127 gotischen Tafelbilder von Heiligen des Meisters Theoderich. Den größten Eindruck hinterläßt die original erhaltene Burgkapelle mit vergoldetem Rippengewölbe, vollständig mit Halbedelsteinen ausgelegt. Eines Königs und Kaisers würdig!

Kolín

Die im 13. Jh. gegründete Kreisstadt, heute ein Eisenbahnknotenpunkt, ist wegen des dort geborenen Musikanten František Kmoch (1848-1912) bekannt. Zu dessen Ehren kommen alljährlich im Juni Blaskapellen zu einem zünftigen Festival zusammen. 1757 trafen hier noch österreichische und preußische Truppen in einer Schlacht aufeinander. Kolín gehört zu den ältesten schachbrettartig angelegten Städten des Landes. Der Jüdische Friedhof ist neben jenem im Prag die älteste Begräbnisstätte in Böhmen. Im ehemaligen Ghetto sind das barocke Schulgebäude sowie die Synagoge beachtenswert. Nach Plänen von Peter Parler (Erbauer der St.-Veits-Kathedrale und der Karlsbrücke in Prag) entstand nach 1360 die Pfarrkirche des hl. Bartholomäus.

Kutná Hora

Die Unregelmäßigkeit des Stadtbildes läßt erahnen, wie sehr der Silberbergbau die Bautätigkeit bestimmte. Die einst nach Prag zweitreichste königliche Stadt Böhmens, deutsche Bezeichnung einst Kuttenberg, gründete ihren Wohlstand seit der ersten Hälfte des 13. Jh. auf die Erzvorkommen, die den böhmischen König zu einem der vermögendsten Herrscher Europas machten. Die vornehmlich deutschen Bergleute schlossen sich den Hussiten an. Seit dem Dreißigjährigen Krieg hat die Stadt nie mehr an die Förderquoten früherer Jahrhunderte anknüpfen können. Originale Spuren des Bergbaulebens finden sich in der weithin sichtbaren Patronatskirche der Bergleute, die der hl. Barbara geweiht ist. Sie ist ein besonders vollendetes Beispiel der Hochgotik. Großartig sind die Fresken des monumentalen Gotteshauses mit den spätgotischen Zeltdächern. Auch die übrigen Kirchen (die St.-Jakob- oder Hohe Kirche, die Marien- sowie die Dreifaltigkeitskirche) entstanden im 14. und 15. Jh. Sie zeugen vom unermeßlichen Reichtum der

Burg Karlštejn (links außen).

KZ-Gedenkfriedhof Terezín (links unten).

Häuserfassaden in Jičín (rechts oben) und in Litoměřice (rechts unten).

Glockenturm in Jenec (rechts innen).

Schloß Roudnice (rechts außen oben).

Stadt. Barock ist bereits die Nepomuk-Kirche, deren Fresken u. a. Franz X. Palko malte und deren Hauptaltar Ignaz Platzer gestaltete. Als Nationales Kulturdenkmal ausgewiesen ist der Welsche Hof (*Vlašský dvůr*), ursprünglich eine Münzstatt. Aus dem 14. Jh. blieb die Erkerkapelle mit einem wunderschönen Sterngewölbe erhalten. Eine Anzahl von Häusern aus dem 15. bis 19. Jh., Skulpturen sowie ein spätgotischer Brunnen ergänzen das Stadtbild.

Litoměřice

Eine von zahlreichen denkmalgeschützten Städten, deutscher Name Leitmeritz, deren Domkirche durch eines der ältesten erhaltenen Dokumente im Jahre 1057 nachweisbar ist. Drei Daten müssen erwähnt werden: 1228 wurde Leitmeritz zur Königsstadt erhoben; als Bischofsstadt erfuhr sie nach 1655 einen ungeahnten Aufschwung; 1944 folgte ein dunkles Kapitel: die Errichtung der KZ-Außenarbeitsstelle Flossenburg. Die Gefangenen wurden gezwungen, im ehemaligen *Schacht Richard* Panzermotoren für die deutsche Wehrmacht zu fertigen. Die unterirdischen Fabrikhallen hatten eine Ausdehnung von 30 000 Quadratmetern, die Länge der Gänge betrug 36 km. – In früheren Zeiten haben deutsche Ansiedlungen andere Spuren hinterlassen: In einer der Seitenkapellen der barocken Kathedrale des hl. Stephan hängt beinahe unbemerkt ein Bild von Lucas Cranach. Die bischöfliche Residenz entstand Ende des 17. Jh. Die Allerheiligen-Dekanatskirche (*kostel Všech svatých*) wurde um 1235 erbaut, 1480 vergrößert. Barocken Prunk weist das Dominikanerkloster mit der Jakobskirche auf (1730-40). Im Alten Rathaus (erste Hälfte 16. Jh.) ist das Kreismuseum beheimatet. Die Nordböhmische Galerie zeigt Kunstwerke vom Mittelalter bis zur Gegenwart.

Mělník

Für die Tschechen ist die einstige Königsstadt wegen des Zusammenflusses von Moldau (*Vltava*) und Elbe (*Labe*) bedeutend. Viele Einheimische schätzen noch mehr den guten Weißwein der Gegend. Unter dem Renaissanceschloß (darin: Weinmuseum) sollen an die 6000 Hektoliter Wein lagern. Die andere Dominante, die ursprünglich romanische Peter-Paul-Pfarrkirche, trägt Züge der Gotik und der Renaissance. In den drei typischen Bauphasen wurde auch das Rathaus gestaltet: Gotik, Renaissance, Barock.

Mladá Boleslav

Italienische Baukünstler gaben der Altstadt ihr Aussehen, wobei die Nepomuk-Kirche (1761 vollendet) eine so reich geschmückte Fassade hat, daß sie beinahe das Neue Testament ersetzt. Nachdem die Škoda-Automobilwerke in westliche Hände wechselten, wird man beobachten können, ob sich in Mladá Boleslav, deutsche Bezeichnung einst Jungbunzlau, weitere Wandlungen einstellen werden.

Terezín

Maria Theresia zu Ehren ließ ihr Sohn Joseph II. nach 1780 die barocke Festungsstadt Terezín erbauen. Der deutsche Name Theresienstadt erlangte später als der eines der größten Konzentrationslager traurige Bekanntheit. Zwischen 1941 und 1945 wurden dort Zehntausende, vor allem jüdische Kinder, ermordet, Zehntausende wurden von da nach Auschwitz deportiert. Die Kleine Festung erinnert an das Martyrium.

Information
Česká centrála cestovního ruchu
Staroměstské náměstí 6
110 01 Praha 1

Festkalender
Poděbrady: im Juli und August: Sinfonie- und Kolonnadenkonzerte; Sommerkurs zur Slawistik. **Kladno**: Sonnwendfeier. **Nymburk**: altböhmischer Jahrmarkt im September. Im Frühherbst Weinlese in **Mělník**.

Tips
Kutná Hora: Stadtbesichtigung. **Roudnice**: Augustinerkloster mit Marienkirche (Fresken). In **Mělník** erste nietfrei geschweißte Brücke Böhmens. Gotische Burgen **Kost** und **Kokořín**, im Tal Kokořínský důl 15 m hohe Felsenpyramiden. Wanderungen im **Böhmischen Paradies** (*Český ráj*), bizarre Felsenformationen Prachovské skály (bei **Prachov**). Bei **Jičín** eine 1700 Meter lange, vierreihige Lindenallee mit rund 1200 Bäumen.
Gedenkstätte KZ Theresienstadt (**Terezín**), Nationales Kulturdenkmal.

Děčín
Čes. Lípa
15
Pb
Pc
Pd
Pe
45
46
47
48
49
LITOMĚŘICE (LEITMERITZ)
Terezín (Theresienstadt)
ROUDNICE N. LAB. (RAUDNITZ)
Štětí (Wegstädtl)
Mělník
Dubá
Doksy (Hirschberg)
Bělá p. Bezdězem (Weißwasser)
MLADÁ BOLE
KRALUPY N. VLT.
NERATOVICE
BENÁTKY N. JIZ. (NEU BENATEK)
BRANDÝS n.L.-ST. BOLESLAV (BRANDEIS ALTBUNZLAU)
KOSTELEC N. LABEM (ELBEKOSTELETZ)
LYSÁ n. Labe (LISSA a.d.E.)
ČELÁKOVICE
SLANÝ (SCHLAN)
KLADNO
ROZTOKY
PRAHA (PRAG)
ÚVALY
ŘÍČANY
BEROUN (BERAUN)
ČERNOŠICE
Karlštejn
Teplice
Chomutov
Karlovy Vary
Plzeň (Pilsen)
Písek
Slapy
Benešov
44

Liberec
Turnov
18
Železný Brod
Vrchlabí
Vrchlabí
Trutnov
Qa
Qb
Qc
Qd
Qe
Mnichovo Hradiště
Český ráj
Hrubá Skála
Rovensko p. Trosk.
Lomnice n. Popelkou (Lomnitz)
Tábor
Nová Paka (Neu Paka)
Pecka
Kumburk
Mostek
Sobotka
Humprecht
Kost
Prachovské skály
Jičín (Jitschin)
Lázně Bělohrad (Bad Bielohrad)
Miletín
Hořice (Horschitz)
Sv. Gothard
Ostroměř
Dvůr Králové
Dobrovice (Dobrowitz)
Libáň
Kopidlno
Češovské valy
Vysoké Veselí
Smidary
Hradec Králové
Rožďalovice
Loučeň
Nový Bydžov (Neu Bydschow)
Nechanice
Městec Králové (Königstadtel)
Chlumec n. Cidl.
Karlova Koruna
Nymburk
Kostomlaty n. Lab.
Sadská
Poděbrady
Pečky
Kolín
Kladruby n. Lab.
Přelouč (Pschelautsch)
Řečany
Pardubice
Chvaletice
Záboří n. Lab.
Týnec n. Lab.
Kouřim (Gurim)
Lipská h.
Zásmuky
Kutná Hora (Kuttenberg)
Kaňk
Kačina
Žehušická obora
Čáslav (Tschaslau)
Heřmanův Městec
Chrudim
Uhlířské Janovice (Kohl-Janowitz)
Sázava
Žleby (Schleb)
Ronov n. Doubr.
Lichnice
Golčův Jeníkov (Goltsch-Jenikau)
Vilémov
Běstvina
Jihlava (Iglau)
45
Havlíčkův Brod
Chotěboř

Ostböhmisches Grenzland

Die wechselseitigen Beziehungen einschließlich Kriegen zwischen Polen und dem habsburgischen Böhmen spielten sich vornehmlich in dieser reizvollen Region ab. Mehrere herrliche Schlösser und ihre kostbaren Sammlungen belohnen auch eine weite Anreise.

Chrudim

Obwohl hier 1793 der Erfinder der Schiffsschraube, Josef Ressel, geboren wurde, ist der Ort vor allem als Zentrum der Puppenspieler und der Marionetten bekannt (*Loutkářská Chrudim*). Das populäre Marionettenmuseum ist im ehemaligen Seifensiederhaus (*Mydlářovský dům*) untergebracht. Der Beiname „ostböhmisches Athen" entstand, als die 1260 gegründete Königsstadt Anfang des 19. Jh. als zweiter Ort Böhmens ein ständiges Theater einrichtete. Der historische Stadtkern ist schachbrettartig angelegt. Die Chrudimka umfließt die Stadt von drei Seiten. Die Pfarrkirche und vier weitere, einst gotische Gotteshäuser erinnern an vergangene Zeiten. Sehenswert ihre Einrichtungen, falls die Pforten nicht wegen der sich häufenden Kirchendiebstähle verschlossen sind. Weniger gefährdet sind die Figuren der Pestsäule, die 1719-1734 entstand. Das Kreisheimatkundemuseum zeigt reiche Kollektionen von Kunsthandwerk.

Dvůr Králové

Der einstige Hof der Königin (so die Übersetzung) ist landesweit durch seinen Zoo bekannt, worin den Tieren vergleichsweise natürliche Bedingungen gewährt werden. Neben einigen sakralen und profanen Barockgebäuden, teilweise mit Laubengängen, sowie Resten einer Stadtbefestigung zur Elbe (*Labe*) hin, sei die um 1900 regotisierte Dekanatskirche Johannes des Täufers (*kostel svatého Jana Křtitele*) erwähnt. Ursprünglich ein romanisches Gotteshaus, wurde es um 1380 zu einem gotischen Gebäude umgestaltet. Aus dem 15. Jh. stammt der prismatische Turm. Kunsthistoriker schätzen die Nepomuk-Statue von 1730 hoch ein. Lediglich 3 km entfernt liegt eines der barocken Kleinodien Böhmens: das Schloß **Kuks**. Die vielen Skulpturen dort stammen aus der Werkstatt von Matthias Braun, der selbst eine ganze Galerie in die Sandsteinfelsen von Betlém meißelte.

Hradec Králové (Königgrätz)

Siehe „Die Städte".

Jeseník

Der prominenteste Kurgast des früheren Bad Gräfenberg, der ukrainische Erzähler Nikolaj Gogol („Der Revisor"), ist wohl bekannter als der „böhmische Kneipp" Vinzenz Priessnitz, der den Kurort 1826 gründete. Einige Jahrhunderte davor war die Gebirgsstadt durch Eisenerz berühmt geworden. Die Augsburger Fugger – an sie erinnert ein Schloß (nun Heimatmuseum) – ließen hier im 16. Jh. nach Gold schürfen. Der Münchner Bildhauer Ludwig Schwanthaler, der Schöpfer der Bavaria-Statue auf der Münchner Wiesn, schuf 1839 eine Skulptur, die Dank für Heilung symbolisiert.
Siehe auch „Auf Bäderreise – Quellen und Kuren".

Litomyšl

Wohl jedes Schulkind in Böhmen weiß, daß der Ort mit dem denkmalgeschützten Stadtkern die Geburtsstätte Bedřich Smetanas ist, des bedeutendsten böhmischen Komponisten. Der Sohn eines Bierbrauers wurde 1824 im Dienstgebäude der Schloßbrauerei geboren, was natürlich nicht das großartige Werk des später taubstumm gewordenen Tondichters schmälert. Leitmischl wird erstmals 1259 urkundlich erwähnt. Im 14. Jh. ist der Ort befestigt worden (Fragmente erhalten). Älter sind die Zeugnisse des Benediktinerklosters (1098). Das von 1568-1581 erstellte mächtige Schloß zählt zu den großartigsten Renaissancebauten des Landes. Vieles – einschließlich mehrerer tausend Sgraffitizeichnungen – stammt aus der Bauepoche. Ein Teil der Schloßräume ist dem Museum böhmisch-tschechischer Musik vorbehalten. Nur wenige Theater in der Welt aus dem 18. Jh. blieben erhalten: Jenes in Litomyšl wurde 1797 eingerichtet und blieb so bis heute bestehen. Kulturhistorisch wertvoll ist die vollständige Sammlung der Bühnendekorationen. Von den Profanbauten im Ort seien das einst gotische Rathaus sowie einige Wohnhäuser aus dem 15. und 16. Jh. erwähnt. Giovanni G. Alliprandi und František M. Kaňka sind die beiden wichtigsten Baumeister von Litomyšl. Nach ihren Plänen entstanden auch die Kirche der Heiligkreuzfindung (*kostel Nalezení svatého Kříže*) sowie die Pestsäule. Die Probstei bzw. Pfarrkirche der Augustiner ist eine Schöpfung des 14. Jh., woran das Kreuzgewölbe erinnert.

Moravská Třebová

Als Columbus erstmals nach Amerika segelte, wurde am Renaissanceschloß ein sehr schönes Portal angebracht (1492). Die gotische Schloßkapelle ziert ein Kreuzgewölbe. Spätgotisch ist das

Nostalgie in Bad Jeseník (links außen oben).

Die historische Substanz in Vysoké Mýto benötigt Pflege (links unten).

Eine Augenweide: Nové Město nad Metují (unten Mitte).

Dorffriedhof mit hölzerner Kirche in Slavaňov bei Nové Město (rechts oben).

Dvůr Králové: Hausschmuck (rechts außen oben) und Hauptplatz (rechts unten).

reichgegliederte Rathaus der denkmalgeschützten Stadt. Die Marien-Pfarrkirche wurde im 18. Jh. erstellt. Östlich der Ortschaft lädt ein barocker Kalvarienweg mit Statuen von 1730-1740 zu einem Spaziergang ein.

Náchod

Octavio Piccolomini – bekannt als Figur in Schillers Wallenstein-Drama – bekam 1634 das Renaissanceschloß zugesprochen. Er ließ es ausbauen, befestigen, mit Sgraffiti versehen, stattete es mit Brüsseler Wandteppichen aus, richtete eine Bibliothek ein – und so zeigt es sich heute noch. Frühbarock ist die Schloßkapelle von Carlo Luragho. Ein Schloßtheater wurde noch vor der Übernahme durch das Geschlecht Schaumburg-Lippe (vor 1832) eingerichtet. Einbezogen sind das Kreismuseum und eine Kunstgalerie. Die gotische Kirche (*kostel svatého Vavřince*) auf dem Hauptplatz wurde im 16. Jh. umgebaut. Im Neorenaissancestil entstand zwischen 1902 und 1904 das Neue Rathaus, das Malereien nach Motiven von Mikoláš Aleš schmükken. In Stadtnähe sind hübsche Spazierwege entlang der *Metuje* angelegt.

Nové Město nad Metují

Metuje ist der Fluß, der die Neue Stadt (*nové* = neue; *město* = Stadt) umfließt. Der Ortsname drückt aus, daß die Stadtrechte 1501 von den Böhmischen Brüdern (von Krčín) hierhergebracht wurden. Die Stadt wurde nach den ersten Reformationskämpfen befestigt, woran noch ein zylinderförmiger Turm erinnert. Aus dem 16. Jh. stammen die meisten, mit Laubengängen ausgestatteten Häuser auf dem großzügig angelegten Hauptplatz, auch die Dreifaltigkeits-Pfarrkirche (1513 bis 1522) reiht sich dazu. Das Schloß (Anfang 16. Jh.) ist in der denkmalgeschützten Stadt die wichtigste Attraktion. Innen gab es mehrere Umbauaktionen; die nachhaltigste führte der folkloreinspirierte Architekt Dušan Jurkovič im Auftrag der letzten Bewohner (der Textilmagnaten Bartoň) durch. Die eigentümlichen Zwerge vor dem Schloß stammen von Matthias Braun, der das barocke Areal von Schloß Kuks mit ähnlichen Figuren geradezu übersäte. Einige Fahrminuten entfernt liegt **Opočno**, eines der am reichhaltigsten ausgestatteten Renaissanceschlösser des Landes, am Rande des Adlergebirges (*Orlické hory*). Hier können die Sammlungen der Familie Colloredo-Mansfeld (Bewohner bis 1945), z. B. aus afrikanischen Kulturen, bewundert werden.

Pardubice

Siehe „Die Städte".

Rychnov nad Kněžnou

Als der Ort noch Reichenau hieß, war er eines der Tuchmacherzentren im Grenzland zwischen Böhmen und Polen. Den Reichtum des Städtchens, das der Humorist Karel Poláček in einem seiner Romane beschrieb, veranschaulicht das barocke Schloß, dessen Bibliothek wertvolle Bände und Erstdrucke enthält.

Information
Česká centrála cestovního ruchu
Staroměstské náměstí 6
110 01 Praha 1

Festkalender
Hradec Králové: Caravaning-Treffen im Juni; **Jeseník**: Anfang September Jahrmarkt zum Tag der Bergleute. **Pardubice**: Kinderchor-Festival im September; das Große Pardubicer Steeplechase-Pferdehindernisrennen im Oktober. **Šumperk**: im Frühjahr: Veteranentreffen (historische Räder, Mofas, Dreiräder). **Litomyšl**: Smetana-Jugend-Klavierwettbewerb. **Chrudim**: Puppenspielerfestival. **Náchod**: Kammermusikfestival im Frühjahr.

Tips
Pferdemuseum in **Slatiňany**. Krippenschau in **Třebechovice**. Zoo mit Tieren in freier Wildbahn in **Dvůr Králové**.

Trutnov
Police n. Met.
19
48
Havlíčkův Brod
Hořice
Jičín
Poděbrady
Kolín
Čáslav
Qe
Qf
Rb
Rc
46
47
48
49
HRONOV
ČERVENÝ KOSTELEC
ÚPICE
RTYNĚ
DVŮR KRÁLOVÉ n. Lab. (Königinhof)
Kudowa-Zdrój
Szczytna
Duszniki-Zdrój
NÁCHOD
ČESKÁ SKALICE
NOVÉ MĚSTO n. Met.
JAROMĚŘ (JERMER)
Josefov
DOBRUŠKA
OPOČNO
Gory Orlické
Orlické hory
Ratibořice
Kuks
SMIŘICE
HRADEC KRÁLOVÉ (KÖNIGGRÄTZ)
Třebechovice p. Orebem
RYCHNOV n. Kněž. (REICHENAU)
Solnice
Castolovice
KOSTELEC n. Orl.
VAMBERK
Doudleby n. Orl.
Liberk
Litice
BOROHRÁDEK
HOLICE
PARDUBICE (PARDUBITZ)
SEZEMICE
Kunětická h.
LÁZNĚ BOHDANEČ
CHOCEŇ (CHOTZEN)
BRANDÝS n. Orl.
ÚSTÍ
VYSOKÉ MÝTO (HOHENMAUTH)
HEŘMANŮV MĚSTEC (HERMANNSTÄDTEL)
CHRUDIM
SLATIŇANY
CHRAST
Luže
SKUTEČ
LITOMYŠL (LEITOMISCHL)
Nové Hrady
Proseč
Dolní Újezd
Koči
Ležáky
Žďárské vrchy
Železné hory
Babiččino údolí
Zámecký park
E 67
E 442

Wrocław
POLSKA
Nysa
Rd
Re
Rf
Sa
Sb
Kłodzko
Złoty Stok
Lądek-Zdrój
Stronie Śląskie
Bystrzyca Kłodzka
Międzylesie
Javorník (Jauernig)
Vidnava (Weidenau)
Žulová (Friedeberg)
Jeseník (Freiwaldau)
Lipová-lázně
Rychlebské hory
Śnieżnik
Králický Sněžník
Králíky (Grulich)
Hanušovice (Hannsdorf)
Staré Město
Hrubý Jeseník
Praděd
Vel. Losiny (Gr.Ullersdf.)
Šumperk (Mähr.-Schönbg.)
Letohrad (Geiersberg)
Jablonné n. Orl. (Gabel)
Červená Voda
Lanškroun (Landskron)
Zábřeh (Hohenstadt)
Mohelnice (Müglitz)
Uničov (Mähr. Neustadt)
Moravská Třebová (Mähr.-Trübau)
Loštice
Bludov
Sumvald
Dlouhá Loučka
Horní Město
Rešovské vodopády
Vodopády Stříbrného potoka
Na Pomezí
Na Špičáku
Prudník
Bruntál
Šternberk
Brno (Brünn)
Moravská Třebová
Olomouc (Olmütz)
49

Vom Revier zum Altvatergebirge

Hier schlägt das rußige Herz der Tschechischen Republik. Doch zwischen den Schornsteinen und Fördertürmen haben sich die Bewohner auch gemütliche Winkel eingerichtet. Viele Museen und Baudenkmäler erinnern an die wechselvolle Geschichte Schlesiens.

Bruntál

„Kolonisierungsstädtchen" nennen die tschechischen Geschichtsschreiber die früheren Ansiedlungen deutscher Handwerker oder Kaufleute auf dem Gebiet der heutigen Republik. In der Tat kündet der Name der Kreisstadt davon, daß der im 13. Jh. gegründete Ort deutschem (hier: Magdeburger) Recht folgte. Im 17. Jh. war er Besitz deutscher Ritter. Trotz zweier Stadtbrände im 18. Jh. blieb der Stadtkern mit dem rechteckigen Marktplatz erhalten. Die barocke Umgestaltung des Spätrenaissanceschlosses erfolgte auf Anordnung Karls von Lothringen, des Schwagers Maria Theresias. Sehr hübsch – neben dem Kreisheimatmuseum – ist der Rokokofestsaal (Gemäldegalerie). Die dreischiffige Pfarrkirche Mariä Himmelfahrt (*kostel Nanebevzetí Panny Marie*) mit Kreuzgewölbe, im Kern frühgotisch, ist im 18. Jh. umgebaut worden. In der ersten Hälfte des 18. Jh. entstand die Klosterkirche Maria Trösterin (*kostel Panny Marie Utěšitelky*). In der Umgebung der Stadt gibt es erloschene Vulkane (Uhlířský vrch, Venušina sopka, Velký Roudný).

Frýdek-Místek

Der Bindestrich verbindet zwei Städte, die durch den Fluß Ostravice getrennt sind (Frýdek liegt erhöht am rechten Ufer), die also eine unterschiedliche historische Entwicklung genommen haben. Bis zum Jahre 1928 gehörten sie verschiedenen Ländern an (Frýdek war schlesisch, Místek mährisch), verwaltungstechnisch zusammengelegt wurden sie erst 1943. Im Jahre 1781 trafen Joseph II. und der Preußenkönig Friedrich II. einander in Místek; wenige Jahre später, während der napoleonischen Kriege, weilten die russischen Feldherren Suworow und Kutusow da. Die Einheimischen verbinden den Ortsnamen auch mit der Wirkung des wohl größten mährisch-schlesischen Dichters Petr Bezruč (1867-1958). Das ursprünglich gotische Schloß in Frýdek wurde mehrfach umgebaut, bis es seine barocke Form erhielt. Schön die Sammlung von Wappen – auf Leinwand gemalt. Die Pfarrkirche (*kostel svatého Jana Křtitele*) wurde im 17. Jh. erneuert, die Wallfahrtskirche (*kostel Panny Marie Pomocné*) auf dem Hauptplatz entstand im 18. Jh. Im Spätrenaissancestil präsentiert sich die Pfarrkirche St. Jakobus in Místek. Die spätbarocke Kirche der hll. Johannes und Paul verrät italienischen Einfluß.

Fulnek

Die Kleinstadt, 1993 bereits 700 Jahre alt, war vormals ein Zentrum der Böhmischen Brüdergemeinde. Der Pädagoge und Theologe Johann Amos Comenius wirkte hier 1618-1621, bevor er ins Exil gehen mußte. An ihn erinnert eine Gedenkausstellung im Museum, dem früheren Gemeindehaus (Nationales Kulturdenkmal). Die katholische Pfarrkirche der Heiligen Dreifaltigkeit (*kostel Nejsvatější Trojice*) entstand während der Rekatholisierung (vor 1760) ebenso wie die Pestsäule und die Nepomuk-Statuengruppe auf dem Hauptplatz (im Zweiten Weltkrieg von Bomben zerstört). Die beiden Schlösser (Renaissance, Barock) sind für die Öffentlichkeit nicht zugänglich.

Hradec nad Moravicí

Die einstige slawische Burgstätte (*hrad* = Burg) war abwechselnd im mährischen und schlesischen Besitz. Erste Mauteinnahmen sind im 11. Jh. verzeichnet. Von der ursprünglich gotischen Burg ist im mehrfach umgebauten klassizistischen Schloß nur wenig übrig. Unter den Sammlungen überraschen die Sonderausstellungen zu Ehren Beethovens und Liszts, wie-

Romantische Umgebung für sommerliche Open-air-Konzerte in Hradec nad Moravicí (links außen oben).

Hübscher Brunnen in Karviná (links unten).

Der Marktplatz von Fulnek (unten Mitte).

Fußgängerzone in Frýdek-Místek (rechts oben).

Idyllische Szenerien wie hier in Brantice sieht man entlang den Landstraßen öfters (rechts unten).

wohl auch der Teufelsgeiger Nicolo Paganini dort weilte. Respektabel auch die übrigen Kollektionen (gotische Plastiken, Gemälde) der Grafen Lichnowsky, die bis 1945 Eigentümer des Schlosses und der angrenzenden Ländereien waren.

Krnov

Viel blieb von der einst wichtigen (Grenz-)Stadt der Tuchmacher und Leinenweber nach den Schrecken des Zweiten Weltkrieges nicht übrig. Was überdauerte, wird im Städtischen Museum dokumentiert. Die bis ins 13. Jh. reichende Historie des Städtchens am Zusammenfluß von Opava und Opavice war ohnehin geprägt von Kriegen (1742 wurde es ein Teil des österreichischen Schlesiens). Mehrere Feuersbrünste überstanden die drei Gotteshäuser des Ortes: die dreischiffige Hl.-Martins-Kirche, die barockisierte gotische Mariä-Himmelfahrt-Kirche (*kostel Nanebevzetí Panny Marie*) mit dem Minoritenkloster und die gotische Heiliggeist-Spitalkirche (*kostel svatého Ducha*). In Krnov werden Orgeln von guter Qualität gebaut.

Karviná

Es klingt kurios in dieser Revierlandschaft, die von Fördertürmen, Elektroüberlandmasten, Kokereien und Eisengießereien beherrscht wird, daß ein Siedlungsgebiet Ráj (Paradies) heißt... Die Braunkohle prägt das Bild der Landschaft: Senkung der Oberfläche ist eine Folge des Abbaus. Und dennoch hat sich der Mensch sein kleines, privates Paradies geschaffen, sein(en) Garten Eden. Zahlreiche Schrebergärten sind um Karviná anzutreffen ja sogar kleinere Obstplantagen Im Ortsteil Darkov sprudeln Jod-Brom- und solehaltige Quellen, woraus die Benediktiner früher sogar Salz gewannen. Fryštát heißt der Ortskern, nur unschwer als einstiges Freistadt auszumachen. Die gotische Kirche von 1447 wurde im 18. Jh. barock umgebaut; gotisch erhalten blieb der Rathausturm. Das Neorenaissanceschlößchen ist eine verspielte Episode aus der Zeit des Neureichtums im letzten Jahrhundert.

Opava

Das Bild von Sissi, der Kaiserin Elisabeth, hier in Nordmähren, unweit der polnischen Grenze? Ja, es hängt zu Recht im Treppenraum des Schlesischen Museums (*Slezské muzeum*), wenn man weiß, daß Oppau ab 1849 die Hauptstadt des österreichischen Schlesiens war. 1511 war Oppau Königsstadt geworden; 1224 hatte Přemysl Ottakar I. die Privilegien bestätigt, da der Ort ein wichtiger Handelsplatz auf dem Weg nach Polen war. Die Mariä-Himmelfahrt-Kirche der deutschen Ritter wurde bereits 1204 erwähnt. Auch die Heiliggeist-Kirche (*kostel svatého Ducha*) mit dem Minoritenkloster stammt aus dem 13. Jh., ebenso wie die Wenzeslaus-Kirche (*kostel svatého Václava*) mit dem Dominikanerkloster. Die Johannes-Täufer-Kirche – um 1400 von Malteserrittern erbaut – wurde im 18. Jh. umgestaltet; Originalbarock hingegen ist die Kirche des hl. Georg (*kostel svatého Jiří*). Neben einigen barocken und klassizistischen Wohnhäusern ragt das Schlesische Museum im Neorenaissancestil (1893-95) hervor. Zum Bestand zählen kunsthistorische Sammlungen und ein Naturkundemuseum.

Ostrava

Siehe „Die Städte".

Šternberk

Die Burg – ein Stilgemisch von Gotik über Renaissance bis hin zu Neugotik – überrascht durch ihre Kunstsammlungen italienischer, niederländischer, deutscher und böhmischer Werke aus einem halben Jahrtausend. Gotische Plastiken aus Mittelmähren ergänzen sie. Für Liebhaber schöner Öfen dürfte die Kollektion eine weitere Anreise lohnen. Ein historisches Uhrenmuseum erfreut sich großer Popularität.

Information
Česká centrála cestovního ruchu
Staroměstské náměstí 6
110 01 Praha 1

Festkalender
Karviná: Festival musikdramatischen Schaffens für Kinder und Jugend im November. **Ostrava**: internationales Festival der Ökofilme im Mai; Boxturnier im September; Karate-Wettbewerb im Oktober. **Vítkovice**: internat. Wettkampf im Geräteturnen im Mai. **Hradec nad Moravicí**: Musikfestivals in der Sommersaison.

Tips
Fulnek: Museum der Böhmischen Brüdergemeinde – Ausstellung über den Pädagogen und Theologen Jan Amos Komenský (Comenius). Bei **Bruntál**: Region erloschener Vulkane. **Darkov**: kräftiges Jod-Brom-Heilbad. **Opava**: Slezské muzeum (Schlesisches Museum). Um den Berg **Praděd** (1492 m) im Altvatergebirge Wander- und Freizeitmöglichkeiten, Wintersportgebiet (Geheimtip). Ausflüge nach Polen.

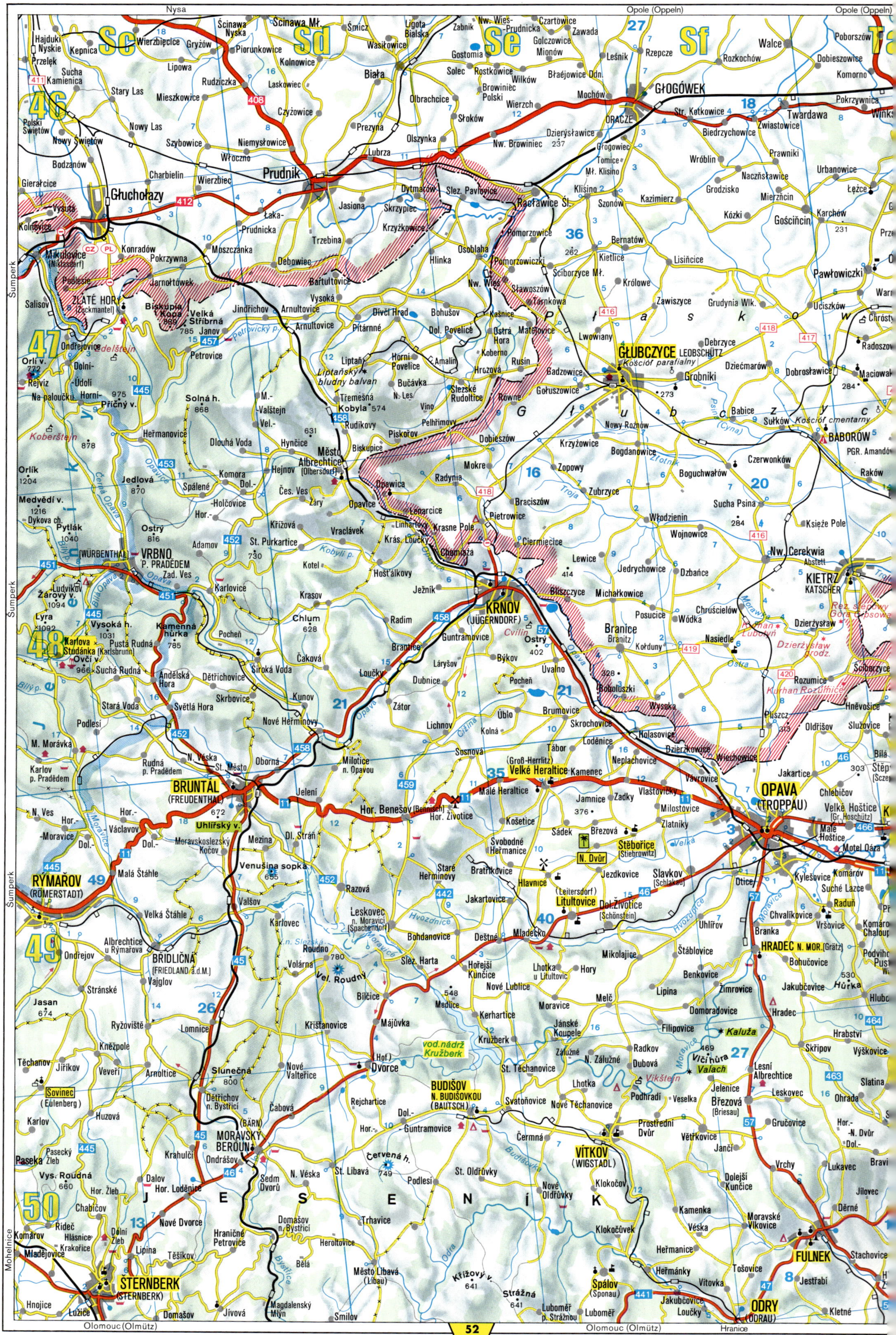

Nysa
Opole (Oppeln)
Šumperk
Mohelnice
Olomouc (Olmütz)
Hranice
Sc
Sd
Se
Sf
46
47
48
49
50
Głuchołazy
Prudnik
Głogówek
Głubczyce
Racławice Śl.
Baborów
Kietrz
Zlaté Hory
Vrbno p. Pradědem
Krnov (Jägerndorf)
Město Albrechtice
Osoblaha
Bruntál (Freudenthal)
Rýmařov (Römerstadt)
Opava (Troppau)
Velké Heraltice
Stěbořice
Litultovice
Hradec n. Moravicí
Budišov n. Budišovkou (Bautsch)
Vítkov (Wigstadt)
Moravský Beroun
Šternberk (Sternberg)
Fulnek
Odry (Odrau)
Spálov
Bridličná
Jeseník

52

POLSKA
Opole (Oppeln)
PRZYSZÓWKA
Bytom
KĘDZIERZYN-KOZLE
COSEL
GLIWICE
GLEIWITZ
ZABRZE
RUDA ŚL.
MIKOŁÓW
Łaziska Grn.
KNURÓW
CZERWIONKA
LESZCZYNY
ORZESZE
RYBNIK
RACIBÓRZ (RATIBOR)
KUŹNIA RACIBORSKA
ŻORY
WODZISŁAW ŚL.
(LOSLAU)
JASTRZĘBIE ZDRÓJ
HLUČÍN
BOHUMÍN
KARVINÁ
(KARWIN)
ORLOVÁ
OSTRAVA
(OSTRAU)
HAVÍŘOV
CIESZYN
ČESKÝ TĚŠÍN
SKOCZÓW
USTROŃ
TŘINEC
FRÝDEK - MÍSTEK
(FRIEDECK - FRIEDBG.)
STUDÉNKA
Nýdek
Hranice
Trenčín (Trentschin)
Čadca
Kraków
Pszczyna
Bielsko-Biała
Skoczów
53
56

Über den Böhmerwald, rund um Pilsen

Traditionsreiche Städte liegen in dieser Region Westböhmens, die einst als Chodenland der „Hundeköpfe" berühmt war. Das grenznahe Domažlice wurde mit der Reisefreiheit zum Tummelplatz der Touristen, Pilsen ist dank seiner Braukunst schon länger ein Begriff.

Domažlice

Es gibt einen beliebten Liedreim, der bei jeder sich bietenden Gelegenheit in Böhmen gesungen wird: „Domažlice – das ist tschechisch, Taus – das ist deutsch". Seit dem 17. Jh. überwog bis 1945/46 im Chodenland sogar das deutsche Element. Einige ältere Menschen sprechen noch eine archaische deutsche Mundart, so wie man sie vor 150 Jahren pflegte. Der Böhmerwald wurde seit der Aufhebung des Visumszwanges 1990 zu einer Brücke: Der denkmalgeschützte Ort ist inzwischen ein Tummelplatz der Touristen. Die fotogenen Bürgerhäuser stammen aus vier Epochen: Gotik, Renaissance, Barock, einige entstanden im klassizistischen Stil. Alle Häuser sind durch lange Laubengänge miteinander verbunden. Von den Profanbauten muß die Chodenburg (wird seit Jahren restauriert) mit dem barocken Turm erwähnt werden, worin seit 1930 das Chodenmuseum untergebracht ist. Die Choden waren Angehörige eines slawischen Stammes (Wappen: Hundekopf), der sich bis zu den Hussitenkriegen als Grenzwächter betätigte. Der Dichter Alois Jirásek (1851-1930) beschrieb sie im Roman „Psohlavci". Die Friedhofskirche der Unteren Vorstadt (*hřbitovní kostel Dolní Předměstí*) stammt aus dem 14. Jh. Die Pfarrkirche Mariä Geburt (13. Jh.) auf dem Hauptplatz, deren Inneres reich gestaltet ist, wurde unter der Anleitung von K. I. Dientzenhofer barockisiert.

Horažd'ovice

Außer in den Kirchen und im Städtischen Museum (*Městské muzeum*) im Schloß deutet kaum etwas darauf hin, daß hier noch im 17. Jh. (im Fluß Otava) nach Gold geschürft wurde und Perlen gefischt wurden. In der Kleinstadt (Stadtrechte seit 1292) ist seither manches den Feuersbrünsten zum Opfer gefallen. Aus der Gründungsphase blieben nur der untere Teil des Prachatice-Tors sowie Teile der Stadtbefestigung erhalten. An den Bürgerhäusern erkennt man manche gotische und Renaissance-Elemente. Wertvoll sind im vorwiegend im Renaissancestil gehaltenen Schloß die Fresken (15. Jh.) der Eingangshalle. Der steinerne Brunnen auf dem Hauptplatz wurde 1503 gemeißelt, die Mariensäule ist eine Arbeit der ersten Hälfte des 18. Jh. 1504 wurde das Franziskanerkloster gegründet, daneben entstand die Michaelikirche (nicht zugänglich). In der Pfarrkirche Peter und Paul, gegründet in der zweiten Hälfte des 13. Jh., ist neben der prachtvollen Inneneinrichtung das Kreuzgewölbe beachtenswert. Das Gotteshaus ist, wie viele andere Kirchen auch, wegen zunehmender Diebstähle nur noch zu Gottesdiensten geöffnet.

Klatovy

Die Kreisstadt wurde um 1260 – unter Přemysl Ottakar II. – als Klattau von deutschsprachigen Siedlern gegründet. Aus dieser Phase blieben von der Befestigung einige Teile erhalten. Von der Stadtmauer (15./16. Jh.) sind größere Fragmente vorhanden. Der Dreißigjährige Krieg bewirkte einen Verfall; einen Aufschwung brachte dann die Gegenreformation. Damals entstand das Jesuitenkolleg mit Seminarium. Die barocke Einhorn-Apotheke (*lékárna U bílého jednorožce*) mit Originalmöbeln gilt als ein wichtiges Kulturdenkmal. Die Jesuitenkirche Neposkvrněného početí Panny Marie ist die Dominante des Platzes, ein barockes Kleinod, das außen und innen eine Einheit bildet. Die Künstler gehörten zur europäischen Spitze: Luragho, K. I. Dientzenhofer, Hiebl, Jäckl, Heinsch, Raab und F. X. Palko wirkten an der Umgestaltung um 1730 mit. Jäckl und Raab waren auch bei der Ausstattung der Marienkirche tätig, die in drei größeren Bauphasen (13.-16. Jh.) errichtet wurde. Vor 1908 wurde sie von Josef Fanta rundherum erneuert. Er war auch der Umgestalter des Rathauses von 1547 und des Schwarzen Turmes (*Černá věž*).

Plzeň

Siehe „Die Städte".

Gebet im Wallfahrtsort Svatá Hora Příbram (links außen).

Nationalgefärbter Jugendstil in Planá (links unten).

Die Laubengänge auf dem Hauptplatz in Domažlice (links Mitte, Mitte oben).

Stadtsilhouette von Stříbro (rechts oben).

Rábí – die größte Burgruine des Landes (Mitte unten).

Planá

Man muß schon in die Ortschronik hineinschauen, um zu ermessen, warum der eher unscheinbare Ort einige historisch wichtige Gebäude aufweist. Im 13. Jh. gegründet, wurde hier bis 17. Jh. Silber gefördert – es gab sogar eine Münze. Einige Bürgerhäuser sind im gotischen, ein paar im Renaissancestil erhalten. Hübsch ist das mit Fresken bemalte Rathaus.

Příbram

1892 starben da bei einer der größten Katastrophen in Böhmen 319 Bergleute. Im Schacht Adalbert (*Vojtěch*) erreichte man im Jahre 1875 erstmals in der Welt die Tiefe von 1000 m. Ein Bergbaumuseum in Březové Hory hält die Tradition wach. Der Wandel seit dem 13. Jh., als nach Silber gesucht wurde, bis in unsere Tage, wo Uranerz gefördert wird, ist in mancher Hinsicht erstaunlich gering. Die Hauptsorge gilt der Sicherheit, da die Strahlung nicht reduziert werden kann. Die Stellung Příbrams wurde 1579 durch die Ernennung zur Königlichen Bergbaustadt deutlich. Seit dem 19. Jh. war (bis 1939) hier eine Bergbauakademie eingerichtet. Auf dem Hauptplatz steht die einst gotische Jakobskirche Die Mariä-Himmelfahrt-Wallfahrtskirche oberhalb der Stadt am Heiligen Berg (*Svatá Hora*) braucht keine Konkurrenz zu fürchten: Italienische, böhmische, deutsche und österreichische Baumeister und Künstler schufen von 1658 bis 1709 eines der imposantesten sakralen Bauwerke des Landes.

Strakonice

Seit dem 18. Jh. wurden hier fesche Fez-Kopfbedeckungen hergestellt. Die Manufaktur hat sich inzwischen zu einer Industriefirma gewandelt, die den modischen Bedarf deckt. Motocrossfreunden in aller Welt sind die in Strakonice produzierten ČZ-Motorräder ein Begriff. Die Stadt gilt als das Zentrum der Dudelsackpfeifer (*dudák*), wozu eine Aussstellung im Burgmuseum středního Pootaví zu sehen ist. Außerdem sei auf einige Bürgerhäuser verschiedener Baustile und die Prokopius-Kirche aus dem 13. Jh. hingewiesen. Die Mariensäule wurde 1740 errichtet.

Stříbro

Der Ortsname bedeutet Silber – hier wurde schon vor 1240 nach Erz geschürft, der Ort ist die älteste Silberfundstätte Böhmens. Im Heimatmuseum erfährt man einiges über die Geschichte des Bergbaus. Etwas ist auch von den Fassaden abzulesen: Die ältesten Bürgerhäuser stammen aus dem 16. Jh., das schöne Renaissancerathaus mit üppigen Fresken (restauriert 1883-88) entstand vor 1588. Die außerhalb gelegene Allerheiligen-Pfarrkirche (*kostel Všech svatých*) ist zwar eine gotische Basilika (14.Jh.), doch wurde sie um 1760 barockisiert.

Sušice

Vielen Phillumenisten (Streichholzschachtelsammlern) klingt Sušice sehr vertraut. Die *Zündwaarenfabrik von Bernhard Fürth in Schüttenhofen* belieferte im 19. Jh. die halbe Welt mit Zündhölzern. Das Böhmerwaldmuseum (*Muzeum Šumavy*) zeigt einen Querschnitt durch das Produktionsangebot. Der Gotik und dem Renaissancestil sind die ältesten Häuser und Kirchen zuzurechnen, so die Wenzeslaus-Pfarrkirche (*kostel svatého Václava*) und die Marien-Friedhofskirche. Markant steht die Wallfahrtskapelle Anděla Strážce oberhalb der Stadt.

Information
Česká centrála cestovního ruchu
Staroměstské náměstí 6
110 01 Praha 1

Festkalender
Domažlice: Autoveteranenfahrt im August. **Klenčí pod Čerchovem**: Ethnofest im Juli. **Plzeň**: Sommeruniversität für slawische Studien im Juli. **Příbram**: Antonín-Dvořák-Musikfestival im Mai. **Strakonice**: Festival der Puppenspieler im April; Dudelsackpfeiferfestival im August. **Sušice**: im Mai: Fernmarsch (20, 35, 50 km). **Tachov**: Hussitenfeiern im Sommer.

Tips
Domažlice: Chodenmuseum. **Klatovy**: Kirche Neposkvrněného Početí Panny Marie auf dem Hauptplatz. **Plzeň**: ein Brauereibesuch (zünftige Gaststätte – Pils vom Faß). **Příbram**: Wallfahrtskirche Svatá Hora oberhalb der Stadt; Bergbaumuseum. **Sušice**: Böhmerwaldmuseum; Ausflüge in die Umgebung.

Cheb
Mariánske Lázně
24
Karlovy Vary
Nd
Ne
Nf
Oa
49
50
51
52
53
54
40
TACHOV
(TACHAU)
PLANÁ
STŘÍBRO
(MIES)
BOR
HOŘOVSKÝ TÝN
(HORSCHOFTEINITZ)
DOMAŽLICE
(TAUS)
KDYNĚ
STOD
NÝRANY
(NÜRSCHAN)
HOSTOUŇ
POBĚŽOVICE
VŠERUBY
NÝRSKO
(NEUERN)
FURTH
Waidhaus
Eslarn
Naturpark
Nördl.
Oberpfälzer
Wald
Oberpfälzer Wald-
Naturpark
Schönsee
Bayerischer
Wald
Hoher Bogen
Neustadt a.d.W.
DEUTSCHLAND
Cham
Nc
Nd
Bärnau
Flossenbürg
Waldthurn
Rozvadov
Přimda
Konstantinovy Lázně
Kladruby
Čerchov
Česká Kubice
Klenčí
Chodov
Trhanov
Babylon
Rimbach
Neukirchen b.Heil.Blut

25
Praha (Prag)
Oc
Od
Oe
Of
Pa
PLASY
ZBIROH
ŽEBRÁK
HOŘOVICE
RADNICE
TŘEMOŠNÁ
PLZEŇ
(PILSEN)
ROKYCANY
(ROKITZAN)
MÝTO
MAUTH
PŘÍBRAM
(PŘIBRAM)
Starý Plzenec
Šťáhlavy
Radyně
Nezvěstice
Spálené Poříčí
BLOVICE
PŘEŠTICE
(PSCHESTITZ)
ROŽMITÁL p. Třems.
(ROSENTHAL)
BŘEZNICE
(BRESNITZ)
NEPOMUK
Lnáře
BLATNÁ
KLATOVY
(KLATTAU)
PLÁNICE
(PLANITZ)
HORAŽĎOVICE
(HORASCHDOWITZ)
STRAKONICE
(STRAKONITZ)
STRÁŽOV
(DROSAU)
SUŠICE
(SCHÜTTENHOFEN)
Brdy
Praha (Prag)
Tábor
Písek
České Budějovice (Budweis)
Zwiesel
67
Vimperk
68

Zwischen Moldau und Sázava

Große Teile der Landschaft werden von der Moldau (*Vltava*) geprägt, die von einer ganzen Reihe hübscher Schlösser gesäumt wird. Von Tábor aus haben die Hussiten im ausgehenden Mittelalter Geschichte gemacht – mit der Bibel und Dreschflegelkolben in der Hand.

Bechyně

Der Ort erlangte spätestens 1904 in der österreichisch-ungarischen Monarchie Bedeutung, als Ing. Křížik eine elektrische Bahn nach Tábor schuf. 1423 brannten hussitische Aufständische Bechyně ab. Die gotische Burg wurde zum Schloß umgestaltet, reich dekoriert – mit Fresken und Sgraffiti versehen. Die landschaftliche Komponente über einem canyonartigen Tal der Lužnice ist besonders reizvoll. Als einmalig gilt der gotische Getreidekornspeicher (*sýpka*) mit Holzbalkendecke, worin eine Keramikgalerie eingerichtet ist. Die Manufaktur, inzwischen auf industrielle Fertigung umgestellt, genießt guten Ruf. Bekannt ist die Ortschaft auch als Heilbad. Die einst gotische, später aber barockisierte Dekanatskirche svatého Matěje beherrscht den Stadtkern. Das Kellergewölbe (1491) der Kirche Mariä Himmelfahrt mit dem Franziskanerkloster gilt als eines der schönsten in Europa. Zudem befindet sich hier einer der ältesten jüdischen Friedhöfe des Landes.

Červená Lhota

Die Festung wurde nach 1530 in ein Schloß umgewandelt. Ein Teil ist als Museum zugänglich; die Möbel (17.-19. Jh.) und Gegenstände des Kunsthandwerks erfreuen sich besonderer Aufmerksamkeit.

Český Šternberk

Die Historie der gotischen Burg (nach 1240) in exponierter Lage über der Sázava ist fast identisch mit jener des Geschlechts der Sternbergs. Im 18. Jh. verwandelte man die Burg in ein Schloß. Alte Waffen und Graphiken von Wenzel Hollar zählen zu den wertvollsten Stücken des Schloßmuseums.

Havlíčkův Brod

Brod bedeutet Furt. Bis Mai 1945 hieß der Ort Deutschbrod – in Erinnerung an jene Bergleute aus deutschen Landen, die die Region seit dem 13. Jh. auf Einladung böhmischer Könige besiedelten. Der neue Ortsname ehrt den Schriftsteller Karel Havlíček-Borovský (1821-1856), der unweit (in Borová) geboren wurde. Ein Skelett – in dieser Form einmalig – ziert den Turm des Rathauses. Neben barocken Bürgerhäusern ragt das Gebäude Křenovský dům mit Rokokofassade hervor. Die Heilige-Familie-Kirche (*kostel svaté Rodiny*) ist barock gehalten, die ursprünglich gotische Dekanatskirche Mariä Himmelfahrt wurde 1422 teilweise zerstört, das Portal konnte gerettet werden. Die älteste Glocke wurde um das Jahr 1300 gegossen.

Jindřichův Hradec

Keinerlei Gemeinsamkeit weisen der tschechische (Heinrichs Burgansiedlung) und der einstige deutsche Ortsname (Neuhaus – vom lateinischen Nova Domus) auf. Der denkmalgeschützte Ort, gegründet im 13. Jh. (Stadtrecht 1359), liegt im Tal der Nežárka. Im Mittelalter war Neuhaus die größte Leibeigenen-Herrschaft Böhmens. Der Ort war auf Tuchverarbeitung ausgerichtet, der Anschluß ans Eisenbahnnetz und damit an die Indu-

Písek: älteste Steinbrücke Böhmens (links oben).

Vielleicht der schönste Platz im Lande überhaupt: Telč (links unten).

Wasserschloß Červená Lhota, heute Museum (Mitte).

Gilt in Erinnerung an die Hussiten als Heldenstadt : Tábor (rechts außen oben).

Restauriertes Postamt in Bechyně (rechts unten).

strialisierung wurde verschlafen. Das Schloß ist eine der größten Feudalanlagen des Landes. Einmalig in der Burgenarchitektur ist die Freskendarstellung der Georgslegende (frühes 14. Jh.). Die im 14. Jh. erbaute Marienprobsteikirche erhielt im 19. Jh. ein neues Kleid. Eine ähnliche Geschichte hat die Johannes-Täufer-Kirche (*kostel svatého Jana Křtitele*), deren mittelalterliche Malerei (um 1350) auch in dem an Kulturdenkmälern reichen Land ihresgleichen sucht. Alte Bürgerhäuser verleihen der Altstadt ihre urbane Note.

Konopiště

„Sie ham uns den Erzherzog Ferdinand erschlagen!" beginnt Jaroslav Hašeks humoristischer Švejk-Roman. Im Jahre 1914 wurde der österreichische Thronfolger in Sarajevo ermordet. Damit wurde dieser prominenteste Besitzer des Schlosses unfreiwillig zum Anlaß der Weltgeschichte. Es ist wohl Ironie des Schicksals, daß Schloß Konopiště neben prächtigen Jagdtrophäen eine der großartigsten Waffensammlungen der Welt besitzt.

Orlík nad Vltavou

Durch einen Stausee hat die Burg ihren Charakter verändert. „Adlerchen über der Moldau" war eines der vielen Besitztümer der Schwarzenbergs. Fürst Karl Schwarzenberg zog 1990 als Kanzler des Präsidenten Václav Havel auf die Prager Burg.

Pelhřimov

Der Stadtkern ist denkmalgeschützt: Einige Bürgerhäuser stammen aus der Spätgotik und der Renaissanceära. Pavel Janák baute 1913-1915 in diese Umgebung hinein provokant ein kubistisches Eckhaus. Als Bischofsstadt war der Ort Ende des 13. Jh. angelegt worden. Ende des 16. Jh. erhielt er königliche Privilegien. Nach 1570 entstand das Schloß (Kreisheimatmuseum). Die Wandmalereien im Ratssaal wuden 1766 angebracht. Wie viele Gotteshäuser im Land hat die Pfarrkirche des hl. Bartholomäus ein gotisches Fundament (Erweiterungen in der Renaissance und im Barock).

Písek

Der Goldene Pfad von Bayern nach Böhmen führte einst durch die im 13. Jh. gegründete Königsstadt, die mit Gold reich wurde, obwohl der Ortsname Sand heißt. Die mittelalterliche Burg ist nur fragmentarisch erhalten, die Umbauten dauerten bis in unser Jahrhundert hinein. Das Kreismuseum fand darin eine Bleibe. Die Kirche Maria Geburt wurde nach der Brandschatzung im Dreißigjährigen Krieg im Barockstil umgebaut. Die Bürgerhäuser tragen Merkmale der vier Stile Gotik, Renaissance, Barock, Klassizismus, die Böhmens Antlitz prägen. Die älteste Steinbrücke des Landes – Baujahr 1265 – überquert die Otava.

Tábor

Eine bibelfeste und klassenlose Gesellschaft von freien Brüdern und Schwestern wollten die Hussiten, die den Ort 1420 gründeten, sein. Es war kein pazifistischer Verein: Die doppelte Befestigung deutet auf Widerstand. Die Idee wurde ins Land getragen – unter blutigen Opfern. Ein Mythos ist geblieben, den auch die Kommunisten pflegten. Böhmen begeht den 6. Juli (Verbrennung von Johannes Hus in Konstanz 1415) mit einem Staatsfeiertag. Das Museum der hussitischen Bewegung veranschaulicht Ideen und Handeln der Hussiten. Die Jakobskirche auf dem alten Friedhof (um 1390) ist barock umgebaut worden. Das spätgotische Rathaus schätzen Kulturexperten als das architektonisch wichtigste nach dem Altstädter in Prag. Das Ensemble mittelalterlicher Häuser im Stadtkern hat den Rang eines Nationalen Kulturdenkmals.

Telč

Nur aus dem Flugzeug überblickt man die raffinierte Einbettung des denkmalgeschützten Stadtkerns zwischen drei Fischteichen. Was sich neben dem Schloß (ursprünglich gotische Burg) sofort erschließt, ist der einmalige Hauptplatz. Dutzende von Bürger- und Handelshäusern säumen den großzügig wirkenden Platz. Die Laubengänge verleihen Telč seinen urbanen Charakter. Zwei Brunnen und die Mariensäule vervollständigen die fotogene Szenerie.

Vráž

Siehe „Auf Bäderreise – Quellen und Kuren".

Zvíkov

Siehe „Burgen – Schlösser – Residenzen".

Information
Česká centrála cestovního ruchu
Staroměstské náměstí 6
110 01 Praha 1

Festkalender
Milevsko (Kreis Písek): am Faschingsdienstag Karnevalsumzug.

Tips
Bechyně: Keramikmuseum im ehemaligen Kornspeicher; Feuerwehrmuseum in der früheren Synagoge. **Červená Lhota**: Wasserschloßmuseum. **Český Šternberk**: Burgmuseum mit Stichen von Wenzel Hollar. Schloß **Konopiště**: Jagdtrophäen-Sammlung. Ausflüge zur Burg **Orlík nad Vltavou** und zum Moldau-Stausee **Orlická přehrada**. **Písek**: älteste steinerne Brücke (1265) des Landes. Bei **Sázava** Naturlehrpfad (tschechische Texte). **Tábor**: Stadtbesichtigung; Hussitenmuseum. Burg **Zvíkov**: Burgkapelle mit Fresken des 15. Jh.

Praha (Prag)
28
Praha (Prag)
Praha (Prag)
Praha (Prag)
Pa
Pb
Pc
Pd
Pe
49
50
51
52
53
Rožmitál p. Třemš. (Rosenthal)
Plzeň (Pilsen)
Blatná, Plzeň (Pilsen)
Strakonice (Strakonitz)
MNÍŠEK p. Brdy (MNISCHEK)
DOBŘÍŠ (DOBERSCHISCH)
PŘÍBRAM (PIBRANS)
BENEŠOV (BENESCHAU)
TÝNEC n. Sáz.
SEDLČANY (SELTSCHAN)
VOTICE (WOTITZ)
MILEVSKO (MÜHLHAUSEN)
TÁBOR (TABOR)
PÍSEK (PISEK)
BECHYNĚ (BECHING)
SOBĚSLAV (SOBIESLAU)
TÝN n.Vlt. (MOLDAUTEIN)
PROTIVÍN (PROTIWIN)
VESELÍ n. Luž (FROHENBRUCK)
vodní nádrž Slapy
vodní nádrž Orlík
vodní nádrž Kamýk
Vltava
České Budějovice (Budweis)
68
České Budějovice (Budweis)
České Budějovice (Budweis)
České Budějovice (Budweis)

Kutná Hora (Kuttenberg)
29
Čáslav (Tschaslau)
Čáslav (Tschaslau)
Pf
Qa
Qb
Qc
Qd
Chotěboř (Chotieborsch)
Hlinsko
Jihlava (Iglau)
Brno (Brünn)
Jihlava (Iglau)
Třebíč (Trebitsch)
Třeboň (Wittingau)
Kunžak (Königseck)
69
72
Český Šternberk
ZRUČ n. Sáz.
VLAŠIM (VLASCHIM)
Trhový Štěpánov
LEDEČ n. Sáz.
SVĚTLÁ n. Sáz.
GOLČŮV JENIKOV (GOLTSCH-JENIKAU)
Habry
HAVLÍČKŮV BROD (DEUTSCH BROD)
Čechtice
Pacov (PATZAU)
HUMPOLEC (GUMPOLDS)
Želiv
Kamenice
Lipnice n. Sáz.
Melechov
Kaliště
PELHŘIMOV (PILGRAMS)
Křemešník
JIHLAVA (IGLAU)
Počátky (POTSCHATEK)
ŽIROVNICE (SEROWITZ)
KAMENICE n. Lip. (KAMNITZ A.D.L.)
Deštná (Deschna)
JINDŘICHŮV HRADEC (NEUHAUS)
TELČ (TELTSCH)
TŘEŠŤ (TRIESCH)
Batelov (Battelau)
Javořice
Mrákotín
Černovice (Tschernowitz)
ČESKOMORAVSKÁ VRCHOVINA
vod. nádrž Želivka (Švihov)
vod. nádrž Sedlice
Choustník
Štáhobuz
Na VOŽICE (VOSCHNITZ)
Vel. Blaník
E 50
E 65
E 551
D1
Spičák
Orlík
Vel. pařezitý
Strážiště

Durch das Böhmisch-Mährische Hügelland

Vysočina (Hochebene) nennt sich das landschaftlich herrliche Hügelland zwischen den beiden böhmischen Kronländern, das einst sogar Silber barg. In der Nachbarschaft von Brno entstanden einige kleinere Städte, die heute ihre reiche historische Kultur pflegen.

Boskovice

Ein typisches Kleinstädtchen, wie es sie zu Hunderten gibt: Eine Burg, ein Schloß, zwei, drei Kirchen, ein Rathaus der Renaissance, und hier noch ein ehemaliges Ghetto, darin eine Synagoge von 1697 mit Wandmalereien. Die gotische Allerheiligen-Friedhofskirche (*kostel Všech svatých*) hat ein Schiff, die spätgotische Pfarrkirche ist dreischiffig. Eine reichhaltige archäologische Sammlung besitzt das Heimatmuseum (*Vlastivědné muzeum*) im Schloß, Anfang der dreißiger Jahre des 18. Jh. erbaut. Älter ist die Burg (14. Jh.), die nach der Erbauung des Schlosses zur Ruine wurde.

Brno

Siehe „Die Städte".

Jaroměřice nad Rokytnou

Nach Jakob Prandtauers Plänen wurde das Schloß in den ersten vier Jahrzehnten des 18. Jh. ausgebaut. Der Hof wurde ein beliebtes Theaterzentrum, hier entstand gar 1730 die erste böhmische Oper. Die Schloßkirche (1715-1737) ist ein Werk italienischer Baumeister und Künstler. An schönen Sommertagen finden davor sogenannte Light- &-Sound-Spiele statt.

Jihlava

Obwohl der Stadtkern denkmalgeschützt ist, wurde in die Mitte des Hauptplatzes ein recht unansehnlicher Betonklotz hineingebaut. So umgeben Gebäude aus sechs Jahrhunderten – Iglau wurde im 13. Jh. als königliche Bergbaustadt gegründet – diese moderne Errungenschaft. Die königlichen Privilegien verwandelten die vermögenden Silberbergeigner in ein eigenes Stadt- und Bergrecht, das „Iglauer Recht". Als die Erzvorräte (Gänge unter der Stadt) aufgebraucht waren, stellten sich die Kaufleute auf das Tuchmacherhandwerk um. Der Reichtum wird an Bürgerhäusern und Sakralbauten sichtbar. Die Pfarrkirche St. Jakob entstand im 14. Jh., wobei auch einige Kunstwerke (Pietà, Skulptur der hl. Katharina) aus jener Zeit stammen. Unter dem Einfluß der Parler-Bauhütte wurde die Heiligkreuzkirche (*kostel svatého Kříže*) erstellt (14. Jh.). Künstler aus mehreren Ländern erbauten von 1680-89 die Ignatius-Kirche, ein Jahr danach wurde die Mariensäule aufgestellt. Im Kapuzinerkloster wurde 1850 ein Theater eingerichtet. Ein Museum und eine Galerie des Böhmisch-Mährischen Hügellandes, auch Hochebene (*Vysočina*) genannt, bringen die landschaftlich herrliche Region näher.

Moravský kras (Mährischer Karst)

Siehe das Kapitel „Reisen in die Naturparadiese".

Náměšť na Hané

Man kennt den Namen des Architekten bis heute nicht, der im 18. Jh. für Ferdinand von Harrach das prächtige Schloß in der fruchtbaren Haná-Region erbaute. Es steht ein wenig erhöht inmitten eines runden Parks (naturgeschützt: zweihundertjährige Linden). Beachtenswert sind die Inneneinrichtung und die Wandmalereien. Das Schloßmuseum zeigt Prachtkarossen der Olmützer Erzbischöfe. Die Landhäuser gehörten einst deutschen Webern.

Náměšť nad Oslavou

Eine der schönsten Barockbrücken (1737) mit Skulpturen von Josef Winterhalder führt über die Oslava zum Schloß. Die Innenräume wurden Anfang des 18. Jh. aufwendig umgestaltet, besonders gelungen sind die Stukkaturen im Bibliothek-

Pernštejn: Eine der ehrwürdigsten Burgen des Landes (links außen).

Ein vollendetes barockes Ensemble bildet das Schloß Jaroměřice nah Rokytnou (Mitte unten).

Die Himmelspforte im Kloster Tišnov ist ein überzeugendes Beispiel romanischer Kunst (rechts innen).

Prostějov: Jugendstil an allen Ecken und Enden (rechts unten).

Eingang zum Schloß Prostějov (rechts außen).

saal. Heute werden hier Gobelins und Tapisserien gezeigt.

Pernštejn

Siehe „Burgen – Schlösser – Residenzen".

Plumlov

Mehr als dreihundert Jahre nach seiner Erbauung (1680) ist das Schloß des Fürsten Karl Eusebius von Lichtenstein nicht mehr bewohnbar. Die Innenausstattung italienischer und Wiener Künstler hat ebenfalls arg gelitten. Das fotogene Schloß oberhalb ist seit Jahren „wegen Renovierung" geschlossen.

Prostějov

Der Ort ist wegen seiner Textilwaren und als Geburtsort des Poeten Jiří Wolker (1900-1924) bekannt. Sein Geburtshaus ist eines der schönsten Gebäude auf dem hübschen Hauptplatz, der vom Alten Rathaus beherrscht wird. Es wurde im Renaissancestil um 1572 erbaut, die Loggia kam 1697 hinzu. Das Schloß entstand etwa um die gleiche Zeit. Die Sgrafitti wurden nicht ganz stilgemäß Anfang unseres Jahrhunderts angebracht. Eine seltene Rokokoinnenausstattung trifft man in der Nepomuk-Kirche (1751-55) an. Barock wurde die Peter-und-Paul-Kirche umgestaltet. Alt ist der jüdische Friedhof (1654), denn in Prossnitz – wie die Stadt deutsch hieß – war eine starke deutschjüdische Bevölkerung beheimatet. Etwas vom Geist der Stadt wird am Kulturgebäude Národní dům (Nationalhaus) deutlich, das böhmische Künstler im Jugendstil gestaltet haben.

Rajhrad

Welche Absichten die Bauherren verfolgten, mag die Übersetzung andeuten: raj heißt Paradies, hrad bedeutet Burg. Der Schlüssel zum Himmel liegt im Stadtwappen... An der Stelle einer der frühesten slawischen Burgsiedlungen und einer spätromanischen Basilika entwarf Giovanni B. Santini – ein in Böhmen vielbeschäftigter Architekt – eine Klosterkirche mit Benediktinerkloster. Von 1732-39 entstand am Ufer der Svratka – die steinerne Brücke ist von 1760 – eine großartige Anlage, deren Innenausstattung das ohnehin prunkvolle äußere Bild noch übertrifft. Wertvoll ist auch die öffentlich zugängliche Klosterbibliothek.

Slavkov

Obwohl neben anderen prominenten Künstlern wie Martinelli, Bussi, Lanzani, Pichler oder F. X. Messerschmidt auch J. Fischer von Erlach am Umbau des prachtvollen Schlosses beteiligt war, ging der Ort als Kriegsschauplatz Austerlitz in die Geschichte ein. An die Drei-Kaiser-Schlacht von 1805 erinnert eine Ausstellung im Historischen Museum; das Schloß war der Ort der Unterzeichnung des Friedens, den Napoleon den Österreichern und Russen diktierte.

Tišnov

Das Kloster Porta coeli (Himmelspforte) im Ortsteil Předklášteří ist ein besonders eindrucksvolles Baudenkmal des Mittelalters. Sehenswert ist auch die Klosterkirche – geweiht 1239. Im Barock wurde sie umgestaltet: Franz A. Maulbertsch malte das Altarbild, Andreas Schweigl lieferte die Skulpturen.

Třebíč

Der Stadtturm von 1458 – errichtet 200 Jahre nach der Stadtgründung – zeigt den früheren architektonischen Standard. Mehrere Bürgerhäuser haben, obwohl sie Renaissance- oder Barockantlitz tragen, gotischen Charakter. Das Benediktinerkloster von 1101, heute Westmährisches Museum, und die Basilika Mariä Himmelfahrt (*Nanebevzetí Panny Marie*) sind Schöpfungen des 13. Jh. Fresken und Rippengewölbe aus dieser Bauphase blieben erhalten.

Žd'ár nad Sázavou

Siehe „Die schönsten Museen".

Information
Česká centrála cestovního ruchu
Staroměstské náměstí 6
110 01 Praha 1

Festkalender
Brno: Sport- und Kulturveranstaltungen, Messen. **Náměšť na Hané**: im September Erntedankfest. **Prostějov**: Erntedankfest der Haná-Region im September. **Slavkov** (Austerlitz): Erinnerungsfeiern an die Schlacht von 1805. **Žd'ár nad Sázavou**: Folklorefeste „Öffnen der Brünnlein" (Mai) und „Horácký džbánek" (August).

Tips
Moravský Kras (Mährischer Karst) – Tropfsteinhöhlensystem mit Schlucht Macocha. **Prostějov**: Kulturhaus im Jugendstil (tschechisch *secese*). **Předklášteří** bei Tišnov: Klosterkirche Porta coeli. **Rajhrad**: Klosterbibliothek. **Třebíč**: Westmährisches Museum; romanische Kirche. **Žd'ár nad Sázavou**: Museum des Buches im Zisterzienserkloster; Wanderungen im Tal der Sázava.

Hradec Králové (Königgrätz)
32
Golčův Jeníkov (Goltsch-Jenikau)
Havlíčkův Brod (Deutsch Brod)
Praha (Prag)
Třešť (Triesch)
Telč (Teltsch)
Znojmo (Znaim)
72
Jaroměřice n. Rok (Jarmeritz)
Ivančice (Eibenschütz)
CHOTĚBOŘ (CHOTIEBORSCH)
HLINSKO
POLIČKA (POLITSCHKA)
PŘIBYSLAV (PRIMISLAU)
ŽĎÁR n. Sázavou (STADT-SAAR)
NOVÉ MĚSTO na Moravě (NEUSTADTL)
BYSTŘICE n. Pernštejnem (BISTRITZ ob. Pern.)
POLNÁ (POLNA)
JIHLAVA (IGLAU)
VELKÉ MEZIŘÍČÍ (GR.-MESERITSCH)
VELKÁ BÍTEŠ (HEINRICHS)
TŘEBÍČ (TREBITSCH)
NÁMĚŠŤ n.Osl. (NAMIEST A.D.O.)
ČESKOMORAVSKÁ VRCHOVINA
ŽĎÁRSKÉ VRCHY
Devět skal
Malinská skála
Žákova hora
Moravec
Okříšky
Brtnice
Mohelno
Mohelenská hadcová step
Dalešice
Hrotovice
Moravské Budějovice

Lanškroun (Landskron)
Mohelnice (Müglitz)
33
Mohelnice (Müglitz)
MORAVSKÁ TŘEBOVÁ
(MÄHR.-TRÜBAU)
SVITAVY
(ZWITTAU)
LOŠTICE
(LOSCHITZ)
Moravičany
LITOVEL
(LITTAU)
Mladečské jeskyně
Bílá Lhota
Javoříčko
JEVÍČKO
(GEWITSCH)
Jaroměřice
VELKÉ OPATOVICE
KONICE
(KONITZ)
Náměšť na Hané
Olomouc (Olmütz)
LETOVICE
(LETTOWITZ)
KOSTELEC na Hané
PROSTĚJOV
(PROSSNITZ)
Kunštát
BOSKOVICE
(BOSKOWITZ)
Prostějov (Prerau)
Lysice
Sloupsko-Šošůvské jesk.
RÁJEC-JESTŘEBÍ
(RAITZ)
Macocha
j. Balcarka
Punkevní j.
BLANSKO
(BLANZ)
Kateřinská jesk.
Kroměříž (Kremsier)
IVANOVICE na Hané
TIŠNOV
(TISCHNOWITZ)
KUŘIM
(GUREIN)
ADAMOV
(ADAMSTHAL)
VYŠKOV
(WISCHAU)
Josefovské údolí
Ochozská j.
BRNO
(BRÜNN)
ROUSÍNOV
(NEURAUSSNITZ)
SLAVKOV u. Brna
(AUSTERLITZ)
BUČOVICE
(BUTSCHOWITZ)
Grand prix (Masarykův okruh)
Uherské Hradiště (Ung.-Hradisch)
IVANČICE
(EIBENSCHÜTZ)
Rajhrad
(Groß-Raigern)
ŽDÁNICE
(STEINITZ)
Dol. Kounice
Pohořelice (Pohrlitz)
73
Znojmo (Znaim)
Bratislava (Pressburg)
Hodonín (Goeding)
74
Kyjov (Gaya)

Mährische Pforte, unterm Radegast

Die Archäologen machen hier Entdeckungen, bei Přerov fanden sie sensationelle Mammutknochen. Höhlenforscher legten eine seltene Aragonithöhle frei. Nahe dem Tiefpunkt der europäischen Wasserscheide erklimmt man den Radegast – ein Wander- und Winterparadies.

Buchlov
Zu einem romanischen Bau kam im 13. Jh. eine gotische Kapelle, die erhalten blieb. Die Königsburg (heute als Museum genutzt) ging im 16. Jh. auf private Besitzer über. Bis 1691 wurde hier oben ein reges gesellschaftliches Leben gepflegt. Dann ließ die Familie Peterwald unweit in der fruchtbaren Ebene ein neues Schloß erbauen – Buchlovice.

Buchlovice
Domenico Martinelli war der prominente Architekt des Schlosses, an dem mit größeren Unterbrechungen 1701 bis 1738 gebaut wurde. Die herrlichen Stukkaturen blieben über ein Vierteljahrtausend ebenso unversehrt wie die Fresken. Der Englische Garten gilt als einer der prachtvollsten in den böhmischen Ländern.

Dub nad Moravou
Aus einem Feld scheint die Wallfahrtskirche Očisťování Panny Marie (1734-56) geradezu gen Himmel zu wachsen. Am Hauptaltar wurde drei Jahre gearbeitet – das Gemälde stammt von Josef Stern, die Skulpturen schuf Franz Kohl. Aus der Bauphase der Barockkirche stammen auch die Säulen, die die hll. Florian, Nepomuk und Joseph darstellen.

Frenštát pod Radhoštěm
Der 1129 m hohe Radhošt' wird manchem als Radegast bekannt sein – ein von Mythen umwobener Berg. Gut markierte Wanderwege führen zur „Tänzerin" (*Tanečnice*, 1081 m) sowie zur „Teufelsmühle" (*Čertův mlýn*, 1027 m). Der Ort ist ein beliebtes Wintersportzentrum. Hier fuhr (zum Gipfel Pustevny, 1019 m) der erste Sessellift Böhmens.

Hranice
Der Ort an der Mährischen Pforte ist Fachleuten der Wasserkunde sehr wohl bekannt: Hier im Hranice-Karst liegt die niedrigste Stelle der europäischen Wasserscheide. Die Archäologen kennen den Ortsnamen (deutsch: Grenze) wegen der Funde im Kreis Přerov. Und auch den Höhlenforschern ist Hranice geläufig: Hier wurde eine der wenigen Aragonithöhlen der Welt freigelegt. Da bleibt das Renaissanceschloß beinahe links liegen. Das gotische Rathaus wurde im Jahre 1544 im Renaissancestil umgestaltet, Ende des 19. Jh. dann im Neorenaissancestil aufgemöbelt. Barock vom Fundament bis zum Turm ist die Pfarrkirche Johannes des Täufers (*kostel svatého Jana Křtitele*). In der ehemaligen Synagoge (1864) wird eine schöne Sammlung von Fayencen gezeigt.

Kroměříž
Siehe „Die Städte".

Lipník nad Bečvou
Der Ort ist jeder tschechischen Familie wohl vertraut: Seit 1909 ist hier eine Zündholzfabrik tätig, deren Produkte in jedem Haushalt benützt werden. Die Stadt ist einiges älter (Stadtrecht um 1260). Im 15. und 16. Jh. wurden Befestigungsmauern angebracht, von denen ein Teil mit sieben Basteien erhalten blieb. Aus dem gleichen Zeitraum stammt die ehemalige Synagoge, die zum Gebetsraum einer protestantischen Glaubensgemeinschaft wurde. Das hübsche Muzeum Záhoří vermittelt einen Eindruck des Zunft- und Gildewesens.

Luhačovice
Siehe „Auf Bäderreise – Quellen und Kuren".

Nový Jičín
Das denkmalgeschützte Neue (*nový*) Jičín sollte nicht mit der denkmalgeschützten Kreisstadt Jičín verwechselt werden. Die neue Stadt wurde im 14. Jh. auf dem Weg von Olmütz nach Krakau gegründet. Seit dem 18. Jh. berühmt durch ihr Tuchmacherhandwerk, hatte sie eine wichtige Stellung innerhalb der böhmischen Kronländer inne, später auch durch die Herstellung von Hüten. Sowohl das Schloß als auch die Bürgerhäuser geben ein Zeugnis vom einstigen Reichtum der befestigten Stadt. Von den Profanbauten ist das Renaissancegebäude der Alten Post (Stará pošta) architektonisch am wertvollsten; das Schloß wurde seit seiner Erbauung im 16. Jh. mehrfach – zuletzt 1868 – umgestaltet. Im Renaissancestil wurde vor 1623 die Kirche der Allerheiligsten Dreifaltigkeit (*kostel Nejsvatější Trojice*) auf gotischem Fundament erbaut. Gotik, die sich in Barock verwandelte, charakterisiert die Pfarrkirche Nanebevzetí Panny Marie (Mariä Himmelfahrt).

Olomouc (Olmütz)
Siehe „Die Städte".

Eine Badende in Luhačovice (links außen).

Kirche in Dub (links Mitte).

Gesamtansicht von Štramberk (unten Mitte).

Schloß Buchlovice (rechts oben).

Zwei Beispiele typischer Folklore (rechts außen).

Přerov
Oft reicht die Phantasie nicht aus, sich vorzustellen, wie unsere Welt vor Tausenden von Jahren ausgesehen hat. Wer kann sich in Přerov, einer Industriestadt, vorstellen, daß da einst Riesenherden von Mammuten lebten? Das Museum Jana Ámose Komenského (Comenius) im Schloß informiert über die Fundorte der Region. Es veranschaulicht auch das Wirken des Theologen und Pädagogen Comenius (1592-1670), der rastlos ein halbes Jahrhundert lehrend in Europa unterwegs war. Die Statuengruppe vor dem Renaissanceschloß zeigt den Religionsreformator und Bischof der Böhmischen Brüdergemeinde Jan Blahoslav (1523 in Přerov geboren). Etwa aus jener Zeit stammen mehrere Häuser des Oberen Platzes (*Horní náměstí*). Das Haus Nr 31 heißt Korvínský dům in Erinnerung an den Renaissancekönig von Böhmen und Ungarn, Matthias Hunyadi, genannt Corvinus.

Rožnov pod Radhoštěm
Siehe „Die schönsten Museen".

Štramberk
Aus Burg Strahlenberg wurde im Laufe der Zeit Štramberk. Gegründet im 14. Jh., war die Burg eine Zeitlang im Besitz der Jesuiten, nach der Auflösung des Ordens erhielt sie die kaiserliche Ritterakademie. In mehreren steilen Gassen unterhalb blieben Häuschen aus dem 18. und 19. Jh. erhalten.

Teplice nad Bečvou
Siehe „Auf Bäderreise – Quellen und Kuren".

Uherské Hradiště
Uhry ist der tschechische Begriff für das historische Ungarn; in Mähren gab es an der Grenze zu Oberungarn (heute Slowakei) seit dem 16. Jh. kleine Kolonien von protestantischen Ungarn, die sich hierher gerettet hatten. In der Kapelle der heiligen Elisabeth (*kaple svaté Alžběty*) finden sich gotische Spuren. Sehenswert ist die barocke Apotheke (*lékárna*).

Uherský Brod
In der Nähe (brod = Furt) wurde 1592 Johann Amos Comenius (in der Umgangssprache Komenský) geboren. Alljährlich im Juli erinnert ein Fest an den Weltbürger, der seine Werke in fünf Sprachen verfaßte. Die Synagoge von 1767 ähnelt jener von Amsterdam. Ein Pilgerort frommer Juden ist im jüdischen Friedhof das Grab des Kabbalisten Nathan Ashkenazy, eines bedeutenden Gelehrten.

Velehrad
Siehe „Kirchen – Klöster – Synagogen".

Zlín
In dieser Stadt, die von 1949 bis 1990 Gottwaldov hieß (benannt nach dem ersten kommunistischen Präsidenten der ČSR, Klement Gottwald), kann anschaulich die Architektur dieses Jahrhunderts studiert werden. Die Familie des Schuhmagnaten Bat'a setzte städtebauliche Akzente. Man konnte es sich 1935 sogar leisten, einen großen Baumeister der Moderne, Le Corbusier, in die Architektenkommission zu berufen.

Information
Česká centrála cestovního ruchu
Staroměstské náměstí 6
110 01 Praha 1

Festkalender
Frenštát: Skispringen. **Rožnov pod Radhoštěm**: jeweils im Freilichtmuseum: Karneval; Osterfest; Johannisnacht; im Juli: Folklorefestival; Töpfermarkt im August; im Dezember: Winter- bzw. Weihnachtsjahrmarkt.

Tips
Buchlovice: Schloßbesuch. **Dub nad Moravou**: Kirche. Bei **Hranice**: Karst, Aragonittropfsteinhöhle. **Nový Jičín**: Hutmachermuseum. **Přerov**: Museum mit Sammlungen zur Archäologie, Geschichte, Pädagogik, Comenius, Mineralogie, Zoologie. **Staré Město** (bei Uherské Hradiště): Ausgrabungen zum Großmährischen Reich. **Velehrad**: altslawischer Wallfahrtsort (Papst Johannes Paul II. war da.). Schöne Stadtbesichtigungen in **Kroměříž** und **Olomouc**.

36
Mohelnice (Müglitz)
Opava (Troptau)
Bílovec
ŠTERNBERK
(STERNBERK)
ODRY
(ODRAU)
Oderské vrchy
Potštát
(Bodenstadt)
Hlubočky
OLOMOUC
(OLMÜTZ)
LIPNÍK
N. BEČVOU
(LEIPNIK)
HRANICE
(MÄHR.-WEISSKIRCHEN)
Hustopeče
n. Bečvou
VALAŠSKÉ ME
Velký Týnec
Grygov
Brodek
u Přerova
PŘEROV
(PRERAU)
BYSTŘICE
P. HOST.
(BISTRITZ-AM HOSTEIN)
Hostýnské vrchy
TOVAČOV
(TOBITSCHAU)
Troubky
KOJETÍN
(KOJETEIN)
CHROPYNĚ
(CHROPIN)
HOLEŠOV
(HOLLESCHAU)
FRYŠTÁK
(FREISTADTL)
HULÍN
(HULLEIN)
KROMĚŘÍŽ
(KREMSIER)
Vizovické vrchy
OTROKOVICE
ZLÍN
(MALENOWITZ)
MALENOVICE
VIZOVICE
NAPAJEDLA
(NAPAJEDL)
Chřiby
Buchlov
Buchlovice
Velehrad
KORYČANY
STARÉ MĚSTO
UHERSKÉ HRADIŠTĚ
(UNG.-HRADISCH)
Kunovice
(KUNOWITZ)
UHERSKÝ BROD
(UNG.-BROD)
LUHAČOVICE
BOJKOVICE
KYJOV
(GAYA)
Ostrožská Nová Ves
HLUK
(HULKEN)
Nivnice
Bystřice p. Lop.
Hodonín (Goeding)
74
Břeclav (Lundenburg)
Nové Mesto n. Váhom (Waag Neustadt)
Brno (Brünn)
Prostějov (Prossnitz)
Vyškov (Wischau)

Ostrava (Ostrau)
Cieszyn
Ostrava (Ostrau)
37
ČESKÁ REPUBLIKA
Karviná (Karwin)
Ta
Tb
Tc
Td
Te
PŘÍBOR
Hukvaldy
Palkovice
Baška
Morávka
Hrádek
JABLUNKOV
STRAMBERK
NOVÝ JIČÍN
(NEU-TITSCHEIN)
KOPŘIVNICE
FRÝDLANT n.Ostr.
Kozlovice
Tichá
FRENŠTÁT P. RADH.
Kunčice p. Ondřejníkem
Čeladná
Ostravice
Lysá h.
1323
Travný
1203
Mosty u Jablunkova
Jablunkovský průsmyk
Malý Polom
Veľký Polom
Trojanovice
Velký Javorník
Smrk
1276
Radhošť
Pustevny
ROŽNOV POD RADHOŠTĚM
Zubří
Valašské muzeum
Prostřední Bečva
Horní Bečva
Kornica
Klokočov
TURZOVKA
Staškov-Olešná
Zákopčie
Kysuca
Bumbálka
Makov
Vel. Lhota
Valašská Bystřice
Velké Karlovice
Karolinka
Nový Hrozenkov
Veľký Javorník
1071
Kysuce
VSETÍN
Hovězí
Halenkov
Kohútka
Makyta
Lazy p. Makytou
Lysá p. Makytou
BYTČA
Hričovské Podhradie
Súľovské skaly
Papradno
Považské Podhradie
Manínska úžina
Rajecké Teplice
RAJEC
Dohňany
Púchov
PÚCHOV
POVAŽSKÁ BYSTRICA
Lednické Rovné
Beluša
Domaniža
VALAŠSKÉ KLOBOUKY
BRUMOV-BYLNICE
Karpaty
Vršatské Podhradie
Pruské
Košeca
ILAVA
Košecké Podhradie
Fačkovské sedlo
Čičmany
Biele Karpaty
Nemšová
DUBNICA N. VÁHOM
Kľúčové
75
Prievidza
Priešťany
Nové Mesto n. Váhom (Waag Neustadt)
80
SLOVENSKÁ REPUBLIKA
81
Žilina (Sillein)

An den Ausläufern der Beskiden

Umrahmt von mehreren Zweitausendern, eingebettet zwischen der Niederen Tatra und der Landesgrenze, ist dieses Gebiet eine der geschlossensten Regionen des Landes, wo auch der *Liptauer Schafskäse* reift. Alle paar Kilometer zeigen sich unerwartete Naturschönheiten.

Demänovská dolina

An mehreren Zweitausendern entlang (höchster Gipfel Ďumbier, 2043 m) zieht sich das schönste Tal der Niederen Tatra. Berühmt ist das sehr langgezogene Demänová-Tal (15 km) nicht nur als Wintersportgebiet, sondern vor allem wegen eines großartigen Tropfstein- und Eishöhlensystems (Demänovské jaskyne), das eine Länge von über 21 km erreicht. Dreißig Höhlen sind im Demänová-Tal bekannt und erforscht, jedoch nur drei für die Öffentlichkeit zugänglich. Siehe auch das Kapitel „Reisen in die Naturparadiese".

Kysucké Nové Mesto

Wenn einst ein Messerschleifer oder ein Rastelbinder unterwegs war, so konnte angenommen werden, daß er aus einer der ärmsten Regionen des Landes stammt, aus Kysuca, der ein wilder Fluß den Namen gibt. Ihr Zentrum (neben Čadca) ist die Ortschaft Kysucké Nové Mesto, die sog. Neustadt, 1244 erstmals erwähnt. Im Jahre 1325 wurde sie als Leibeigenen-Marktort geführt, 1384 wurden die Stadtrechte verliehen. Handwerk, Handel, Schafzucht und Landwirtschaft waren bis vor gut einem halben Jahrhundert die Haupterwerbszweige, bevor sich einige Industriebetriebe ansiedelten. Die wenigen Baudenkmäler stammen meist aus der Renaissanceära, wobei Sgraffiti eine ehemalige Brauerei des 17. Jh. zieren. Ein Renaissancebürgerhaus auf dem Hauptplatz wurde restauriert, weitere Gebäude erhielten ein barockes Antlitz. Die gotische Pfarrkirche wurde im neoromanischen Stil umgebaut. Das Kastell Radol'a (16./17. Jh.) beherbergt ein historisches Museum. Der Ort ist ein idealer Ausgangspunkt für Wanderungen und Klettertouren in den Beskiden; Baden im Gebirgsfluß Kysuca ist möglich.

Liptovský Hrádok

Der Name dieser wirtschaftlich kargen, landschaftlich jedoch herrlichen Region fand Eingang in zahllose Kochbücher der Kalten Küche: Der *Liptauer* (Schafskäse) leitet seinen Namen von diesem Talkessel in der Nordslowakei ab. Die seit dem 13. Jh. besiedelte Region ist umgeben von den höchsten Gebirgszügen der Slowakei. Die am Zusammenfluß von Belá und Váh gelegene Stadt wurde erstmals 1341 erwähnt, eine Eisenhütte und ein „Kupferhammer" brachten im 18. Jh. Aufschwung. Die Ruine ist der Rest einer Wasserburg aus dem 14. Jh., das 1600 bis 1603 erbaute Kastell wurde restauriert und dient heute als Außenstelle des Liptovské múzeum in Ružomberok. Einmalig in der Slowakei ist das Försterstädtchen „Unter den Linden" (*Pod lipami*) – ein klassizistisches Wohngebiet beidseits einer Lindenallee.

Liptovský Svätý Mikuláš

Die im 13. Jh. gegründete Kreisstadt mit dem hl. Nikolaus im Wappen ist das Zentrum der Liptov-Region. Dem Heiligen ist auch die gotische Pfarrkirche (1280) geweiht, die im 15. Jh. zu einer dreischiffigen Basilika erweitert wurde. Die Pongrácovská kúria ist ein umgebautes

Durch die Schaffung der beiden Nationalparks Hohe Tatra und Niedere Tatra soll eine relativ intakte Landschaft wie beispielsweise hier bei Pribylina für die nächsten Generationen erhalten werden (links außen oben).

Der schneebedeckte Kriváň (2494 m) ist seit dem 19. Jh. ein nationales Symbol der Slowaken; er zierte auch das Wappen der ČSSR (Mitte oben).

Erholungsgebiet Liptovská Mara (links unten).

Stadt- und Kirchturm in Žilina (rechts innen).

Zwei der schönsten Eis- und Tropfsteinhöhlen des Landes: Demänovské jaskyne (beide rechts außen).

Renaissancegebäude; die Palatinská kúria (auch Seeligovský *dom* genannt, 17. Jh.) wurde als Komitatshaus genutzt. Im einst barokken, später dann klassizistisch umgestalteten Jesuitenkloster (1757 bis 1764) ist das Museum des Slowakischen Karstes (*Múzeum Slovenského krasu*) eingerichtet. Beachtung verdient auch die klassizistische Synagoge (1842-1846).

Martin

Mehr als durch seine Sehenswürdigkeiten ist der 1340 gegründete Ort für die Slowaken durch seinen Widerstand gegen die ungarische Vorherrschaft wichtig. Bis zum Jahre 1844 galt in Ungarn das Lateinische als Schriftsprache, und die Zulassung der slowakischen Sprache war trotz der Revolutionsjahre 1848/49 von den Behörden nicht vorgesehen. Es gab zahlreiche rechtliche Beschränkungen, die 1863 zur Gründung von „Matica slovenská" (etwa: *Slowakische Mutter*) führten. Die Vereinigung spielt in der heutigen Slowakei wieder eine wichtige Rolle. Das historische Gebäude des Vereins ist Nationales Kulturdenkmal. Martin ist zugleich die Stätte des (slowakischen) Nationalfriedhofs (*Národný cintorín*). Viele Schriftsteller, Theologen und Politiker fanden hier ihre letzte Ruhe. Dem hl. Martin geweiht ist die Pfarrkirche aus dem 13. Jh. Einige gotische Fresken konnten über Jahrhunderte gerettet werden.

Orava

Die Bergregion Orava, herrlich umgeben von Gebirgen, ist vielleicht das typischste ländliche Gebiet der Slowakei. Viele Traditionen wurden bis ins 20. Jh. bewahrt. Zeugnis davon gibt neben mehreren Dörfern das Museum der Volksarchitektur (*Múzeum ľudovej architektúry*) in Brestová. Orava meint stets auch die Burg (*oravský hrad*). Sie zählt zu den besterhaltenen mittelalterlichen Burgen im Lande – schön auf einem Felsen über dem Fluß Orava gelegen. Die oberen Teile stammen aus dem 13. Jh., zwischen 1483 und 1540 wurde der mittlere Teil hinzugefügt. In der unteren Burg ist der Thurzov palác sehenswert (zweite Hälfte des 16. Jh., 1906 neugotisch umgestaltet). Das Burgmuseum wurde bereits 1868 eingerichtet. Die Häuser unterhalb des Areals (*Oravský podzámok*) entstanden im 18. und 19. Jh. Siehe auch „Burgen – Schlösser – Residenzen".

Pribylina

Siehe „Volkskunst und Folkloretraditionen".

Ružomberok

So klingt heute das ehemals deutsche Wort Rosenberg, denn die Stadt am Ausläufer des Liptov-Tales war 1318 eine Gründung deutscher Bergleute. Aus dem 14. Jh. stammt die Pfarrkirche St. Andrä (*kostol svätého Ondreja*), die zunächst 1585 zum zweischiffigen Gotteshaus erweitert und später mehrfach umgestaltet wurde. Bis zum 16. Jh. erlangte der Ort auf Grund seiner wirtschaftlichen Bedeutung zahlreiche Privilegien. Im 17. Jh. kam es zur Entwicklung des Zunftwesens, woran einige Handwerkerhäuser des 18. Jh. erinnern. Rosenberg war eine der ersten Städte Ungarns, in denen im 19. Jh. Industriebetriebe angesiedelt wurden. Auch heute prägt die Industrie, etwa eine Stahlhütte und eine Papierfabrik, das Stadtbild.

Súl'ovské skaly

Siehe das Kapitel „Reisen in die Naturparadiese".

Žilina

Als Sillein erlangte die Gründung deutscher Siedler 1312 die Stadtrechte, 1378 wurde da ein Rechtskodex verfaßt, woran sich das Gerichtswesen in Nordungarn orientierte. 1610 gab es hier die erste protestantische Vereinigung der heutigen Slowakei – die Silleiner Synode. Bis zum 18. Jh. waren viele Manufakturen entstanden, im 19. Jh. begann die Ansiedlung größerer Industriebetriebe, zumal die Ortschaft günstig an der Bahnstrecke nach Schlesien lag. Die Bürgerhäuser lassen kaum vermuten, daß es sich teilweise um Gebäude des 16. und 17. Jh. handelt. Die Dreifaltigkeitskirche (*kostol svätej Trojice*) stammt aus dem 15. Jh. Die sakralen Schöpfungen des 18. Jh., dieFranzikanerklosterkirche St. Barbara und die Jesuitenklosterkirche St. Paul, behielten ihren barocken Charakter. Die 1933-34 erbaute Synagoge (Architekt Peter Behrens aus Berlin) beherrscht den Hauptplatz. Das noch 1920-23 umgebaute Schloß Budatín mit romanischen Teilen beherbergt das Museum der Waag-Region (*Považské múzeum*).

Information
Ministerstvo hospodárstva
Slovenskej republiky
Mierova 19
82715 Bratislava

Festkalender
Liptovský Svätý Mikuláš: Wintersportveranstaltungen. Im Tal von **Vrátna (dolina)** Folklorefestival „Jánošíks Tag" (Jánošík gilt als der slowakische Robin Hood) im Juni. **Východná**: größtes Folklorefestival der Slowakei.

Tips
Schloß Budatín in **Žilina** mit Museum. **Čadca**: Wander- und Klettertouren durch die Beskiden; Heimatmuseum und Freilichtmuseum. Tropfstein- und Eishöhlen von **Demänová**. **Ilava,** Schloß Klobušice: historische Schau des Kleinhandels in der Slowakei. **Martin**: Ausstellungen im Botanischen Garten; Schau der Amateur- und Puppenbühnen. Burg **Oravský** hrad. Wanderungen durch das Naturschutzgebiet der Gesteinsformationen von **Súl'ovské skaly**. **Vrátna dolina** – eines der malerischsten Täler der Slowakei, das schönste Tal der Malá Fatra.

ČESKÁ REPUBLIKA
37
Cieszyn (Teschen)
Tc
Td
Te
Tf
Ua
51
52
53
54
55
WISŁA
JABLUNKOV
Istebna
Koniaków
Jaworzynka
Jablunkovský průsmyk
Mosty u Jablunkova
Hrádek
Bystřice
Oldřichovice
Morávka
Kamesznica
Milówka
Żywiec
Rajcza
Ujsoły
Zwardoń
Radziechowy
Węgierska Górka
Cisiec
Żabnica
Skalité
Svrčinovec
ČADCA
Oščadnica
Krásno nad Kysucou
TURZOVKA
Staškov-Olešná
Raková
Klokočov
Makov
Vysoká n. Kysucou
Kysucký Lieskovec
Ochodnica
KYSUCKÉ NOVÉ MESTO
Nesluša
Stará Bystrica
Nová Bystrica
Terchová
Belá
Varín
Strečno
ŽILINA
(SILLEIN)
BYTČA
Rajecké Teplice
RAJEC
VRÚTKY
MARTIN
Sučany
Turany
Kral'ovany
Stankov
L'ubochňa
Kopa
Krpel'any
POVAŽSKÁ BYSTRICA
Považské Podhradie
Kolárovice
Predmier
Hričovské Podhradie
Teplička n. Váhom
Rosina
Višňové
Kostol'any
Turč. Peter
Bystrička
Priekopa
Valča
Benice
Rakovo
Klášstor p. Znievom
Kláštorské lúky
Čičmany
Fačkov
Fačkovské sedlo
Kl'ak
Domaniža
Prečín
Šútovský vodopad
Kornietová
Madačov
Kundračka
Borišov
Velká Fatra
Malá Fatra
Kysucké Beskydy
Javorníky
Sulovské vrchy
Turzovská vrchovina
Kysucká vrchovina
Beskid Śląski
Beskid Żywiecki
Vojtovský prameň
Ochodnický prameň
Korniansky ropný prameň
Bukovský prameň
Klokočovské skálie
Rochovica
Vel'. Rača
Wielka Racza
Vychylovské skálie
Prah riečky Vychylovky
Terchová
Tiesňavy
Vel'. Rozsutec
Vel'ký Kriváň
Chleb
Šrámková
Súl'ovské skaly
Súl'ovský hrad
j. Šarkania diera
Maninska úžina
Polusvianska skalná ihla
Slnečné skaly
Turská skala
hrad Strečno
Sklabinský Podzámok
Vel'ký Polom
Malý Polom
Lysá h.
Travný
vod. n. Krpel'any
Prievidza (Priwitz)
81
Kremnica (Kremnitz)
SLOVENSKÁ REPUBLIKA
Trenčín (Trentschin)
Valašské Meziříčí
Ostrava (Ostrau)

POLSKA
Wadowice
Krakow
Nowy Sad
Nowy Targ
Javorina
Spišská Belá
Poprad
Uc
Ud
Ue
Uf
Zawoja
JORDANÓW
Skomielna Biała
Luboń Wielki
RABKA
Chabówka
Skawa
NOWY ŚWIAT
Spytkowice
Raba Wyżna
Rokiciny Podhal.
Rdzawka
Sieniawa
Podwilk
Zubrzyca Grn.
Zubrzyca Dln.
Jabłonka
Lipnica Wlk.
Lipnica Mł.
Orawka
Pieniążkowice
Piekielnik
Czarny Dunajec
NOWY TARG
Ludźmierz
Chyżne
Chyżne/Trstena
Babia Góra
BABIOGÓRSKI PARK NARODOWY
Babia hora
Pilsko
Tisovnica
Slaná Voda
Rabčice
Oravská Polhora
Rabča
Horná Orava
Oravské Veselé
Mútne
Námestovo
NÁMESTOVO
Klinské rašelinisko
vod. nádrž Orava
Slanický ostrov
Zubrohlava
Bobrov
Lodenica Stará hora
Vavrečka
Oravská Jasenica
Breza
Zákamenné
Poriečie
Beňadovo
Lokca
Ťapešovo
Štefanov nad Oravou
TRSTENÁ
Liesek
Čimhová
Vitanová
Brezovica
TVRDOŠÍN
Nižná
Podbiel
Hruštín
Babin
Vaňovka
Lomná
Krušetnica
Oravice
Oravský hrad
Oravský Podzámok
Dlhá n. Oravou
Sedliacka Dubová
Hor. Lehota
Krivá
Oravský Biely Potok
Habovka
Múzeum oravskej dediny
Zuberec
Osobitá
Roháče
Jelšava
Mokrad
Medzibrodie nad Oravou
Zásklie
DOLNÝ KUBÍN
MEDZIHRADNÉ
Bziny
Pucov
Pribiš
Rakytinka
Chlebnice
Sušava
Srňacie
Pokryváč
Leštiny
Vyšný Kubín
Osádka
Malatiná
Chočské vrchy
Veľký Choč
Magura
Valaská Dubová
Lúčky
Kalameny
Lipt. Anna
Ižipovce
Bukovina
Prosiek
Prosiecka dolina
Kvačianska dolina
Kvačany
Dlhá Lúka
Huty
Ostrý
Sivý v.
Salatín
Roháčske plesá
Kotlový žľab
Jakubiná
Baranec
TANAP
ZÁPADNÉ TATRY
Kriváň
Podbanské
Zakopane
ZAKOPANE
Stary cmentarz
Kuźnice
Kościelisko
Witów
Chochołów
Dzianisz
Ząb
Poronin
Bukowina Tatrzańska
Białka Tatrzańska
Maruszyna
Szaflary
Biały Dunajec
TATRZAŃSKI PARK
Giewont
Kasprowy Wierch
Świnica
Kamienista
Starorobociański Wierch
Trzydniowiański Wierch
Bystrá
Ornak
Chochołowska Dolina
Kościeliska Dolina
Sucha Hora
Hladovka
Sosnina
Podczerwone
Skrzypne
Liptovský Trnovec
Pavlova Ves
Bobrovec
Smrečany
Trstené
Konská
Račkova dolina
Esperanto
Jakubovany
Pribylina
Múzeum lipt. dediny
Liptovská Kokava
Vavrišovo
Jamník
Východná
Važec
Važecká jas.
Hybe
Dovalovo
LIPT. HRÁDOK
Lipt. Peter
Lipt. Ján
Lipt. Porúbka
Kráľova Lehota
LIPT. MIKULÁŠ
Lipt. Ondrej
Vitálišovce
Beňadiková
Okoličné
Demänová
Ploštín
Bodický rybník
Pavčina Lehota
Demänovská ľadová j.
Demänovská j. Slobody
Demänovská dolina
Chopok
Ďumbier
Kosodrevina
Tri Domčeky
Ohnište
Malužiná
Nižná Boca
Kráľova hoľa
Nízke Tatry
Národný park
Čierny Váh
vod. n. Liptovská Mara
Besenová
Sala-Dechtáre
Beňušovce
Vyšný Sliač
Partizánska Ľupča
Ľubeľa
Dúbrava
Krmeš
Galovany
Potok
Bobrovník
Bešeňovské travertíny
Liptovská Teplá
Lisková
Likavka
Martinček
RUŽOMBEROK (ROSENBERG)
Biely Potok
Ludrová
Lipt. Štiavnica
Lipt. Kľačany
Salatín
Liptovská Lúžna
Magurka
Chabenec
Brankov
Korbielów
Sopotnia Mała
Jeleśnia
Przyborów
Krzyżowa
Koszarawa
Mędralowa
Rabka
Bystra
Cichy Dunajec
Rez. przyrody nieożywionej Skałka Rogoźnicka
Kojiowka
Ratułów
Nowe Bystre
Gubałówka
Bachledzki Wierch
Pajakówka
Gruszki
Furmanowa
Palenica Kościeliska
Hruby Regiel
Ciemniak
Krokiew
Kopa Kondracka
Przeł. Liliowe
Tomanowe Przełecz
Wołowiec
Lipt. Sv. Peter
Bystrica (Neusohl)
Banská Bystrica (Neusohl)
84

Nordslowakei und Zipser Land

Auf Einladung der Könige von Ungarn gründeten deutsche Siedler seit dem 12. Jahrhundert die Zipser Königsstädte. Auch in den abgelegenen Tälern der Nordslowakei trifft man auf Kulturdenkmäler von europäischem Rang, so auf das mittelalterliche Stadtbild von Bardejov.

Bardejov

Drei Namen hat die Stadt in ihrer über sechshundertjährigen Geschichte: Bartfeld hieß sie bei der Gründung Anfang des 14. Jh. durch deutsche Siedler – zuerst erwähnt ist sie 1247 in Verbindung mit einem Zisterzienserkloster jenseits der polnischen Grenze. Die Ungarn nannten den Ort Bártfa und erst seit der Gründung der Tschecho-Slowakei 1918 bürgerte sich der slowakische Name ein. Die denkmalgeschützte Stadt gehört mit ihrem quadratischen Grundriß und nach aufwendiger Restaurierung zu den schönsten slowakischen Kreisstädten. Sie erhielt sogar eine Auszeichnung der UNESCO für die vorbildliche Wiederherstellung des historischen Stadtkerns. 1375 war Bartfeld freie Königsstadt. Ihre Blüte erlebte sie im 15. und 16. Jh., wovon vieles, wenn auch renoviert und rekonstruiert, in der alten Form erhalten blieb. Wenige Städte Mitteleuropas weisen ein so geschlossenes Stadtbild auf. Von den siebzehn Basteien der Stadtbefestigung, gebaut in zwei Schüben (1352-76 und 1420-32), blieben immerhin elf erhalten, die massivsten werden barbakán genannt. Von den Profanbauten muß in erster Linie das gotische Rathaus erwähnt werden, das Renaissanceelemente enthält. 1505 wurde mit dem Bau begonnen, sechs Jahre später war er fertig. Vierhundert Jahre später richtete man darin ein Museum ein: das Šarišské múzeum. Großartig ist neben den Originalportalen und den Fresken die Kassettendekke im Ratssaal. Die meisten Häuser auf dem Hauptplatz haben einen gotischen Kern, ergänzt wurden sie in der Renaissanceepoche. Das älteste Gotteshaus am Ort – kostol svätého Egídia – ist Nationales Kulturdenkmal. Die Basilika wurde um 1360/70 erbaut, 1427 war sie vollendet. Das Netzgewölbe wurde in der zweiten Hälfte des 15. Jh. angebracht, die Innenausstattung war um das Jahr 1518 beendet. Außerordentlich kostbar ist die Einrichtung der Ägidiuskirche. Fast ein Dutzend Seitenaltäre (11) dürfte das Wertvollste des Mobiliars sein. Die gotische Kirche des Johannes des Täufers (*kostol svätého Jána Krstitel'a*) wurde ebenfalls in der zweiten Hälfte des 14. Jh. erbaut und später umgestaltet.

Červený Kláštor

Das Areal des ehemaligen Kartäuserklosters ist gemeinsam mit der Kirche des hl. Romuald Nationales Kulturdenkmal. An der Furt des wilden Dunajec entstand dieses Kloster, das sich in der unwirtlichen Gegend recht gut von der Maut nährte. Die Mönche unterhielten neben einer Herberge für Reisende auch ein Bedürftigen-Hospital. Trotz der Zerstörungen im 15. Jh. blieben einige Teile des Klosters erhalten, worin ein kleines volkskundliches und ein histo-

In Bardejov ist noch die mittelalterliche Befestigung vorhanden (links außen).

Bardejov: Das Alte Rathaus birgt heute ein wichtiges Museum (links unten).

Ikonen zieren die orthodoxen Kirchen (links Mitte).

Das Renaissancerathaus von Levoča (Mitte oben).

Landschaft des Liptauer Schafskäses (Mitte unten).

Die Dominante von Prešov (rechts unten).

risches Museum eingerichtet sind; ein Raum dient als schlichtes barockes Apothekenmuseum. In der (meist verschlossenen) Kirche ist das massive gotische Kreuzrippengewölbe ebenso erwähnenswert wie die (restaurierten) Fresken. 1705 übernahm der Orden der Kamaldulenser das Kloster, 1747 wurde die im Rokokostil umgestaltete Kirche mit herrlichen Stukkaturen neu geweiht. Zu jener Zeit entstand auch der markante Turm des Abts.

Domašská priehradná nádrž (Stausee)

15 km ist der Ondava-Stausee lang, der verhindert, daß die alljährlich befürchtete Überschwemmung von Latorica und Bodrog verheerende Schäden anrichtet. An mehreren Stellen bestehen preiswerte Erholungs- und Wassersportmöglichkeiten.

Humenné

Im Park des Renaissanceschlosses steht eine orthodoxe Holzkirche von 1754 mit einer herrlichen Ikonostase. Weniger beschaulich sind die Anlagen der Chemieindustrie im Ort, die freilich angesiedelt wurde, weil das Städtchen in der kargen Gegend des Zemplín-Mittegebirges im wirtschaftlichen Abseits lag. Schon der Ortsname verrät etwas davon: Übersetzt heißt er Scheuer, Tenne. Das Schloß (Heimatmuseum) wurde seit 1610 mehrfach umgebaut, nach Kriegsschäden restauriert.

Kežmarok

Seit dem 13. Jh. ist die nun denkmalgeschützte Stadt, weil von deutschen Siedlern gegründet, zunächst als Käsmarkt bekannt. 1269 wurden ihr die Stadtrechte verliehen, ab 1380 durfte sie sich als freie Königsstadt bezeichnen. Mehr als zweihundert Jahre (1358-1570!) hat Käsmarkt mit Leutschau (*Levoča*) einen Handelskrieg geführt. 1720 wurde die Stadt Eigentümerin der Burg, die zum Schloß umgestaltet wurde. Im 18. Jh. blüht in Käsmarkt das Zunftwesen, Handwerksbetriebe erleben einen Aufschwung, im 19. Jh. nimmt die Zahl der Manufakturen zu. Vieles erinnert im Stadtbild an diese Zeiten: Das Städtische Museum (*Mestské múzeum*) im Burgschloß der siebenbürgischen Gründerfamilie Zápolya zeigt eine Fülle interessanter Objekte. Das Rathaus, 1461 erbaut, 1543 umgebaut, trägt noch Spuren der Renaissance. 1799 erhielt es das klassizistische Aussehen. Ebenfalls dem Klassizismus verpflichtet ist das Konzerthaus (*Reduta*, 1818). Die Heilig-Kreuz-Pfarrkirche (*kostol svätého Kríža*) ist eine Schöpfung des 15. Jh., wobei romanische Elemente einbezogen wurden. Zwei gotische Seitenaltäre und der spätgotische Hauptaltar sind das wertvollste am Interieur. Der Renaissanceglockenturm, versehen mit schönen Sgraffiti, ist eines der Wahrzeichen der Stadt. Die Paulinenkirche ist barock gehalten. Nationales Kulturdenkmal ist die evangelische Holzkirche (1717-19).

Levoča

Das Zentrum der deutschsprachigen Zips wurde im 13. Jh. gegründet, 1321 wurde es zur freien Königsstadt erklärt. Zugleich erhielt die Stadt das Recht, Salz zu lagern – Grund genug für einen zweihundertjährigen Handelskrieg mit Käsmarkt (*Kežmarok*). Bis ins 17. Jh. war Leutschau ein mächtiges Handelszentrum. Die mittelalterliche Stadt, deren Kern denkmalgeschützt ist, gehörte zu den größten Siedlungsgebieten Ungarns. Das Rathaus (1615 umgebaut, 1893 bis 1895 zurechtfrisiert) mit schönen Fresken und eine Anzahl historischer Bürgerhäuser versinnbildlichen neben der Stadtbefestigung den einstigen Reichtum. Die Stellung des Klerus wird am besten in der St.-Jakob-Pfarrkirche deutlich. Ihre ältesten Teile stammen aus dem 13./14. Jh., bis ins 16./17. Jh. wurden größere Ergänzungen vorgenommen. Die größte Attraktion – eine der wichtigsten Sehenswürdigkeiten der Stadt – ist der 19 m

Information
Ministerstvo hospodárstva
Slovenskej republiky
Mierova 19
82715 Bratislava

Festkalender
Červený Kláštor: Bergfolklorefestival im Juni; Wildwasserslalomwettbewerb. **Humenné**: Frühlingsmusikfestival. **Poprad**: Tatrafestival der Kinderblasorchester im Juni. **Ždiar**: Folklorefestivals im Sommer.

Tips
Bardejov: Stadtbesichtigung sowie Šarišské múzeum mit wunderbaren Ikonen. **Bardejovské kúpele**: Freilichtmuseum der Volksarchitektur (30 Objekte). Stausee **Domašská priehradná nádrž**: ausgezeichnete Wassersportmöglichkeiten. **Levoča**: Hauptaltar der St.-Jakob-Kirche. **Prešov**: Regionalmuseum, dort die Ausstellung „Der Mensch und das Feuer". **Ždiar**: typisches, eingerichtetes Gebirgshaus (*Ždiarsky dom*); an Feiertagen werden Trachten ausgeführt. Sehenswert außerdem: **Kežmarok** sowie alle Orte, die mit Spiš anfangen.

Nowy Sącz
Rabka
Tarnów
Va
Vb
Vc
Vd
Ve
51
52
53
54
55
Zakopane
Liptovský Hradec
Banská Bystrica
Rožňava
Niedźwiedź
Konina
Lubomierz
Wielki Wierch
Szczawa
Kamienica
Zabrzeż
Łącko
Siekierczyna
Przyszowa
Łukowica
Tylmanowa
Ochotnica Dln.
Ochotnica Grn.
Gorczański Park Narodowy
Turbacz
Gorc
Kudłoń
Kotlina
KOWANIEC
NOWY TARG
Waksmund
Ostrowsko
Łopuszna
Harklowa
Dębno
Kościół drewniany XV w.
Maniowy
Mizerna
Kluszkowce
Czorsztyn
Krościenko n. Dunajcem
SZCZAWNICA
PIENIŃSKI PARK NARODOWY
Trzy Korony
Frydman
Krempachy
Łapsze Niżne
Łapsze Wyżne
Kacwin
Niedzica
Szaflary
Biały Dunajec
Bukowina Tatrzańska
Jurgów
Chełmiec
Świniarsko
NOWY SĄCZ
STARY SĄCZ
Podegrodzie
Gostwica
Barcice Dln.
Rytro
Piwniczna
Przehyba
Radziejowa
Sucha Struga
Kosarzyska
Zeniowska
Mnisek n. Popradom
Mníšek n. Popradom
Eliaszówka
Hraničné
Litmanová
Jarabina
Kremná
Jarabinský prielom
STARÁ ĽUBOVŇA
Ľubovniansky hrad
Nová Ľubovňa
Podsadek
Chmeľnica
Hniezdne
Forbasy
Kolačkov
Jakubany
Šambron
Repisko
PODOLÍNEC
Lomnička
Kotník
Ružbachy
Vyš. Ružbachy
Travertínové jaz. Kráter
Niž. Ružbachy
Lacková
Toporec
Vojňany
Podhorany
Slovenská Ves
Holumnica
Lendak
Tatranská Kotlina
Belianska j.
Ždiar
Jezerské jaz.
Bachledova dolina
Podspády
Javorina
Lysa Polana/Javorina
Havran
Lomnický štít
Tatranská Lomnica
Kežmarské Žľaby
SPIŠSKÁ BELÁ
Strážky
KEŽMAROK
James
Malý Slavkov
Mlynčeky
Rakúsy
Eurocamp FICC
Sportcamp
Stará Lesná
Veľká Lomnica
Huncovce
Mlynica
STARÝ SMOKOVEC
Hrebienok
Gerlachovský štít
Vysoké Tatry
Tatranská Polianka
N. Polianka
Štrbské Pleso
Tatranská Štrba
Štrba
Batizovce
Stôla
Gerlachov
Tatracamp
Veľ. Slavkov
SPIŠSKÁ SOBOTA
POPRAD
SVIT
Lučivná
Spišská Teplica
Matejovce
Hozelec
Švábovce
Gánovce
Gánovské travertíny
Ondrej
Hôrka
Machalovce
Vrbov
Žakovce
Ľubica
Tvarožná
Levočská Dolina
Levočské kúpele
LEVOČA
Dravce
Spišský Štvrtok
Primlyne
Kurimany
Iliašovce
Arnutovce
Letanovce
Smižany
SPIŠSKÁ N. VES
Harichovce
Hrabušice
Prielom Hornádu
Kláštorisko
Čertova diera
Spišský Hrhov
Spišské Podhradie
Sivá Brada
Nemešany
Domaňovce
Jamník
Bystrany
Spišský Štiavnik
Vydrník
Hranovnica
Betlanovce
Spišské Bystré
Vikartovce
Kravany
Liptovská Teplička
Vyšná-Šuňava
Nižná-
Nízke Tatry
Haligovce
Haligovské skaly
Červený Kláštor
Majere
Lesnica
Prielom Dunajca
Veľ. Lipník
Spišská St. Ves
Matiašovce
Spišské Hanušovce
Malá Franková
Zálesie
Havka
Veľ. Lesná
Veterný vrch
Kamienka
Levočské vrchy
Spišská Magura
Bušovce
Krížová Ves
Ihla
Majerka
Torysky
Nižné Repaše
Vyš. Repaše
Oľšavica
Uloža
Pavľany
Jablonov
Krížový v.
Javorina
Hradisko
Vlkovce
Bukovinka
Dlhé Stráže
Pikovce
Vlková
Levkovce
Abrahámovce
Jánovce
Čenčice
85

POLSKA
Jasło
Vf
Wa
Wb
Wc
Wd
GORLICE
GRYBÓW
Biała Niżna
Stróże
Kružlowa Wyżna
Siołkowa
Rosochatka
Gródek
Szymbark
Ropa
Ropica Dln.
Bystra
Dominikowice
Kryg
Bednarka
Cieklin
Dulabka
Wola Dębowiecka
Osiek Jasielski
Zawadka
Dobrynia
Krempna
Folusz
Pielgrzymka
Nienaszów
Nw. Żmigród
Siedliska
Mytarz
Samokleski
Mrukowa
Skalnik
Kąty
Magura Wątkowska
Magura Małastowska
Rez. krajobrazowy Kornuty
Bartne
Bodaki
Pstrążne
Mecińska Góra
Sękowa
Owczary
Małastów
Dziamera
Bielanka
Łosie
Wawrzka
Florynka
Binczarowa
Bogusza
Królowa Grn.
Ptaszkowa
Kąclowa
Tokarnia
Łabowa
Kamianna
Kotów
Polany
Kiczera Wielka
Brunary
Klimkówka
Czarna
Homola
Kunkowa
Uście Gorlickie
Śnietnica
Stawisza
Gładyszów
Smerekowiec
Skwirtne
Regietów
Zdynia
Kamienny Wiercz
Bacówka w Bartnem
Mareszka
Wołowiec
Uherce
Dąb
Kolanin
Jaworze
Deszczna
Kamień
Cerkiew drewniana
Myscowa
Polany
Huta Krempska
Żydowska Góra
Roztajne
Czarne
Przeł. Dujawa
Radocyna
Wyszowatka
Grab
Przeł. Beskid
Nw. Wieś
Berest
Piorunka
Czyrna
Uhryń
Łosie
Roztoka Wlk.
Huta
Mochnaczka Wyż na
Mochnaczka Niżna
Banica
Ropki
Zbójecka Piwnica
Ostry Wierch
Lackowa
Przeł. Beskid
Hańczowa
Wysowa
Blechnarka
Przeł. Wysowska
Jaworzyna
Becherovská tiesňa
Regetovka
Stebnícka Huta
Wierch nad Kamieniem
SŁOTWINY
KRYNICA
Jaworzyna
Tylicz
Muszynka
Przeł. Tylicka
Powroźnik
Złockie
MUSZYNA
WAPIENNE
Legnava
Kurčinská Magura
Leluchow
Muszyna/Plaveč
Orlov
Frička
Cigeľka
Busov
Staviská
Vyš. Tvarožec
Stebník
Becherov
Jedlinka
Ondavka
Vyš. Polianka
Varadka
Niž. Polianka
Hutka
Roztoky
Vyš. Mirošov
Niž. Mirošov
Mikulášová
Smilno
Chmeľová
Dubová
Keckovce
Svidnička
Belejovce
Kružlová
Vyš. Jedľová
Vyš. Orlík
Niž. Orlík
Zborov
Zborovský hrad. vrch
Stebnícka Magura
Magura
Niž. Tvarožec
Cigla
Šarišské Čierne
Javorník
Skanzen
Bardejovské Kúpele
Dlhá Lúka
Andrejová
Kačalová
Kurimka
Hažlín
Jurkova Voľa
Čierna hora
Cernina
SVIDNÍK
Krosno
Javor
Hrabské
Kurov
Snakov
Gerlachov
Sverżov
Tarnov
Mokroluh
Lenartov
Malcov
Kružlovská Huta
Kružlov
Lukov
Kavé
Obručné
Ruská Voľa nad Popradom
Čirč
Murjanik
Malý Minčol
Podpilie
Ľubotín
Plaveč
Bogliarka
Richvald
Mihaľov
BARDEJOV
Komárov
Bardejovská Nová Ves
Beloveža
Hrabovec
Brezovka
Ortuťová
Lipová
Rovné
Hrabovčík
Šarišské Jastrabie
Livovská Huta
Livov
Herľartov
Lukavica
Kľušov
Rešov
Poliakovce
Vyš. Voľa
Niž. Voľa
Šašová
Dubinné
Mlynárovce
Rakovčík
Beňadikovce
Kurima
Kožany
Šarišský Štiavnik
Radoma
Minčol
Vislanka
Kríže
Šiba
Hertník
Kobyly
Bartošovce
Fričkovce
Hankovce
Oľšavce
Kučín
Šapinec
Kyjov
Kamenický hrad
Kamenica
Potoky
Hanigovský hrad
Majdan
Olejníkov
Sclisko
V. Javorina
Bukový v.
Čergov
Janovce
Kochanovce
Porúbka
Štefurov
Okrúhle
Oľšov
Lúčka
Milpoš
Hanigovce
Krivany
Šarišské Dravce
LIPANY
Torysa
Ďačov
L'utina
Lysanka
Lysá
Jakovany
Osikov
Vaniškovce
Trocany
Abrahámovce
Marhaň
Valkovce
Lascov
Červenica pri Sabinove
Červená Voda
Javorina
Geraltov
Vyš. Šebastová
Niž. Šebastová
Raslavice
Buclovany
Koprivnica
Stuľany
Lopúchov
Brezov
Radomka
Ďubovica
Rožkovany
Pečovská N. Ves
Jakubova Voľa
Holcija
Vysoká
Mošurov
Jakubovany
Ratvaj
Demjata
Dukovce
Želmanovce
Kalnište
Želmanovce - Dukovce
Kuková
Lúčka
GIRALTOVCE
Fijaš
Kobylnice
Niž. Slavkov
Bachureň
Renčišov
SABINOV
Uzovský Šalgov
Orkucany
Šarišské Sokolovce
Uzovce
Hlubošovce
Terňa
Veľ. Slivník
Záhradné
Tulčík
Podhorany
Proč
Pušovce
Kračúnovce
Železník
Mičakovce
Uzovské Pekľany
Ražňany
Šarišské Michaľany
Gregorovce
Kanaš
Stráž
Kapušiansky hrad. vrch
Fulianka
Chmeľovec
Čelovce
Chmeľov
Podhrabina
Babie
Matiaška
Vyš. Slavkov
Lipovce
Ostrovany
Šarišský hrad. vrch
Šarišský hrad
Fintice
Kapušany
Nemcovce
Tal'ka
Radvanovce
Medzianky
Vlača
Ďurďoš
Prosačov
Smrekovica
Štefanovce
Jarovnice
Hermanovce
Daletice
Medzany
Veľký Šariš
Dúbrava
Šarišské Lúky
Trnkov
Lipníky
Šarišská Poruba
Grodzin
Remeniky
Šindliar
Poľanovce
Patria
Fričovce
Hendrichovce
Bertotovce
Lažany
Chminianska Nová Ves
Svinia
Župčany
Malý Šariš
Torysa
Lubotica
Severná
Okružná
Pavlovce
HANUŠOVCE Nad Topľou
Topľa
Bystré
Siroké
Harakovce
motorest Branisko
Chminianske Jakubovany
Chmiňany
Kojatice
Ondrašovce
Šarišské Lúžianky
Kojatická Dolina
Rokycany
Cemjata
PREŠOV
Šalgovík
Teriakovce
Podhradík
Tri chotáre
Petrovce
Hermanovce n. Topľou
Zlatník
Oblík
Trebišov
Svinka
Sľubica
Víťaz
Križovany
Brežany
Solivar
Ruská Nová Ves
Slatvina
Ovčie
Hrabkov
Žipov
Bzenov
Dulova Ves
Sigord
Zlatá Baňa
Šimonka
Hlinné
Vojkovce
Hrišovce
Dolina
Bajerov
Kračany
Janov
Haniska
motel Stop
Radatice
Záborské
Kokošovce
Abranovce
Kaľava
Klenov
Košice
Šarišská vrchovina
Slanské vrchy
Ondavská vrchovina
Čergov
Busov
Nízke Beskydy
Beskid Niski
Levočské vrchy
88

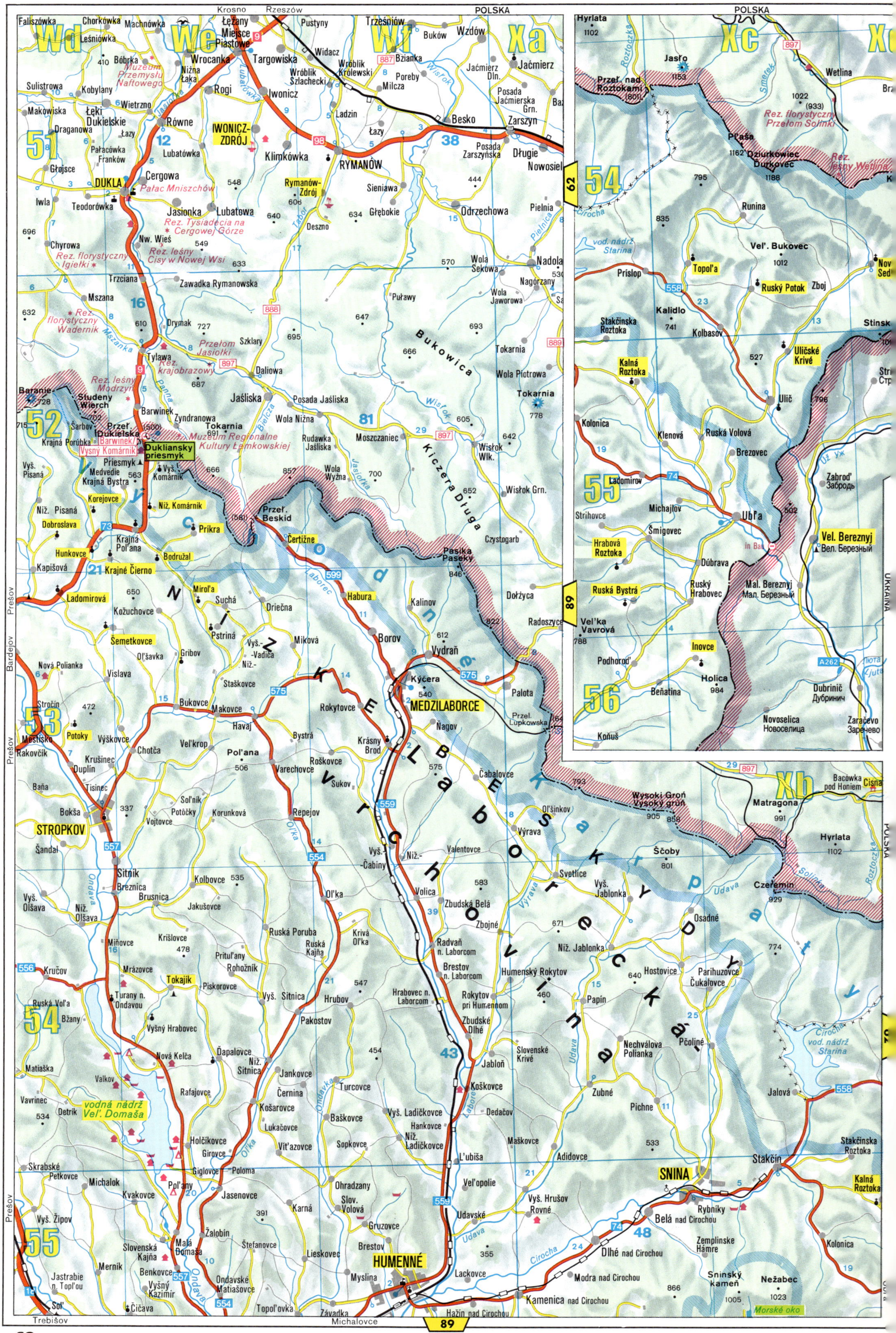

Krosno
Rzeszów
POLSKA
Wd
We
Wf
Xa
Xb
Xc
Faliszówka
Chorkówka
Machnówka
Leśniówka
Łężany
Miejsce Piastowe
Pustyny
Trzęsiniów
Bzianka
Buków
Wzdów
Jaćmierz
Jaćmierz Dln.
Bóbrka
Muzeum Przemysłu Naftowego
Wrocanka
Targowiska
Widacz
Wróblik Szlachecki
Wróblik Królewski
Poreby
Milcza
Posada Jaćmierska Grn.
Sulistrowa
Kobylany
Niżna Łąka
Rogi
Iwonicz
Makowiska
Łęki Dukielskie
Wietrzno
Równe
IWONICZ-ZDRÓJ
Ladzin
Łazy
Besko
Zarszyn
Draganowa
Łazy
Posada Zarszyńska
Długie
Nowosielce
Pałacówka
Franków
Lubatówka
Klimkówka
RYMANÓW
Głojsce
Cergowa
Pałac Mniszchów
DUKLA
Rymanów-Zdrój
Sieniawa
Iwla
Teodorówka
Jasionka
Lubatowa
Głębokie
Odrzechowa
Pielnia
Rez. Tysiadecia na Cergowej Górze
Deszno
Nw. Wieś
Chyrowa
Rez. florystyczny Igiełki
Rez. leśny Cisy w Nowej Wsi
Wola Sekowa
Nadolany
Trzciana
Zawadka Rymanowska
Nagórzany
Mszana
Puławy
Wola Jaworowa
Rez. florystyczny Wadernik
Drymak
Szklary
Bukowica
Tokarnia
Tylawa
Rez. krajobrazowy
Przełom Jasiołki
Daliowa
Wola Piotrowa
Baranie
Rez. leśny Modrzyna
Studeny Wierch
Jaśliska
Posada Jaśliska
Tokarnia
Barwinek
Zyndranowa
Wola Niżna
Šarbov
Przeł. Dukielska
Tokarnia
Muzeum Regionalne Kultury Łemkowskiej
Rudawka Jaśliska
Moszczaniec
Wisłok Wlk.
Krajná Porúbka
Barwinek
Vyšný Komárnik
Dukliansky priesmyk
Kiczera Długa
Vyš. Pisaná
Medvedie
Priesmyk
Vyš. Komárnik
Wola Wyżna
Wisłok Grn.
Krajná Bystrá
Niž. Pisaná
Korejovce
Niž. Komárnik
Przeł. Beskid
Dobroslava
Prikra
Czystogarb
Hunkovce
Krajná Poľana
Čertižné
Pasika Paseky
Kapišová
Bodružal
Krajné Čierno
Habura
Dołżyca
Ladomirová
Miroľa
Kalinov
Kožuchovce
Suchá
Driečna
Radoszyce
Pstriná
Borov
Šemetkovce
Vyš. Vadíča
Niž.
Miková
Vydraň
Nová Polianka
Oľšavka
Gribov
Kýčera
Vislava
Staškovce
Palota
Stročín
Bukovce
Makovce
Rokytovce
MEDZILABORCE
Przeł. Łupkowska
Potoky
Havaj
Nagov
Mestisko
Rakovčík
Výškovce
Chotča
Veľkrop
Bystrá
Krásny Brod
Krušinec
Duplin
Poľana
Roškovce
Čabalovce
Varechovce
Sukov
Baňa
Tisinec
Soľník
Potôčky
Oľšinkov
Bokša
Vojtovce
Korunková
Repejov
Výrava
STROPKOV
Šandal
Vyš. Čabiny
Niž.
Valentovce
Sitník
Breznica
Brusnica
Kolbovce
Jakušovce
Oľka
Volica
Zbudská Belá
Vyš. Oľšava
Niž. Oľšava
Zbojné
Krišlovce
Ruská Poruba
Ruská Kajňa
Kriva Oľka
Radvaň n. Laborcom
Miňovce
Priituľany
Rohožník
Brestov n. Laborcom
Kručov
Mrázovce
Tokajík
Piskorovce
Turany n. Ondavou
Vyš. Sitnica
Hrubov
Hrabovec n. Laborcom
Rokytov pri Humennom
Ruská Voľa
Bžany
Vyšný Hrabovec
Pakostov
Zbudské Dlhé
Nová Kelča
Ďapalovce
Niž. Sitnica
Jankovce
Jabloň
Matiaška
Valkov
Černina
Turcovce
Koškovce
Rafajovce
Košarovce
Vavrinec
Detrík
vodná nádrž Veľ. Domaša
Baškovce
Vyš. Ladičkovce
Dedačov
Lukačovce
Hankovce
Niž. Ladičkovce
Holčíkovce
Vit'azovce
Sopkovce
Girovce
Ľubiša
Skrabské
Giglovce
Poloma
Petkovce
Michalok
Ohradzany
Veľ'opolie
Kvakovce
Poľany
Jasenovce
Slov. Volová
Vyš. Žipov
Udavské
Gruzovce
Žalobín
Štefanovce
Brestov
Slovenská Kajňa
Malá Domaša
Mernik
Lieskovec
HUMENNÉ
Benkovce
Jastrabie n. Topľou
Vyšný Kazimír
Ondavské Matiašovce
Myslina
Lackovce
Soľ
Čičava
Topoľovka
Závadka
Hažín nad Cirochou
Trebišov
Michalovce
Bardejov
Prešov
Nízke Beskydy
Laborecká vrchovina
Bukovské vrchy
Ondavská vrchovina
Wysoki Groń Vysoký grúň
Svetlice
Vyš. Jablonka
Ščoby
Czeremcha
Niž. Jablonka
Osadné
Humenský Rokytov
Hostovice
Parihuzovce
Čukalovce
Papín
Nechválova Polianka
Pčoliné
Slovenské Krivé
Zubné
Pichne
Jalová
Maškovce
Adidovce
SNINA
Stakčín
Stakčínska Roztoka
Vyš. Hrušov
Rovné
Rybníky
Belá nad Cirochou
Zemplinske Hámre
Dlhé nad Cirochou
Modrá nad Cirochou
Kamenica nad Cirochou
Sninský kameň
Nežabec
Morské oko
Kolonica
Udava
Cirocha
Matragona
Hyrlata
Bacówka pod Honiem
Cisna
Jasło
Przeł. nad Roztokami
Wetlina
Rez. florystyczny Przełom Solinki
Płaša
Dziurkowiec Durkovec
Rez. leśny Wetlina
Runina
vod. nádrž Starina
Veľ. Bukovec
Topoľa
Prislop
Ruský Potok
Zboj
Kalidlo
Kolbasov
Stakčínska Roztoka
Uličské Krivé
Kalná Roztoka
Ulič
Kolonica
Klenová
Ruská Volová
Brezovec
Ladomirov
Zabrod' Забродь
Strihovce
Michajlov
Ubľa
Šmigovec
Vel. Bereznyj Вел. Березный
Hrabová Roztoka
Dúbrava
Ruská Bystrá
Ruský Hrabovec
Mal. Bereznyj Мал. Березный
Vel'ka Vavrová
Inovce
Podhorod'
Holica
Beňatina
Dubrinič Дубринич
Novoselica Новоселица
Zaračevo Заречево
Koňuš
UKRAJINA
POLSKA

hohe, 1517 vollendete holzgeschnitzte gotische Hauptaltar des Meisters Paul von Leutschau. Einer der Flügelaltäre berücksichtigte Vorlagen von Lucas Cranach.

Poprad
1271 gehörte die sächsische Gründung Deutschendorf zu den Zipser Königsstädten, die 1412 eine Vereinigung eingingen (Siehe „Spiš – Altsächsische Gebirgskultur".). Bis ins 16. Jh. dauerte das Wachstum an: Der mächtige Renaissanceglockenturm, im Jahre 1592 von U. Materer erbaut, wurde 1959 restauriert. Die Rokokoeinrichtung der St.-Ägidius-Kirche ist von spätromanischen und gotischen Elementen umgeben, ein Teil der Fresken (15. Jh.) blieb ebenfalls erhalten, darunter das älteste Panoramagemälde der Hohen Tatra. Im Ortsteil Spišská Sobota ziert eine Reihe von Bürgerhäusern aus dem 16. und 17. Jh. das Dorf. Die gotische Pfarrkirche gehört mit ihrem Interieur zu den wertvollsten Gotteshäusern der Slowakei.

Prešov
Drei Rosen zieren das Wappen der im 13. Jh. – bei dem heute denkmalgeschützten Salzbergwerk von Solivar (genannt Salzburg) – gegründeten Stadt. 1299 wurde Eperjes (ungarischer Name) aufgrund der regen Handelstätigkeit zur freien Königsstadt erhoben, 1374 wurden die königlichen Privilegien bestätigt. Über längeren Zeitraum war der Ort Sitz des *Šariš*-Gaus. Obwohl noch im Zweiten Weltkrieg Teile Prešovs zerstört wurden, bietet der denkmalgeschützte Stadtkern ein recht geschlossenes Bild. Das Rathaus, erbaut 1511-20, bis 1887 mehrfach umgebaut, ist Nationales Kulturdenkmal. Eine Reihe von Stadtpalais und vornehme Bürgerhäuser aus vier Jahrhunderten (15.-18.) verraten eine vermögende Kultur. Die Nikolaus-Pfarrkirche vom Anfang des 14. Jh., ausgebaut im 15. Jh., enthält neben Freskenfragmenten jener Zeit auch das Originalgewölbe. Wertvoll sind die Sakralgegenstände aus verschiedensten Materialien seit der Gotik. Die vier übrigen größeren Gotteshäuser (meist 17. Jh.) wurden im 18. Jh. vollendet.

Spišská Belá
Am Fluß Belá entstand im 13. Jh. diese sächsische Ansiedlung innerhalb des Bundes der 24 Zipser Städte (Siehe „Spiš – Altsächsische Gebirgskultur".). Sie gehörte von 1412 - 1772 zu Polen. Aus der Gründerära stammen die ältesten Teile des Gotteshauses, geweiht dem Einsiedler Anton (kostol svätého Antonína Pustovníka). Gewölbe sowie Sakralgegenstände verdienen Beachtung.

Spišská Kapitula
Der im 12. Jh. gegründete Ort ist zwar recht klein, aber wegen seiner enormen Bedeutung denkmalgeschützt. Die romanische Basilika (Kathedrale) wurde in der ersten Hälfte des 13. Jh. vollendet. Ergänzungen erfolgten nach den Hussitenkriegen im 15. Jh., 1873 bis 1889 wurde die Kirche regotisiert. Im Inneren dürften außer den Flügelaltären jene Fresken wertvoll sein, die die Krönung Karl Roberts von Anjou zum König von Ungarn darstellen (1317).

Spišská Nová Ves
Bergwerkshämmer zieren das Stadtwappen der im 13. Jh. gegründeten sächsischen Ansiedlung Neudorf. Der Hauptplatz soll der größte nach außen gewölbte städtische Platz Mitteleuropas sein. Die Kirche Mariä Himmelfahrt beherrscht diesen von einer gotischen Befestigung eingeschlossenen Platz. Die Basilika mit schönem Kreuzgewölbe war um 1380 vollendet, erfuhr jedoch ab dem 17. Jh. mehrere Veränderungen. Der 86 m hohe Turm ist der höchste der Slowakei. Wie weit der Einfluß Österreichs ging, mag die Redoute – heute Theater (*divadlo*) – beweisen, ein Beispiel des Wiener Jugendstils: ein Salon vor der Kulisse von Zweitausendern.

Spišské Podhradie
Siehe „Burgen – Schlösser – Residenzen".

Štrbské Pleso – Tatranská Lomnica
Siehe „Hohe und Niedere Tatra – Die höchsten Berge".

Ždiar
In dieser herrlichen Gebirgslandschaft erstreckt sich auf einer Länge von mehr als fünf Kilometern eine malerische Gemeinde, deren gut erhaltene Volksarchitektur weithin bekannt ist. Holzfäller, Schäfer und Bergbauern waren einst ihre Bewohner, viele ihrer Nachfahren gehen immer noch diesen Berufen nach. An Feiertagen sind die farbenprächtigen Gebirgstrachten zu bewundern.

Von den vielen bekannten Motiven der Hohen Tatra kennt beinahe jedes Kind das markante Gebäude der Sternwarte von Skalnaté Pleso an der mittleren Station der Seilbahn zum 2632 m hohen Lomnický štít (oben).

Vor dem Panorama von Zweitausendern fanden schon die Skiweltmeisterschaften in den nordischen Disziplinen statt. Skischanze in Štrbské Pleso (unten Mitte).

Folklorehaus in Ždiar (außen).

Über den Böhmerwald, die Moldau entlang

Nicht nur einen gut versteckten Urwald, das Lustschloß mit dem trefflichen Namen Kurzweil, Karpfenteiche im Überfluß, Kulissen für Filme übers Mittelalter und auch eine Stadt, durch deren Bahnhof der Eiserne Vorhang lief, gibt es hier im südlichen Böhmen...

Boubín
Die kleine Tafel an der Staatsstraße Nr. 4 läßt kaum vermuten, daß da ein 1858 angelegtes, inzwischen naturgeschütztes Reservat versteckt ist, der Urwald von Boubín (*Boubínský prales*). Ein Naturlehrpfad rund um den 1362 m hohen Boubín (leider keine Panoramasicht, da der Gipfel bewaldet ist) bietet Natur pur.

České Budějovice
Siehe „Die Städte".

Český Krumlov
Man muß die denkmalgeschützte Kleinstadt, deutsche Bezeichnung Böhmisch Krummau, aus dem Hubschrauber oder auf einem Grundriß sehen, um die architektonische Leistung zu erfassen. Die Siedlung Krumme Aue entstand oberhalb der Moldau (*Vltava*), die sich hier mäandernd durch die Landschaft wühlt. An der Furt konnten die Handelswege vom Baltikum nach Bayern und Österreich kontrolliert werden. Der Fluß bewirkte die Uneinnehmbarkeit der Burgsiedlung, so daß sich Český Krumlov heute zwar nicht von Kriegen zerstört, aber angenagt vom Zahn der Zeit präsentiert. Um 1250 war eine Burg erbaut, ein Turm der Befestigung blieb erhalten, die Burg wurde in der Renaissanceepoche umgestaltet. Gleichzeitig entstanden Ansiedlungen von Handwerkern und Kaufleuten (Ghetto bekannt seit dem 13. Jh.; Stadtrechte erstmals 1274 erwähnt). Krummau hatte nur wenige Herren: das weitverzweigte Geschlecht der Rosenbergs, denen große Teile Böhmens gehörten. Sie ließen die Burg großzügig erweitern. Teile der Umbauten des 16. Jh. (1575-90 durch Baltazar Maio da Ronio) sind noch sichtbar. Durch das Rote Tor (*Červená brána*) konnte der Wirtschaftsbereich betreten werden; es muß noch heute passiert werden, wenn man sich vom Stadtteil Latrán nähert. Während der Hussitenkriege stand man abwechselnd auf der Seite der Rebellen und des Königs. Als im 15. Jh. große Fischteiche angelegt und Bierbrauereien eingerichtet wurden, außerdem der Bergbau in Schwung kam, honorierte König Wladyslaw II. dies mit der Ernennung Krummaus zur Königsstadt.

Im Dreißigjährigen Krieg streiften schwedische, bayerische und auch kaiserliche Truppen Krummau. 1719 fiel der Besitz auf Grund eines alten Erbvertrags an das recht weitverzweigte Geschlecht der Schwarzenbergs. Sie waren zu jener Zeit das mächtigste Herrschergeschlecht Böhmens. Eine Münze wurde gebaut. Inzwischen hatte die ehemalige Burg längst den Charakter eines Schlosses gewonnen, der repräsentative Aspekt wurde 1765 durch die Einrichtung des Schloßtheaters unterstrichen. Dieses ist heute mit seinen Bühnendekorationen eines der ältesten Theatergebäude der Welt. Der Barockstil hat im denkmalgeschützten Stadtkern nur wenige Spuren hinterlassen. Český Krumlov bildet heute immer wieder die Kulisse für Filmstreifen, deren

Südböhmen gilt als eine der unversehrtesten alten Landschaften, wo Dörfer im Bauernbarock wie beispielsweise Holašovice filmreife Kulissen bilden (links außen).

Auf dem Lande scheint die Zeit stehen geblieben zu sein (Mitte oben).

Český Krumlov, einmalig herrlich an der Moldau gelegen, ist eine denkmalgeschützte Stadt, die den mittelalterlichen Charakter zu wahren vermochte (Mitte unten).

Keramikfiguren am Hauptplatz von Hluboká (rechts oben).

Karpfenzucht hat in Třeboň eine vierhundertjährige Tradition (rechts unten).

Handlung im Mittelalter spielt. Sehenswürdigkeiten im Stadtteil Latrán: Ungewöhnlich ist ein Klosterbau (um 1350), worin drei Orden nebeneinander wirkten. Die gotische Kirche Corpus Christi (*kostel Božího těla*) bewahrt noch Elemente der Entstehungszeit. Auch in den Klöstern sind Teile vorhanden, die ins spätgotische 15. Jh. datiert werden. Das ehemalige Spital mit der Kirche des hl. Jost stammt aus dem 14. Jh., der erste Umbau wurde 1596 vollendet, die barocke Umgestaltung um 1765 abgeschlossen. Mit Sgraffiti versehen ist der 1625 eingerichtete Herrenbräu (*panský pivovar*), der im alten Waffenhaus entstand. Das Renaissancetor Budějovická brána (Budweiser Tor, im Norden) wurde Ende 16. Jh. erbaut. Viele Bürgerhäuser entstammen der Gotik und/oder der Renaissance. Ähnliches gilt für die Bürgerhäuser der Altstadt. Deren ältestes Gebäude ist die Dekanatskirche St. Veit (*kostel svatého Víta*), gegründet 1309, in ihrer jetzigen Form in der zweiten Hälfte des 14. Jh. erbaut. Die kostbare Inneneinrichtung umfaßt sakrale Gegenstände aus fünf Jahrhunderten. Das einst gotische Kaplanhäuschen (*kaplanka*) an der Kirchentreppe zählt zu den schönsten und ältesten Werken der Renaissance außerhalb Prags. Das aus zwei Häusern ineinandergefügte Rathaus entstand in zwei Bauphasen: im 16. und 18. Jh. Von Matthias Jäckel stammt die barocke Mariensäule (1716). Insgesamt 250 Objekte sind denkmalgeschützt. Obwohl Český Krumlov ohnehin schon ein großes Freilichtmuseum ist, lohnt sich der Besuch des Kreismuseums im ehemaligen Jesuitenseminarium (1650-62). Die Museumsführer vergessen nicht zu erwähnen, daß in der wertvollen Sammlung von gotischen und Renaissanceplastiken eine Madonna (um 1400) fehlt – sie steht im Kunstgewerbemuseum in Wien.

Hluboká nad Vltavou

„Die *Tiefe* über der Moldau" müßte der Name dieses weit sichtbaren Schlosses heißen (deutsche Bezeichnung Frauenberg). Der Bau im romantisierenden Stil verrät nur dem Fachmann, daß die ursprüngliche Königsburg gotisch war, dann im 16./17. Jh. erweitert wurde, bevor sie 1839-71 ein neues Antlitz als Schloß erhielt. Die einstige Schloßreitschule (*zámecká jízdárna*) wurde in den fünfziger Jahren zur Südböhmischen Galerie umgestaltet. Sie trägt den Namen des unweit (in Mirotice) geborenen Malers Mikoláš Aleš (1852-1913), Alšova jihočeská galerie, und zeigt die wertvollsten Kunstwerke des umfangreichen fürstlichen Besitzes der Schwarzenbergs, die bis 1945 zu den vermögendsten Familien Europas gehörten. Zu sehen sind u. a. Waffen und Gobelins, Glas und Gemälde, Kunstgewerbe und Porzellan.

Holašovice

Unter den vielen hübschen Dörfern ist dies ein besonderes Beispiel der Volksarchitektur. Die geschlossene Reihe der buntbemalten Häuschen entstand in den vierziger bis siebziger Jahren des 19. Jh., wesentlich älter ist die barocke Kapelle (1744).

Kašperské Hory

Die Autokennzeichen signalisieren es schon: Viele deutsche Touristen kommen hierher, denn sie wollen das schöne Rathaus sehen. Es wurde 1597 erbaut und spätbarock umgestaltet. Ihm gegenüber steht die Pfarrkirche der hl. Margarete (*kostel svaté Markéty*), deren größter Teil aus dem 14. Jh. bei einem Brand 1863 vernichtet wurde, so daß neugotische Formen überwiegen. Unversehrt ist die Friedhofskirche St. Nikolaus (*hřbitovní kostel svatého Mikuláše*), deren Innenmalereien zu den besterhaltenen gotischen Fresken in Böhmen zählen. Die Bergbautradition ist im deutschen Ortsnamen Berg Reichenstein angedeutet; der tschechische Name wird von der nahen Burg(ruine) Kašperk abgeleitet. Mehr zur Geschichte des Bergbaus zeigt das durchaus sehenswerte Böhmerwald-Museum (*Muzeum Šumavy*).

Kratochvíle

Für Wilhelm von Rosenberg entstand in den achtziger Jahren des 16. Jh. das Lustschloß mit dem trefflichen Namen Kurzweil. Man kann sich darin die Zeit in einer Ausstellung über Puppen- und Zeichentrickfilme vertreiben. Der Goldene Saal mit seinen sehenswerten Darstellungen aus der (römischen) Mythologie gehört zu den wertvollsten Werken der Renaissance in Böhmen.

Landštejn
Siehe „Burgen – Schlösser – Residenzen".

Prachatice
Die denkmalgeschützte Stadt – eine von vielen Schwarzenberg-Besitzungen – entstand Anfang des 14. Jh., im 16. Jh. wurde sie erweitert. Ihre Blüte erlebte sie in dieser Ära, als wichtige europäische Handelswege durch den Ort führten, der das Recht hatte, Salz zu lagern – damals ein Privileg. Mit zunehmender Beförderung auf den Schiffahrtswegen sank die Bedeutung von Prachatitz. Was für den Stadtsäckel ein Jammer war, hinterließ für heutige Touristen eine Augenweide: Die Stadt zeigt ihr Bild des 17. Jh. Das Renaissancerathaus mit den sgrafitobeladenen Mauern beherrscht den Stadtplatz. Mehrere Bürgerhäuser sind im spätgotischen oder Renaissancestil gehalten. Die ältesten Teile der St. Jakobskirche stammen aus dem 14. Jh. Das Interieur stammt aus der Renaissance und dem Barock. Im Kreismuseum hängt eine Stadtansicht von 1670: ein reizvoller Vergleich mit dem heutigen Stadtbild.

Rožmberk nad Vltavou
Über der Moldau ragen eine Burg (13. Jh.) und ein Schloß hervor. Anstelle der Oberen Burg von 1250 entstand um 1857 ein neugotisches Schloß. Unverändert blieb der wertvolle Renaissancesaal. Im Ort, deutsche Bezeichnung Rosenberg, sind neben Bürgerhäusern aus dem 16.-18. Jh. eine Synagoge von 1600 sowie die Marien-Pfarrkirche erwähnenswert. Ihre ältesten Teile stammen aus dem 15. Jh. 1583 erhielt sie ein Netzgewölbe.

Třeboň
Jedes Schulkind bringt den denkmalgeschützten Ort, deutscher Name Wittigau, mit Karpfen in Verbindung. Seit Jahrhunderten ist er das Zentrum der großangelegten Fischzucht, ein feudales Überbleibsel der weitsichtigen Wirtschaftspolitik der Schwarzenbergs. Patienten, die ihr Rheuma kurierten, werden sich dankbar an den Heilschlamm erinnern. Das Renaissanceschloß ist für alle Besucher ein nachhaltiges Erlebnis. Darin ist eines der umfangreichsten Archive der böhmischen Länder eingerichtet. Die Pfarr- und einstige Klosterkirche der Augustiner ist eines der wichtigsten Sakralgebäude des 14. Jh. in Südböhmen. Die zwischen 1367 und 1390 entstandene Tafelmalerei des Klosters befindet sich in der Nationalgalerie in Prag. Im hinteren Trakt des einstigen Renaissancerathauses wurde 1832 ein klassizistisches Theater eingerichtet. Die Bürgerhäuser tragen Züge der Spätgotik, der Renaissance und – wie könnte es in Böhmen anders sein – des Barock. Interessant ist das Bewässerungssystem der Fischteiche in der Umgebung der Stadt.

Vimperk
So klingt die Mundart des Böhmerwaldes, daß aus Winterberg im Laufe vieler Jahrhunderte Vimperk wurde. Obwohl im 13. Jh. erwähnt (Burgturm erhalten), wurde die Gemeinde erst 1479 zur befestigten Stadt ernannt. Im 16. und 17. Jh. wurde das Schloß ausgebaut. Heute sind darin zwei Museen untergebracht.

Vyšší Brod
Hier stand das erste Moldau-Elektrizitätswerk, das durch Wasserzufluß vom Lipno betrieben wurde. Am Stausee liegt eines der größten Freizeitareale des Landes. Die Geschichte des Ortes (deutsch Hohenfurth, Brückenfiguren aus dem 17. Jh.) geht einher mit dem im 13. Jh. gegründeten Kloster, dessen üppige Kirche zur gleichen Zeit erbaut wurde. Gotischen Ursprungs ist die Pfarrkirche des hl. Bartholomäus (*kostel svatého Bartoloměje*) mit Originalgewölbe. Als Kleinod gilt die Rokokobibliothek von 1757, in der über 70 000 Bücher, darunter wertvolle Erstdrucke und Handschriften, wissenschaftlich genutzt werden.

Železná Ruda
Den Eisernen Vorhang haben die Einwohner von Železná Ruda und Bayerisch Eisenstein hautnah gespürt: Mitten durch den Bahnhof verlief die Grenze zwischen Ost und West, die für Jahrzehnte Familien und Welten trennte.

Information
Česká centrála cestovního ruchu
Staroměstské náměstí 6
110 01 Praha 1

Festkalender
Husinec: im Geburtsort von Johannes (Jan) Hus im Juli Erinnerungsfeiern an den Reformator. Schloß **Kratochvíle**: während der Saison Pferderennen des Gestüts Netolice. **Vimperk**: Skiveranstaltungen.

Tips
Boubinský prales (Urwald von Boubín). **Český Krumlov**: Stadtbesichtigung; im Burgmuseum Maskensaal (Fresken). **Hluboká nad Vltavou**: eines der reichhaltigsten Schloßmuseen. **Kašperské Hory**: Böhmerwaldmuseum (*Šumavské muzeum*) mit Geschichte der Zündhölzer. Moldau-Stausee **Lipno** (*Lipenská přehrada*): Ferienregion für Wassersportfans. **Prachatice**: Stadtbesichtigung. **Třeboň**: Boots- oder Schiffahrt auf dem See Nový Svět (Neue Welt). Klosterbibliothek von **Vyšší Brod**. Wandern auf herrlichen Wegen im Böhmerwald (*Šumava*).

Privatbesitz auf dem Lande wurde stets gepflegt (oben).

Eine Burg und ein Schloß bilden die Dominanten von Rožmberk (Mitte).

Prachatice: Der Marktplatz mit dem prächtigen Rathaus und Museum (unten links).

Klosteranlage Vyšší Brod, einst Hohenfurth (innen).

40
Plzeň (Pilsen)
41
Horažďovice (Horaschdowitz)
0a
0b
0c
0d
0e
53
54
55
56
57
SUŠICE (SCHÜTTENHOFEN)
Künisches Geb.
Gr. Osser
Lohberg
Železná Ruda Markt Eisenstein
Bayer. Eisenstein
Gr. Arber
Kl. Arber
Bodenmais
Ždánidla
Gr. Falkenstein
Kiesruck
Poledník
Prášilské jezero
Kašperské Hory (Bergreichenstein)
Javorník
Vacov
Srní
Povydří
Churáňov
Modrava
Naturpark
Lindberg
ZWIESEL
Frauenau
Kl. Rachel
Gr. Rachel
Šumava
Vysoký Stolec
Bučina
Černá hora
Bayerischer Wald
Nationalpark
Bayerischer Wald
Pfahl
Bayerische Ostmarkstr.
REGEN
Rinchnach
Ruhmannsfelden
Zachenberg
Teufelstisch
Bischofsmais
Breitenauriegel
DEGGENDORF
Hengersberg
GRAFENAU
Spiegelau
Sankt Oswald
Mauth
Finsterau
Lusen
Philippsreut
Silnice Philipsreuth
Vimperk (Winterberg)
Strážný
Schönberg
FREYUNG
Ringelai
Bayer. Ostmarkstr.
Fürstenstein
Tittling
Waldkirchen
Röhrnbach
Hutthurm
OSTERHOFEN
Künzing
Vilshofen
Donau
PASSAU
Neuhaus
Neuburg
Freinberg
Obernzell
Vichtenstein
Wernstein a. Inn
Aidenbach
Ortenburg
Fürstenzell
Forsthart
DEUTSCHLAND
ÖSTERREICH
Obernberg a. Inn
Linz
Pocking
Schärding
E 53
E 56
3
8
11
12
85
130
145
167
168
169
533

41
44
Strakonice (Strakonitz)
Písek (Pisek)
Passau
Linz
DEUTSCHLAND
53
54
55
56
57
Oe
Of
Pa
Pb
Pc
VOLYNĚ (Wolin)
PROTIVÍN (PROTIWIN)
VODŇANY (WODNIAN)
NETOLICE (NETTOLITZ)
VIMPERK (WINTERBERG)
PRACHATICE (PRACHATITZ)
Husinec (Hussinetz)
ČESKÉ BUDĚJOVICE (BUDWEIS)
ČESKÝ KRUMLOV (KRUMAU)
VYŠŠÍ BROD (HOHENFURTH)
Rožmberk n. Vlt. (Rosenberg a.d.M.)
Zlatá Koruna (Goldenkron)
Horní Planá (Oberplan)
Frymburk (Friedberg)
Lipno n. Vlt. (Lippen)
Volary (Wallern)
Lenora (Eleonorenhain)
Nová Pec (Neuofen)
Kájov
Boubín 1362
Boubínský prales (Urwald)
Šumava
ŠUMAVA
Blanský les
Kleť 1083
Chlum 1191
Knížecí Stolec 1226
Špičák 1221
Plöckenstein 1378
Hochfichtelberg 1337
Dreisessel 1332
Trojmezná hora
Lipno
Úd. nádrž
Vltava
Mühlviertel
Aigen i.M.
Schlägl
Ulrichsberg
Haslach a.d.M.
Rohrbach i.O.
Sarleinsbach
Neufelden
Oberkappel
Engelhartszell
Wegscheid
Breitenberg
Neureichenau
Leonfelden
Bad Leonfelden
Helfenburg
Weißenbach
Kalvarienberg Kirche

45
Tábor (Tabor)
Pelhřimov (Pilgrams)
Telč (Teltsch)
Jemnice (Jamnitz)
VESELÍ n. Luž. (FROHENBRUCK)
JINDŘICHŮV HRADEC (NEUHAUS)
Pd
Pe
Pf
Qa
Qb
TŘEBOŇ (WITTINGAU)
Rožmberk
Třeboňsko
LIŠOV (LISCHAU)
NOVÁ BYSTŘICE (NEUBISTRITZ)
Landštejn
Chlum u Třeboně
Borovany
Trhové Sviny
Nové Hrady
České Velenice
GMÜND
WEITRA
LITSCHAU
HEIDENREICHSTEIN
SCHREMS
ZWETTL
Stift Zwettl
Rappottenstein
Karlstift
Sandl
Freiwald
Novohradské hory
Žofínský prales (Urwald)
Waldviertel
Horn
ÖSTERREICH
Linz
Perg
Grein
Spitz

Südmähren, im Land der Thaya

Diese fruchtbare Landschaft gilt als der Obst- und Gemüsegarten Mährens. Kenner schätzen den südmährischen Wein wegen seiner natürlichen Süße, der allerdings erst bei Zimbalmusik seine volle Wirkung entfalten soll. Auch Liebhaber der Kunst kommen hier voll auf ihre Kosten.

Hinweis: Wegen der Kartenüberschneidungen sind einige Beschreibungen erst im folgenden Abschnitt zu finden.

Dačice

Die beiden Schlösser entstanden im 16. Jahrhundert. Beim Neuen Schloß liegt ein schöner Englischer Park. Das Rathaus von 1559 mit ursprünglichem Gewölbe trägt reichen Sgraffitoschmuck. Im Museum (einst Kloster) erfährt man, daß 1841 in der örtlichen Raffinerie erstmals Würfelzucker hergestellt wurde.

Hodonín

Hier ist der Geburtsort von Tomáš Masaryk (1850-1937), des ersten Staatspräsidenten (1918-35) der Tschecho-Slowakischen Republik. Im Schloß aus der ersten Hälfte des 17. Jh. ist das Kreisheimatmuseum eingerichtet. Die Friedhofskapelle von 1620 dient als Ausstellungshalle, die spätbarocke Pfarrkirche beherrscht den Hauptplatz.

Jemnice

Bereits 1227 entstand eine Festung, an deren Stelle im 18. Jh. ein heute nicht zugängliches Schloß erbaut wurde. Dafür kann man drei Gotteshäuser besichtigen: in der Innenstadt die Pfarrkirche des hl. Stanislaus' mit gotischem Kern, der ein dreischiffiges Renaissancegewölbe übergestülpt wurde. Östlich liegt die Klosterkirche St. Veit (*klášterní kostel svatého Víta*) von 1455, die um 1774 umgestaltet wurde. Im Ortsteil Podolí steht die gotische Jakobskirche mit originalem Netzgewölbe und Fresken aus dem Jahre 1515.

Lednice

Von den barocken Entwürfen Fischer von Erlachs blieben nur noch die Reitschule und die Stallungen übrig, da bis in die zweite Hälfte des 19. Jh. immer wieder umgebaut wurde. Dennoch sind in dem museal genutzten Gebäude wertvolle Gegenstände zu finden. Ein Kunstwerk für sich ist der Englische Garten mit einem der ersten gußeisernen Blumenhäuser aus dem Jahre 1843. Von den romantischen Bauwerken in dem weitläufigen Areal findet das 60 m hohe Minarett (1802) das größte Interesse. Lednice ist eine der meistbesuchten Schloßanlagen des Landes.

Mikulov

Zahlreiche Funde zeugen von uralter Besiedlung der Region, sogar Mammutknochen wurden gefunden. Eine Stätte der Hallstattkultur wurde ganz in der Nähe (Klentnice) freigelegt. Der denkmalgeschützte Ort wurde in der ersten Hälfte des 14. Jh. zur befestigten Stadt, wo sich ein jüdisches Ghetto bildete. Erhalten blieb eine Synagoge im orientalischen Stil (17. Jh.). Die gotische Burg bauten die Dietrichsteins im 16. Jh. zum Schloß um. 1622 wurde in Nikolsburg, so die deutsche Bezeichnung, Frieden zwischen den Habsburgern und den ungarischen Protestanten unter Gábor Bethlén geschlossen. Im Jahre 1866 handelten Österreich und Preußen da die Bedingungen für einen Frieden nach der Schlacht bei Königgrätz aus. 1945 zündeten Wehrmacht-Soldaten („Verbrannte Erde") das Schloß an, das lange Zeit eine Ruine blieb. Das darin eingerichtete Regionalmuseum stellt vor allem den Weinbau vor. Guter Meßwein wird in der Pfarrkirche St. Wenzel (*kostel svatého Václava*) gereicht. Die Piaristenkirche wurde von Franz A. Maulbertsch ausgemalt, die Skupturen schuf Paul Troger. Weit ins Land grüßt die Sebastianskapelle (1679) auf dem heiligen Hügelchen (*svatý Kopeček*).

Moravské Budějovice

Noch in unserem Jahrhundert wurde die Pfarrkirche des schon im 14. Jh. befestigten Ortes umgebaut. Wertvoll ist die Friedhofskapelle, geweiht dem hl. Michael, aus

Handgemalte Pfarrhauspforte in Strážnice (links außen).

Romantisches Minarett in Lednice (links Mitte).

Mikulov: Rathausturm (links innen) und der die Stadt überragende Kalvarienberg (Mitte).

40 Quadratmeter groß sind Muchas Gemälde in Moravský Krumlov (rechts oben).

Südmährisches Theater in Znojmo (rechts unten).

dem 13. Jh., später barock ausgemalt. Im Renaissanceschloß ist eine Handwerksausstellung des Westmährischen Museums zu sehen.

Moravský Krumlov

Mährisch Krummau deutet an, daß die Krümmung des Flusses Rokytna gemeint ist. Im Jahre 1537 hielt sich der Arzt Paracelsus hier auf. Das Renaissanceschloß wurde von den Liechtensteins erweitert. Gerade ausreichend sind die Räumlichkeiten für die „Slawische Epopöe" des Malers Alfons Mucha (1860-1939), der im Paris der Jahrhundertwende großen Zuspruch fand. Der Heldenzyklus im Großformat des im nahen Ivančice geborenen Künstlers findet nicht ungeteilte Aufnahme: Kritiker werfen ihm großslawischen Chauvinismus vor. Sehenswert sind die Arbeiten allemal.

Petrov-Plže

Ein denkmalgeschütztes Ensemble von unterirdischen Weinkellern (10-17 m lang) mit alten Steingewölben ist hier zu besichtigen. Am Abend wird man zuweilen mit einem guten Tropfen aus der Gegend verwöhnt.

Slavonice

Bereits im 13. Jh. gegründet, blühte der Ort auf, als eine Poststation der Strecke Wien-Prag errichtet wurde. Später verfiel die Stadt, hat heute kaum 3000 Einwohner. Dennoch ist der einstige Standard gut nachzuvollziehen. Mehr noch als die Befestigung mit zwei erhaltenen Türmen oder als die beiden Gotteshäuser – die Basilika Mariä Himmelfahrt aus dem 14. Jh. und die Spitalkirche (um 1450) – sind die Bürgerhäuser im Stadtkern wertvolle architektonische Kleinode. Diese Gebäude sind wie ein geöffnetes spätmittelalterliches Lesebuch: Die Sgraffiti zeigen biblische Szenen. Kenner rühmen auch die Innenräume (Gewölbe, Fresken). Slavonice lohnt sicherlich einen weiten Umweg.

Strážnice

Siehe „Volkskunst und Folkloretraditionen".

Valtice

Weinfreunden ist Valtice ein Begriff: Unterhalb des Schlosses lagern Tausende von Hektolitern Wein. Das Schloß selbst, an dem zwischen 1643 und 1730 so prominente Architekten wie Fischer von Erlach und Domenico Martinelli für die Liechtensteins tätig waren, ist eine der mächtigsten Schloßanlagen des Landes; allein der Park umfaßt 23 Hektar.

Vranov nad Dyjí

Es ist eines der malerischsten Schlösser, das oberhalb der Thaya (*Dyje*) als gotische Burg angelegt wurde. An der barocken Umgestaltung nahm auch Fischer von Erlach teil. Das Schloßmuseum zeigt eine Keramiksammlung der Manufaktur, die hier bis 1882 tätig war.

Znojmo

Die Znaimer Gurken haben zuerst die Grenzen überwunden. Heute kann sich jeder selbst von der Fruchtbarkeit der Region überzeugen. Die denkmalgeschützte Stadt wurde im 13. Jh. als Königsstadt gegründet, vom 14.-16. Jh. mit Mauern umgeben. Fischer von Erlach baute das Schloß im Barockstil um. Der Landtag zu Znaim nahm 1628 den Erbschaftsvertrag an, wonach der böhmische Thron den Habsburgern gehöre. Nationales Kulturdenkmal ist die romanische Rotunde aus der ersten Hälfte des 11. Jh., deren Inneres schon um 1134 mit Fresken versehen wurde. Louka (= Wiese, Weide) wurde 1190 als Prämonstratenserkloster angelegt, das durch J. L. Hildebrandt einer der größten barocken Klosterkomplexe werden sollte. Die Stadtkirche St. Nikolaus wurde im 14. Jh. errichtet. In der Kreuzkirche (*kostel svatého Kříže*, 1653 bis 1677) sind ein Gemälde von Franz A. Maulbertsch und Fresken von Lukas Kracker zu sehen. Unter Bürgerhäusern und Stadtpalais ragt der Rathausturm (1448) hervor. Von hier aus kann man zu alten unterirdischen Gängen gelangen.

Information
Česká centrála cestovního ruchu
Staroměstské náměstí 6
110 01 Praha 1

Festkalender
Břeclav: folkloristisches Musikfestival im November. **Vranov nad Dyjí**: Kultursommer. **Znojmo**: „Festmahle" von Juni bis September; Kultursommer; Weinlesefest mit Umzug.

Tips
Hodonín: Galerie der Bildenden Kunst (*výtvarného umění*), folkloristisches Jugendstilgebäude. **Lednice**: Schloß, Minarett und Englischer Park; Raubvogelvorführungen. Schloß **Moravský Krumlov**: Alfons Muchas „Slawische Epopöe" (Monumentalgemälde von 6 x 8 m). **Pohansko** (unweit von Břeclav): archäologische Ausgrabungen zum Großmährischen Reich. **Slavonice**: denkmalgeschützter Stadtkern. **Strážnice**: Freilichtmuseum (*Skanzen*).

45
48
Jihlava (Iglau)
Třebič (Trebitsch)
Qc
Qd
Qe
Qf
54
55
56
57
58
Jindřichův Hradec (Neuhaus)
Gmünd
Třeboň (Wittingau)
Weitra
Melk St. Pölten
Stockerau
Dačice (Datschitz)
Jemnice (Jamnitz)
Moravské Budějovice (Mähr.-Budwitz)
Jaroměřice n. Rok. (Jarmeritz)
Slavonice (Zlabings)
Jevišovice (Jaispitz)
Vranov
Drosendorf (Stadt)
Hardegg
Raabs a.d. Thaya
Waidhofen a.d. Thaya
Geras
Retz
Pulkau
Horn
Eggenburg
Allentsteig
Altenburg
Gars a. Kamp
Maissau
Langenlois
Krems a.d. Donau
Dobersberg
Karlstein
Schwarzenau
Zwettl
Rastenfeld
Gföhl
Kirchberg
Hadersdorf a.K.
Sperrgebiet
Die Wild
Waldviertel
Kamptal
Manhartsberg
Gföhler Wald
Ottensteinstausee
Dobrastausee
Thayatal
Vranovská přehrada
Dyje
Thaya
Kamp
Krems

49
Brno (Brünn)
Brno (Brünn)
Brno (Brünn)
Brno (Brünn)
Hodonín (Göding)
Bratislava (Pressburg)
Strážnice (Strassnitz)
Hamburg a.d. Donau
Rabensburg
Dürnkrut
Tulln
Krems a.d. Donau
Wien
Wien
78
Wien
Orth a.d. Donau
Rb
Rc
Rd
Re
MORAVSKÝ KRUMLOV
(MÄHR.KROMAU)
Dol. Kounice
ŽIDLOCHOVICE
(SEELOWITZ)
POHOŘELICE
(POHRLITZ)
MIROSLAV
(MISSLITZ)
HUSTOPEČE
(AUSPITZ)
VELKÉ PAVLOVICE
(GR.-PAULOWITZ)
Dolní Věstonice
Pavlovské vrchy
Pálava
MIKULOV
(NIKOLSBURG)
Lednice
(Eisgrub)
Valtice
(Feldsberg)
Lednické rybníky
vod. n. Nové Mlýny I
vod. n. Nové Mlýny II
vod. n. Nové Mlýny III
Dyje
Jaroslavice
(Joslowitz)
Hrádek
Dyjákovice
Laa a.d. Thaya
Staatz
POYSDORF
Falkenstein
Herrnbaumgarten
Weinviertel
MISTELBACH
a.d. Zaya
ZISTERSDORF
Leiser Berge
Ernstbrunner Wald
Schwarzwald
Göllersdf.
Hollabrunn
STOCKERAU
Hochleiten-wald
Wolkersdf.
Schl. Bockfließ
Gänserndorf
Matzener Wald
Schl. Matzen

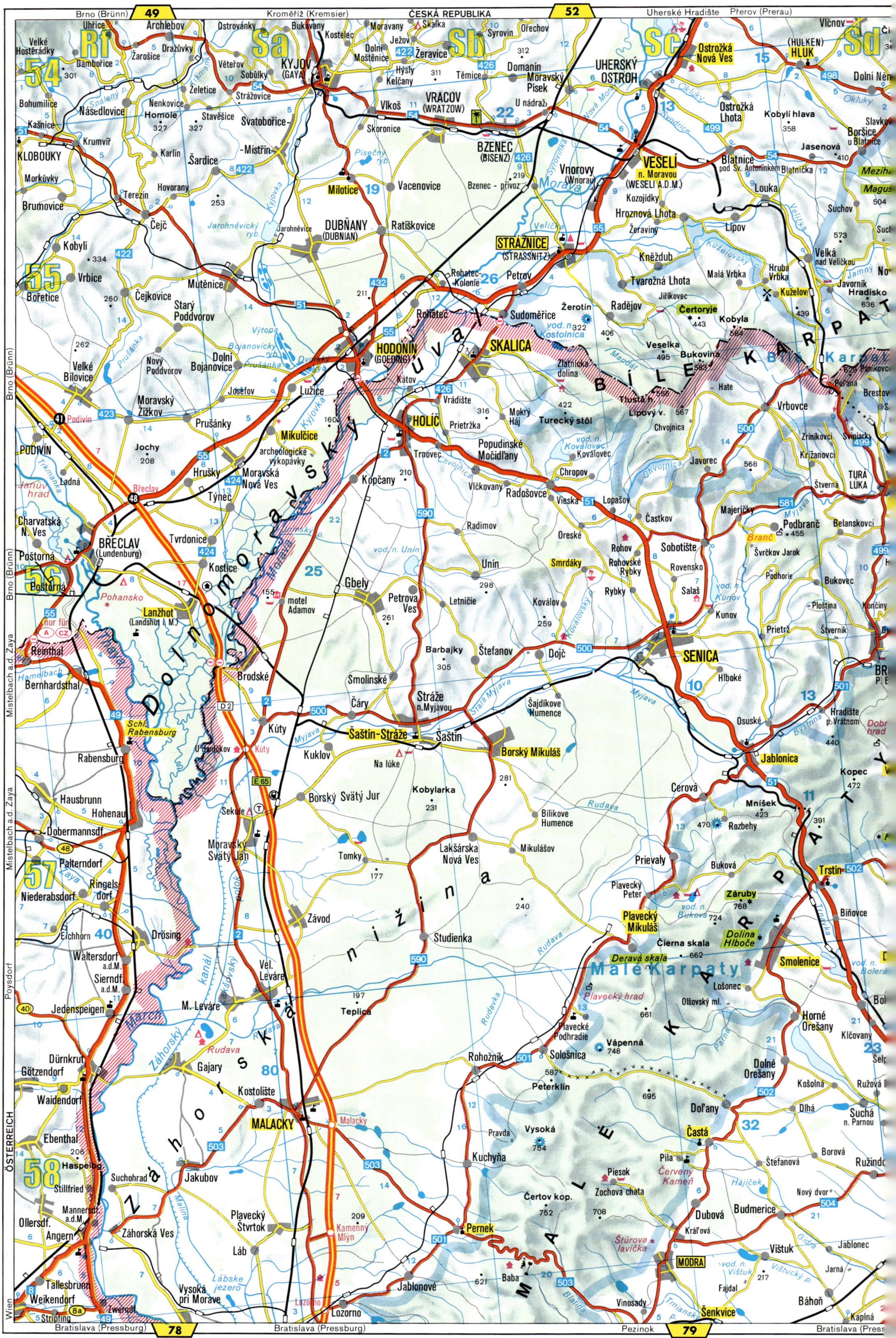

Brno (Brünn)
49
Kroměříž (Kremsier)
ČESKÁ REPUBLIKA
52
Uherské Hradište
Přerov (Prerau)
Rf
Sa
Sb
Sc
Sd
54
55
56
57
58
Archlebov
Uhřice
Ostrovánky
Bukovany
Moravany
Skalka
Syrovín
Ořechov
Vlčnov
Velké Hostěrádky
Dambořice
Žarošice
Dražůvky
KYJOV (GAYA)
Kostelec
Ježov
Žeravice
Dolní Moštěnice
Domanín
Moravský Písek
UHERSKÝ OSTROH
Ostrožská Nová Ves
HLUK
Dolní Němčí
Bohumilice
Násedlovice
Nenkovice
Želetice
Sobůlky
Věteřov
Strážovice
Hýsly
Kelčany
Těmice
VRACOV (WRATZOW)
U nádraží
Ostrožská Lhota
Kobylí hlava
Kašnice
Homole
Stavěšice
Svatobořice
Vlkoš
Skoronice
BZENEC (BISENZ)
VESELÍ n. Moravou (WESELI A.D.M.)
Blatnice pod Sv. Antonínkem
Blatnička
Boršice u Blatnice
Jasenová
KLOBOUKY
Krumvíř
Karlín
Šardice
Mistřín
Milotice
Vacenovice
Bzenec - přívoz
Vnorovy (Wnorau)
Morava
Louka
Mezihoří
Morkůvky
Brumovice
Terezín
Hovorany
Čejč
Kozojídky
Hroznová Lhota
Žeravinу
Suchov
Kobylí
Jarohněvický ryb.
Jarohněvice
DUBŇANY (DUBNIAN)
Ratíškovice
STRÁŽNICE (STRASSNITZ)
Lipov
Velká nad Veličkou
Vrbice
Bořetice
Čejkovice
Mutěnice
Starý Poddvorov
Rohatec Kolonie
Petrov
Kněždub
Tvarožná Lhota
Malá Vrbka
Hrubá Vrbka
Javorník
Kuželov
Hradisko
Rohatec
Sudoměřice
Žerotín
Radějov
Jiříkovec
Čertoryje
Kobyla
Velké Bílovice
Nový Poddvorov
Dolní Bojanovice
HODONÍN (GOEDING)
SKALICA
vod. n. Kostolnica
Veselka
Bukovina
Zlatnícka dolina
BÍLÉ KARPATY
Bílé Karpaty
Pánikovce
Poľana
Brestovec
Moravský Žižkov
Josefov
Lužice
Kátov
Vrádište
Mokrý Háj
Turecký stôl
Tlustá h.
Lipový v.
Hate
Vrbovce
Chvojnica
PODIVÍN
Podivín
Jochy
Prušánky
Mikulčice
archeologické vykopávky
HOLÍČ
Prietržka
Popudinské Močidľany
vod. n. Koválovec
Koválovec
Javorec
Zrinikovci
Kržanovci
Svinický
TURÁ LÚKA
Lednd
Janův hrad
Hrušky
Moravská Nová Ves
Týnec
Břeclav
Trnovec
Kopčany
Vlčkovany
Radošovce
Chropov
Vieska
Lopašov
Štverná
Majerčíky
Podbranč
Branč
Švrčkov Jarok
Belanskovci
Charvatská N. Ves
BŘECLAV (Lundenburg)
Tvrdonice
Radimov
Oreské
Častkov
Sobotište
Poštorná
Kostice
Dolnomoravský úval
Morava
vod. n. Unín
Unín
Smrdáky
Rohov
Rohovské Rybky
Rovensko
Podhorie
Bukovec
Postorná
Pohansko
Lanžhot (Landshut i. M.)
motel Adamov
25
Gbely
Petrova Ves
Letničie
Rybky
Koválov
Salaš
vod. n. Kunov
Kunov
Plostina
Prietrž
Štverník
Reintal
Bernhardsthal
Brodské
Smolinské
Barbajky
Štefanov
Dojč
SENICA
Hlboké
Čáry
Stráže n. Myjavou
Šajdíkove Humence
Myjava
Hradište p. Vrátnom
Schl. Rabensburg
Rabensburg
U Kovárov
Kúty
Kuklov
Šaštín-Stráže
Šaštín
Na lúke
Borský Mikuláš
Osuské
Jablonica
Cerová
Hausbrunn
Hohenau
Borský Svätý Jur
Kobylarka
Bílikove Humence
Rudava
Mníšek
Rozbehy
Kopec
Dobermannsdf.
Sekule
Moravský Svätý Ján
Tomky
Lakšárska Nová Ves
Mikulášov
Prievaly
Buková
Trstín
Palterndorf
Ringelsdorf
Niederabsdorf
Závod
Studienka
nížina
Plavecký Peter
Plavecký Mikuláš
vod. n. Buková
Záruby
Dolina Hlboče
Bíňovce
Eichhorn
Drösing
Čierna skala
Smolenice
Waltersdorf a.d.M.
Sierndf. a.d.M.
Vel. Leváre
Deravá skala
Malé Karpaty
Lošonec
Jedenspeigen
M. Leváre
Teplica
Plavecký hrad
Olšovský ml.
Horné Orešany
Kľačovany
March
Rudava
Plavecké Podhradie
Vápenná
Dürnkrut
Götzendorf
Gajary
Rohožník
Sološnica
Dolné Orešany
Waidendorf
Záhorská
Kostolište
Peterklin
Dlhá
Suchá n. Parnou
Ebenthal
MALACKY
Pravda
Vysoká
Doľany
Častá
Košolná
Haspelbg.
Suchohrad
Jakubov
Kuchyňa
Piesok
Pila
Červený Kameň
Štefanová
Borová
Stillfried
Zochova chata
Hájiček
Nový dvor
Mannersdf. a.d.M.
Ollersdf.
Angern
Záhorská Ves
Plavecký Štvrtok
Čertov kop.
Dubová
Budmerice
Pernek
Kráľová
Jablonec
Štúrova lavička
Vištuk
Láb
Kamenný Mlyn
Tallesbrunn
Weikendorf
Vysoká pri Morave
Lábske jazero
MODRA
vod. n. Vištuk
Jarná
Baba
Fajdal
Jablonové
Lozorno
Vinosady
Báhoň
Stripfing
Zwerndf.
Šenkvice
Kaplná
Bratislava (Pressburg)
78
Bratislava (Pressburg)
Pezinok
79
Bratislava (Pressburg)
Brno (Brünn)
Mistelbach a.d. Zaya
Poysdorf
ÖSTERREICH
Wien

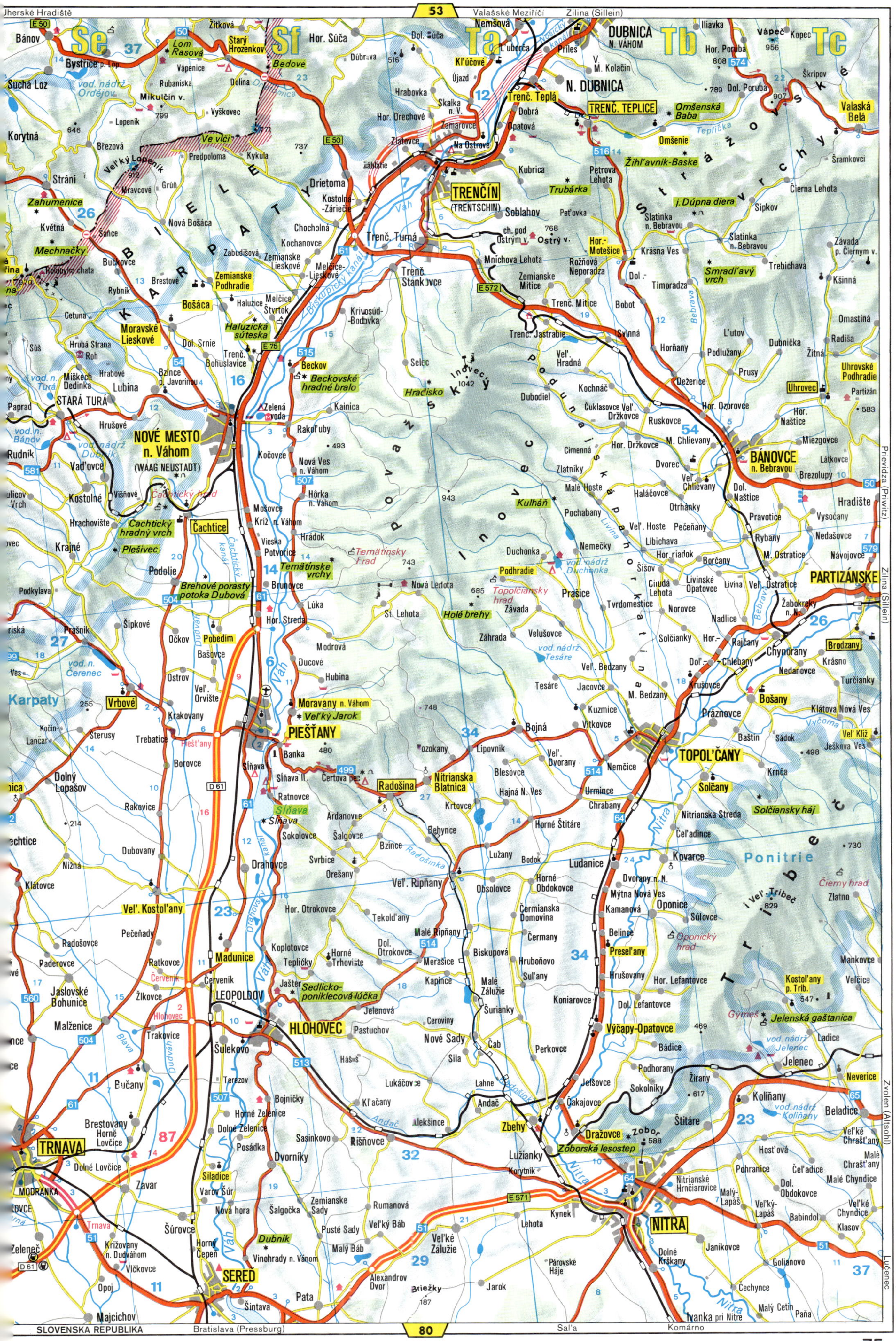
Uherské Hradiště
53
Valašské Meziříčí
Žilina (Sillein)
Se
Sf
Ta
Tb
Tc
DUBNICA
N. VÁHOM
N. DUBNICA
TRENČ. TEPLICE
TRENČÍN
(TRENTSCHIN)
Biele Karpaty
Strážovské vrchy
Považský Inovec
Podunajská pahorkatina
Tribeč
Ponitrie
NOVÉ MESTO
n. Váhom
(WAAG NEUSTADT)
STARÁ TURÁ
BÁNOVCE
n. Bebravou
PARTIZÁNSKE
PIEŠŤANY
TOPOL'ČANY
HLOHOVEC
LEOPOLDOV
TRNAVA
SEREĎ
NITRA
Čachtice
Vrbové
Radošina
Madunice
Nemšová
Kl'účové
Bošany
Solčany
Výčapy-Opatovce
Dražovce
Zoborská lesostep
Uhrovec
Brodzany
Beckov
Bošáca
Moravské Lieskové
Sliače
Dubník
Siladice
Kolíňany
Zbehy
Bánov
Bystrice p. Lop.
Sucha Loz
Korytná
Strání
Zahumenice
Mechnačky
Lubina
Rudník
Vad'ovce
Kostolné
Krajné
Podolie
Ostrov
Dolný Lopašov
Dubovany
Vel'. Kostol'any
Malženice
Bučany
Šúrovce
Majcichov
Pata
Šintava
Vel'ké Zálužie
Lužianky
Jelenec
Beladice
Kostol'any p. Trib.
Oponice
Ludanice
Vel'. Ripňany
Nemčice
Krušovce
Chynorany
Prašice
Bojná
Jacovce
Ilava
Pruské
Valaská Belá
Omšenie
Soblahov
Kubrica
Dubodiel
Hradište
Nedašovce
Návojovce
Prievidza (Priwitz)
Žilina (Sillein)
Zvolen (Altsohl)
Lučenec
Komárno
Sal'a
80
Bratislava (Pressburg)
SLOVENSKA REPUBLIKA

Von der Morava zum Hron

Ortsnamen, in denen altslawische Geschichte mitschwingt (Nitra, Trenčín), und Ortsnamen traditionsreicher Bergbauorte (Banská Štiavnica) liegen auf der Karte eng bei denen der Heilbäder (Piešt'any) mit ihrem guten Ruf. Auch die Natur geizt hier nicht mit ihren Reizen.

Hinweis: Wegen der Kartenüberschneidungen sind einige Beschreibungen bereits im vorigen Abschnitt zu finden.

Banská Bystrica

Siehe „Die Städte".

Banská Štiavnica

Baňa heißt Bergwerk, die Ableitung banská, -é, -ý deutet auf Bergbau hin. Die deutsche Gründung von 1217 hieß Schemnitz. Die Erzadern reichten hier bis an die Erdoberfläche. Gold wurde gefördert, später Silber, heute werden Buntmetalle abgebaut. Schemnitz gehörte zu den bedeutendsten Bergbaustädten Europas (Bergbaumuseum, Bergbau-Freilichtmuseum). Erstmals wurde da 1627 Schießpulver zur Sprengung verwendet, 1732 Grundwasser abgeschöpft. Ende des 18. Jh. war Schemnitz die drittgrößte Stadt Ungarns. Es gelang, den Charakter des Stadtkerns zu bewahren. Das Alte Schloß (*Starý zámok*) oberhalb der Stadt ist Nationales Kulturdenkmal. Es entstand aus einer romanischen Basilika. Mitte des 16. Jh. bekam die Festung ihr heutiges Aussehen. Im Zuge der letzten größeren Umgestaltung entstand 1564-71 die Jungfrauenburg, die zum Neuen Schloß wurde (Museum). In der Altstadt ragt unter alten Bürgerhäusern die Pfarrkirche (*kostol svätej Kataríny*) heraus.

Bojnice

Die Thermalquellen (Heilbad) waren seit jeher bekannt, Handelswege querten den Ort. Das romantische Aussehen erhielt das Schloß, dessen Besitzer ungarische Adelige waren, um die Jahrhundertwende. Das Schloßmuseum und die Galerie bergen größere Kunstsammlungen.

Čachtice

Jedes Schulkind kennt die Story der „Weißen Frau von Čachtice", der Gräfin Elisabeth Báthory, die im Blut von Jungfrauen badete... Die Legende vermischt sich mit großen Namen der ungarischen Geschichte, die die Burg (Ruine) einst besaßen. Der Ort war seit dem 17. Jh. von den Habanern besiedelt. Die Ladislaus-Pfarrkirche wahrte den gotischen Charakter – ähnlich wie die Antonius-Kapelle nebenan.

Červený Kameň

Siehe „Burgen – Schlösser – Residenzen".

Čičmany

Siehe „Volkskunst und Folkloretraditionen".

Dolná Krupá

Ludwig van Beethovens Büste hier? Ja, der Komponist weilte zwischen 1800 und 1806 bei der Familie Brunswick, deren Tochter ihm schöne Augen machte. Zwei Bauwerke sind attraktiv: das klassizistische Kastell (1793-95), umgeben von einem Englischen Garten. Hierzu paßt die Pfarrkirche kostol svätého Ondreja (1807-1811).

Holíč

In Sammlerkreisen sind die Fayencen hoch geschätzt, denn 1825 wurden die letzten Tonwaren in der 1746 gegründeten Manufaktur hergestellt. Die gotische Pfarrkirche Herz Jesu wurde barock umgestaltet, die Marienkapelle stammt aus dem 14. Jh.; barock ist auch die Martinskirche. Auf dem Fundament einer im 12. Jh. erwähnten Burgsiedlung entstand im 18. Jh. das Kastell.

Im Stile französischer romantischer Schlösser wurde um die Jahrhundertwende das Schloß in Bojnice umgebaut, das zuletzt dem ungarischen Magnaten Graf Pálffy gehörte (links außen).

Spuren des ungarischen Einflusses am Kulturhaus von Skalica (links innen).

Zvolen: eine der prächtigsten Burganlagen der Slowakei (Mitte unten).

Banská Štiavnica: Das Neue Schloß (rechts innen) stammt aus der Zeit 1554-71, der Kalvarienberg des Bergbauortes entstand vor 1751 (rechts außen unten).

Auf der Kurinsel in Bad Piešt'any (rechts außen oben).

Kremnica
Bereits im Mittelalter hatte die Stadt das Recht, Golddukaten und Silbermünzen zu prägen, und heute noch werden Medaillen für viele Staaten der Welt gestanzt. Das Städtische Museum (*Mestské múzeum*) zeigt eine schöne Münzensammlung. Gold wurde hier schon im 11. Jh. gefördert, so daß der König 1328 den von Sachsen und Schlesiern gegründeten Ort zur freien Königsstadt erhob. Der erhaltene Stadtkern mit vier Dutzend Gebäuden und den Resten einer Stadtbefestigung des 15. Jh. ist als Ensemble denkmalgeschützt. Das älteste der Bergmannshäuser stammt von 1593. Die Bürgerhäuser reichen bis in die Gotik. Die Rotunde (*karner svätého Ondreja*) ist ein Bau des 13. Jahrhunderts. Die üppige Pestsäule, von 1765 bis 1772 gehauen, ist original erhalten.

Malé Karpaty (Kleine Karpaten)
Siehe S. 91/97

Nitra
Ein Friedhof und ein Burgwall geben Auskunft darüber, daß hier im 9. Jh. eine großmährische Burgstätte war, wie dies auch Salzburger Quellen erzählen. Die Burgreste sind Nationales Kulturdenkmal. Die Basteibefestigung stammt aus der zweiten Hälfte des 17. Jahrhunderts. Die Kathedrale besteht aus drei Kirchen, angegliedert ist außerdem der Bischofspalast (18. Jh.). Die St.-Emmeramskirche enthält romanische und gotische Teile, die Obere Bischofskirche (*Horný biskupský kostol*) entstand im 14. Jh., die Untere Kirche (*Dolný kostol*) wurde schließlich im 17. Jh. erbaut. Die Marienkirche der Franziskaner beherrscht den denkmalgeschützten Stadtkern der Oberen Stadt (*Horné mesto*).

Pezinok
Seit der ersten Erwähnung 1208 war Bösing, so der deutsche Gründername, bis zur Ernennung zur freien königlichen Stadt im Jahre 1615 eine Ortschaft mit Leibeigenenstatus. 1647 wurde sie freie Stadt. Weinhauer-, Handels- und Adeligenhäuser zeugen von den Traditionen der Stadt an den Hängen der Kleinen Karpaten.

Piešt'any
Napoleonské kúpele nennt man die klassizistischen Badehäuser – 1813-1821 errichtet. Unter den Jugendstilkurhäusern fallen Thermia Palace, Irma und Františkove kúpele besonders auf. Siehe auch „Auf Bäderreise – Quellen und Kuren".

Topoľčianky
Die Sommerresidenz der tschechoslowakischen Präsidenten (1923-50) ist Nationales Kulturdenkmal (Museum mit Stilmöbeln). Das von einem Englischen Park umgebene Kastell gilt als bedeutender klassizistischer Bau.

Trenčín
Die Industriestadt lag einst an einem wichtigen Handelsweg, der vom Baltikum zur Adria führte. 1111 erstmals erwähnt, erhielt der Ort 1324 das Stadtrecht, 1412 das Privileg, als freie Königsstadt eine Stadtbefestigung zu bauen. Die Burg, seit 1594 eine Ruine, ist inzwischen teilweise restauriert (Museum). Nahe der Stadt, deren Kern wegen wertvoller Bürgerhäuser und Kirchen denkmalgeschützt ist, liegt das traditionsreiche Heilbad Trenčianske Teplice.

Trnava
„Das ungarische Rom" wurde nach 1543 die im 13. Jh. gegründete Stadt genannt, als der Primas der Katholischen Kirche Ungarns vor den Türken hierher flüchtete und bis 1822 da residierte. Eine Universiät und eine Reihe von Klöstern und Kirchen entstanden. Der gotische Nikolausdom (zweite Hälfte des 14. Jh.) wurde im 17./18. Jh. ausgebaut. Die barocke Kuppel der Marienkapelle wird von wunderschönen Fresken (Antonio Galli-Bibiena) geziert. Ein halbes Dutzend Gotteshäuser, meist im 13.-15. Jh. errichtet, im 17./18. Jh. dann unter Mitwirkung österreichischer und italienischer Baumeister und Künstler umgestaltet, verdient Beachtung. Die vielen hübschen Bürgerhäuser (einige gotisch) machen Tyrnau zu einer liebenswerten Kreisstadt. Ihr Wahrzeichen ist der Stadtturm Mestská veža (1574).

Zvolen
Das mächtige königliche Burgschloß ist seit der Erstellung im 14. Jh. weiter ausgebaut worden. Ein Werk des 18. Jh. ist die Kassettendecke mit 78 Porträts europäischer Kaiser und Herrscher. Die Pfarrkirche der hl. Elisabeth (*kostol svätej Alžbety*) wurde um 1500 umgebaut. Die gotischen Fresken (Tierfabeln) der abgebrochenen Pfarrei konnten gerettet werden, sie sind im Schloßmuseum zu sehen.

Information
Ministerstvo hospodárstva
Slovenskej republiky
Mierova 19
82715 Bratislava

Festkalender
Kremnica: Skilanglaufmarathon. **Nitra**: Musikfestivals im Frühjahr und Herbst; Erntedankfest. **Piešt'any**: westslowakisches Folklorefestival im Juni; verschiedenartige Motorsportveranstaltungen im August. **Trenčín**: Blaskapellenwettbewerb im September. **Zvolen**: Folklorefestival im Juli; Wildwasserslalom im August.

Tips
Banská Štiavnica: Bergbaumuseum *(Banícke múzeum)*; am See Klinger Freilichtbergbaumuseum; denkmalgeschützter Stadtkern. **Bojnice**: Schloßmuseum. **Holíč**: Museum (Fayencen). **Kremnica**: Bergbaumuseum mit Münzensammlung. **Nitra**: Landwirtschaftsmuseum. **Skalica**: romanische Rotunde. **Sliač**: landschaftlich herrlich gelegener Kurort. **Zvolen**: Burgmuseum.

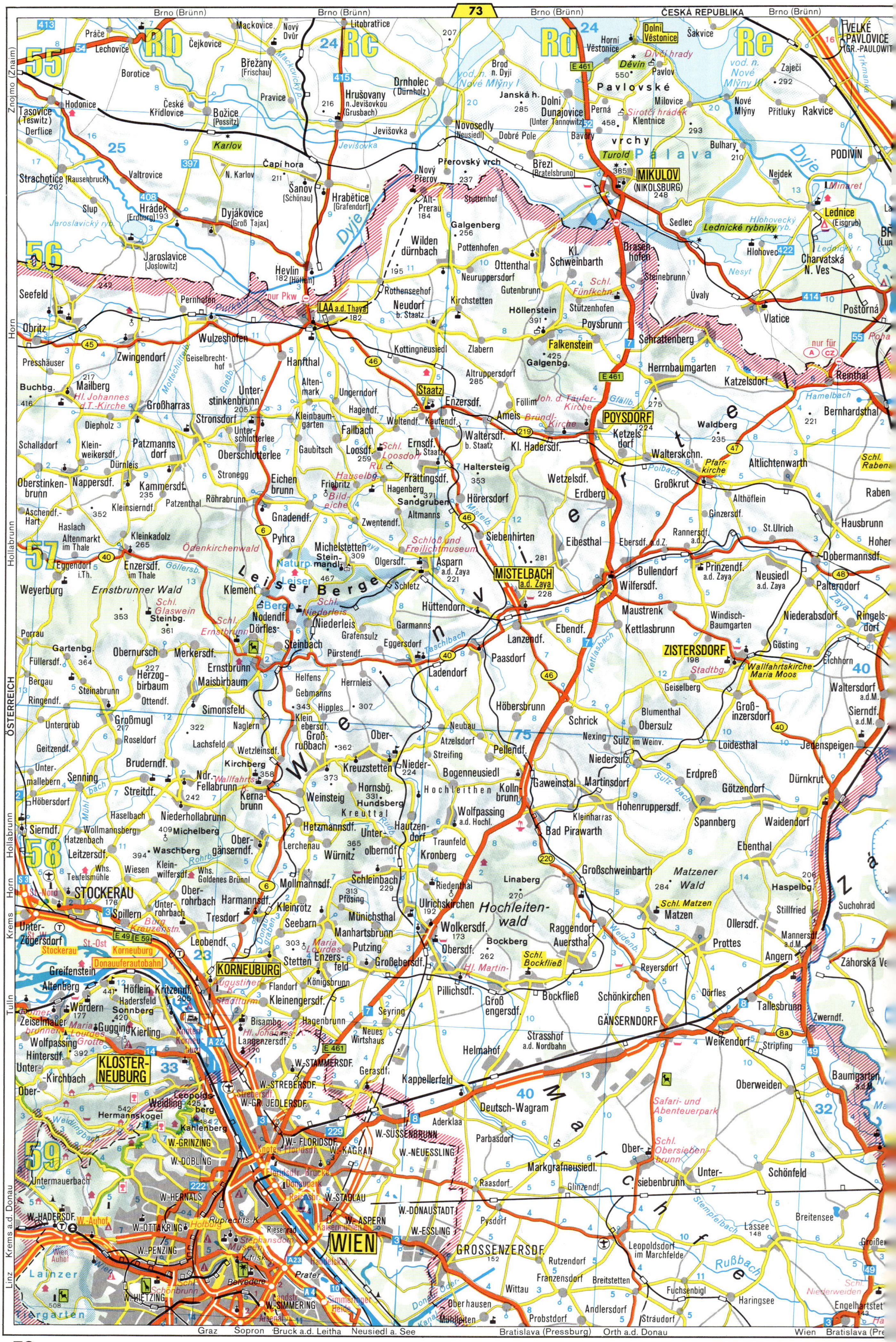

Brno (Brünn)
73
ČESKÁ REPUBLIKA
Rb
Rc
Rd
Re
55
56
57
58
59
VELKÉ PAVLOVICE (GR.-PAULOWITZ)
Dolní Věstonice
Děvín
Pavlovské vrchy
Pálava
MIKULOV (NIKOLSBURG)
Lednice (Eisgrub)
Lednické rybníky
Vlatice
Valtice
Podivín
Hrušovany n.Jevišovkou (Grusbach)
Drnholec (Dürnholz)
Novosedly (Neusiedl)
Dolní Dunajovice
Božice (Possitz)
Hodonice
Tasovice (Teswitz)
Hrádek (Erdberg)
Dyjákovice (Groß Tajax)
Jaroslavice (Joslowitz)
Šanov (Schönau)
Hrabětice (Grafendorf)
Hevlin (Höflein)
LAA a.d. Thaya
Dyje
Seefeld
Wulzeshofen
Hanfthal
Staatz
POYSDORF
Falkenstein
Herrnbaumgarten
Katzelsdorf
Reinthal
Bernhardsthal
Mailberg
Großharras
Stronsdorf
Patzmannsdorf
Wolkersdorf
Poysbrunn
Schrattenberg
Ketzelsdorf
Walterskirchen
Großkrut
Altlichtenwarth
Hausbrunn
Dobermannsdorf
Palterndorf
Neusiedl a.d. Zaya
Prinzendorf a.d. Zaya
Wilfersdorf
MISTELBACH a.d. Zaya
Asparn a.d. Zaya
Michelstetten
Leiser Berge
Naturp. Leiser Berge
Ernstbrunner Wald
Ernstbrunn
Niederleis
Steinbach
Ladendorf
Paasdorf
Lanzendorf
Hüttendorf
Siebenhirten
Eibesthal
Ebendorf
Kettlasbrunn
ZISTERSDORF
Wallfahrtskirche Maria Moos
Weinviertel
Hochleithen
Hochleitenwald
Bad Pirawarth
Gaweinstal
Großschweinbarth
Matzen
Matzener Wald
Prottes
Ollersdorf
Angern
Dürnkrut
Jedenspeigen
Waidendorf
Spannberg
Ebenthal
Hohenruppersdorf
Sulz im Weinviertel
Niedersulz
Schrick
Höbersbrunn
Pellendorf
Ulrichskirchen
Kreuzstetten
Niederkreuzstetten
Hornsbg.
Kreuttal
Würnitz
Harmannsdorf
Mollmannsdorf
Großrußbach
Simonsfeld
Herzogbirbaum
Großmugl
Stockerau
KORNEUBURG
Leobendorf
Spillern
Tulln
KLOSTER-NEUBURG
Weidling
Hermannskogel
Kahlenberg
Leopoldsberg
W-GRINZING
W-DÖBLING
W-HERNALS
W-OTTAKRING
W-PENZING
W-HIETZING
W-HADERSDF.
W-FLORIDSDF.
W-KAGRAN
W-STADLAU
W-ASPERN
W-ESSLING
W-DONAUSTADT
W-SIMMERING
WIEN
Prater
Lainzer Tiergarten
GROSSENZERSDF.
Deutsch-Wagram
Gänserndorf
Safari- und Abenteuerpark
Markgrafneusiedl
Obersiebenbrunn
Leopoldsdorf im Marchfelde
Marchfeld
Rußbach
Lassee
Breitensee
Schönfeld
Haringsee
Fuchsenbigl
Engelhartstetten
Baumgarten a.d.M.
Zwerndf.
Weikendorf
Oberweiden
Tallesbrunn
Strasshof a.d. Nordbahn
Bockfließ
Schönkirchen
Reyersdorf
Pillichsdorf
Großengersdorf
Seyring
Gerasdorf
Hagenbrunn
Langenzersdorf
Bisamberg
Eggenburg
Weyerburg
Enzersdorf im Thale
Hollabrunn
Sierndorf
ÖSTERREICH
Graz
Sopron
Bruck a.d. Leitha
Neusiedl a. See
Bratislava (Pressburg)
Orth a.d. Donau
Wien

Brno (Brünn)
Kroměříž (Kremsier)
74
Zlín
Brno (Brünn)
Sa
Sb
Sc
Sd
Čejkovice
Mutěnice
Starý Poddvorov
DUBŇANY (DUBNIAN)
HODONÍN (GOEDING)
Rohatec
Petrov
STRÁŽNICE (STRASSNITZ)
Kozojídky
Žeraviny
Hroznová Lhota
Lipov
Louka
Mezihájí
Maguše
Kolo
Suchov
Poražky
Nový Poddvorov
Dolní Bojanovice
Sudoměřice
Žerotín
Kněždub
Tvarožná Lhota
Malá Vrbka
Hrubá Vrbka
Velká nad Veličkou
Suchovské Mlýny
Vápenky
Josefov
Lužice
SKALICA
Radějov
Jiříkovec
Čertoryje
Kobyla
Kuželov
Javorník
Hradisko
Nová Lhota
Velká Javořina
Čupec
Javořina
Prušánky
Mikulčice
archeologické výkopávky
Kátov
Vrádište
HOLÍČ
Prietržka
Zlatnícka dolina
Veselka
Bukovina
BÍLÉ KARPATY
Bílé Karpaty
Moravská Nová Ves
Hrušky
Týnec
Tvrdonice
Kostice
Trnovec
Kopčany
Popudinské Močidľany
Kovalovec
Tlstá h.
Lipový v.
Hate
Chvojnica
Vrbovce
Paníkovci
Šťamberek
Topolecká
Lazy
Súš
Brestovec
Stará Myjava
Jazviny
Poriadie
Paprad
Rudník
Vlkovary
Radimov
Vieska
Chropov
Lopašov
Javorec
Zrníkovci
Križanovci
Svinjarky
Hor. Výhon
MYJAVA
36
Častkov
Majeričky
Štverná
TURÁ LÚKA
Podbranč
Branč
Švrčkov Jarok
Babulicov Vrch
Polianka
Matejovec
Krajné
Gbely
Petrova Ves
Unín
Letničie
Oreské
Smrdáky
Rohov
Rohovské Rybky
Rybky
Sobotište
Rovensko
Salaš
Kunov
Podhorie
Belanskovci
Bukovec
Hurbanova Dolina
Ploština
Priepasné
Podkylava
Brodské
Barbajky
Smolinské
Štefanov
Kovalov
Dojč
Prietrž
Štverník
Končiny
Bradlo
Dol. Košariská
Horné Košariská
Kúty
Čáry
Stráže n.Myjavou
Šajdíkove Humence
SENICA
Hlboké
BREZOVÁ
P. Bradlom
Prašník
27
Kuklov
Šaštín-Stráže
Šaštín
Na lúke
Borský Mikuláš
Osuské
Pustá Ves
Sekule
Borský Svätý Jur
Moravský Svätý Ján
Jablonica
Hradište p.Vrátnom
Vrátno
Malé Karpaty
Dobrovodský hrad
Dobrá Voda
Kočín-Lančár
Šterusy
vod. n. Dolná Studená Voda
vod. n. Horná Studená Voda
Lakšárska Nová Ves
Bílikove Humence
Cerová
Mníšek
Rozbehy
Kopec
Chtelnica
Dolný Lopašov
Tomky
Mikulášov
Závod
Prievaly
Buková
Katarína
Dechtice
Vel. Leváre
Studienka
Plavecký Peter
vod. n. Buková
Záruby
Trstín
Naháč
Horná Krupá
Horné Dubové
Nižná
Klátovce
SLOVENSKÁ REPUBLIKA
Teplica
Plavecký Mikuláš
Čierna skala
Dolina Hlboče
Deravá skala
Malé Karpaty
Smolenice
Biňovce
Plavecký hrad
Plavecké Podhradie
Olšovský ml.
Lošonec
vod. n. Boleráz
Dol. Krupá
Dolné Dubové
Radošovce
Paderovce
MALACKY
Rohožník
Sološnica
Vápenná
Horné Orešany
Boleráz
Klčovany
Jaslovské Bohunice
Stolište
Malacky
Štvrtý ryb.
Dolné Orešany
Šelpice
Bohdanovce n. Trnavou
Malženice
Spačince
Vysoká
Pravda
Doľany
Košolná
Ružová Dolina
Kuchyňa
Častá
Dlhá
Suchá n. Parnou
Zvončín
Bučany
Pernecký ryb.
Prvý ryb.
Piesok
Pila
Červený Kameň
Štefanová
Borová
Kamenný Mlyn
Čertov kop.
Zochova chata
Hájiček
Ružindol
TRNAVA
Brestovany
Horné Lovčice
Pernek
Dubová
Budmerice
Nový dvor
Biely Kostol
Trnavské rybníky
Dolné Lovčice
Trenčín (Trentschin)
Jablonové
Baba
Štúrova lavička
Kráľová
HRNČIAROVCE
MODRANKA
Zavar
Lozorno
Lozorno/ Zohor
MODRA
Vištuk
Jablonec
Trnava
vod. n. Vištuk
Fajdal
Jarná
Cífer
Zeleneč
Križovany n. Dudváhom
Somár
Vinosady
Báhoň
Pác
vod. n. Ronava
Košariská
PEZINOK
Limbach
Šenkvice
Kaplná
Igram
Slovenská N. Ves
Vlčkovce
Opoj
Pajštún
Stupava
Borinka
Veľký Javorník
Biely Kameň
vod. n. Blatné
Majcichov
Voderady
Marianka
Záhorská Bystrica
MYSLENICE
Viničné
Martin
Čataj
Veľ. Grob
Hoste
Nitra
Svätý Jur pri Br.
Slov. Grob
Pavlice
Abrahám
Veľká Mača
RAČA
VAJNORY
Chorvátsky Grob
Hor. Dvor
Senec
SENEC
Boldog
Reca
Pusté Úľany
Malá Mača
Gáň
LAMAČ
Veľ. Biel
Bernolákovo
Slnečné jazerá-sever
Slnečné jazerá-juh
Kráľová
Sládkovičovo
GALANTA
DÚBRAVKA
Bratislava (Pressburg)
92
Bratislava (Pressburg)
Šamorín
Piešťany
Bratislava
93
Esztergom
Nové Mesto n. Váhom (Waag Neustadt)

ČESKÁ REPUBLIKA
Brno (Brünn)
75
Vsetín
Zilina (Sillein)
SLOVENSKÁ REPUBLIKA
53
Se
Sf
Ta
Tb
B I E L E
K A R P A T Y
S t r á ž o v s k é
v r c h y
P o v a ž s k ý
I n o v e c
P o d u n a j s k á
p a h o r k a t i n a
T r i b e č
Ponitrie
55
56
57
58
59
TRENČÍN
(TRENTSCHIN)
N. DUBNICA
TRENČ. TEPLICE
Trenč. Teplá
Trenč. Turná
Trenč. Stankovce
Drietoma
Kostolná-Záriečie
Chocholná
Soblahov
Mníchova Lehota
Trenč. Jastrabie
Trenč. Mitice
Trenč. Bohuslavice
Zemianske Podhradie
Bošáca
Moravské Lieskové
Haluzická sútěska
Beckov
Beckovské hradné bralo
NOVÉ MESTO n. Váhom
(WAAG NEUSTADT)
STARÁ TURÁ
Mechnačky
Zahumenice
Strání
Lubina
Vaďovce
Čachtický hradný vrch
Čachtice
Plešivec
Brehové porasty potoka Dubová
Temětínske vrchy
Kulháň
Podhradie
Topoľčiansky hrad
Holé brehy
Hradisko
Pobedim
Vrbové
Moravany n. Váhom
Veľký Jarok
PIEŠŤANY
Banka
Radošina
Nitrianska Blatnica
Veľ. Kostoľany
Madunice
LEOPOLDOV
HLOHOVEC
Sedlicko-poniklecová lúčka
Šulekovo
SEREĎ
Dubník
Vinohrady n. Váhom
Šintava
Pata
Šoporňa
Močenok
Zbehy
Lužianky
Dražovce
Zoborská lesostep
NITRA
Ivanka pri Nitre
Výčapy-Opatovce
Preseľany
Oponický hrad
TOPOĽČANY
Solčany
Solčiansky háj
Bošany
Brodzany
Veľ. Uherce
PARTIZÁNSKE
BÁNOVCE n. Bebravou
Uhrovec
Uhrovské Podhradie
Uhrovský hrad
Dol. Vestenice
Hor.-Motešice
Smradľavý vrch
j. Dúpna diera
Žihľavník-Baske
Omšenská Baba
Omšenie
Trubárka
Valaská Belá
Zubria obora
Veľ. Tribeč 829
Kostoľany p. Trib.
Jelenská gaštanica
Jelenec
Neverice
Kolíňany
Štitáre
Beladice
Tesárske Mlyňany
Arborétum
ZLATÉ MORAVCE
Vráble
E 50
E 75
E 572
E 571
Sala
93
Komárno
Zvolen
Bratislava (Pressburg)

56
Zilina (Sillein)
Martin
Td
Te
Tf
Ua
Ub
Nitra
Abramová
Ondrašová
Laclavá
Brieštie
Slov. Pravno
Rudno
Jasenovo
Kl'ačno
Tužina
Chvojnica
Magura
Vyšehradné
Vyšehrad
Nitrianske Pravno
Solka
Pravenec
Malinová
Poluvsie
Poruba
Kanianka
Lazany
Nedožery
Brezany
Seč
Dlžín
Šutovce
BOJNICE
Bojnice-kúpele
Kocurany
Opatovce n. Nitrou
PRIEVIDZA
(PRIWITZ)
M. Čausa
Lipník
Chrenovec-Brusno
Lážtočno
Veľ. Čausa
Jalovec
M. Lehôtka
Hrádec
Hradisko
Veľ. Lehôtka
Morovno
Koš
Sebedražie
NOVÁKY
Cigeľ
HANDLOVÁ
M. Lehota p. Vtáčnikom
Veľ. Lehota p. Vtáčnikom
Sivý Kameň
Biely Kameň
Zemianske Kostoľany
Podhradie
Kamenec p. Vtáčnikom
N. Lehota
Bystričany
Makovište
Končitá
Vtáčnik
Fančová
Rudica
Kl'ak
Ostrý Grúň
Kolárova chata
Hor. Ždaňa
Dol. Ždaňa
Urban
Veľ. Pole
Pila
Frtálov vrch
Hrabičov
Dol. Pecné
Župkov
Debnárov štál
Andezitové kamenné more
Rajnohov štál
Malá Lehota
Adamcov štál
Pavlov štál
Horné Hámre
Žarnovická Huta
Partizán
Hrabiny
Veľ. Lehota
Chotár
St. Huta
NOVÁ BAŇA
(KÖNIGSBERG)
Bukovina
Brehy
Orovnica
Tekovská Breznica
Slovenská brana
Tekovské Nemce
Hronský Beňadik
Psiare
Rybník
Čajkov
Gondovo
Nová Dedina
Hronské Kosihy
Podlužany
Hronské Kľačany
LEVICE
Nitra
Sklené
Turiec
Remata
Janova Lehota
Dubník
Kosorín
Slaská
Frochot
Lovčica-Trubín
Prestavlky
Lovča
ŽIAR n. Hronom
Dol. Trnávka
Lehôtka pod Brehmi
Hliník n. Hr.
Bralce
Pustý hrad
Sklené Teplice
Bukovina
Revištské Podzámčie
Bzenica
Kamenné more
Vyhne
Repište
ŽARNOVICA
Lukavica
Hodruša-Hámre
Voznica
Banská Hodruša
Rudno n. Hr.
Štiavnické vrchy
Vysoká
Kopanice
Richňavské jazerá
Uhliská
Dekýš
Breziny
Jabloňovský Roháč
Počúvadlo
Pukanec
Bohunice
Devičany
Jabloňovce
Pečenice
Batovce
Jalakšová
Kmeť'ovce
Žemberovce
Horša
Horšianska dolina
Dolina
Kamenný Chotár
Sokovce
Sučany
Borcová
Malý Čepčín
Bodorová
Mošovce
Drienok
Turčiansky Michal
Kaľamenová
Veľký Čepčín
DIVIAKY
Rakša
Budiš
TURČIANSKE TEPLICE
Dubové
Háj
Čremošné
DOLNÁ ŠTUBŇA
Štubňa
Horná Štubňa
(Ober-Stuben)
Dolný Turček
Horný Turček
Klobučník
Kremnické Bane
Kunešov
Krahule
KREMNICA
(KREMNITZ)
Lúčky
Caravan camp
Kopernica
Kremnický štít
Kremnický Štós
Horná Ves
Dolná Ves
Nevoľné
Ihráč
Bartošova Lehôtka
Jastrabská skala
Jastrabá
Zlatý potok
Lutila
St. Kremnička
Pitelová
Kľačany
Trnavá Hora
Jalná
Šášovský hrad
Šášovské Podhradie
Ladomerská Vieska
Sut'
Hronská Breznica
Močiar
Snoža
Kozelník
Podhorie
Banky
Jergištôlňa
Banská Belá
Paradajs
BANSKÁ ŠTIAVNICA
(SCHEMNITZ)
Kalvária
Skalka
Hor. Roveň
Štiavnické Bane
Banské múzeum
Banský Studenec
Piarg
SITNIANSKA
Antol
Ilija
Počúvadlianske jazero
Sitno
Počúvadlianske jazero
Žibritov
Štangarigel
Prenčov
Beluj
Baďan
Klastava
Sitnianska Lehôtka
Mladá Hora
Hontianske Nemce
Stará hora
Rakšáňova hora
Cestársky dom
Sebechleby
Ladzany
Domaniky
Tretí vrch
Dražovce
Šipice
Bačovce
Lišov
Sebeslavce
Blatnický hrad
Blatnica
Mažarná
Lubená
Padva
Smrekov
hot. pod Kráľovou Studňou
Krížna
Túfna
Harmanecká tisina
Harmanecká jask.
Harmanec
Flochová
Dolný Harmanec
Kordíky
Riečka
Tajov
Skalka
Limba
Zlatá studňa
Králiky
chata na Suchom vrchu
Malachov
Kremnička
Hor. Pršany
Badínsky prales
Lauri
Mláčik
Rakytovce
Badín
Sielnica
SLIAČ
SLIAČ-KÚPELE
Železná Breznica
Kašova Lehôtka
Kopanice
Kováčová
Trnie
Hronská Dúbrava
Budička
Turová
Boky
Arboretum
ZVOLEN
(ALTSOHL)
Budča
Pustý hrad
Môťová
vod. nádrž Môťová
Lieskovec
Slatinka
Slatina
Ostrá Lúka
Vápenná
Bacúrov
Breziny
Dubové
Michalková
Podzámčok
Lomné
Kráľová
Dobrá Niva
Babiná
Sása
Pliešovce
Dolinky
Útlaky
L'auchňa
Široké Lúky
Bzovská Lehôtka
Másiarsky bok
Kopaný závoz
Zábava
Hroniaková
KRUPINA
(KARPFEN)
Čekovce
Kráľovce-Krnišov
Senohrad
Močiar
Dol. Mladonice
Hor. Mladonice
Zemianske Vrbovok
Lackov
Bzovík
Devičie
Kozí Vrbovok
Trpín
Litava
Dačov Lom
Brestový diel
Sucháň
Uňatín Vrch
Horný Badín
Dolný Badín
Čabradský Vrbovok
Čabrad'
Cerovo
Selce
Vysoké pole
Medovarce
Drienovo
Dúchenec
Peres Plachtinske lazy
Chata pod Borišovom
Borišov
Ploská
Nižná Revúca
Liptovské Revúce
Stredná Revúca
Vyšná Revúca
Ostredok
Zvolen
Donovaly
Kamzík
Jergaly
Bully
Motyčky
Valentová
Salášky
Turecká
Jelenská j.
Staré Hory
Jelenská skala
Polkanová
Baláže
Špania Dolina
Ul'anka
Ostrý v.
Priechod
Nemce
Kynceľová
Selce
Priboj
SENICA
Šalková
Plavno
BANSKÁ BYSTRICA
(NEUSOHL)
KRÁĽOVÁ
Kozlinec
Prostredná Môlča
Horná Mičiná
Dolná Mičiná
Vlkanová
Čerín
Hronsek
Garanský
Bečov
Lukavica
Sebedín
Sampor
Veľká Lúka
Lukové
Zolná
Ružomberok (Rosenberg)
Brezno (Bries)
Lučenec
Balassa-Gyarmat
Váhostav
94
95
Vác
Veľký Fatra
Kremnické vrchy
Starohorské vrchy
Štiavnické vrchy

Im Slowakischen Erzgebirge

In dieser hügeligen Region, in Slovenské Rudohorie, trafen drei verschiedene Kulturen aufeinander: Neben den zahlreichen Spuren ungarischer Herrschaft trifft man auf Reste deutscher Traditionen, die sich im Laufe der Zeit mit den slowakischen verknüpften.

Betliar
Nur wenig deutet im Stadtbild darauf hin, daß hier einst Gold und Kupfer, später immerhin noch Eisenerz gefördert wurden. 1781 wurde die erste Eisenhütte errichtet. Früherer Reichtum ist jedoch am Kastell des Grafengeschlechtes der Andrássy augenscheinlich, die es bis 1945 bewohnten. Großer Popularität erfreut sich der Gartenpark mit Lustschlössern, Fontänen und Statuen. Im Schloß sind viel Exotisches aus Asien und Afrika, eine Sammlung von Waffen sowie eine Jagdtrophäenkollektion zu sehen. Aus dem 18. Jh. stammt die Bibliothek mit über 20 000 Bänden. Erwähnenswert ist auch die gotische Kirche (erste Hälfte des 14. Jh.) mit barocken Umbauten.

Brezno
Für die Slowaken ist der Ort bedeutend, weil er die Geburts- oder Wirkungsstätte mehrerer Literaten war. 1791 wurde da Ján Chalupka, der Dichter der slowakischen Hymne „Nad Tatrou sa blýska" (Über der Tatra blitzt es), geboren. Ihm zu Ehren findet im Mai alljährlich ein pädagogischer Künstlerwettbewerb statt. Das lokale Museum (*Horehronské múzeum*) zeigt eine schöne Folkloresammlung mit Blaufärbererzeugnissen. Im 13. Jh. wurde der Bergbauort gegründet, 1380 erhielt der quadratisch angelegte Ort städtische Privilegien. Im Jahre 1655 wurde Brezno zur freien Königsstadt erhoben, doch gingen ein Jahrhundert später die Kohlevorkommen zur Neige. Handwerksbetriebe, vor allem Gerber, sorgten für neue Beschäftigung. Aus dieser Zeit stammt das Rathaus (1780), daneben sind einige klassizistische Bürgerhäuser sehenswert.

Detva
Die Kleinstadt am Rande des Zvolen-Kessels ist bekannt wegen ihrer besonders gepflegten Folkloretraditionen. Die Volkskunst wird – auch unter kommerziellen Aspekten – bewahrt; man trägt gelegentlich noch Tracht. Stickereien und Blusen werden angeboten, sehenswert sind die geschnitzten Holzkreuze auf dem örtlichen Friedhof. Der Ort entstand zwischen 1636 und 1638, 1811 erhielt er Stadt- und Marktrechte. 1787 begann die erste Molkerei mit der Herstellung des berühmten Schafskäses, des Liptauers.

Dobšinská l'adová jaskyňa
1887 wurde in der 17 Jahre zuvor entdeckten Eishöhle sogar elektrisches Licht installiert (die erste elektrisch beleuchtete Höhle Europas), inzwischen ist die größte Eishöhle der Slowakei, insgesamt 1400 m lang, auf einer Strecke von 475 m zugänglich. Die Dicke des Eises beträgt bis zu 22 m, die höchste Eissäule ist 9 m hoch. Siehe auch „Reisen in die Naturparadiese".

Domica
Domica ist ein (kleinerer) Teil des insgesamt 22 km umfassenden Tropfsteinhöhlensystems, das sich in Ungarn unter dem Namen Baradla-Aggtelek fortsetzt. Die Landesgrenze verläuft mitten durch die schönste und größte Höhle des Slowakischen Karstes (*Slovenský Kras*). Seit den dreißiger Jahren ist über ein Drittel der erforschten Wege (5,2 km) zugänglich. Im sog. Gotischen Dom fährt man auf dem Flüßchen Styx sogar mit einem kleinen Boot. Siehe auch „Reisen in die Naturparadiese".

Gombasecká jaskyňa
Ein Fünftel der insgesamt 1525 erforschten Meter der Tropfsteinhöhle ist zugänglich, wobei der sog. Steinregen (*Kamenný dážd'*) die vielleicht größte Attraktion der 1951 entdeckten Höhle ist. Man versuchte hier auch, allergische und asthmatische Erkrankungen zu heilen. Siehe auch „Reisen in die Naturparadiese".

Krásnohorské Podhradie
Seit dem 14. Jh. ist die Gemeinde bekannt, die unterhalb der gotischen Burg Krásna Hôrka entstand. Diese wurde im 17. Jh. im Renaissancestil umgebaut. Graf Andrássy richtete darin im Jahre 1910 ein für die Öffentlichkeit bestimmtes Familienmuseum ein. Der 1945 enteignete ungarische Adelige ruht in einem denkmalgeschützten Mausoleum, das von ei-

Kirche in Brezno (links außen).

Lučenec: Zum Schulabschluß gibt es lustige Spiele (links innen oben).

Die Corvinus-Burg über Lupča (links unten).

Idyllen allerorten (rechts oben).

Krásna Hôrka bedeutet etwa: herrlicher Berghügel. Die mächtige Renaissanceburg wurde vor 1545 zur Festung ausgebaut (rechts unten).

nem schönen Französischen Park umgeben ist. Neben der Gemerská galéria ist die klassizistisch umgebaute gotische Kirche besonders sehenswert.

Lučenec

Die im gleichnamigen Kessel gelegene Kreisstadt, erstmals im 13. Jh. erwähnt, war während der Türkenzeit im 16./17. Jh. besetzt. Im November 1938 wurde das Städtchen im Zeichen des Münchner Abkommens Ungarn zugeordnet. Die insgesamt sehr wechselvolle geschichtliche Entwicklung hat kein einheitliches Stadtbild entstehen lassen. Im Jugendstil entstanden neben mehreren Wohnhäusern einige öffentliche Gebäude wie das Rathaus, das Caféhaus Corso und die Synagoge. Das klassizistische ehemalige städtische Gasthaus Reduta (1810-16) wurde bereits in den fünfziger Jahren restauriert.

Rimavská Sobota

Die Kreisstadt am Fluß Rimava (*sobota* = Samstag) gehört zu den Städten der Südslowakei, die zwischen dem Münchner Abkommen (1938) und Kriegsende Ungarn angeschlossen wurden. Hier ging es im Laufe der Geschichte hin und her: Viele Absolventen des hiesigen Lyzeums wurden prominent entweder als ungarische Poeten (Mikszáth, Tompa) oder als slowakische Literaten (Botto, Krasko, Jesenský). Die Geschichte der Stadt reicht bis ins 13. Jh. zurück. Erstmals wurde der Ort 1270 erwähnt, 1335 bekam er die Stadtrechte. Türken beherrschten die Stadt von 1554 bis zu ihrer Vertreibung aus Mitteleuropa (1686). Seit dem 18. Jh. verzeichnen die Annalen neben regem Handel eine reiche Entfaltung der Zünfte. Das zeigt heute noch das ehemalige klassizistische Komitatshaus (*župný dom*) von 1798; im gleichen Baustil entstand das Rathaus. Die kalvinistische Kirche trägt barocke und klassizistische Züge. Miklós Ybl baute 1908 das Internat des Lyzeums. – Im Ortsteil Tomášová sind ein klassizistisches Kastell und ein barock-klassizistischer Glockenturm besonders sehenswert.

Rožňava

Als Rosenau wurde der Bergbauort 1291 gegründet, ein halbes Jahrhundert später besaß er bereits die Stadtrechte. Die Bedeutung des Goldabbaus wurde mit der Ernennung zur freien Königsstadt gewürdigt (1410). Doch schon im 16. Jh. zeigte sich ein Rückgang der Erträge, im 17. Jh. wurde die Förderung eingestellt. Mit modernen Werkzeugen versucht man in unseren Tagen, den Bergbau (Eisenerz) in der 1938 bis 1945 an Ungarn angeschlossenen Stadt zu reaktivieren. Im Laufe der Zeit entwickelte sich auch das Handwerk, bis sich schließlich der industrielle Charakter im Stadtbild durchsetzte. Damit einher ging der Wohnungsbau außerhalb des historischen Stadtzentrums. Die einst barocken Häuser erhielten im vergangenen Jahrhundert ein klassizistisches Aussehen oder wurden um die Jahrhundertwende im Jugendstil umgestaltet. Der Spätrenaissancestadtturm (1654) wiederum wurde schon im 18. Jh. umgebaut. Die gotische Pfarrkirche (1304) war seit 1776 bischöfliche Kathedrale. Das Altarbild zeigt Szenen aus dem Bergmannsleben. Der Kreis schließt sich spätestens im Bergwerksmuseum (*Banícke múzeum*).

Slovenský Raj (Slowakisches Paradies)

Siehe das Kapitel „Reisen in die Naturparadiese".

Information
Ministerstvo hospodárstva Slovenskej republiky
Mierova 19
82715 Bratislava

Festkalender
Brezno: musikalisches Frühlingsfestival; Marathonlauf im August. **Detva**: Folklorefestival im Juli. **Rimavská Sobota**: Pferderennen im August.

Tips
Eis- und Tropfsteinhöhlen: **Dobšinská l'adová jaskyňa, Domica, Gombasecká jaskyňa**. **Betliar**: Schloßbibliothek. **Detva**: Folkloreschau; Steingebilde „Melichova skala" (30 m hoch). **Krásna Hôrka**: Burgmuseum. **Markušovce**: Renaissancekastell; 8 m hoher „Steinpilz" (*Markušovský skalný hríb*). **Rožňava**: Bergbaumuseum. Wanderungen im **Slowakischen Paradies** (*Slovenský Raj*). **Srdiečko**: Wintersportzentrum. **Štítnik**: Stadtbesichtigung, gotische Fresken.

Ruzomberok (Rosenberg)
57
Poprad
Banská Bystrica
Zvolen (Altsohl)
Veľký Krtíš
Lučenec
Dolná Strehová
95
Salgó-Tarján
Uc
Ud
Ue
Uf
55
56
57
58
59
Liptovská Osada
Jánošíkova koliba
Liptovská Lúžna
Magurka
Chabenec
1955
Latiborská hoľa
1648
Chopok
2024
Kosodrevina
Srdiečko
Ďumbier
2043
Rovná hoľa
1723
Nižná Boca
Kamenica
1727
Fišiarka
1478
Športhotel
Čertovica
Vyšná Boca
1548
Národný park
Nízke Tatry
V. Chochuľa
1754
Korytnica-kúpele
Ráztocká hoľa
1566
Kozí chrbát
1330
Moštenické travertíny
Partizán
Tále
Jarabá
Beňuška
1544
Svibová
882
Bystrá
Mýto pod Ďumbierom
Bacúch
Polomka
Hámor
Závadka n. Hronom
Heľpa
Hron
Pohronský Bukovec
Jasenie
Dolná Lehota
Horná Lehota
Bystrianska j.
Bravácovo
Beňuš
Gašparovo
Ráztoka
Kramlište
Zámostie
Lopej
Vajsková
Podbrezová
Valaská
Zadné Halny
Bujakovo
Filipovo
Hiadeľ
Medzibrod
Dubová
Predajná
Michalová
1149
Podkonice
Moštenica
Brusno
Nemecká
Ondrej n. Hronom
Hronec
Hnusné
751
BREZNO
(BRIES)
Rohozná
1247
Veľká
Lučatín
Brusno-kúpele
Slovenská Ľupča
Liptsch
Čierť až
1204
Šiašovo
Čierny Hron
Michalová
Fabova hoľa
1439
Vysoká
996
Podlipa
Osrblie
979
Medveďov
Čierny Balog
Komov
Zrazy
973
Pohronská Polhora
1018
Muránska plan
1223
Ľubietová
(Libethen)
Ponická Lehôtka
Strelníky
Dolina
Dobroč
Poniky
Molča
Horná-
Povrazník
Na Vepor
1157
Ponická Huta
Oravce
Dúbravica
Čačín
Zákľuky
1012
Obrubovanec
1020
Hrončecký grúň
Klenovský Vepor
1341
TISOVEC
Bukovina
1294
Dobročský prales
Sihla
Kysuca
Železná brána
1164
866
Čerín
Hrochoť
Poľana
Kľuka
942
Drábsko
Rimavská Píla
Sebedín-Bečov
Lom n. Rimavicou
Ostrá
1012
Hačava
1027
Poľana
1458
Rimavica
Breziny
Trpín
Jazovec
Snohy
Čierť až
1102
Drahová
1118
Polianky
Cisárska hoľa
852
v. n. Klenovec
Iviny
vod. n. Hriňová
Očová
Dol. Chrapková
Kopa
922
Hor. Riečka
Kostolná
Dúbravy
Mláky
Močiar
Utekáč
Klenovec
Paseky
Bykovo
1113
Látky
Háj
Kokavka
HNÚŠŤA
Zvolenská Slatina
Hájniková
Zelobudza
Kochlačka
624
Skliarovo
Štoliansko
Vlčovo
Soltýska
Diel
934
Kokava n. Rimavicou
Vígľaš
Zapriechody
Krivec II
Hriňová
Zabica
N. Svet
Detvianska Huta
Mysliny
Ipeľ
Chladná Studňa
Dubákovo
Likier
Vígľašský zámok
Pstruša
Rohy
Detva-sídlisko
DETVA
Zubria
Mangútovo
Čechánky
Dobrý Potok
Jasenina
998
Salajka
917
Boroviny
Pstruša
Kriváň
539
Korytárky
673
Vrchdobroč
Táňovo
929
Rimavské Brezovo
Krné
Dolné Lazy
Brestina
921
Žihľava
Hámor
Závada
Čierťaž
Zlatno
Veľký Korčín
863
Stožok
Piešť I
Pižikovci
Piešť II
Podkriváň
Dolná Bzová
Diel
vod. nádrž Málinec
Rimavská Baňa
Kalinka
Slatinské Lazy
Javor
816
Hrnčiarky
Krná
Dubové
623
Lehota nad Rimavicou
Vígľašská Huta
Vášovv rch
Klokoč
Sliačska Podpoľana
Bôsna
Pila
Nad Ráztokami
757
Málinec
Uhorské
531
Rimavské Zalužany
Kraskov
Stará Huta
Chata pod Javorom
Kotmanová
Hradište
Blýskavica
Divinské lazy
Mýtna
Dobroč
Miklošovo
České Brezovo
Kociha
Vyšný Skálnik
Katarínska Huta
Ozdín
Bystrička
Uhorské
Hrachovo
Jaseňová
Hlinka
Budiná
Maša
Slaná Lehota
Javorie
1044
Divín
Turičky
Selce
Vrbovce n. Rim.
vod. nádrž Ružiná
Ružiná
Lovinobaňa
Cinobaňa
Rovňany
Dobrošťa
Peterčová
Tuhár
Mládzovo
Zelené
Poltár
Hrnčiarska Ves
Veľké Teriakovce
Horný Tisovník
Madačka
Uderiná
Točnica
Chrasť
Breznička
Jelenie
Krušno
Krásna
Čerenčany
Abelová
Polichno
Podrečany
Brezky
Červeň
Hájiky-Maky
Maštinec
Šušany
Dolný Tisovník
Nedelište
Lukačová
Gregorova Vieska
Kalinovo
Prievrana
Hrnčiarske Zalužany
Bálince
Mlynárka
Červeňany
Tomášovce
Veľká Ves
Niž. Petrovec
Sťavica
Pustá Hrabovo
Židovo
Lentvora
Pražský mlyn
Praha
Ľupoč
Stará Halič
Halič
Vidiná
Jazero
Pinciná
Nové Hony
Ožďany
Harapin
RIMAVS SOB
Sušá
Dolné Zahorany
Opátik
Veľký Lom
Lehôtka
Dolná Slatinka
Boľkovská osada
Boľkovce
Veľké Dravce
Rimavská kot
Mojín
Dačov Lom
Imrov Kopec
Mašková
Horná Telka
LUČENEC
Malá Ves
Nitra nad Ipľom
Ipeľka
Husiná
Ľukva
Suché Brezovo
Senné
Pravica
Ľuboreč
Solisko
Holiša
Veľký Bučeň
514
Čenta
Úsvit
Brusník
Vartov v.
457
Šimova samota
Mikušovce
Buzitka
Šávoľ
Verecka
Hodejov
Koprovnica
Horná Strehová
Chrťany
Jazero
Závada
vod. n. Ľuboreč
Panické Dravce
Lazy
Fiľ. Kľačany
Fiľ. Kováče
Kondrádovce
Čierny Potok
Pliešky
Horné Strháre
Slovenské Kľačany
Dúbrava
Jelšovec
Trebeľovce
Kurtán
Bulhary
Šíd
Blhovce
Malý Krtíš
Stará riek
Kobrovnica
Dolné Strháre
Vieska
Ľuboriečka
Veľká nad Ipľom
Veľké Dalovce
Kalonda
Rapovce
Horná Baba
Dolná Baba
Fiľakovo
Modrý Kameň
Dolná Strehová
Zatíšie
Strážna hora
333
Demeceř
Biskupice
Horné Plachtince
Selce
Potok
Bukovec
Mučin
Ratka
Čamovce
Gortva
Podvrch
Pleš
Belina
Cerová vrchovina
Javorie
Krupinská planina
Nízke Tatry
Veporské vrchy
Poľana
E 77
E 571
584
530
526
531
571
588
591
75
71
66
72
42
43
35
30
26
12
29
40
47
50
52
53
55

Poprad
60
Spišske Podhradie
Košice
Moldava nad Bodvon
Salgó-Tarján
96
Eger
Miskolc
MAGYARORSZÁG
Va
Vb
Vc
Vd
Ve
Národný park Slovenský raj
Národný park Nízke Tatry
Kráľova hoľa
Prielom Hornádu
Spišské Tomášovce
Kláštorisko
Čiertova diera
Dzurkovec
Smižany
SPIŠSKÁ N. VES
Danišovce
Jamník
Odorin
Lieskovany
Markušovce
Chrast n. Hornádom
Matejovce
Teplička
Olcnava
Spišské Vlachy
Bystrany
Hincovce
S. Hrušov
Medvedia j.
Čigánka
Novoveská Huta
Zimná dolina
Stratená
Dedinky
Geravy
Dobšinská ľadová j.
Dobšinská Maša
Palcmanská Maša
Mlynky
Rudňany
Poráč
Bindt
Závadka
Závistlivec
Bukovec
Nálepkovo
Orlí vrch
Vernár
Telgárt
Šumiac
Švábolka
Zlatno
Červená Skala
Hron
Hnilec
Lánilho Huta
Rakovec
Sykavka
Hnilec
Delava
Čierna Hora
Hámre
Švedlár
Zahájnica
Stará Voda
DOBŠINÁ
RUDOHORIE
Volovské vrchy
Henclová
Tichá Voda
Chata pod Volovcom
Smolnícka Huta
Smolník
Štós
Úhorná
v. n. Úhorná
Rejdová
Vyšná Slaná
Slaná
Vlachovo
Gočovo
Muránska Huta
Stolica
SLOVENSKÉ RUDOHORIE
Brdárka
Hanková
Muránska Zdychava
Kobeliarovo
Slavoška
Markuška
Petrovo
Niž. Slaná
Gemerská Poloma
Čapáš
Betliar
Čierna Lehota
Slavošovce
Henckovce
Koceľovce
Rochovce
Roštár
Revúčka
SLOVENSKÉ VRCHY
Muráň
Muránska Dlhá Lúka
REVÚCA
Mokrá Lúka
Revúcka Lehota
Chyžné
Kopráš
Magnezitovce
Ochtiná
Ochtinská aragonitová jaskyňa
Honce
Rožňavské Bystré
Rudná
ROŽŇAVA
Čučma
Pača
Krásna Hôrka
Krásnohorské Podhradie
Havrania skala
Kováčová
Lúčka
Ratkovské Bystré
Lubeník
Turčok
Železník
Sirk
Rákošska Baňa
Bradlo
JELŠAVA
Štítnik
Gerlachovské skaly
Rákovnica
Kružná
Brzotín
Jovice
Krásnohorská Dlhá Lúka
Lipovník
Drnava
Bôrka
Cintorín
Hrhov
Jablonov nad Turňou
v. n. Hrhov
Rozložná
Kunova Teplica
Nandraž
Rákoš
Repištia
Ratková
Ratkovská Suchá
Jelšavská Teplica
Gem. Milhosť
Gem. Sad
Prihradzany
Paškova
Slavec
Brzotínske skaly
Slovenský kras
Brázda-179m
Fabiánka
Hrušov
Turňa nad Bodvou
Silická Jablonica
Silica
Tri chotáre
Kameňany
Šivetice
Nováčany
Hucín
Plešivec
Vidová
Gombasek
Gombasecká j.
Kamenec
Ponorná priepasť
Silická ľadnica
Sásá
Rybník
Ratkovská Lehota
Lipovec
Brusník
Držkovce
Licince
Čemerská Lúka
Vysoká
Ardovo
Silická Brezová
Ardovská j.
Matilda
Viničný vrch
Bezodná ľadnica
Haragistya erdészlak
Szarvasól-bg.
Fertős-tető
Szelce-puszta
Szögliget
Bódvaszilas
Komjáti
Szádvár
Torna-szentandrás
Bódvarákó
Hlavina
Slizké
Španie Pole
Chvalová
Meliata
Tiba
Bohúňovo
Aggteleki Nemzeti Park
Vass Imre-bg.
Kossuth-bg.
Szin
Szinpetri
Jósvafő
Prielom Muránky
Okrúhly kopec
Hostišovce
Skerešovo
Polina
Šankovce
Bretka
Gemerská Ves
Gemerská Panica
Dlhá Ves
Kečovo
Pusté vinice
Čoltovo
Domica
Baradla-bg.
Dobódél
Szár-h.
Martonyi
Malom környéke
Perkupa
Varbóc
Budikovany
Teplý Vrch
Dlhý vrch
Blh
Rašice
Vyšné Valice
Nižné Valice
Levkuška
Otročok
Gemer
Železný kopec
Smradľavé Jazero
Aggtelek
Torna-kápolna
Barlang-szálló
Szabadság-bg.
Teresztenye
Lászitanya
Szalonna
Rakaca-vizt.
Padarovce
Veľký Blh
Gemerské Michalovce
Vyšná Kaloša
Žiar
Behynce
Stránska
Tornaľa
Lapša
Želiezne
Égerszög
Szőlős-ardó
Cseh-puszta
Uzovská Panica
Nižná Kaloša
Rakytník
Kralík
Hubovo
Trizs
Bakbány-vár
Imola
Kánó
Alsó-telekes
Felső-telekes
Festőház
Galvács
Szendrő
Köves
Tomášovce
Bakta
Ipeľník
Bátka
Figa
Včelince
Lenka
Szuhafő
Ragály
Nyolcrendes-tanya
Szilvás-völgy
Zubony
Csorba-kő
Szuhony
Ivánca-tanya
Dulovo
Barca
Žíp
Vieska nad Blhom
Rumince
Vyšná Barcianska samota
Kesovce
Neporadza
Gömörszőlős
Zádorfalva
Alsószuha
Rudabánya
Garadna-puszta
Rimavské Janovce
Belín
Sútor
Radnovce
Strkovec
Kelemér
Tompa Múzeum
Rónyapuszta
Dövény
Felső-kelecsény
Szendrőlád
LADBESENYŐ
Čakov
Ivanice
Zádor
Chanava
Riečka
Szőkl-puszta
Miklós-puszta
BORSODI MEDENCE
Jákfalva
Pálos kol.
Nagy-császta
Vécseitanya
BALAJT
Pavlovce
Bottovo
Čiž
Abovce
Kráľ
Forrásvölgy
Borzós-puszta
Felsőnyárád
Izsó-falva
Kurityán
Vattaitanya
Császta-puszta
Rudolf-telep
EDELÉNY
Dögtér
Uravka
Martinová
Rimavská Seč
Rimava
Lenartovce
Bánréve
Serényfalva
Serényi-kastély
Putnok
Sajógalgóc
Dubicsány
Sajókaza
Szuha-kálló
Múcsony
Dubovec
Širkovce
Chrámec
Janice
Vlkyňa
Sajópüspöki
Soldostelep
Het
Sajóvelezd
Sajónémeti
Upponyi-hegység
Ligettanya
Nagybarca
Vadna
Sajóivánka
Szalonka
BARCIKA
KAZINC-BARCIKA
SAJÓ KAZINC
Borsodszirák
Dusnok-puszta
Bódva
Sajó
Bükk-tető
Kisbarca
Simonovce
Drňa
SUSA
URAJ
SZENNA
CENTER
Sajómercse
Királd
Hostice
SZENTSIMON
BOLYOK
ÓZD
BÁNSZÁLLÁS
Pétőftelep
E 571
E 571
50
26
27
67
531
532
526
533
536
546
549
25
30
33
48
15
31
54

In der Niederung der Ostslowakei

Die karge Landschaft der Ostslowakischen Niederung steigt nur knapp über 100 Meter an. Noch um die Jahrhundertwende wanderten wegen der großen Armut vierzig Prozent der Bevölkerung nach Nordamerika aus. Inzwischen trägt die Agrarregion auch industrielle Züge.

Gelnica

In zwei Etappen entwickelte sich der Bergbau in dieser alten deutschen Siedlung, im späten Mittelalter und Mitte des 18. Jahrhunderts. Bereits 1276 erhielt der Ort die Privilegien einer freien Königsstadt, seit dem 15. Jh. gehörte er zum Besitz der Zipser Burgherren. An blühende Zeiten erinnern einige Bürgerhäuser des 16. und 17. Jh. sowie mehrere Bergmannshäuser des 18. Jh., die im vergangenen Jahrhundert aufgemöbelt wurden. Die gotische Marien-Pfarrkirche ist im Laufe der Zeit mehrfach umgestaltet worden. Dennoch blieben mehrere Originalteile (13./14. Jh.) erhalten.

Herl'any

Als besonders sehenswert gilt die kalte Quelle, genannt Gejzír, ein hochinteressantes naturgeschütztes Phänomen. Im Abstand von etwa 32 bis 34 Stunden sprudelt diese Mineralquelle für die Dauer von rund einer halben Stunde aus einer Tiefe von über 400 m, und ihr Strahl schießt dabei 30 m hoch. Jedesmal bewegen sich etwa 600 Hektoliter Wasser an die Erdoberfläche.

Inovce

Oberhalb der Gemeinde liegt die restaurierte Prawoslawenkirche St. Michael. Sie wurde 1836 (zeitgleich mit dem Glockenstuhl) auf steinernem Fundament aus Holz erbaut und besteht aus drei Räumen. Die Schindeleinkleidung verleiht dem Gotteshaus seinen besonderen Reiz. Aus der Mitte des 19. Jh. stammt zudem die farbenprächtige Ikonostase.

Jasov

Mehr noch als durch das Äußere der Klosterkirche des Johannes des Täufers (*kostol svätého Jána Krstitel'a*) wird der Besucher durch die Fülle der Innendekorationen überrascht. Dieses Nationale Kulturdenkmal gilt als der großartigste spätbarocke Baukomplex der Ostslowakei, die gewiß nicht arm an barocken Baudenkmälern ist. Obwohl schon im 13. Jh. gegründet, kommt erst der zwischen 1750 und 1765 erstellten Klosteranlage diese Bedeutung zu. Johann Lukas Kracker malte die Räume aus, wobei die allegorischen Darstellungen der vier Fakultäten (Theologie, Medizin, Philosophie, Recht), ferner der Kunst und der Wissenschaft sowie des Lebens und des Todes außerordentlich kostbar sind. Der Österreicher schuf auch alle Fresken der Kirche, die Szenen aus dem Leben des Namenspatrons darstellen. Wertvoll sind die Skulpturen von Johann Anton Krauss und die Stukkaturen von Johann Hennevogel. Der Entwurf der von einem Französischen Park umgebenen Anlage der Prämonstratenser stammte von Franz A. Pilgram, der ausführende Baumeister war Anton Salzgeber. Ein Kleinod ist die Klosterbibliothek, die allerdings 1792 bei einem Brand in Mitleidenschaft gezogen wurde. Die im 18. Jh. umgebaute, im Krieg beschädigte gotische Gemeindepfarrkirche St. Michael steht etwas im Schatten der Klosteranlage.

Košice

Siehe „Die Städte".

Král'ovský Chlmec

Die Gemeinde (*král'* = König) wurde 1214 erstmals erwähnt. Die Reste einer Burgruine erinnern an vergangene Zeiten, aus denen auch die barockisierte gotische Kirche stammt. Bekannt ist der Ort wegen seiner Porzellanmanufaktur, die nach alten Mustern arbeitet.

Krompachy

Der Ort galt vor eineinhalb Jahrhunderten als eine der Stahlschmieden Ungarns. In der Frühphase der Industrialisierung entstand hier ein moderner Eisenhüt-

„Nur" Umweltschaden, nicht Religionswahn (links außen).

Kloster Jasov (links oben).

Orthodoxe Holzkirche in Inovce (links unten).

Eigener Wein – Stolz jedes Hausbesitzers (rechts oben).

Früher zerstörerische Hochwasser, heute Feriengebiet am Stausee Zemplínska šírava (rechts unten).

tenbetrieb, dessen Produktion vor dem Ersten Weltkrieg die Hälfte des Bedarfs an Eisen auf dem Gebiet der späteren Slowakei deckte. Zur Erinnerung an einen blutig unterdrückten Arbeiteraufstand im Jahre 1921 blieb ein Teil des historischen Kontorgebäudes erhalten. Es gewährt einen Einblick in die Architektur der Jahrhundertwende.

Leles

Jener Johann Lukas Kracker, der die Innenmalereien des Prämonstratenserklosters und der Klosterkirche in Jasov sowie des Paulinerklosters in Vranov schuf, gestaltete für den Prämonstratenserorden auch die Fresken der Klosteranlagen von Leles. Der Hauptaltar stammt von Josef Hartmann, dessen Werkstatt auch die Ausstattung der Kirche mit Figuren übernahm. Das barock umgestaltete Kloster war im 14. Jh. gegründet worden, woran gotische Originalfresken erinnern. Und auch in der Klosterkapelle gelang es, mehrere Wandmalereien über die Jahrhunderte zu bewahren. In der Umgebung von Leles faszinieren die bis zu 20 m hohen Sanddünen entlang den toten Theiß-Flußarmen.

Michalovce

Seit 1978 weiß man, daß in diesem ungarisch geprägten Gebiet im 9. oder 10. Jh. eine altslawische romanische Rotunde stand. Die ältesten schriftlichen Dokumente stammen aus der ersten Hälfte des 13. Jh., 1418 erhielt der Ort die Stadtrechte. Über Jahrhunderte hinweg war die Stadt im Besitz ungarischer Adeliger. Das barock-klassizistische Kastell aus der dreißiger Jahren des 19. Jh. – heute Zempliner Museum – wurde an der Stelle einer Wasserburg aus dem 13. Jh. erbaut. Zudem fällt das barock-klassizistische griechisch-katholische Gotteshaus Geburt Mariä (1772) auf. Ein typischer romantisierender Bau des 19. Jh. mit orientalischem Flair ist die neugotische Synagoge (1888).

Moldava nad Bodvou

Nur noch einige spätgotische Teile in der Heiliggeistkirche (*kostol svätého Ducha*) erinnern daran, daß die im 12. Jh. gegründete Gemeinde im 14. Jh. eine königliche Stadt war. Mitten auf dem interessanten Hauptplatz steht zudem die Kirche der Kalvinisten.

Trebišov

Chronisten staunen über die Entwicklung der Kreisstadt in den letzten Jahrzehnten, die zu einem wichtigen Industriezentrum (Lebensmittel, Fleisch, Tabak) geworden ist. Aus der Zeit der Jahrhundertwende ist eine Synagoge im Jugendstil zu entdecken. Die Pfarrkirche Mariä Himmelfahrt von 1825 ist dem griechisch-katholischen Ritus geweiht. Wesentlich älter ist die Pfarrkirche Heimsuchung Mariä, im 14. Jh. errichtet. Im Jahre 1770 wurden dann die wertvollen Rokokowandmalereien angebracht.

Turnianske Podhradie

Erstaunlicherweise soll nur wenige Fahrminuten von einem Großzementwerk entfernt ein vorzüglicher Wein gedeihen. Ökologie auf verschlungenen Wegen in der östlichen Slowakei... Die Burg ist seit 1685 eine Ruine. Vom Ende des 13. Jh. stammt die Pfarrkirche im Ortsteil Turňa.

Vranov nad Topl'ou

Johann Lukas Kracker, der Mitte des 18. Jh. vielfach in Oberungarn tätig war (Jasov, Leles), malte im barocken Paulinerkloster das Treppenhaus aus. In der spätgotischen Pfarrkirche Geburt Mariä schuf der Österreicher, ein Meister der Illusionswandmalerei, die dekorativen Rokokofresken. Die Nepomuk-Statue entstand 1770. Das Kastell wurde im 18. Jh. errichtet.

Zemplínska šírava

Unweit der Vihorlat-Berge (höchste Erhebung 1076 m) entstand entlang dem 11 km langen, 3 km breiten Stausee seit 1966 ein beliebtes Erholungs- und Freizeitzentrum, das viele Wassersportarten ermöglicht. Obwohl die Wasserfläche bis zu 30 km² umfaßt, erwärmt sich das Wasser auf über 20 Grad. Der wirtschaftliche Nutzen des Stausees ist enorm: Heute können rund 100 000 ha landwirtschaftlich genutzt werden, die früher wegen der Überschwemmungen unbrauchbar waren.

Information
Ministerstvo hospodárstva
Slovenskej republiky
Mierova 19
82715 Bratislava

Festkalender
In **Košice** zahlreiche Kultur- und Sportveranstaltungen während des ganzen Jahres. Bei **Krompachy**: Wintersportveranstaltungen. **Michalovce**: traditionelles Folklorefestival Zemplínske slávnosti im Frühjahr. **Vranov nad Topl'ou**: im Juli: Zemplínsky maratón.

Tips
Gelnica: alte steinerne Brücke. **Herl'any**: Naturschauspiel Gejzír (kalter Sprudel, alle 32-34 Stunden, 30 m hoch). **Jasov**: Klosterbibliothek; Tropfsteinhöhle Jasovská jaskyňa; Wanderungen. **Kráľovský Chlmec**: Porzellanfabrik. **Leles**: Sanddünen (bis zu 20 m hoch) an den „toten" Theiß-Flußarmen. **Michalovce**: Zemplínske múzeum. In **Trebišov** slowakischen „Tokajer" probieren. **Vranov nad Topl'ou**: Kloster mit Fresken von J. L. Kracker. Stausee **Zemplínska šírava**: Wassersportmöglichkeiten.

61
Prešov
Levoča
Rožňava
Kazincbarcika
Szalonna
Edelény
Felsőzsolca
Miskolc
Miskolc
Vf
Wa
Wb
Wc
55
56
57
58
59
Spišské Vlachy
KROMPACHY
GELNICA
Margecany
Kysak
Budimír
Herľany
KOŠICE
Jasov
MOLDAVA NAD BODVOU
Turňa nad Bodvou
Veľká Ida
ŠACA
Hollóháza
Slanský hrad. vrch
Marocká hoľa
Malý Milič
Veľký Milič
Kojšovská hoľa
Jasovská jaskyňa
Hájska dolina
Zádielska tiesňava
Nad drieňovskými kúpeľami
Turniansky hrad. vrch
Vár (Hotel)
vod. nádrž Ružín
vod. nádrž Bukovec
vod. nádrž Pod Bukovcom
Šarišská vrchovina
SLOVENSKÉ RUDOHORIE
SLANSKÉ VRCHY
Slovenský kras
Cserehát
Zempléni-hegység
Hornád
Hernád
Bodva
Ida
Torysa
Hnilec
Čermeľ
Smolnica
Bodrog
Kloptaň 1154
Šimonka 1092
Zobraná 610
Sivec 781
Jelení vrch 947
Bradlo 836
Prakovce
Helcmanovce
Mníšek nad Hnilcom
Jaklovce
Slovinky
Richnava
Kluknava
Medzev
Poproč
Myslava
Barca
Šebastovce
Košická Nová Ves
Čaňa
Valaliky
Haniska
Hutníky
Seňa
Milhosť
Bočiar
Gyňov
Ždaňa
Slanec
Rákoš
Niž. Myšľa
Drienov
Lemešany
Obišovce
Ličartovce
Čečejovce
Cestice
Mokrance
Budulov
Žarnov
Peder
Janík
Rešica
Buzica
Dvorníky
Hosťovce
Chorváty
Hidvégardó
Tornaszentjakab
Perecse
Kány
Hidasnémeti
Tornyosnémeti
Abaújvár
Telkibánya
Gönc
Füzér
Füzérkomlós
Pálháza
Rakaca
Krasznokvajda
Szászfa
Hernádvécse
Garadna
Vilmány
Novajidrány
Vizsoly
Méra
Boldogkőváralja
Baskó
Abaújszántó
Encs
Abaújdevecser
Gibárt
Forró
Fügöd
Szalaszend
Selyeb
Monaj
Homrogd
Lak
Hangács
Halmaj
Hernádkércs
Tállya
Golop
Erdőbénye
Tolcsva
Olaszliszka
Vámosújfalu
Regéc
Mogyoróska
Fony
Hejce
Amadé-várrom
Regéci-várrom
Ravasz-lyuk
Rostáló
Arborétum
Tokar-tető 742
Gergely-h. 763
Szokolya 611
Irotai-tető 353
Gyűr-tető
Krakó 402
E 50
E 71
E 571
D1

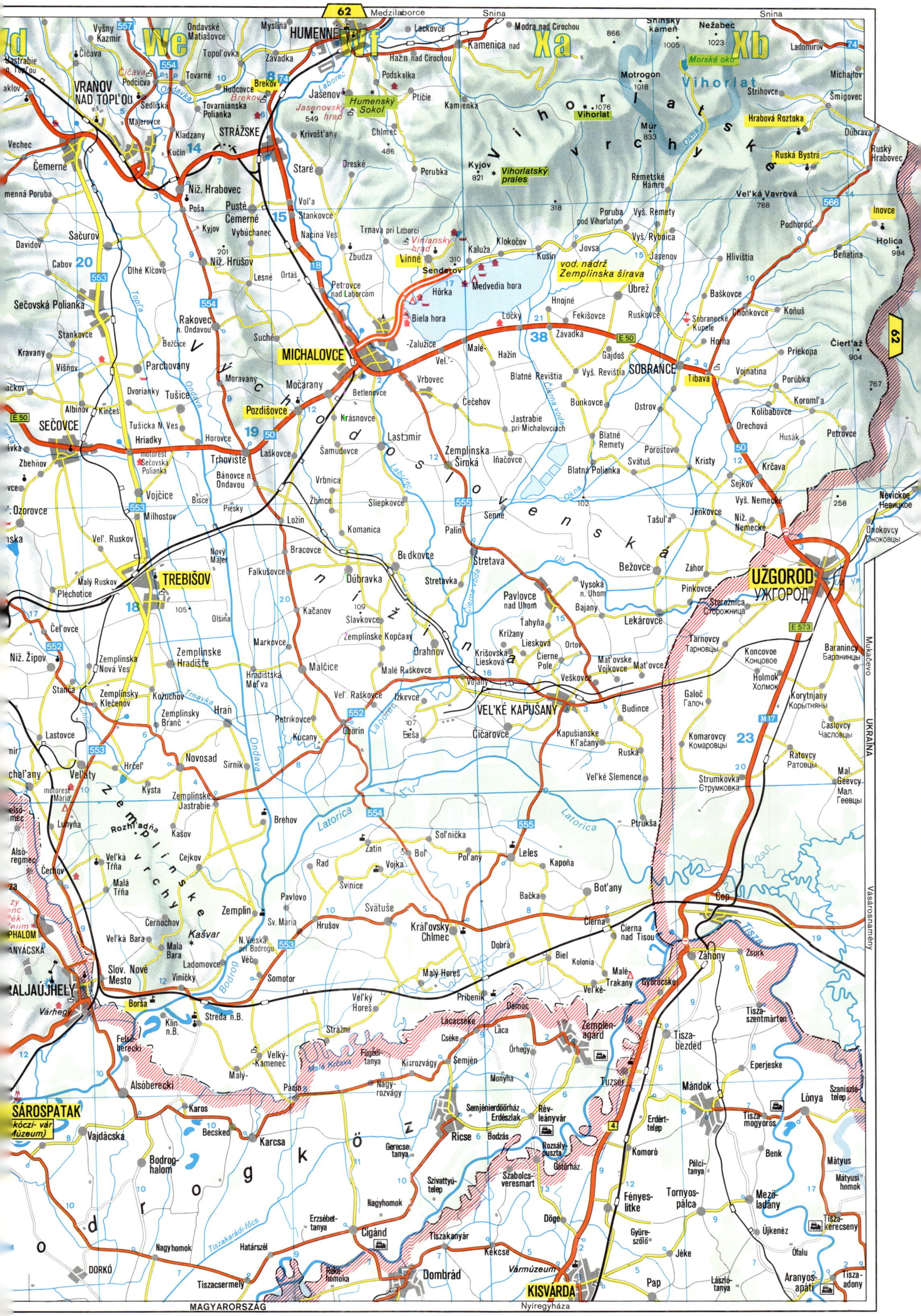

62
Medzilaborce
Snina
Snina
Wf
Xa
Xb
We
HUMENNÉ
Lackovce
Modra nad Cirochou
Kamenica nad Cirochou
Hažín nad Cirochou
Podskalka
Ptičie
Kamienka
Jasenov
Humenský Sokol
Jasenovský hrad
Chlmec
Krivošťany
Staré
Dreské
Porubka
Kyjov
Vihorlatský prales
Vihorlat
Morské oko
Motrogon
Nežabec
Sninský kameň
Mûr
Ladomirov
Michajlov
Strihovce
Šmigovec
Hrabová Roztoka
Ruská Bystrá
Dúbrava
Ruský Hrabovec
Inovce
Holica
Podhoroď
Beňatina
Vihorlatské vrchy
Remetské Hámre
Veľ'ká Vavrová
Poruba pod Vihorlatom
Vyš. Remety
Vyš. Rybnica
Jasenov
Hlivištia
Vyšný Kazmír
Ondavské Matiašovce
Myslina
Topoľovka
Zavadka
Čičava
VRANOV NAD TOPĽOU
Podčičva
Sedliská
Tovarné
Hudcovce
Brekov
Tovarnianska Polianka
Majerovce
Kladzany
STRÁŽSKE
Kučín
Vechec
Čemerné
Niž. Hrabovec
Poša
Pusté Čemerné
Vybúchanec
Stankovce
Načina Ves
Voľa
Trnava pri Laborci
Viniansky hrad
Vinné
Kaluža
Klokočov
Kusín
Jovsa
Senderov
Hôrka
Medvedia hora
vod. nádrž Zemplínska šírava
Petrovce nad Laborcom
Zbudza
Kyjov
Niž. Hrušov
Lesné
Ortáš
Sačurov
Davidov
Cabov
Dlhé Klčovo
Sečovská Polianka
Rakovec n. Ondavou
Bžičice
Suché
MICHALOVCE
Biela hora
Zalužice
Lúčky
Závadka
Hnojné
Fekišovce
Ruskovce
Úbrež
Baškovce
Sobranecké Kúpele
Choňkovce
Koňuš
Horňa
Čierťaž
Priekopa
Vojnatina
Porúbka
Koromľa
Tibava
SOBRANCE
Gajdoš
Vyš. Revištia
Blatné Revištia
Hažín
Malé
Vel'.
Stankovce
Kravany
Višňov
Parchovany
Dvorianky
Tušice
Moravany
Močarany
Pozdišovce
Albinov
Kinčeš
SEČOVCE
Tušická N. Ves
Hriadky
Horovce
Trhovište
Laškovce
Betlenovce
Krásnovce
Vrbovec
Čečehov
Jastrabie pri Michalovciach
Bunkovce
Ostrov
Kolibabovce
Orechová
Petrovce
Husák
Zbehňov
Ozorovce
motorest Sečovská Polianka
Bánovce n. Ondavou
Šamudovce
Lastomír
Zemplínska Široká
Iňačovce
Blatné Remety
Porostov
Svätuš
Blatná Polianka
Kristy
Sejkov
Krčava
Vyš. Nemecké
Niž. Nemecké
Nevické
Невицке
Vojčice
Milhostov
Bisce
Piesky
Vrbnica
Žbince
Sliepkovce
Senné
Palín
Tašuľa
Jenkovce
Okna
Onokovcy
Оноковцы
Veľ. Ruskov
Ložín
Komanica
Nový Majer
Bracovce
Falkušovce
TREBIŠOV
Malý Ruskov
Plechotice
Budkovce
Dúbravka
Stretavka
Stretava
Pavlovce nad Uhom
Vysoká n. Uhom
Bajany
Bežovce
Záhor
Pinkovce
UŽGOROD
УЖГОРОД
Storožnica
Сторожница
Lekárovce
Čeľovce
Niž. Žipov
Kačanov
Slavkovce
Olšina
Zemplínske Kopčany
Ťahyňa
Križany
Liesková
Krišovská Liesková
Ortov
Čierne Pole
Drahňov
Markovce
Zemplínska Nová Ves
Zemplínske Hradište
Hradišťská Moľva
Malčice
Malé Raškovce
Vojany
Veškovce
Maťovské Vojkovce
Maťovce
Tarnovcy
Тарновцы
Koncovoe
Концовое
Baranincy
Баранинцы
Mukačevo
Holmok
Холмок
Stanča
Zemplínsky Klečenov
Kožuchov
Trnávka
Zemplínsky Branč
Hraň
Vel'. Raškovce
Izkevce
VEĽKÉ KAPUŠANY
Budince
Galoč
Галоч
Korytnjany
Корытняны
Lastovce
Petrikovce
Kucany
Čičarovce
Kapušianske Kľačany
Komarovcy
Комаровцы
Časlovcy
Часловцы
Ratovcy
Ратовцы
UKRAJNA
Veľaty
Hrčeľ
Kysta
Novosad
Sirník
Ondava
Boťany
Ruská
Veľké Slemence
Strumkovka
Струмковка
Mal. Geevcy
Мал. Геевцы
Zemplínske Jastrabie
Zemplínske vrchy
Rozhľadňa
Lúhyňa
Kašov
Brehov
Latorica
Zatín
Soľnička
Leles
Kapoňa
Ptrukša
Veľká Tŕňa
Malá Tŕňa
Cejkov
Černochov
Rad
Vojka
Boľ
Poľany
Svinice
Bačka
Boťany
Čop
Pavlovo
Zemplín
Kašvar
Svätuše
Hrušov
Sv. Mária
Kráľovský Chlmec
Čierna
Čierna nad Tisou
Vásárosnamény
Veľká Bara
Malá Bara
Ladomirovce
Slov. Nové Mesto
Viničky
N. Vieska pri Bodrogu
Véč
Somotor
Bodrog
Malý Horeš
Dobrá
Biel
Kolonia
Malé Trakany
Veľké Trakany
Záhony
Zsurk
SÁTORALJAÚJHELY
Várhegy
Borša
Klin n.B.
Streda n.B.
Veľký Horeš
Strážne
Pribeník
Dámóc
Lácacséke
Cséke
Zemplénagárd
Tiszaszentmárton
Tiszabezdéd
Felsőberecki
Alsóberecki
Malý-
Velký-Kamenec
Füzesitanya
Kisrozvágy
Semjén
Lácá
Őrhegy
Nagyrozvágy
Pácin
Monyha
Tuzsér
Mándok
Eperjeske
Lónya
Szanisztlótelep
SÁROSPATAK
Rákóczi-vár (Múzeum)
Vajdácska
Karos
Becsked
Karcsa
Semjénierdőőrház
Erdészlak
Révleányvár
Erdőttelep
Tiszamogyorós
Bodroghalom
Bodrogköz
Gerecsetanya
Ricse
Bodzás
Rozsálypuszta
Gátörház
Komoró
Pálcitanya
Benk
Mátyus
Mátyusi homok
Szivattyútelep
Szabolcsveresmart
Fényeslitke
Tornyospálca
Mezőladány
Nagyhomok
Erzsébettanya
Cigánd
Dögé
Győreszőlő
Újkenéz
Tiszakerecseny
Ófalu
Nagyhomok
Határszél
Tiszakanyár
Kékcse
Jéke
DORKÓ
Tiszacsermely
Rekehomoka
Dombrád
Várműzeum
KISVÁRDA
Pap
Lászlótanya
Aranyosapáti
Tiszaadony
MAGYARORSZÁG
Nyíregyháza
E 50
E 573
M 17

Im Süden der Slowakei

Wo immer es möglich ist, läßt man in diesen südlichen Gefilden Wein reifen. Die Große Schüttinsel (*Vel'ký Žitný ostrov*) zwischen der Donau und der Kleinen Donau (*Malý Dunaj*) wird intensiv für die Landwirtschaft genutzt. Einst zog sich der römische Limes durch die Region.

Bíňa

Die spätromanische Marienkirche, einer der bedeutendsten Bauten der Romanik in der Slowakei, wurde 1944 schwer beschädigt. Zwischen 1951 und 1955 hat man sie restauriert. Entstanden ist die Pfarrkirche im ersten Viertel des 13. Jh. neben einem romanischen Kloster, dessen Reste 1935 freigelegt wurden. Noch etwas älter ist die Rotunde der zwölf Apostel (12. Jh.), in ihrer Art einmalig in der Slowakei. Kunsthistoriker datieren die Fresken mit den Aposteldarstellungen ins Jahr 1220, jene mit den Abbildungen der Heiligen in die Periode vor 1350.

Bratislava

Siehe „Die Städte".

Devín

Jahrzehntelang war es wegen der Nähe der österreichischen Grenze am anderen Ufer verboten, die Burgruine aufzusuchen, obwohl auf diesem Nationalen Kulturdenkmal noch bis Anfang der fünfziger Jahre die offiziellen Verbrüderungsfeste der Slowaken und Tschechen gefeiert wurden. Inzwischen sind die fotogenen Reste der Burg oberhalb des Zusammenflusses von Morava (March) und Dunaj (Donau) sogar der slowakischen Hauptstadt eingemeindet. Die Geschichte der Burg reicht weit zurück: Kelten siedelten hier, später war an diesem strategisch wichtigen Punkt gegenüber dem Lager Carnuntum ein römischer Standort. Im 7. Jh. soll dann hier eine altslawische, später großmährische Burgansiedlung gewesen sein (erstmals 864 erwähnt; Funde aus dem 9. Jh. – Rotunde). Die gotische Burg (13. Jh.) wurde im 15. Jh. zu einem Palast ausgebaut, der im 16. Jh. sein Renaissanceantlitz bekam. 1809 brannte die Burg aus und ist seither ein romantischer Ausflugsort geworden, u. a. auch ein Symbol slowakischen Nationalbewußtseins. Erwähnenswert ist zudem die gotische Heiliggkreuzkirche in Devínska Nová Ves, die im Jahre 1772 barock umgestaltet wurde.

Dudince

Auch wenn die öffentlichen Einrichtungen des südslowakischen Kurorts nicht allen verwöhnten Ansprüchen vermögender Bäderreisender entsprechen mögen, ist und bleibt Dudince mit seinem ausgeglichenen Binnenklima der sonnenreichste Ort der Slowakei! Das warme Mineralwasser ist nach Ansicht der Heilquellenkundler dank seiner chemischen Zusammensetzung eines der heilkräftigsten Heilwässer in Europa. Behandelt werden Erkrankungen des Bewegungsapparats und Schäden an der Wirbelsäule. Siehe auch „Auf Bäderreise – Quellen und Kuren".

Dunajská Streda

Dunaj ist der Grenzfluß Donau, der die Slowakei lediglich auf einer Länge von etwa 100 km durchfließt; streda heißt Mittwoch. Die Kreisstadt, seit langem das Zentrum der Großen Schüttinsel, wurde erstmals im 13. Jh. erwähnt, seit dem 16. Jh. besaß sie Markt- und Jahrmarktrechte. Auch danach konnte der Ort mit dem nicht alltäglichen Namen seinen Handel ausbauen. Allerdings zeugen im Stadtbild nur wenige Kunstdenkmäler davon. Das Gelbe Kastell (*Žltý kaštiel'*), ein barocker Bau, der

Dreimal Komárno: Technisches Kulturdenkmal Wasserturm (links außen); der Geburtsort ehrt Franz Lehár (links oben); täglicher Markt an der Pfarrkirche St. Andreas (links unten).

Kirche in Galanta (rechts oben).

Neugotisches Schloß Rusovce (rechts unten).

im 19. Jh. seine klassizistische Fassade erhielt, ist heute Sitz des reichhaltigen regionalen Museums (*Žitnoostrovské múzeum*). In der gotischen Mariä-Himmelfahrt-Kirche (14. Jh.) wurden Fragmente mittelalterlicher Wandmalereien freigelegt, die mehrere Umgestaltungen zwischen dem 16. und 18. Jh. überdauert haben. Dunajská Streda gewinnt in letzter Zeit an Bedeutung durch die Entdeckung einer Thermalquelle (85 bis 92 Grad), die mit einer Geschwindigkeit von 16 l/sec aus zweieinhalb Kilometern Tiefe emporschießt. Auch wenn die öffentlichen Einrichtungen eines Badeorts noch nicht vorhanden sind, wird hier bald ein neues Badeerholungszentrum entstehen.

Galanta

Vier Schlösser bzw. Kastelle in einem Ort mit rund 15 000 Einwohnern – das brachte wohl nur die österreichisch-ungarische Monarchie zustande. Aus der Kreisstadt mit dem verführerischen Namen kamen seit dem 15. Jh. die legendären Es(z)terházys, die später bis zu sechzig Schlösser in Ungarn und Österreich besaßen. Dennoch erhielt der Ort erst im 17. Jh. die Markt- und Jahrmarktrechte. Die Zünfte sorgten in den folgenden beiden Jahrhunderten für Aufschwung. Die klassizistische Pfarrkirche ist seit 1805 dem heiligen König Stephan (Ungarns István) geweiht. Das ältere Kastell im Ortszentrum entstand in der Renaissanceära, das neugotische Schloß im Tudorstil (1860) dient heute als Heimatmuseum. Das barockisierte Renaissancekastell im Stadtteil Nebojsa (deutsch: Fürchtedichnicht) hat den Charakter einer Festung, das Kastell im Ortsteil Hody (Kirchweih, Kirmes) entstand Ende des 18. Jh.; es dient heute als Krankenhaus.

Komárno

Die Geburtsstadt von Franz Lehár (1870-1948), des späteren österreichischen Bundespräsidenten Theodor Körner (1873-1957) und des ungarischen Romanciers Mór Jókai (1825-1904) ist seit 1918 eine zweigeteilte Stadt. Sie ist geteilt zwischen zwei Staaten, geteilt aber auch von den Flüssen Donau und Váh (Waag). Komárno (ungarisch Komárom, deutsch hieß sie Komorn) kann als ein unverfälschtes Produkt des Habsburger-Reiches betrachtet werden. Mit diesem Donauwasser sind die Melodien von Lehár gesprenkelt, in dessen Musik sich (mindestens) drei Kulturen verbanden... Die Historiker interessieren hingegen eher die Reste der römischen Siedlung Brigetio, die am Limes lag. Im Jahre 1331 wurde der Ort zur Stadt, 1745 zur freien königlichen Stadt erhoben. Die sternartig angelegte Festung (Nationales Kulturdenkmal) bot während der Türkenbelagerung Schutz. Sie wurde bis ins vergangene Jahrhundert immer wieder modernisiert. Das Stadtbild wird von mehreren Kirchen beherrscht, von denen die reich geschmückte barocke Pfarrkirche (*kostol svätého Ondreja*) sowie die Prawoslawenkirche, in der nach orthodoxem Ritus gebetet wird, besonders sehenswert sind. Die Ikonostase stammt wie das Kirchenportal aus dem Jahre 1770, das Mobiliar kam aus den aufgelösten Kamaldulenser-Einsiedeleien in Majk (Ungarn). Das museal genutzte Gotteshaus birgt eine wunderbare Sammlung von Ikonen und liturgischen Geräten.

Levice

Die mittelalterliche Burg diente als Bastion im Kampf gegen die Türken. Seit 1958 ist darin das Tekovské múzeum mit mehreren sehenswerten Sammlungen untergebracht. Alle vier größeren Kirchen entstanden um das 18. Jh., auch wenn sie später immer wieder ergänzt und umgebaut wurden. Die Synagoge wurde spätklassizistisch (1857) gestaltet.

Malé Karpaty (Kleine Karpaten)

Gleich hinter dem Hauptbahnhof von Bratislava sieht man die ersten Weinhänge an den Ausläufern der Kleinen Karpaten (*Malé Karpaty*). Das Mittelgebirge steigt rasch an: Bei Devín erreicht es 514 m (Devínska Kobyla – übersetzt etwa: Thebener Stute), noch

Information
Ministerstvo hospodárstva
Slovenskej republiky
Mierova 19
82715 Bratislava

Festkalender
Bratislava: vielfältige Veranstaltungen während des ganzen Jahres. **Nové Zámky**: Wallfahrten am Kalvarienberg. **Svätý Jur, Vel'ký Krtíš, Modrý Kameň**: Weinlesefeste. **Šamorín**: Pferderennen während der Saison. **Štúrovo**: Herbstmarkt. **Želiezovce**: Folklorefestival der ungarischen Minderheit im Juni.

Tips
Bíňa: romanische Rotunde mit Fresken. **Bratislava**: Stadtbesichtigung. **Dudince**: Thermalheilbad; prähistorische Funde. **Dunajská Streda**: Žitnoostrovské múzeum; Thermalnaturfreibad. **Levice**: prähistorische Funde im Regionalmuseum. **Malé Karpaty** (Kleine Karpaten): Wandermöglichkeiten. **Modrý Kameň**: spätbarocke Kalvarie; Barockkastell von 1730. **Rusovce**: römische Ausgrabungen. Bei **Senec** viele Wassersportmöglichkeiten an den Sonnenseen (*Slnečné jazerá*). Bei **Štúrovo** in der Burda-Region: schönster Donau-Strand. **Želiezovce**: historische Waldeisenbahn (4 km lange Strecke).

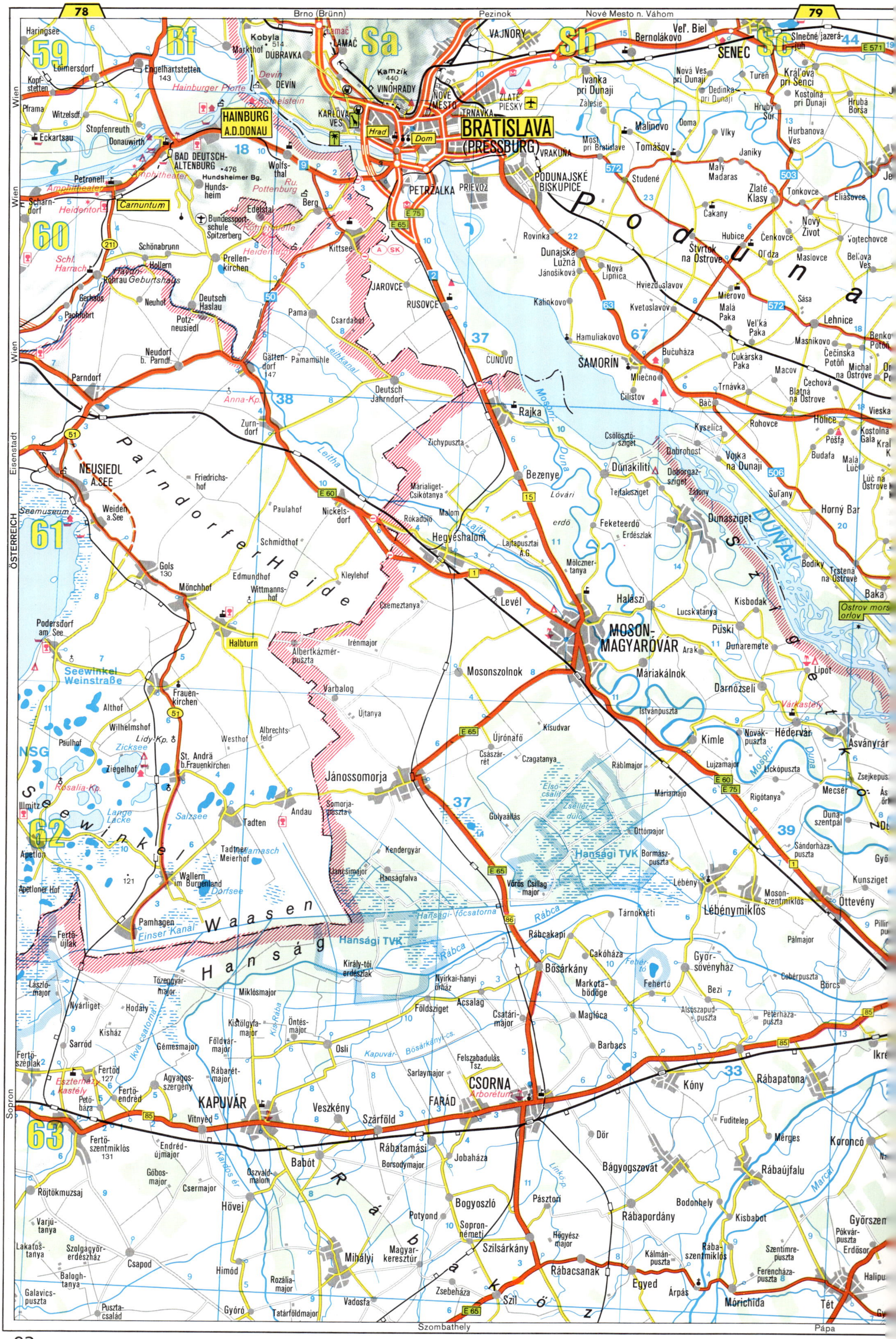
78
79
Brno (Brünn)
Pezinok
Nové Mesto n. Váhom
Rf
Sa
Sb
Sc
59
60
61
62
63
Haringsee
Loimersdorf
Engelhartstetten
Markthof
Kobyla
DÚBRAVKA
LAMAČ
DEVÍN
Kamzík
VINOHRADY
VAJNORY
Bernolákovo
Veľ. Biel
SENEC
Slnečné jazerá-juh
Kopfstetten
Pframa
Witzelsdf.
Eckartsau
Stopfenreuth
Donauwirth
Hainburger Pforte
HAINBURG A.D.DONAU
KARLOVA VES
Hrad
Dom
BRATISLAVA (PRESSBURG)
TRNÁVKA
NOVÉ MESTO
ZLATÉ PIESKY
Ivanka pri Dunaji
Zálesie
Nová Ves pri Dunaji
Dedinka pri Dunaji
Tureň
Kráľová pri Senci
Kostolná pri Dunaji
Hrubý Šúr
Hrubá Borša
Hurbanova Ves
Malinovo
Doma
Vlky
Most pri Bratislave
Tomášov
Janíky
Malý Madaras
Zlaté Klasy
Tonkovce
Eliášovce
BAD DEUTSCH-ALTENBURG
Hundsheimer Bg.
Hundsheim
Wolfsthal
Pottenburg
Berg
Petronell
Scharndorf
Heidentor
Carnuntum
Amphitheater
Bundessport-schule Spitzerberg
Edelstal
PETRŽALKA
PRIEVOZ
VRAKUŇA
PODUNAJSKÉ BISKUPICE
Studené
Čakany
Podunajsko
Schönabrunn
Hollern
Prellenkirchen
Kittsee
JAROVCE
RUSOVCE
Rovinka
Dunajská Lužná
Jánošíková
Nová Lipnica
Hubice
Čenkovce
Štvrtok na Ostrove
Oľďa
Nový Život
Vojtechovce
Maslovce
Bellova Ves
Schl. Harrach
Rohrau
Haydn Geburtshaus
Gerhaus
Pachfurth
Neuhof
Deutsch Haslau
Potzneusiedl
Pama
Csardahof
Kalinkovo
Hviezdoslavov
Kvetoslavov
Mierovo
Malá Paka
Veľká Paka
Sása
Lehnice
Neudorf b. Parndf.
Gattendorf
Pamamühle
Leithakanal
ČUNOVO
Hamuliakovo
ŠAMORÍN
Mliečno
Bučuháza
Čukárska Paka
Macov
Masníkovo
Čečinska Potôň
Michal na Ostrove
Benkova Potôň
Parndorf
Anna-Kp.
Deutsch Jahrndorf
Čilistov
Trnávka
Čechová
Blatná na Ostrove
Rajka
Bač
Rohovce
Holice
Vieska
NEUSIEDL A.SEE
Zurndorf
Zichypuszta
Csölösztö-sziget
Kyselica
Dobrohošť
Pôšťa
Budafa
Kostolná Gala
Parndorfer Heide
Friedrichshof
Leitha
Máriáliget-Csikótanya
Bezenye
Dunakiliti
Doborgaz-sziget
Vojka na Dunaji
Malá Lúč
Lúč na Ostrove
Seemuseum
Weiden a.See
Paulahof
Nickelsdorf
Rokadülő
Malom
Hegyeshalom
Lajta
Tejfalusziget
Lóvári erdő
Zátony
Šuľany
Horný Bar
Dunasziget
Duna
Szigetköz
Schmidthof
Lajtapusztai Á.G.
Feketeerdő
Erdészlak
Bodíky
Trstená na Ostrove
Gols
Edmundhof
Kleylehof
Mölcznertanya
Wittmannshof
Mönchhof
Csemeztanya
Levél
Halászi
Kisbodak
Baka
Ostrov mors orlov
Podersdorf am See
Halbturn
Irénmajor
Albertkázmérpuszta
MOSON-MAGYARÓVÁR
Lucskatanya
Püski
Arak
Dunaremete
Seewinkel Weinstraße
Frauenkirchen
Mosonszolnok
Máriakálnok
Darnózseli
Lipót
Varbalog
Althof
Wilhelmshof
Lidy-Kp.
Újtanya
Albrechtsfeld
Westhof
Istvánpuszta
Várkastély
Kisudvar
Újrónafő
Kimle
Novákpuszta
Hédervár
Ásványráró
NSG
Paulhof
Zicksee
Ziegelhof
St. Andrä b.Frauenkirchen
Császárrét
Czagatanya
Rábalmajor
Lujzamajor
Zsejkepuszta
Rosalia-Kp.
Illmitz
Jánossomorja
Somorjapuszta
Első csáli
Zseller dűlő
Máriamajor
Mosoni-Duna
Lickópuszta
Rigótanya
Mecsér
Lange Lacke
Salzsee
Andau
Tadten
Golyaállás
Ottómajor
Dunaszentpál
Seewinkel
Apetlon
Tadtner Meierhof
Hanság-Kanal
Kendergyár
Hansági TVK
Bormászpuszta
Sándorházapuszta
Győr
Apetloner Hof
Wallern im Burgenland
Dorfsee
Jancsimajor
Hanságfalva
Vörös Csillag major
Lébény
Mosonszentmiklós
Kunsziget
Öttevény
Pamhagen
Einser Kanal
Waasen
Hanság
Hansági főcsatorna
Rábca
Tárnokréti
Lébénymiklós
Fertőújlak
Király-tói erdészlak
Rábcakapi
Cakóháza
Fehér-tó
Győrsövényház
Pillingerpuszta
Pálmajor
Lászlómajor
Tőzeggyármajor
Miklósmajor
Nyírkai-hanyi őrház
Bősárkány
Markotabödöge
Fehértó
Bezi
Cobérpuszta
Börcs
Nyárliget
Hodály
Kisház
Ikva-csatorna
Kistölgyfamajor
Kis-Rába
Öntésmajor
Földsziget
Acsalag
Csatárimajor
Maglóca
Alsószapudpuszta
Péterházapuszta
Sarród
Gémesmajor
Földvármajor
Osli
Kapuvár-Bősárkányi-cs.
Felszabadulás Tsz.
Barbacs
Rábapatona
Ikrény
Fertőszéplak
Fertőd
Eszterházy kastély
Petőháza
Fertőendréd
Agyagosszergény
Rábaretmajor
Sarlaymajor
CSORNA
Arborétum
Kóny
KAPUVÁR
Vitnyéd
Veszkény
Szárföld
FARÁD
Fuditelep
Sopron
Fertőszentmiklós
Endrédújmajor
Göbösmajor
Babót
Rábatamási
Borsodymajor
Jobaháza
Dör
Mérges
Koroncó
Röjtökmuzsaj
Csermajor
Oszvaldmalom
Rábaköz
Bágyogszovát
Rábaújfalu
Marcal
Varjútanya
Lakatostanya
Szolgagyőrerdészház
Hövej
Potyond
Bogyoszló
Sopronnémeti
Pásztori
Rábapordány
Bodonhely
Kisbabot
Győrszemere
Pókvárpuszta
Erdősor
Baloghtanya
Galavicspuszta
Csapod
Himód
Mihályi
Magyarkeresztúr
Szilsárkány
Hegyészmajor
Rábacsanak
Kálmánpuszta
Rábaszentmiklós
Szentimrepuszta
Ferencházapuszta
Halipuszta
Pusztacsalád
Gyóró
Rozáliamajor
Tatárföldmajor
Vadosfa
Zsebeháza
Szil
Egyed
Árpás
Mórichida
Tét
Szombathely
Pápa
Wien
Eisenstadt
ÖSTERREICH
E 65
E 60
E 75
E 571
85
86
51
211
15
572
503
63
506
37
38
39
33
67
A
SK

80
Sered
Nitra
Nitra
Nitra
Sládkovičovo
Nebojsa
GALANTA
Kajal
Sládečkovce
Plešiny
184
Dlhé Lúky
117
Štrkovec
Gorazdov
Svätoplukovo
Pereš
Riegler
Bačala
Mojmírovce
Paňa
Veľký Cetín
Dyčka
Lúčnica nad Žitavou
Žitavce
Branč
Veľké Úľany
Košúty
Javorinka
Matúškovo
Topoľnica
Kráľová nad Váhom
Dlhá nad Váhom
Kopanica
Veča
Váh
ŠAĽA
Veľká Dolina
Poľný Kesov
Vinodol
Michal nad Žitavou
Veľký Kýr
Kmeťovo
Čierny Brod
Čierna Voda
Mostová
Dudváh
Horné Saliby
Diakovce
Trnovec nad Váhom
Kendereš
Jatov
Rastislavice
Komjatice
Čeŕník
Veľká Maňa
Malá Maňa
Mojzesovo
Vlkas
Suchý potok
Vozokany
Dolné Saliby
Tešedikovo
Nový Dvor
Lipová
Úľany nad Žitavou
Hul
Tomášikovo
Čierna voda
Selice
Jánošíkovo
Dlhý kanál
Tvrdošovce
Šurany
Radava
Orechová Potôň- Lúky
Žihárec
Čiky
Nitriansky Hrádok
Dolný Ohaj
Jahodná
Kráľov Brod
Slovenské Pole
Mačoháš
Bánov
Dunajský Klátov
Vlčany
Váh
Palárikovo
Komočský kanál
Beševov
Malé Blahovo
Malé Dvorníky
Horné Mýto
Trstice
Neded
Ľudovítov
Branovo
Veľké Dvorníky
Ohrady
Dolný Chotár
Zemné
Gúg
Andovce
NOVÉ ZÁMKY
Blažov
Trhová Hradská
Povoda
Mliečany
Kútniky
Topoľníky
Veľký Ostrov
Malý Ostrov
Dvory nad Žitavou
Dolný Bar
Nitra
Nový Gúg
Aňala
Zahrady
Mad
Komoča
Dedina Mládeže
Malý Dunaj
Vrakúň
Dolný Štál
Padáň
Bohľov
Jánošíkovo na Ostrove
Časta
Stará Gúta
Kotelnica
Vlkanovo
Mlynisko
Bodza-Lúky
Kolárovo
Nesvady
Bajč
Veľká Gúta
Pavlov dvor
Čierny les
Opatovský Sokolec
Imeľ
Pribeta
Okoč
Kráľka
Zlatá osada
Bohatá
Nová Trstená
Patáš
Sarkanovská pustatina
Brestovec
Čilížsky potok
Hurbanovo
Dulovce
Milinovice
Lohot
Vék
Čilížska Radvaň
Ižop
Veľký Meder
Sokolce
Komárňanský kanál
Martovce
Zelený Háj
Violín
Konkoľ
Baloň
Vrbina
Bodza
Štúrova
Balvany
Hliník
Svätý Peter
Mudroňovo
Holiare
Zemianska Olča
Čalovec
Kameničná
Medveďov
Tôň
Okoličná na Ostrove
Kava
Chotín
Šrobárová
Kľúčovec
Krížový Dvor
Okánikovo
Hadovce
Lándor
Marcelová
Szunyogháza
Trávnik
Čerhát
KOMÁRNO
Dulov Dvor
Patinský kanál
Krátke Kesy
Nagybajcs
Čičov
Veľké Kosihy
Zlatná na Ostrove
Pavel
Nová Stráž
Monostori-erőd
Bokroš
Vámosszabadi
Klížska Nemá
Veľký Lél
Iža
Szap
Szőgye
Veľký Harčáš
Almásfüzitő
Patince
Kisbajcs
Vének
Gönyű
Monostori erőd
KOPPÁNY-MONOSTOR
Újmajor
Csillag erőd
SZŐNY
KISBÁCSA
Dózsamajor
Vaspuszta
Kisherkály
Igmándi erőd
KOMÁROM
Dunaalmás
GYŐRSZENTIVÁN
Ivánháza
Nagyszentjános
Komlósi-tanya
Almás-puszta
Dózsatag
Jegespuszta
Ács
Bartusek-puszta
Boldog-asszonyi-tó
Boldogasszony-puszta
Naszály
M1
Nagyhegy
Csém-puszta
Mocsai-tó
Banai út
Szőlőhegy
Kiscsém-puszta
Concó
E 60
E 75
Grébics-puszta
Mocsa
Máriamagdolna-puszta
Fényes-fürdő
Sashegy-puszta
Örkény-puszta
Bőnyrétalap
Bana
Bábolna
Farkaskút
Nagyigmánd
Kisigmánd
119
Öregvár
Győrújbarát
Pándzsa
Tömörd-puszta
Mária-puszta
TATA
Megalodus-bg.
Újmajor
Töltéstava
Baloghtag
Melkovics-puszta
Sokorói-Bakony
Söptérpuszta
Pér
Retalap
Mihályháza-puszta
Tárkány-Csép v.m.
Szőke-puszta
Keserűviz-telep
Ghiczi-puszta
Paradicsom-puszta
Kocs
Szentgyörgy-puszta
Győrság
Püspökalap
Tárkány
Mindszent-puszta
Felső-vasdinnye-puszta
Csép
Nagytagyos-puszta
Nyúl
Pázmándfalu
Márton-h.
272
Mezőörs
Nagytarcs-puszta
Csanak
Pannonhalma
Pannonhalmi Apátság
Lóconc-telep
Közepső-vasdinnye-puszta
Aszári keményítőgyár
Egyháza-puszta
Makk-puszta
Szendi-ér
Nagyparnak-puszta
Szákszend
Környe
Kömlőd
Écs
Tényő
Nyalka
Tápipuszta
Kistarcs-puszta
Pervát puszta
Cuhai-Bakony-ér
Szemere
ETE
Császár-ér
Szák
Bella-tanya
Jánosháza
Ravazd
Öreghegy
Pula-puszta
Kecskéd
Sárkány-major
Tarján-puszta
Táp
Újmajor
Kerékteleki
KISBÉR
Dad
Öreg malom (Műemlék)
Barsonyos
MAGYARORSZÁG
Veszprém
Székesfehérvár
Győr
Mor
Mor
Balassagyarmat
Esztergom
Vác Budapest
Budapest
Tatabánya

80
81
Nitra
Zvolen
Zvolen
Tc
Td
Te
Tf
59
60
61
62
63
Čifáre
Telince
Vel'ký Ďur
Melek
Tehla
Jesenské
Iňa
Lok
Kalná nad Hronom
Marušová
Nový Tekov
Hronské Kľačany
Krížny vrch
Zajačia dolina
LEVICE
Horša
Horšianska dolina
Krškany
Kalinčiakovo
Čankov
Brhlovce
Kamenný Chotár
Hontianske Trsťany
Lišov
Šudovce
Čajkov
Bátovce
Pirovské
Chotár
Vysoké pole
Medovarce
Brdce
Šipice
Hontianske Tesáre
Dvorníky
Dolné Rykynčice
Hontianske Moravce
Terany
Dudince
Štiavnica
Merovce
Plášťovce
Bory
Domadice
Mýtne Ludany
Horná Seč
Dolná Seč
Tekovský Hrádok
Vyšné nad Hronom
Hron
Žemliare
Starý Hrádok
Jur nad Hronom
Horný Pial
Bajka
Dolný Pial
Ondrejovce
Beša
Trávnica
Svätuša
Bardoňovo
Pozba
Hontianska Vrbica
Santovka
Malinovec
Hokovce
Slatina
Demandice
Horné Semerovce
Dolné Semerovce
Horné Turovce
Stredné Turovce
Krupinica
Zbrojníky
Malé Šarovce
Vel'ké Šarovce
Malý Pesek
Tekovské Lužany
Vrbovec
Vel'ké Lovce
Dlhý vrch
287
Dedinka
Plavé Vozokany
Malá Maláš
Maláš
Kukučínov
S.-Vel'ký Pesek
Sikenica
S.-Trhyňa
Svodov
Mikula
Sazdice
Nový Dvor
Hrkovce
Preseľany nad Ipľom
Vyškovce nad Ipľom
Kubáňovo
ŠAHY
Tesmák
Hont
Parassa-puszta
Csitár
Čechy
Kolta
Čaka
Nýrovce
ŽELIEZOVCE
Lontov
Studnisko
236
Szete
Tésa
Bernece-baráti
Kemence
Nagy Völgy
Semerovo
Vinohrady
Farna
Vozokany nad Hronom
Salov
Bielovce
Ipeľský Sokolec
Csarna-puszta
Dreg
Jasová
Kural'any
Čajakovo
Malé Ludince
Pohronský Ruskov
Ipoly
Vámosmikola
Csarnavölgy
Királyháza
Királyrét
Dubník
Jablonec
272
Vel'ké Ludince
Keť
Čata
Zalaba
Pastovce
Salgóvár
742
Várbükk
Börzsönyi
Csóványos
939
Nagy-Hideg-h.
Hidegh.
Erdészet
Diósjenő
Rozkoš
Rúbaň
Sikenička
Ganai puszta
Istvánmajor
Nagybörzsöny
Templom
Ipolytölgyes
Kisirtás-puszta
TVK
Kis-inóci turistaház
Királyrét
Nógrád
Strekov
Svodín
Bruty
Biňa
Pavlová
Malé Kosihy
Štefan
Nová Vieska
Kamenín
Salka
Letkés
Nagy-Galla
479
Nagyirtás-puszta
Paphegy
Chrbát
271
Diva
Šarkan
Kamenný Most
Malá nad Hronom
Bajtava
Lel'a
Mária-nosztra
Medreszpatak
Kóspallag
Szokolya
Mikulášov Sad
Gbelce
L'ubá
Ipoly
Ipeľ
Börzsönyliget
Verőcemaros
Batorove Kosihy
Malá Mužla
Belá
Modrý vrch
251
Kamenica nad Hronom
Burdov
388
Ipolydamásd
Puszta torony
Törökmező
Zamenhof-kilátó
Kismaros
Modrany
Búč
Nána
Kováčovské vrchy
Chľaba
Szob
Dunapart
Panoráma-műút
Zebegény
Nagymaros
Mužla
Štúrovo
Bazilika
Vas-kapu
Szamárhegy
Basaharc
Pilismarót
Panoráma-autóút
Szent
Kisoroszi
bogdány
Čenkov
Kravany nad Dunajom
Obid
Római Sánc
ESZTERGOM
Julianus barát torony
Visegrád
Lepence
Római őrtorony romjai
Moča
Radvaň nad Dunajom
Čenkov
DUNAJ
Dunakanyar
Zsidódi patak
Süttő
Piszke
Nyergesújfalu
ESZTERGOM-KERTVÁROS
Szentlélek p.
Dömös
Millenáris emlékmű
Pilisi
Vadálló-kövek
Királykunyhó
Neszmély
Lábatlan
Bajót
Tát
Mogyorós-bánya
Sátorkő-puszta
Strázsa-hg.
Pilisszentlélek
Hofmann-kunyhó
Dobogó-kő
700
Pilisszentlászló
Bikol
Bersek-bánya
Tokod
DOROG
Dámvadas erdészlak
Római-csárda
Ebszőny-bánya
Gete
456
Kesztölc
Pince
Falumúzeum
Visegrádi
Dömörkapu
Duna-szentmiklós
Alsó-vadács
Puszta-marót
Cservölgy
Annavölgyi-bánya
Klastrompuszta
Barock
Pilisszentkereszt
Bükkös-p.
Lom-h.
Szomód
Gerecsei
Gerecse
634
Nagysáp
Paulinmajor
Kálvária
Csolnok
Leányvár
Pilis
757
Pilisszentkereszt
Dömös
Domonkos-puszta
Sárisáp
Pilisszántó
Lajos-forrás
AGOSTYÁN
TVK
Tardosbánya
Sárás
Sándor Móric kastély
Dág
Kiscsév-puszta
Jászfalu
Csikóváraljai th.
Gomba-szikla
SZENTENDRE
Baj
Síflis-kő
Héreg
Bajna
Epöl
Transzvill-üdülőtelep
Macska-bg.
Csobánka
Pomáz
Vértes-szőlős
Vérteszőlősi Előembertelep
Hotel
Vértes-tolna
Aranylyuk-bg.
Vértes László-bg.
Bányász-emi.
Pes-kő
401
Sárási-templomrom
Juhhodály
Úny
Makkári-tanya
38
Pest megye
Pilis-csaba
Pilis-vörösvár
Egri-vár
Pilis-borosjenő
Buda-kalász
BÉKÁS-MEGYER
KERTVÁROS
Lengyel-bg.
Koldus-szállás
Tarján
Gyermelyi-tározó
Mária-halom
Tinnye
Pilisszentiván
Arany-hegyi-p.
Téglagyár
ALSÓ-GALLA
BÁNHIDA
Tornyó-puszta
Gyarmat-puszta
Gyermely
Szomor
Somodor-puszta
Anyácsa-puszta
Perbál
Budai hegység
Kutya-h.
559
Solymár
Üröm
Gallai-p.
Szent László-víz
Fejér megye
Felsőörs-puszta
Jánoshegy
Tök
Újmajor
Nagy-kovácsi
Remete-hegy
Római-kút
Környe-major
Sikvölgy-puszta
Mesterberek
Tükröspuszta
VASZTÉLY
Esztermajor
Nándor-puszta
Alsóörspuszta
Zsámbék
Vizimalom
Budajenő
Telki
Erdészlak
PESTHIDEGKÚT
Aquincum
Környe-bánya
Fenyves
TATABÁNYA
Szárliget
Csordakút
CSABDI
Mány
Perbáli ÁG.
Erzsébet erdészlak
Erzsébet-puszta
Pálvölgy
ÓBUDA
Budapest
Bicske
Budapest
Bicske
Székes
Nové Zámky
Győr Bratislava
Győr
Győr
Kisbér
Ipeľské pahorkatiny
Pohronská pahorkatina
Podunajská pahorkatina
Börzsöny
Visegrádi-hegység
SK
H
E 77
66
75
564
580
588
589
509
63
11
111
10
100
12

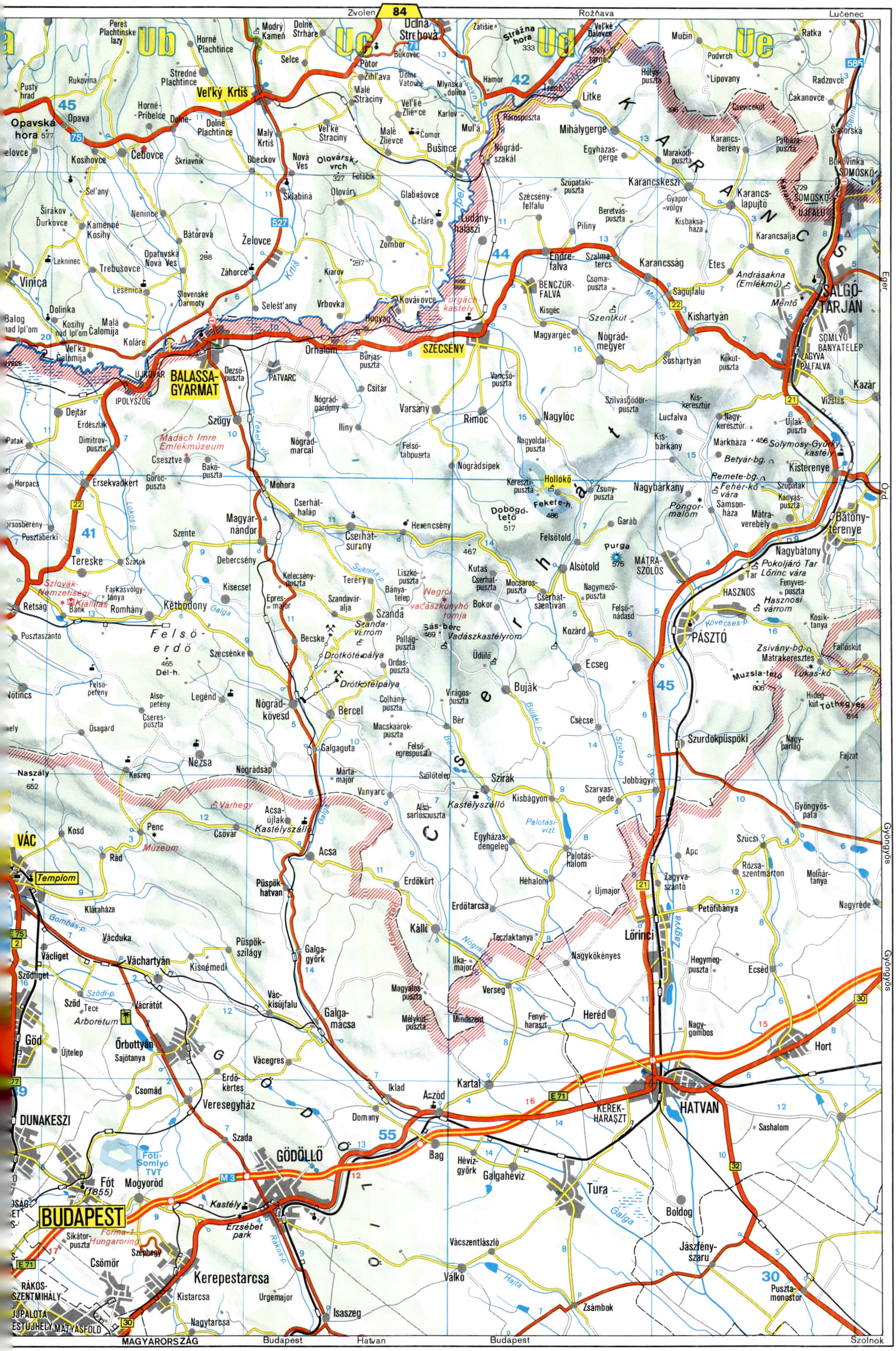
Zvolen
84
Rožňava
Lučenec
Ub
Uc
Ud
Ue
Peres
Plachtinske lazy
Horné Plachtince
Modrý Kameň
Dolné Strháre
Dolná Strehová
Žitište
Strážna hora
Veľké Dravce
Mučín
Ratka
Podvrch
Lipovany
Radzovce
Čakanovce
Šiatorská Bukovinka
Pusty hrad
Rukovina
Stredné Plachtince
Veľký Krtíš
Selce
Pôtor
Zihľava
Malé Straciny
Bukovec
Dolné Vatovce
Mlynská dolina
Hámor
Trenč
Litke
Opavská hora
Opava
Horné-Pribelce
Dolné Plachtince
Malý Krtiš
Veľké Straciny
Veľké Zlievce
Malé Zlievce
Čomor
Karlov
Muľa
Ráróspuszta
Mihálygerge
Egyházasgerge
Marakodi-puszta
Karancsberény
Pálháza-puszta
Kosihovce
Čebovce
Škriavník
Obeckov
Nová Ves
Olovársky vrch
Fotočik
Bušince
Nógrád-szakál
Szécsény-felfalu
Szupataki-puszta
Karancskeszi
Gyapor-völgy
Karancs-lapujtő
Somoskő
Somoskőújfalu
Seľany
Širákov
Ďurkovce
Kamenné Kosihy
Neninice
Sklabiná
Olovary
Glabušovce
Čeláre
Ludány-halászi
Beretvás-puszta
Piliny
Kisbaksa-háza
Karancsalja
Bátorová
Želovce
Zombor
Endrefalva
Szalmatercs
Karancsság
Etes
Lekninec
Trebušovce
Opatovská Nová Ves
Záhorce
Kiarov
Csoma-puszta
Sóshartyán
Ságújfalu
Andrásakna (Emlékmű)
Mentő
Salgótarján
Vinica
Lesenice
Slovenské Darmoty
Seleštany
Vrbovka
Kovárovce
Forgách-kastély
Benczúrfalva
Kisgéc
Szentkút
Kishartyán
Somlyó bányatelep
Zagyvapálfalva
Balog nad Ipľom
Dolinka
Kosihy nad Ipľom
Malá Čalomija
Kolare
Veľká Čalomija
Hugyag
Orhalom
Szécsény
Magyargéc
Nógrád-megyer
Kokut-puszta
Kazár
Újkovár
Balassagyarmat
Ipolyszög
Dezső-puszta
Patvarc
Bürjás-puszta
Csitár
Vancsó-puszta
Szilvásgödör-puszta
Lucfalva
Kis-keresztúr
Vizslás
Dejtár
Erdészlak
Dimitrov-puszta
Madách Imre Emlékmúzeum
Szügy
Nógrád-gárdony
Iliny
Varsány
Rimóc
Nagylóc
Nagy-keresztúr
Újlak-puszta
Márkháza
Solymosy-Gyürky-kastély
Patak
Cseszteve
Nógrád-marcal
Felső-tápbuszta
Nagyoldal-puszta
Kis-bárkány
Betyár-bg.
Kisterenye
Horpács
Ersekvadkert
Göröc-puszta
Bakó-puszta
Mohora
Nógrádsipek
Kereszti-puszta
Hollókő
Zsuny-puszta
Nagybárkány
Remete-bg.
Fehér-kő vára
Sámson-háza
Szupatak
Kanyas-puszta
Mátra-verebély
Bátonyterenye
Pusztaberki
Szente
Magyarnándor
Cserhát-halap
Cserhátsurány
Herencsény
Dobogó-tető
Fekete-h.
Pongor-malom
Felsőtold
Garáb
Purga
Mátraszőlős
Nagybátony
Pokoljáró Tar
Lőrinc vára
Fenyves-puszta
Tereske
Szátok
Debercsény
Liszkó-puszta
Kutasó
Cserhát-puszta
Mocsaros-puszta
Alsótold
Nagymező-puszta
Tar
Hasznos
Hasznosi várrom
Szlovák Nemzetiségi Kiállítás
Farkasvölgy-tanya
Rétság
Bánk
Romhány
Kétbodony
Kisecset
Kelecsény-puszta
Terény
Bánya-telep
Negrói vacászkunyhó romja
Bokor
Cserhátszentiván
Felső-nádasd
Pásztó
Kőkovácses-p.
Kosik-tanya
Pusztaszántó
Felsőerdő
Epres-major
Szandavár-alja
Szanda
Szanda-verem
Sás-bérc
Vadászkastélyrom
Kozárd
Zsivány-bg.
Mátrakeresztes
Falloskút
Szécsénke
Dél-h.
Becske
Drótkötélpálya
Pallag-puszta
Ordas-puszta
Üdülő
Ecseg
Muzsla-tető
Lukas-kő
Felső-petény
Alsópetény
Legénd
Nógrádkövesd
Bercel
Virágos-puszta
Colhány-puszta
Buják
Hidegkút
Tóthegyes
Nőtincs
Cseres-puszta
Ősagárd
Macskaárok-puszta
Bér
Csécse
Szurdokpüspöki
Nagy-parlag
Nézsa
Galgaguta
Felső-egrespuszta
Fajzat
Naszály
Keszeg
Nógrádsáp
Márta-major
Vanyarc
Szőlőtelep
Szirák
Kisbágyon
Szarvas-gede
Jobbágyi
Gyöngyöspata
Várhegy
Acsa-újlak
Kastélyszálló
Alsó-sarlóspuszta
Kastélyszálló
Palotási-vízt.
Vác
Kosd
Penc
Csővár
Acsa
Egyházas-dengeleg
Palotás-halom
Apc
Szűcsi
Rózsaszentmárton
Molnár-tanya
Templom
Rád
Múzeum
Püspök-hatvan
Erdőkürt
Héhalom
Újmajor
Zagyva-szántó
Petőfibánya
Nagyréde
Kláraháza
Gombás-p.
Erdőtarcsa
Tecelaktanya
Lőrinci
Váchartyán
Váccsuka
Václiget
Sződliget
Kisnémedi
Püspök-szilágy
Galga-györk
Kálló
Ilka-major
Nagykökényes
Hegymeg-puszta
Ecséd
Vácrátót
Sződ
Tece
Arborétum
Vác-kisújfalu
Galgamácsa
Magyalos-puszta
Verseg
Mélykút-puszta
Mindszent
Fenyő-haraszt
Heréd
Nagy-gombos
Hort
Göd
Újtelep
Őrbottyán
Sajótanya
Vácegres
Csomád
Erdőkertes
Iklad
Kartal
Aszód
Dunakeszi
Veresegyház
Szada
Domony
Kerekharaszt
Hatvan
Sashalom
Fóti-Somlyó TVT
Gödöllő
Bag
Hévízgyörk
Galgahévíz
Tura
Boldog
Fót (1855)
Mogyoród
M3
E 71
Kastély
Erzsébet park
Rákos-p.
Budapest
Sikátor-puszta
Forma-1 Hungaroring
Szilas
Csömör
Kerepestarcsa
Kistarcsa
Urgemajor
Isaszeg
Vácszentlászló
Valkó
Hajta
Zsámbok
Jászfényszaru
Pusztamonostor
Rákosszentmihály
Újpalota
Pestújhely
Mátyásföld
Nagytarcsa
Magyarország
Hatvan
Szolnok
Eger
Ózd
Gyöngyös
Karancs
Cserhát
Gödöllő
Ipeľ
Krtíš
Galga
Zagyva
Tápió

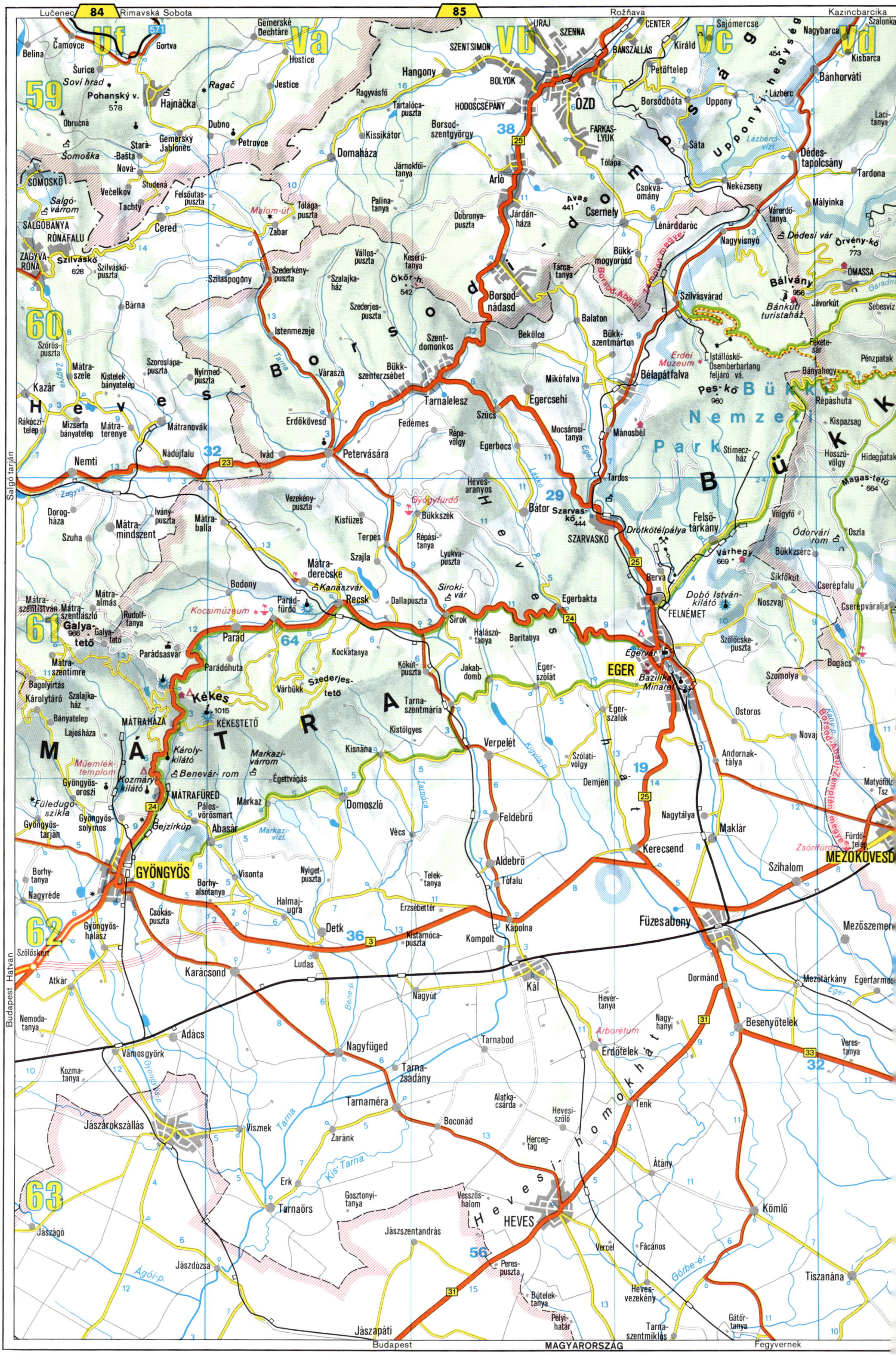

Lučenec
84
Rimavská Sobota
85
Rožňava
Kazincbarcika
Uf
Va
Vb
Vc
Vd
59
60
61
62
63
Belina
Čamovce
Šurice
Soví hrad
Pohanský v.
Obručná
Šomoška
SOMOSKŐ
Salgóvárrom
SALGÓBÁNYA
RÓNAFALU
ZAGYVARÓNA
Szilváskő
Szilváskőpuszta
Bárna
Hajnáčka
Gortva
Ragač
Gemerské Dechtáre
Hostice
Jestice
Dubno
Petrovce
Gemerský Jablonec
Stará-Bašta
Nová-
Studená
Večeľkov
Tachty
Cered
Felsőutaspuszta
Malom-út
Zabar
Tólágapuszta
Szilaspogony
Szederkénypuszta
Istenmezeje
Hangony
Ragyvásfő
Tartalócapuszta
Kissikátor
Domaháza
Járnokfőitanya
Palinatanya
Dobronyapuszta
Vállospuszta
Szalajkaház
Keserűtanya
Ökör-h.
Szederjespuszta
Szentdomonkos
Bükkszenterzsébet
Várasző
Erdőkövesd
Tarnalelesz
Fedémes
Szúcs
Répavölgy
Egerbocs
SZENTSIMON
BOLYOK
HODOSCSÉPÁNY
Borsodszentgyörgy
URAJ
SZENNA
BÁNSZÁLLÁS
CENTER
ÓZD
FARKASLYUK
Tólápa
Arló
Járdánháza
Borsodnádasd
Avas
Csernely
Csokvaomány
Bükkmogyorósd
Tarcatanya
Balaton
Bekölce
Bükkszentmárton
Mikófalva
Egercsehi
Mocsárositanya
Bélapátfalva
Mónosbél
Királd
Sajómercse
Pétőftelep
Borsodbóta
Uppony
Sáta
Lázberc
Nekézseny
Dédestapolcsány
Nagybarca
Kisbarca
Bánhorváti
Lacitanya
Tardona
Málytinka
Várerdőtanya
Dédesi vár
Nagyvisnyó
Lénárddaróc
Szilvásvárad
Bálvány
Bánkúti turistaház
Örvény-kő
ÓMASSA
Jávorkút
Sebesvíz
Erdei Múzeum
Istállóskő-Ősemberbarlang feljáró vá.
Pes-kő
Bükk Nemzeti Park
BÜKK
Bányahegy
Fekete-sár
Pénzpatak
Répáshuta
Kispaszag
Hosszúvölgy
Hidegpatak
Magas-tető
Stimeczház
Felsőtárkány
Várhegy
Ódorvári rom
Oszla
Bükkzsérc
Völgyfő
Síkfőkút
Cserépfalu
Cserépváralja
Noszvaj
Dobó István-kilátó
FELNÉMET
Szőlőcskepuszta
Bogács
Szomolya
Ostoros
Novaj
Andornaktálya
Matyófölde
Tardos
Szarvaskő
SZARVASKŐ
Drótkötélpálya
Berva
Bátor
Hevesaranyos
Gyógyfürdő
Bükkszék
Répásitanya
Lyukvapuszta
Siroki-vár
Sirok
Egerbakta
Halászótanya
Boritanya
Jakabdomb
Egerszólát
Egervár
EGER
Bazilika
Minaret
Egerszalók
Szólátivölgy
Demjén
Nagytálya
Maklár
Kerecsend
Füzesabony
Szihalom
MEZŐKÖVESD
Zsórifürdő
Mezőszemere
Mezőtárkány
Egerfarmos
Dormánd
Besenyőtelek
Verestanya
Nyírmedpuszta
Szoroslápapuszta
Mátraszele
Kistelek bányatelep
Kazár
Rákóczitelep
Mizserfa bányatelep
Mátraterenye
Mátranovák
Nádújfalu
Nemti
Ivád
Pétervására
Heves
Vezekénypuszta
Kisfüzes
Terpes
Szajla
Mátraderecske
Kanászvár
Recsk
Dallapuszta
Dorogháza
Szuha
Mátramindszent
Iványpuszta
Mátraballa
Bodony
Mátraalmás
Mátraszentistván
Mátraszentlászló
Galyatető
Rudolftanya
Kocsimúzeum
Parádfürdő
Parád
Parádsasvár
Parádóhuta
Kockatanya
Kőkútpuszta
Várbükk
Szederjes-tető
Tarnaszentmária
Kistölgyes
Mátraszentimre
Bagolyirtás
Károlytáró
Szalajkaház
Bányatelep
Lajosháza
MÁTRAHÁZA
Kékes
KÉKESTETŐ
MÁTRA
Károly-kilátó
Benevár-rom
Markazi-várrom
Égettvágás
Kisnána
Verpelét
Műemlék-templom
Gyöngyösoroszi
Kozmáry-kilátó
MÁTRAFÜRED
Fűledugó-szikla
Gyöngyöstarján
Gyöngyössolymos
Bejzirkúp
Pálosvörösmart
Markaz
Abasár
Markazi-víztr.
Domoszló
Vécs
Feldebrő
Aldebrő
Tófalu
GYÖNGYÖS
Borhytanya
Nagyréde
Borhyalsótanya
Visonta
Nyigetpuszta
Halmajugra
Telektanya
Erzsébettér
Kápolna
Kompolt
Kistárnócapuszta
Detk
Csókáspuszta
Gyöngyöshalász
Szőlőskert
Atkár
Karácsond
Ludas
Nagyút
Kál
Hevértanya
Nagyhanyi
Arborétum
Erdőtelek
Tarnabod
Nemodatanya
Adács
Vámosgyörk
Kozmatanya
Nagyfüged
Tarnazsadány
Tarnaméra
Boconád
Alatkacsárda
Hevesiszőlő
Hercegtag
Tenk
Átány
Jászárokszállás
Visznek
Zaránk
Tarna
Kis-Tarna
Erk
Tarnaörs
Gosztonyitanya
Vesszőshalom
Heves
HEVES
Hevesi homokhát
Kömlő
Jászágó
Jászszentandrás
Jászdózsa
Ágói-p.
Perespuszta
Vercel
Fácános
Görbe-ér
Tiszanána
Bútelektanya
Pélyihatár
Hevesvezekény
Tarnaszentmiklós
Gátórtanya
Jászapáti
Salgótarján
Budapest Hatvan
Budapest
MAGYARORSZÁG
Fegyvernek

auf der Gemarkung der slowakischen Hauptstadt – in Richtung Fernsehturm – steigt der Berg bis auf eine Höhe von 440 m an (Kamzík, deutsch: Gemsbock). Hier liegt auch ein außerordentlich beliebtes Wander- und Erholungsgebiet der Preßburger. Pekná cesta (Schöner Weg) und Červená cesta (Roter Weg) heißen die markierten Wege beispielsweise, es gibt den Schwabenberg und die Jesuitenwälder, ein Berghügel heißt Cimbal. Ein äußerst beliebter Ausflugsort in unmittelbarer Großstadtnähe ist Železna studienka (Eisenbrünnl). Die Preßburger schätzten die Karpaten nicht nur als Weinspender (gehaltvolle Rot- und Weißreben), sondern in guten Wintern vor allem auch als populäres Skigebiet.

Nové Zámky

Neuhäusel nannte man die Stadt in der Monarchie deutsch, „Neue Schlösser" wäre die korrekte Übersetzung. Wie auch immer, die Stadt wurde im 16. Jh. nach Bauplänen italienischer Architekten gebaut, bevor Türken sie einnahmen und bis 1685 beherrschten. Große Schäden erlitt die Kreisstadt auch im Zweiten Weltkrieg. Aus der Gründungsphase der Stadt blieb die mehrfach umgebaute und erweiterte Pfarrkirche (1585) erhalten, unwesentlich jüngeren Datums (1626) ist das Franziskanerkloster mit der Kirche des hl. Franz von Assisi (barockisiert). In der Heiliggeist-Kapelle (*kaplnka Najsvätejšej Trojice*) wurde im Jahre 1813 der Schöpfer der slowakischen Schriftsprache, der katholische Geistliche Anton Bernolák, begraben. Die Kalvarie, 1779 errichtet, wurde noch in diesem Jahrhundert ergänzt.

Svätý Jur

Obwohl der heilige Georg im Stadtwappen seinen Kampf mit dem Drachen auch in der Zeit des Sozialismus ausfocht, mußte der Zusatz svätý (der Heilige) bis 1990 weggelassen werden. Der denkmalgeschützte Winzerort wurde 1209 zum ersten Mal erwähnt, noch im gleichen Jahrhundert stieg er zur Stadt auf. 1645 wurde er wegen seiner Bedeutung als Handelsplatz zur freien königlichen Stadt erklärt. Einige denkmalgeschützte Bürger- und Winzerhäuser zeugen vom früheren Ruhm. Die gotische Pfarrkirche des Namenspatrons wurde im 13. Jh. angelegt, in den folgenden Jahrhunderten sind Ergänzungen vorgenommen worden. Das Renaissancekastell von 1609 wurde barockisiert.

Vajnory

Der heutige Name entpuppte sich in etwa siebenhundert Jahren aus Weindorf – die Umgangssprache schliff den Ortsnamen entsprechend ab. Der Winzerort östlich der slowakischen Hauptstadt (1217 zum ersten Mal in Urkunden erwähnt) wurde 1964 nach Bratislava eingemeindet. Bekannt wurde Vajnory wegen seiner Folklore: Die alten Trachten werden bei besonderen Anlässen – im Zeichen der Renaissance der Volkskunst und auch eines neuen Nationalbewußtseins – wieder getragen. Die Stickereien sind ohnehin stets angefertigt und die bemalten Ostereier immer überreicht worden. Berühmt ist die für Touristen arrangierte Hochzeit von Vajnory. Das sogen. Volkshaus zeigt eine anspruchsvolle volkskundliche Ausstellung (Teil des Städtischen Museums Bratislava). Von den Kulturdenkmälern sei die barockisierte gotische Pfarrkirche erwähnt.

Železovce

In einem Nebenhaus des barocken Kastells (im 19. Jh. umgestaltet) wohnte in den Jahren 1818 und 1824 Franz Schubert, woran ein Gedenkzimmer und eine Büste erinnern. Die gotischen Fresken aus dem 14. Jh. in der Jakobskirche konnten trotz der Beschädigungen im Zweiten Weltkrieg gerettet werden.

Der in weiten Teilen Mitteleuropas vom Aussterben bedrohte Weißstorch findet in manchen Gegenden der Slowakei trotz der intensiv betriebenen Landwirtschaft oft noch gute Lebensbedingungen vor (oben).

Einige der Donaubrücken wurden im Krieg zerstört; in vielen Gemeinden gibt es Fähren (Mitte).

Sonnenblumen und das Atomkraftwerk Bohunice im Hintergrund (rechts unten).

DIE STÄDTE

„Mutter der Städte" nennt man die Moldaumetropole Prag – eine Welt für sich, der keine andere Stadt auch nur annähernd gleicht. Die übrigen Städte bieten alle ganz individuelle Bilder, die von gotischen, Renaissance- und barocken Elementen geprägt werden – oft ergänzt durch klassizistische Bauwerke und Jugendstilgebäude. Auf ein Jahrtausend abwechslungsreichster Geschichte können die meisten Städte zurückblicken.

Banská Bystrica Bergleute und Partisanen

Die Stadt ist umgeben von einem Kranz kleiner Berge und zählt zu den schönstgelegenen Städten der Slowakei. Als Neusohl war der Bergbauort ein Handelsplatz der Fugger, während des Zweiten Weltkriegs war Banská Bystrica Zentrale des slowakischen Widerstandes gegen die Deutschen.

Geschichte

Im Laufe ihrer über siebenhundertjährigen Geschichte hat die mittelslowakische Bergbau- und Industriestadt mehrere Zusatznamen bekommen. Lange hieß sie die Silber- und Kupferstadt. Neusohl – die Ungarn nannten die Stadt Besztercebánya – wurde zu einer der ersten Städte Oberungarns (die Slowakei besteht offiziell erst seit 1918). Der slowakische Name leitet sich ab vom Wort *baňa* für Bergwerk, Bystrica (*bystrý* = flink) ist ein Bach, der in den Hron fließt. *Pohronie* nennt man den Einzugsbereich am Hron, dessen Metropole Banská Bystrica ist. Viele Patrioten halten die Kreisstadt im Zvolen-Kessel (350 m ü. M.), umgeben von einem Kranz kleiner Berge und einer Kette herrlicher Mittelgebirge (Große Fatra, Niedere Tatra), für die schönstgelegene Stadt der Slowakei.

In dieses „gottgesegnete Land" haben sich im 13. Jh. deutsche Bergleute gewagt, die einer Einladung des ungarischen Königs Béla IV. folgten, den Aufbau des Landes zu gestalten. Wie wichtig die Funde an Silber- und Kupfererz waren, mag aus der Entscheidung hervorgehen, der Bergbausiedlung 1255 die Stadtrechte mit allen königlichen Privilegien zu erteilen.

An der Wende vom 15. zum 16. Jh. haben die einheimischen Thurzos einen gewinnbringenden Pakt mit dem Augsburger Kaufmannshaus Fugger geschlossen, das die Vermarktung der Metallvorkommen finanzierte. Das nunmehr in großen Mengen geförderte Kupfer war weithin begehrt. Der Wohlstand wurde augenscheinlich: Neue, palastartige Gebäude entstanden, und ein angesehener Künstler wie Meister Paul aus Leutschau wurde gebeten, den Altar der hl. Barbara in der Pfarrkirche der Deutschen zu gestalten.

Im Jahre 1526, als der polnisch-ungarische König Ladislaus/Lajos II. bei Mohács fiel, versuchten Protestanten aus dem umgebenden *Hauerland*, Neusohl einzunehmen. Die kaiserlichen Truppen haben den Aufstand jedoch rasch niedergeschlagen; die Stadt blieb katholisch. Spätestens nach dem Einfall der Türken, die der siebenbürgische Fürst und Gegenkönig Johann von Zápolya ins Land rief, wurde Neusohl stark befestigt – mit Mauern, Basteien und mehreren Stadttoren, wovon noch einige übriggeblieben sind. Die bis heute erhaltene Stadtburg besteht aus einem ganzen Komplex verschiedener Bauten: Kirchen, Rathaus, Patrizierhäusern des Bergbauadels. Sie ist ein typisches Beispiel für die Art befestigter Städte in einstigen deutschen Siedlungen. Die ungarischen Herrscher hofierten den bedeutenden Wirtschaftsort auch weiterhin. 1620 ließ sich der Siebenbürger Fürst Gábor Bethlén hier sogar zum König krönen.

Das Handwerk blühte: Goldschmiede, Kupferstecher, Waffenschmiede, aber auch Maurer und Steinmetze genossen hohes Ansehen. Gebäude aus jener Zeit sind im denkmalgeschützten Stadtkern noch vorhanden.

Auch die Geisteswissenschaften erlebten eine Konjunktur, obwohl die Schriftsprache nach wie vor Latein war; Ungarisch und Slowakisch waren seinerzeit die Sprachen des Volkes. Dennoch gab es in der ungarisch-deutschen Umgebung nationale Impulse zur Erneuerung der slowakischen Sprache (die nicht mit der tschechischen identisch ist). Zwei bedeutende Persönlichkeiten der nationalen Wiederauferweckungsorganisation *Matica Slovenská* wirkten in Banská Bystrica: Štefan Moyses und Karol Kuzmány.

1872 folgte der Anschluß an das ungarische Eisenbahnnetz. Es wurde entschieden, die Industrialisierung voranzutreiben, da mancher Schacht stillgelegt werden mußte. Heute zeigen sich in der Industriestadt auch Anzeichen eines ökologischen Störpotentials; jahrzehntelang hatte man auf sozialistische Erfolge gehofft und die Augen vor der Realität verschlossen.

Das Mittelgebirge um Banská Bystrica war für kommunistische Partisanen ein geeignetes Gelände, 1944 den Widerstand gegen die Deutschen zu organisieren. Am 29. August gab es heftige, verlustreiche Kämpfe – der Jahrestag wurde nach 1945 zum Tag des Slowakischen Nationalaufstands SNP (*Slovenské národné povstanie*). Hunderte von SNP-Denkmälern in der gesamten Slowakei künden seither von damaligen heroischen Taten. Die Historiker sind inzwischen dabei, Mystifikation und Wirklichkeit jener Ereignisse zu unterscheiden.

Sehenswürdigkeiten

Das spätmittelalterliche Burgareal beherrscht die denkmalgeschützte Innenstadt, wobei die gotische **Pfarrkirche Mariä Himmelfahrt** im doppelten Sinne des Wortes alle anderen Gebäude überragt. Das Hauptschiff trägt sogar noch romanische Elemente, die Kapellen wurden im Laufe des 15. Jh. angegliedert. Neben dem Altar des Meisters Paul von Leutschau (*majster Pavol z Levoče*) verdienen das gesamte Interieur und die Gewölbe besondere Aufmerksamkeit.

Die ehemalige deutsche Pfarrkirche (links außen).

Námestie SNP, der Platz des Slowakischen Nationalaufstands (links unten).

Bergmannswappen am Beniczky-Palais (rechts oben).

Der Hauptplatz (rechts unten).

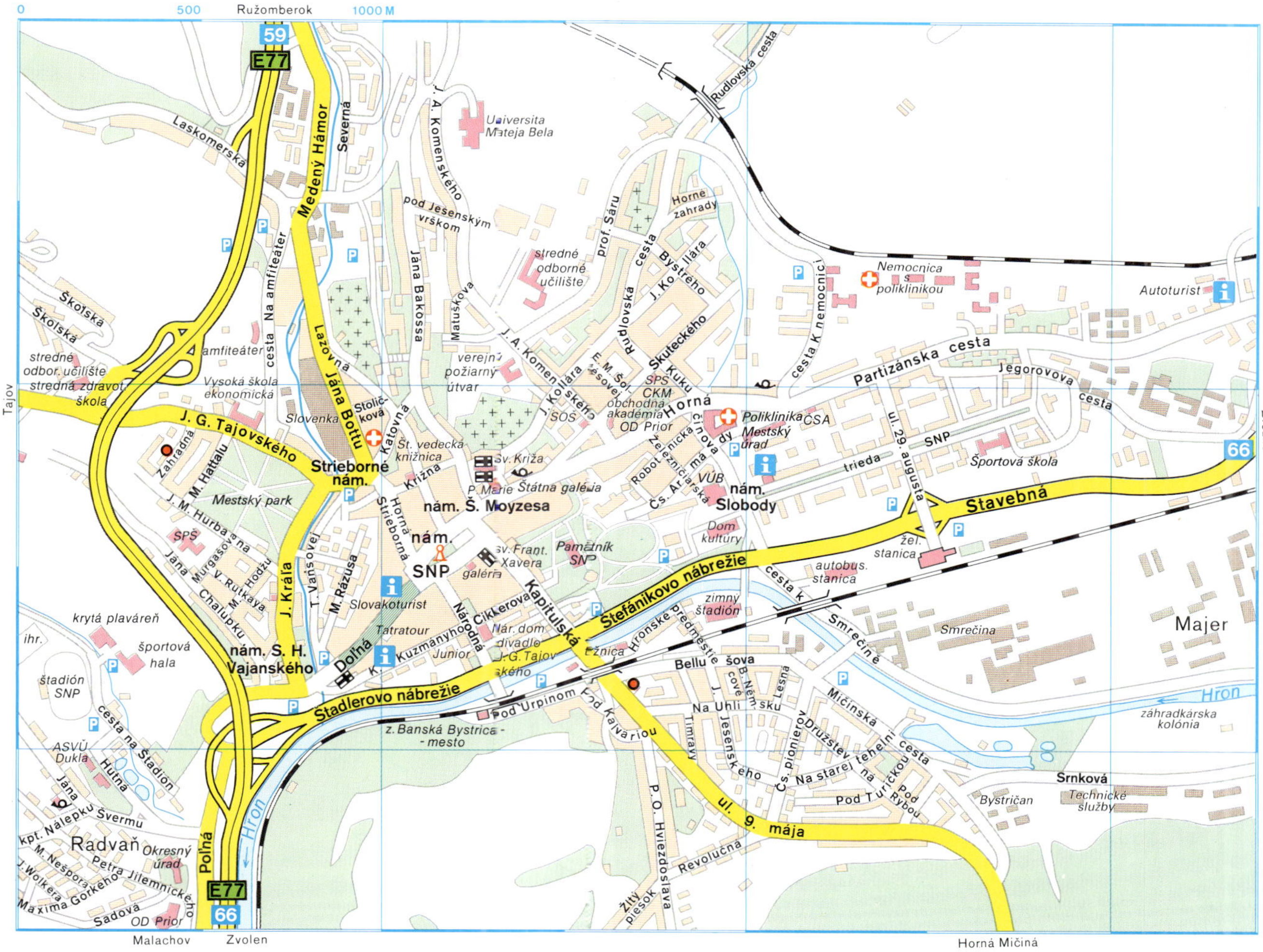

Die **Kreuzkirche** (*kostol svätého Kríža*) entstand in der zweiten Hälfte des 15. Jh., 1561 und 1658 wurde sie erweitert. Die Kirche Franz Xaver, ab 1776 **Domkirche** mit einem angeschlossenen Kolleg, wurde 1695 bis 1715 erbaut. In jener Zeit ist auch – auf dem Hauptplatz – die Mariensäule errichtet worden. Die klassizistischen Sakralgebäude stehen ein wenig im Schatten der Gotik und Renaissance, zumal auch die Profanbauten bedeutend sind.

Das ehemalige **Rathaus** – genannt *Praetorium* – wurde seit 1500 in mehreren Etappen ausgebaut; heute ist darin die **Regionalgalerie** (*Oblastná galéria*) beheimatet. Das ehemalige Stadttor wird von der **Barbakan**-Befestigung bestimmt (1512), erhalten sind auch noch Reste der Stadtmauer. Der **Uhrturm** (erbaut 1552, Barockdach 1761) sowie spätgotische, Renaissance- und Barockhäuser auf dem Hauptplatz künden vom einstigen Reichtum. Das frühgotische Haus des Königs Matthias, **Matejov dom**, ist, wenn auch mehrfach restauriert und umgebaut, einer der ältesten Bauten. Heute ist darin das **Stadtmuseum** eingerichtet. Respektabel die einstige **Bastei** der Fleischerinnung (*Bašta mäsiarskeho cechu*).

Das SNP-Denkmal (1964-69) von Dušan Kuzma in Erinnerung an den Aufstand von 1944 (im Stadtzentrum) reiht sich ein in die Galerie der Kunst des sozialistischen Realismus.

Information
Satur
Nám. Slobody 4
974 75 Banská Bystrica
Tel. (0 88) 4 25 69

Festkalender
Musikfrühling. Popfestival im Mai. Sommerfestival klassischer Musik. Traditioneller Herbstmarkt im September. Alle zwei Jahre: Schau der Slowakischen Graphik.

Tips
Hauptaltar in der Pfarrkirche. Stadtmuseum. Regionalmuseum. Ausflüge: Banská Bystrica ist ein idealer Ausgangspunkt für Wander- und Skitouren im Umkreis von 80-100 km.

Bratislava Hauptstadt der Slowakei

Zu Füßen der Kleinen Karpaten lebten über viele Jahrhunderte Slowaken, Ungarn und Deutsche zusammen, verschiedene Kulturkreise haben die Geschichte der Stadt geprägt. Die markante Burg gewann symbolische Bedeutung für das nationale Selbstverständnis der Slowaken.

Geschichte

Nur selten findet man in den geschichtlichen Darstellungen der letzten fünfzig Jahre über Bratislava den Hinweis darauf, daß die Donaustadt nach dem Ersten Weltkrieg eine Zeitlang *Wilson* hieß. In der Tat wurde die Slowakei am 28. Oktober 1918 zwar ein Teil der souveränen Tschecho-Slowakischen Republik, ihre Hauptstadt jedoch hatte einen ungeklärten Status, weil die Ungarn bis 1919 ihre ehemalige Hauptstadt Pozsony (vom lateinischen *Posonium* abgeleitet) nicht räumten. Der Übergang zu Bratislava vollzog sich über den US-amerikanischen Präsidenten Woodrow Wilson, dessen 14-Punkte-Plan die Gründung der ersten ČSR (Česko-Slovenská republika) mit ermöglichte. Zu Ehren des Friedensnobelpreisträgers von 1919 hieß Preßburg/Pozsony/Bratislava also *Wilson* – nicht zuletzt auf Anregung des ersten Präsidenten Tomáš Garrigue Masaryk (dessen Frau eine Amerikanerin war). Was war dem alles vorangegangen?

Die alten Slawen auf der vorgelagerten Burganhöhe zwischen der großmährischen Siedlung Devín (Theben) und etwa jener Stelle, wo heute die Burg weit sichtbar thront, standen von Anfang an zwischen Angreifern aus dem Westen und Heeren, die aus dem Osten (teilweise hinter dem Ural) herkamen. Die erste Nachricht kündet 907 von einer Schlacht bei Brezalaspurc zwischen Baiern und Magyaren. Preßburg, wie die Stadt seit dem 12. Jh. abgewandelt hieß, wurde in der Folge zwar immer wieder eingenommen, aber offenbar floß dabei nur selten Blut. Mag sein, daß die Stadtherren deshalb dreimal wichtige Friedensabschlüsse gestiftet, vermittelt oder angeregt haben. Der nachhaltigste war jener *Friede zu Preßburg* (1805), als Österreich große Gebiete abtreten mußte. Das Heilige Römische Reich Deutscher Nation hörte damals auf zu existieren.

Die Stadt erhielt im Jahre 1291 ihre Privilegien, die dieser Wegstation an der *Bernsteinstraße* erlaubten, sich Freie Königstadt zu nennen. Die Gegenleistung für die Vorrechte waren die Unterstützung des Königs in Feldzügen und ständige Tributzahlungen. Doch man durfte die Stadt mit Mauern umgeben, und spätestens seit dem 15. Jh. wurden Türme, Basteien und Stadttore errichtet, wovon nur ein Turm – natürlich mehrfach umgebaut – übrigblieb: das Michaelertor.

Die Blüte der Stadt wird ins 15. Jh. datiert, als Kaiser Sigismund 1436 die Privilegien bekräftigte und das Wappen bestätigte, das noch heute verwendet wird.

Der Einmarsch der Türken nach Ungarn (das Gebiet der heutigen Slowakei ist weitgehend mit dem historischen *Oberungarn* identisch) brachte für Pozsony/Preßburg neue Ehren. Der junge polnisch-ungarische König Ludwig II., der Jagellone, war 1526 während der Schlacht bei Mohács auf der Flucht vor den Türken in einem Bach ertrunken. Der Thron fiel durch den Friedens- und Erbschaftsvertrag zu Preßburg (1491) an das Haus Habsburg. Als die Türken 1541, einer Einladung des Gegenkönigs Zápolya folgend, Buda einnahmen, wurde der Sitz des ungarischen Landtags nach Pozsony/Preßburg verlegt.

Es entstand ein dreigeteiltes Ungarn, dessen (katholisch regierte) Residenz Preßburg wurde. Die Siebenbürger (protestantischen) Fürsten führten ihr eigenes Leben – weit weg von Wien und Preßburg. Die Burg bekam neuen Glanz: Ein Dutzend Könige ist von 1563 bis 1830 mit allem Pomp gekrönt worden (Kaiser wurden in Wien gekrönt) – da mußte die Burg repräsentativ wirken. Maria Theresia legte darauf größten Wert – die Fassaden, der Ehrenhof, das Interieur wurden ausgewechselt. Ein großer Teil jener Schätze, die heute in der Wiener *Albertina* bestaunt

werden, war seinerzeit in Preßburg vorhanden. Maria Theresia (1740 bis 1780) ermunterte die Grafen und Barone des Landtags, sich in Preßburg – lediglich 60 km von Wien entfernt, weniger als ein Halbtagesritt – anzusiedeln. Innerhalb eines halben Jahrhunderts entstanden so einige Dutzend Paläste, die heute – renoviert und restauriert – größtenteils noch vorhanden sind, zumal die Schäden in den beiden Weltkriegen äußerst gering waren. Eher schon ist man gegen die Umweltzerstörung der Industriegesellschaft wehrlos. Um dem wenigstens ideell vorzubeugen, wurde die Altstadt von Bratislava 1954 zur denkmalgeschützten Stadtreservation erklärt.

Die Burg war in Kriegen relativ verschont worden, ab Anfang des vergangenen Jahrhunderts wurde das Areal zu einer Kaserne umfunktioniert. Fast zwangsläufig mußte es kommen, daß das Gebäude 1811 durch einen Brand zerstört wurde.

Die Burgruine gab nach dem Brand bis 1953 dem Stadtpanorama ein charakteristisches Motiv. Seither wurde an ihr sehr viel gebaut, wiederaufgebaut und neu erbaut. 1968 wurde auf der Burg von Bratislava feierlich die föderative Neugestaltung der ČSSR – der Tschechoslowakischen Sozialistischen Republik – proklamiert, worin die beiden sozialistischen Teilrepubliken als gleichberechtigte Partner auftraten. Die Kluft ist inzwischen unüberbrückbar geworden. Am 1. Januar 1993 konstituierten sich zwei selbständige Republiken.

Die Stadt sprengt inzwischen ihre Grenzen: Die herrlichen, in Jahrhunderten entstandenen Donauauen im Ortsteil Petržalka (früher Egerau), am rechten Ufer, wurden seit den siebziger Jahren unwiederbringlich zerstört. Aus dem einstigen Sumpfboden ist eine Betonwüstenei für 200 000 Einwohner entstanden, die meist aus der Provinz kamen. Es gibt dort mehr grünen Lack auf parkenden Autos als grünen Rasen zwischen diesen Neubausilos. Erfreulicherweise sind die Weinhänge gleich über dem Hauptbahnhof noch nicht mit Terrassenvillen verbaut. Alljährlich werden hier über 50 000 Hektoliter Wein gekeltert. Auch in der Slowakei wird gerne und viel Bier getrunken.

Sehenswürdigkeiten

Kommt man von Wien, so ist zur Linken schon weit vor der Grenze die Dominante der Stadt zu sehen – die **Burg** von Bratislava. Sie wurde 1961 zum *Nationalen Kulturdenkmal* erklärt. Gewiß sollte dadurch einmal die Rolle als Hauptstadt der 1918 entstandenen Slowakei innerhalb der tschechoslowakischen Republik gewürdigt werden, auch wenn sie diesen Status erst 1938 erhielt, zum anderen wollte das Kulturministerium die historische Bedeutung hervorheben, die Bratislava als Pozsony/Preßburg in den siebenhundert Jahren seit der Verleihung der Stadtrechte (1291) für die Entwicklung in Mitteleuropa hatte.

Die Burg steht in der Tat an einer sehr markanten, zudem strategisch wichtigen Stelle. Sie wurde am linken Ufer der Donau auf einem Gebirgsausläufer der Kleinen Karpaten erbaut, nicht zu hoch, um eine Furt zu überwachen, die in den hochwasserfreien Monaten gut zu passieren war.

Wie bedeutend die exponierte Stellung des Beobachtungspostens war, beweisen Funde im Einzugsbereich des Burgareals, die die Anwesenheit sowohl von Kelten

Das seit Jahrhunderten fast unveränderte Donaupanorama mit der charakteristischen Burg und dem Martinsdom (links).

Barocke Detailverliebtheit am Ball- und Konzerthaus Reduta (rechts innen oben).

Spielereien (rechts Mitte).

Von den Wiener Architekten Helmer und Fellner erbaut: Slowakisches Nationaltheater von 1886 (rechts unten).

Wohnstil (rechts außen).

als auch von Römern belegen. Unweit von Bratislava ist jenseits der Grenze (in Österreich) das römische Lager *Carnuntum* freigelegt worden, das ebenfalls ein Mosaiksteinchen in dem umfassenden Limes-Bollwerk war.
Wichtiger noch für das nationale Selbstverständnis der Slowaken, die als Slawen zwischen der deutschen Mehrheit und der wesentlich größeren ungarischen Minderheit zu bestehen hatten, sind die Hinweise darauf, daß sich auf dem Territorium der heutigen Burg Ende des 9., Anfang des 10. Jh. eine altslawische Siedlung mit einer dreischiffigen Basilika befunden hat. Und nur zehn Kilometer westlich erstreckte sich auf etwa fünfeinhalb Hektar die großmährische, deutlich entwickeltere slawische Fürsten-Burgstätte **Devín**, was die Annahmen der Archäologen weiter bestätigt.
„Brezalauspurc" oder manchmal auch „Preslawaspurch" lautet die erste Erwähnung der Burg, wovon die ersten deutschen (eigentlich bairischen und österreichischen) Siedler Pressburg ableiteten, die in der Umgangssprache jedoch stets den populären Ausdruck Preschpurg verwendeten. *Prešpork*, bei den alteingesessenen Einwohnern noch heute die umgangssprachliche Bezeichnung der Stadt, ist der Inhalt zahlreicher Lieder und Gedichte.
Die erste entscheidende Veränderung erfuhr die Burg im 13. Jh., als die Stadt ihre ersten namhaften Privilegien erhielt, die ihr zugleich ermöglichten, die Schutzmaßnahmen zu verstärken. Zu den Festungsanlagen zählten mehrere Basteien und Türme – ähnlich dem erhaltenen **Krönungsturm** (*Korunná veža*). Kaiser Sigismund ließ nach den Hussitenkriegen Preßburg zu einer befestigten Residenz ausbauen. Natürlich geschah der Aufbau im zeitgenössischen gotischen Stil, wovon ein Teil erhalten blieb. Die nördliche Bastei und die Luginsland-Bastei sowie das während der Regentschaft von König Matthias *Corvinus* Hunyadi erstellte Burgtor geben noch einen Eindruck davon wieder, wie die Burg und ihre Befestigung Ende des 15. Jh. ausgesehen haben mögen. Von den Altstadttoren blieb nur noch das **Michaelertor** (*Michalská brána*) mit einem 51 m hohen Turm übrig, auch wenn dessen Barockdach 1758 angebracht wurde. Einige Straßennamen (Fischertor, Basteigasse) erinnern ebenfalls an die Befestigung.
Nur wenige Schritte vom spätgotischen **Corvinus-Stadttor** (*Korvínska brána*) entfernt erhebt sich der **Martinsdom**, dessen Baubeginn ins 14. Jh. datiert wird. Aus einer bescheideneren städtischen deutschen Pfarrkirche wurde in der Spätgotik eine monumentale Hallenkirche, die in der Barockära noch einmal baulich ergänzt worden ist, ohne daß der gotische Charakter des Gotteshauses verlorenging. Die barocke Kapelle erstellte Georg Raphael Donner, der auch die **Statue des heiligen Martin** in Husarenuniform in Blei gegossen hatte – zugleich eines der schönsten Denkmäler und eine der wichtigsten Sehenswürdigkeiten der slowakischen Hauptstadt. Das historisierende 19. Jh. griff erneut ein: Der Dom wurde regotisiert, neugotisch sind auch die meisten Möbel. Das hohe Dach und der Turm mit der **vergoldeten Krone** wurden damals angebracht, was die Stadtsilhouette bereicherte.
Die **Franziskanerkirche** (*kostol Františkánov*) umfaßt verschiedene Baustile, wobei der älteste Teil (gotische Johanneskapelle) dem 13. Jh. entstammt; gotisch ist auch die wertvolle steinerne **Pietà**. Die Inneneinrichtung ist barock, ebenso wie die Loreto-Kapelle.
Aus der damaligen Zeit stammt auch die einschiffige **Klarissinnenkirche** (*kostol Klarisiek*), die nicht nur als Kirchenmuseum dient, sondern sich wegen der vorzüglichen Akustik auch als Konzertsaal eignet. In dem angeschlossenen Gymnasium ging eine Zeitlang Béla Bartók zur Schule, der später – als reifer Musiker – wieder nach Pozsony zurückkehrte.
Der Breslauer Ludwig Gode schuf die beiden wertvollsten Teile der **Salvatorkirche** – einen Kalvarienseitenaltar und die barocke Kanzel. Kurz nach der Erstellung 1638 durch Preßburger Protestanten übernahmen 1673 die Jesuiten diese Kirche, die sie später auch barokkisieren ließen. Die Evangelischen durften nach der strengen Phase der Rekatholisierung ihre Kirchen erst ein Jahrhundert später errichten. Die sog. **Große Evangelische Kirche**, entstanden im Jahre 1776 in der damaligen evangelischen

Ganymedes-Brunnen (1888) von Viktor Tilgner vor dem Nationaltheater (außen).

Das Wahrzeichen Preßburgs in der Fußgängerzone der Innenstadt: Michalská veža – der Michaelerturm am *Korzo* (oben).

Martinsdom – 1563-1830 die Krönungskirche ungarischer Könige. Davor die Pestsäule von 1713 (unten).

0
500
1000 M
Koliba
Modra
Vajnory
Tmava
D61
Prešťany
Brno
D2
Dúbravka
Staré Mesto
Devín
Wien
Komárno
Rusovce
Budapest
VINOHRADY
Vtáčnik
NOVÉ MESTO
NIVY
Kalvária
DUNAJ
Ovsiště
Háje
PETRŽALKA
Dvory
Hrad
Incheba
VŠE
E65
E75
E58
61
63
2
Račianska
Vajnorská
Bajkalská
Jarošova
Trnavská cesta
Malinovského
Pražská
Štefánikova
Mýtna
Záhradnícka
Miletičova
Košická
Prievozská
Mlynské nivy
Karadžičova
Dunajská
Špitálska
Šafárikovo nám.
Vajanského nábr.
Rázusovo nábr.
L. Štúra
L. Svobodu
Staromestská
Nový most
Starý most
Viedenská cesta
Tyršovo nábr.
Kločova
Krasovského
Pri Starom háji
Pri seči
Pobrežná
most Hrdinov Dukly
Rusovská cesta
Bosákova
Panónska cesta
Hraničiarov
Furdekova
Mamateyova
Dolnozemská cesta
Gessayova
Chorvátske ram.
Pristavná
Martanovičova
Hodžovo nám.
Kollárovo nám.
Kamenné nám.
nám. SNP
Župné nám.
Primac. nám.
Hviezdosl. nám.
Americké nám.
Medická záhrada
Ondrejský cintorín
nám. M. Benku
Sovietske nám.
nám. Slobody
Račianske mýto
Fr. Zupku nám.
Dullovo nám.
Daxnerovo nám.
Kmeťovo nám.
Jakubovo nám.
Šrobárovo nám.
Mánesovo nám.
Daliborovo nám.
Dimitr. nám.
tržnica
autobus stanica
autobusová stanica
krytá plaváreň
stadion Internacionál
Šport hala Mladosť
Rubín
kúp. Delfín
kúp. Lido
sad Janka Kráľa
Slavín

Enklave, wurde von der deutschen Bevölkerung Preßburgs genutzt. Die Ungarn und Slowaken teilten sich die sog. **Kleine Evangelische Kirche**, die zwei Jahre danach erbaut wurde. – Bald entstand auch das berühmt gewordene Evangelische Lyzeum, dessen Absolventen später die eifrigsten Vertreter der religiösen und nationalen Unabhängigkeit von Klerus und Habsburg wurden (Bel, Kollár, Šafárik, Štúr, Hodža, Hurban).

Die letzte große Synagoge – übrigens unmittelbar neben dem Dom – mußte in den siebziger Jahren dem Bau der neuen Donaubrücke weichen, die den gesamten internationalen Fernverkehr von und nach Österreich beinahe durch die historische Altstadt leitet. Davor war das im romantisch-maurischen Stil gebaute jüdische Gebetshaus bereits jahrelang als Requisitenlagerhalle zweckentfremdet worden.

An Stelle der gotischen Michaelerkirche entstand in der Nähe des gleichnamigen Stadttors die **Dreifaltigkeitskirche** (*kostol Trinitárov*), deren barockes Inneres mit zu den größten Attraktionen der Metropole zählt. Die Deckenfresken von Antonio Galli Bibiena vermitteln die Illusion einer hohen Kuppel; der Hauptaltar ist ebenfalls das Werk eines Italieners – von Antonio Caetano Bussi.

Die beiden barocken **Kirchen** der **Barmherzigen Brüder** (*kostol Milosrdných bratov*) und der **Elisabethinerinnen** gegenüber dem Hotel Kyjev (Kiew ist übrigens die Partnerstadt von Bratislava und von München) sind eher schon Geheimtips, obwohl die letztgenannte (*kostol Alžbetiniek*) als das typischste lokale Beispiel des üppigen Barocks angesehen wird. Ihr Bauherr war Imre Kardinal Esterházy. Das Gewölbe versah der vielbeschäftigte Wiener Maler Paul Troger mit seinen Fresken.

Eine bemerkenswerte architektonische Bereicherung der Innenstadt innerhalb der Fußgängerzone, des sog. ***korzo***, ist die repräsentative **Segner-Kurie** in der Michaelergasse – erbaut 1648. Einen frommen Namen trägt eines der schönsten Rokokohäuser Mitteleuropas – **Dom u dobrého pastiera** –, das im 18. Jh. erstellt wurde. Dieses „Haus zum guten Hirten" (Museum) gehört zu den wenigen Gebäuden, die am Rande des ehemaligen Ghettos stehen blieben.

Sehenswert im Stadtgebiet sind einige **Säulen**, von denen die älteste aus dem Jahre 1675 stammt. Sie wurde von Leopold I. zum Dank für den Sieg über die Türken gestiftet. Die **Dreifaltigkeits-Säulengruppe** von 1711 erinnert an die Pestepidemie ein Jahr zuvor. Die von wohlhabenden Bürgern errichtete, recht massive **Florian-Säulengruppe** (*súsošie svätého Floriána*) von 1723 steht heute vor der Blumenthalerkirche.

Obwohl die ersten Kirchen bereits in der Gotik erbaut wurden, hat die denkmalgeschützte historische Altstadt weitgehend barocken Charakter. Eines der großartigsten Gebäude der slowakischen Metropole, der **Primatialpalast** (*Primaciálny palác*), trägt allerdings klassizistische Züge. Der tüchtige Melchior Hefele (er baute einen ähnlichen Palast in Szombathely/Steinamanger in Westungarn) erstellte ihn 1771-1781 auf Bestellung des Kardinals Batthyány. Die Fresken in der Kapelle brachte der vielgereiste Franz Anton Maulbertsch an. Im berühmten **Spiegelsaal** wurde im Dezember 1805 der *Friede zu Preßburg* unterzeichnet, der Europa neu ordnete. Hier wurde 1848 auch die Aufhebung der Leibeigenschaft in Ungarn proklamiert, mehr als ein halbes Jahrhundert nach deren Verkündung durch Joseph II.

Der ungarische Adel erbaute am Sitz des Landtags mehr **Paläste** als in jeder vergleichbaren Stadt der Monarchie (mit Ausnahme Wiens, dessen Führungsrolle ja nie in Zweifel stand). In der Tat könnte ein ganzes Alphabet notiert werden: Das **Aspremont-Sommerpalais** (*Letný palác*, 1770) ist heute der Sitz der Medizinischen Fakultät der Comenius-Universität, der große Garten (*medická záhrada*), eine wunderbare Oase in der großstädtischen Hektik, war stets der Öffentlichkeit zugänglich.

Das **Balassa-Palais** zeichnet sich durch ein schönes Portal aus. Es stammt aus der Entstehungsperiode des Gebäudes 1754-1762.

Csáky-Palais: Das Baujahr 1775 läßt schon vermuten, daß hier klassizistische Elemente einschließlich des Schmucks überwiegen.

Das **Erdödy-Palais** entstand im Jahre 1770, wurde aber in diesem Jahrhundert entscheidend erweitert und ergänzt.

Das **Erzbischöfliche Sommerpalais** (*Arcibiskupský letný palác*)

Der Friedensbrunnen vor dem Grassalkovich-Palais (links außen).

Dom u dobrého pastiera – Rokokohaus zum guten Hirten in der Judengasse (links innen).

Zweimal ein kuscheliger Platz zum Hineinkriechen (rechts innen oben/unten).

Eine der vielen beliebten Schnellgaststätten in der City (rechts außen).

lag einst im größten und schönsten Garten der Hauptstadt. Erzbischof Barkóczy ließ den ursprünglich im Renaissancestil erstellten Bau barock umgestalten.
Durch eine reichhaltig geschmückte Fassade zeichnet sich das einstöckige **Esterházy-Palais** aus, das auch unter dem Namen **Kutscherfeld** bekannt wurde.
Andreas Mayerhoffer war 1760 der Architekt des größten Palastes von Preßburg mit dem dazugehörigen Garten, des **Grassalkovich-Palais**. Der prominenteste Gast war 1772 Joseph Haydn, der in diesem riesigen Gebäude das Esterházysche Hoforchester dirigierte. Nach dem Krieg diente es jahrzehntelang als Palast der Jungen Pioniere, einer kommunistischen Kinderorganisation.
Das **Jesenák-Palais** gehört zu den ältesten städtischen barocken Palästen. Bemerkenswert ist es durch seine einfach gestaltete Fassade, die den einstigen Prunk im Innern nicht verrät.
Der **Palast der Königlichen Kammer** (*Palác Král'ovskej komory*), von 1802-48 Sitz des Ungarischen Landtags, ist seit den fünfziger Jahren **Universitätsbibliothek**. Die Pläne für dieses dreistökkige Palais für Leopold de Pauli mit einem ausladenden Hof lieferte offenbar F. A. Hillebrandt.

Die **Galerie der Stadt Bratislava** ist in einem der schönsten, traditionsreichsten Paläste eingerichtet, im **Mirbach-Palais**. Kein Graf oder Domherr war der Bauherr, sondern der Brauereibesitzer Michal Spech. Berühmt ist der typische großstädtische k. u. k **Pawlatschenhof**. Schon die zwei reichdekorierten Eingangspforten sowie die Kunstschmiedearbeiten wirken sehr einladend.
Das **Palais Pálffy** deutet bereits durch das reichverzierte Portal an, daß dessen Erbauer, Leopold Graf Pálffy, ein kaiserlicher Marschall war. Waffen und soldatische Trophäen schmücken den Eingang, durch den auch der neunjährige Wolfgang Amadeus Mozart eintrat, bevor er hier ein Konzert gab.
Das **Palais Zichy**, erbaut von dem Ungarndeutschen Jakob Fellner, trägt bereits klassizistische Züge.
Zu all diesem Prunk aus der Zeit der Monarchie passen auch einige Brunnen, Denkmäler und Plaketten, die an berühmte Persönlichkeiten erinnern, deren Name durch Geburt mit Preßburg bzw. Pozsony bzw. Bratislava in Verbindung steht.
Der Komponist Johann Nepomuk Hummel (1778-1837), Autor virtuoser Klavierstücke, ist ein gebürtiger Preßburger. Der skurrile Hofbeamte in königlichen Diensten,

Johann Wolfgang von Kempelen (1734-1894), war nicht nur ein phantasiereicher Techniker, sondern auch ein genialer Erfinder. Sein 1770 vorgestellter, später durch Feuer zerstörter *Schachautomat* galt als eine der großen technischen Sensationen des 18. Jh. Der Maler Adam Friedrich Oeser (1717-1799) machte Professorenkarriere in Leipzig (Gohliser Schlößchen); J. W. von Goethe war einer seiner Schüler. Und wer ahnt, daß im Rasensprenger die Erfindung eines Preßburgers verwirklicht wurde? Johann Andreas von Segner (1704-77), Arzt und Physiker, Professor in Jena und Halle, erfand 1750 das nach ihm benannte *Segnersche Wasserrad*, das sich aufgrund des Rückstoßes von auslaufender Flüssigkeit dreht.
Ein prominenter Bildhauer kommt ebenfalls aus Preßburg: Viktor Tilgner (1844-96), der an der Wiener Kunstakademie erfolgreich war. In seiner Geburtsstadt gestaltete er u. a. neben dem Denkmal für J. N. Hummel die **Ganymed-Fontäne** vor dem (Slowakischen National-)**Theater** (*Slovenské národné divadlo/SND*), das die beiden genialen Wiener Architekten Ferdinand Fellner und Hermann Helmer 1886 im Neorenaissancestil erbauten.
In Sichtweite ist die neobarocke **Redoute** (*Reduta*), das ehemalige Ballhaus, das zu einer Zeit erstellt wurde, als das übrige Europa in den Ersten Weltkrieg verwickelt war (1913-19). Heute dienen die Räumlichkeiten immer noch den gleichen Zwecken wie seinerzeit: der Kunst und der Unterhaltung.
Die meisten Berühmtheiten, die an die Donau kamen, wurden entweder auf der Burg empfangen oder im Primatialpalast oder im **Alten Rathaus**, dessen älteste Teile bis ins 14. Jh. datiert werden. Der entscheidende Umbau erfolgte in mehreren Etappen im 16. Jh., als der Arkadengang und der Rathaussaal entstanden und die Holzkassettendecke angebracht wurde. Ende des 17. Jh. malte der Augsburger Jonas Drentwett die Wände des Gerichtssaals aus. Die Umbauten dauerten bis in unser Jahrhundert hinein. Für die Einwohner Bratislavas unvorstellbar ist der Rathausplatz ohne die **Roland-Fontäne**, deren Original 1572 angefertigt wurde.
Ein kurzes Gastspiel von einem halben Jahrhundert gab die 1465 gegründete **Universität** *Academia Istropolitana*, deren Gebäude bald danach (ab 1490) als Munitionsdepot und später als königliche Münze diente... Besser kann sich der Geist von seiner ursprünglichen Idee kaum entfernen. Ihre Nachfolgerin trägt den Namen des universal begabten mährischen Pädagogen Johann Amos Comenius (Jan A. Komenský).
Wie Feuer und Wasser wirken zwei Gebäude, die keinen größeren Kontrast erzeugen könnten. Die ehemalige Wasserkaserne (1759 bis 1763) dient seit den fünfziger Jahren als Sitz der **Slowakischen Nationalgalerie** mit bemerkenswerten Kunstbeständen aus sechs Jahrhunderten. Vor den zweistökkigen Arkadenbau des Museums wurde in den siebziger Jahren ein Gebilde aus Glas, Beton und Metall gesetzt – hier ein umstrittenes Stück moderner Architektur!

Information
Satur
Miletičova 1
82472 Bratislava
Tel. (07) 6 34 67

Festkalender
Internationales Festival der klassischen Musik im Oktober. Popfestival im Frühjahr. Kultursommer. Chemiemesse INCHEBA. Alle zwei Jahre: Internationale Schau von Kinder- und Jugendbuchillustrationen, Blumenausstellung Flóra.

Tips
Museen: *Slovenská národná galéria*, Primatialpalast, Burg, Pharmazeutisches Museum, Stadtmuseum, Handwerksmuseum (*Múzeum starých remesiel*). Franziskaner-, Trinitarierkirche. Panoramaorte Slavín, Koliba.
Ausflüge: Weindörfer rund um die Stadt: Pezinok, Modra, Rača, Svätý Jur (0,0 Promille im Verkehr!).

Brno
Mährische Metropole

Noch um die Jahrhundertwende konnte ein Reiseführer Brünn „eine der bedeutendsten Städte Österreichs" nennen. Heute ist die mährische Metropole Brno eine urbane Großstadt und zählt mit Prag zu den wichtigsten Städten der Tschechischen Republik.

Geschichte

1991 feierte Brno einen runden Jahrestag: Die erste schriftliche Erwähnung datiert aus dem Jahr 1091, in dem eine zweihundert Jahre zuvor erbaute Burg auf dem Petrov (Petersberg) als der Sitz der Markgrafen von Mähren urkundlich bestätigt wurde. Der Petersberg mit der Kirchturmspitze von Peter und Paul ist neben der Burgfestung Špilberk (Spielberg) eine der beiden Dominanten der Industriestadt (Maschinenbau, Waffen, Feinmechanik, Textil, Leder, Elektrotechnik, medizinische Geräte). Dagegen durchfließen die Flüsse Svratka und Svitava das Stadtbild eher unscheinbar.

Der Lebensraum um Brno ist seit Jahrtausenden besiedelt. Die prähistorische *Venus von Věstonice* wurde unweit Brünns gefunden – gemeinsam mit Mammutknochen, die eine Besiedlung in der Steinzeit bezeugen. Zahlreiche archäologische Ausgrabungen (gegenwärtig wird am Alten Rathaus gebuddelt) und relativ reichhaltige Funde aus der Vorzeit machen Brno zu einer der wichtigsten Museumsstädte des ganzen Landes. Im Vorort Líšeň existierte während des Großmährischen Reiches (9. Jh.) eine kleinere Burgsiedlung (heute: Staré Zámky), die allerdings nicht jene enorme Bedeutung hatte wie die zeitgenössischen Stätten in Mikulčice oder in Velehrad.

Die Entwicklung der Stadt im Mittelalter läßt sich gut verfolgen. Die von den Přemysliden erbaute Burg am Petersberg, der im 11. Jh. eine romanische Kapelle angegliedert wurde, war von Anfang an der lebhafte Mittelpunkt der Gemeinde, die sich nicht zuletzt aufgrund der topographischen Begebenheiten bald zu einem vielbesuchten Handelszentrum entwickelte. Es ist verbrieft, daß sich bald neben deutschen Kaufleuten auch flämische sowie wallonische Handwerker und Handelsleute ansiedelten. Eine kleinere jüdische Siedlung unterhalb der Burg ist ebenfalls nachweisbar. Der böhmische König Wenzeslaus I. honorierte den regen Handelsgeist Brünns, indem er dem Marktflecken im Jahre 1243 sowohl einige wichtige Privilegien einräumte als auch das Stadtrecht verlieh. Das älteste erhaltene Stadtsiegel stammt aus dem Jahre 1247. Während der Herrschaft Karls IV. im 15. Jh. wurde in Brünn ein wichtiges Dokument erstellt – ein nach der Stadt benannter Rechtskodex, der noch lange Zeit Gültigkeit besaß. Unter dem Bruder des Herrschers, Johann Heinrich, erlangte Brünn erstmals die Würde der Hauptstadt Mährens, der Ort wurde darüber hinaus zum Sitz des obersten mährischen Gerichts und zum Tagungssitz des Landtags. Sowohl die Markgrafen, die ihren Einfluß auf Landesebene ausübten, als auch die Bürgerschaft waren bestrebt, gemeinsam zum Wohle der Stadt zu wirken. Die Kirchen und Klöster (Minoriten, Dominikaner, Zisterzienser, Kartäuser, Jesuiten, Augustiner, Prämonstratenser) leisteten seit dem frühen Mittelalter ebenfalls einen ansehnlichen Beitrag zur Geschichte der Stadt. Wer auf den Turm des Alten Rathauses hinaufsteigt, wird rasch erkennen, daß Brünn stets eine fromme Stadt gewesen sein muß. Die zahlreichen Kirchtürme im denkmalgeschützten Stadtkern setzen in der Innenstadt optische und städtebauliche Akzente. Brünn blieb über Jahrhunderte eine Bastion der Katholiken, wo weder die Hus-

Fotogene Fassaden findet man in der gesamten Innenstadt (links außen/oben).

Brünns gotisch-barocke Dominante: Dom Peter und Paul (links unten).

Gotik ist in den Kircheninneren der vorherrschende Baustil (rechts oben).

Über Barockdächern: Burg Špilberk (rechts unten).

siten noch später die Protestanten eine namhafte Stellung erlangten. Im Verlaufe des Dreißigjährigen Krieges wurden zwar mehrere Angriffe gegen die Stadt geführt, sie konnten jedoch – wenn auch Schäden zu verzeichnen waren – erfolgreich abgewehrt werden. Über die Herkunft des Ortsnamens wird seit Jahrhunderten Disput geführt, weil Dokumente fehlen. *Bràniti* bedeutet in der tschechischen Sprache – die Einwohner Mährens sprechen ein lieblich-gefärbtes weiches Tschechisch mit einem typischen melodischen Tonfall – verteidigen, *brniti, obrniti* hingegen befestigen, so daß manche Sprachforscher hiervon die slawische Bezeichnung ableiten. Doch liegt nicht auch die Frage nahe, ob Brünn auf eine Quelle hindeutet? Jedenfalls wurde Brünn im 17. Jh. zur Festung ausgebaut. Die Zitadelle Spielberg auf dem 283 m hohen Bergkegel war ursprünglich in der zweiten Hälfte des 13. Jh. gegen äußere Feinde errichtet worden, wurde in späteren Zeiten jedoch auch als berüchtigtes (politisches) Zuchthaus genutzt. Daran änderte die Eintragung im Geschichtsbuch der Stadt wenig, daß die Festung im Jahre 1861 geschleift wurde. Auch im Zweiten Weltkrieg diente Špilberk wieder als Kerker und Folterkeller – jetzt waren Widerstandskämpfer und Gegner des Dritten Reiches die Opfer.

Der Höhepunkt der Rekatholisierung war erreicht, als Brünn im Jahre 1777 zum Bischofssitz ernannt wurde: Ein halbes Jahrhundert zuvor war bereits triumphierend die Dreifaltigkeitssäule auf dem belebtesten Marktplatz (Krautmarkt bzw. *Zelný trh*) der Stadt aufgestellt worden.

Die hauptstädtischen Rechte und Privilegien wurden 1641 erneuert; heute berufen sich traditionsbewußte Mährer hierauf, wenn sie die Gründung einer freien Republik innerhalb der föderativen Tschechoslowakei fordern.

Einmal schaute ganz Europa nach Brünn, als im Dezember 1805 die legendäre Drei-Kaiser-Schlacht bei Slavkov stattfand, die freilich als jene von Austerlitz in die Historie einging. Napoleon errang dort einen seiner meistgefeierten Siege (über den Zar und Österreich). Im anschließenden *Frieden zu Preßburg* erfolgte eine politische Neuordnung Mitteleuropas, die zum Teil bis heute ihre Auswirkungen zeigt. Noch einmal streiften Bonapartes Heere die Stadt (1809), allerdings ohne verheerende Spuren zu hinterlassen. Einschneidender vollzog sich die Industrialisierung in der Stadt, zumal die erste Textilmanufaktur schon in den sechziger Jahren des 18. Jh. gegründet wurde, die den Grundstein für eine rasche Entwicklung legte. 1839 verkehrte die erste Pferdebahn zwischen Wien und Brünn; in die Hauptstadt der Monarchie waren es 131 km, nach Prag sind es 226 km. Die damalige enge Verbundenheit mit Wien wird beispielsweise in dem Theaterbau sichtbar, den 1882 die genialen Wiener Architekten Hermann Helmer und Ferdinand Fellner erstellten. Das damalige Stadttheater (heute: *Mahenovo divadlo*) war das erste elektrisch beleuchtete Theater in Europa.

Gut siebenhundert Jahre alt ist die Tradition der Märkte und Jahrmärkte. Brno hat mehrere Jahrzehnte eine der vielseitigsten Messen in den noch planwirtschaftlichen Ländern präsentiert, die neben Leipzig stets ein Indikator für die ökonomischen Entwicklungen im Ostblock war. Mit der Neuordnung des Europäischen Hauses versucht man, auch auf den Messeplatz Brno neue Attraktionen zu holen. Das Messegelände selbst gilt als eines der schönstgelegenen Ausstellungsareale des Kontinents, dem gegenüber der größte Hotelkomplex der ČSFR entstand (zu Ehren der russischen Partnerstadt *Voroněž*). Das ist nicht erstaunlich für denjenigen, der weiß, daß Brünn zwischen den Weltkriegen in der Architektur wesentliche Akzente setzte. Adolf Loos stammt aus Brünn, dort redigierte er einst die Zeitschrift *Wohnkultur*. Die *Bauhaus*-Schule fand in Brünn viele Nachahmer, und auch der Baumeister Mies van der Rohe betätigte sich in der Hauptstadt Mährens. Seine *Villa Tugendhat* ist ein vielzitiertes Beispiel für die Kunst des (manchmal so genannten *weißen*) Funktionalismus, dessen prominentester Vertreter Bohuslav Fuchs war. Die Architektur der Nachkriegsära konnte an solche Traditionen jedoch nicht mehr anknüpfen.

Sehenswürdigkeiten

Fast alle Sehenswürdigkeiten sind zwischen zwei architektonischen Polen der Macht angesiedelt: der filigran anmutenden St.-Peter-und-Paul-Kirche und der gewaltigen Burgfestung Špilberk, die lange als Staatskerker diente. Die Alt-

stadt Brünns wirkt nicht eng, denn sie wird an mehreren Stellen durch traditionsreiche Marktplätze und kleinere Plätze aufgelockert. Die außerordentliche Urbanität der Stadt, deren Kern denkmalgeschützt ist, wird u. a. in einer der größten und längsten Fußgängerzonen des Landes spürbar, die bereits in den siebziger Jahren eingerichtet wurde. Daß Brno eine Universitätsstadt ist, zeigt sich im Stadtbild: Es ist eine junge, sportive, dynamische Stadt mit mehreren Hochschulen, u. a. der **Leoš-Janáček-Akademie der musischen Künste**, mehreren Theatern und Museen sowie zahlreichen wissenschaftlichen Instituten und Bibliotheken.

Weniger zum Geist einer warmherzigen Stadt paßt jedoch die Produktion von Waffen vor allem für die dritte Welt, was vielfach auch mit dem Namen Brünns verbunden wird. Krach erzeugen immer noch die Motoren von Rennwagen und Motorrädern auf dem legendären **Masaryk-Ring**, wo alljährlich im Juli das große Motorradrennen ausgetragen wird. In der Vorkriegszeit wurden so berühmte Rennpiloten wie Hans Stuck, Bernd Rosemeyer oder Rudolf Caracciola in die Siegerlisten aufgenommen. Für immer mit Brünns Namen verbunden bleibt der Name des Biologen und Genetikers Johann Gregor Mendel (1822-1884), dessen Experimente und Forschungsergebnisse der Vererbungslehre nach wie vor als *Mendelsche Gesetze* Gültigkeit haben. Der zu seinen Lebzeiten nicht unumstrittene, weithin verkannte Naturwissenschaftler, im Hauptberuf Abt des Altbrünner Augustinerklosters, gibt einer kleinen Gedenkstätte neben der **Kirche Mariä Himmelfahrt** den Namen. Das Gotteshaus selbst ist um 1600 erstellt worden und wurde im 18. Jh. barockisiert.

Auch ein anderer prominenter Mähre, der in Hukvaldy geborene Komponist Leoš Janáček (1854 bis 1928), erfuhr zu seinen Lebzeiten nicht jene Anerkennung, die ihm die Kritiker und Musiker nunmehr seit einigen Jahrzehnten entgegenbringen. Seit 1881 war er Leiter der Brünner Organistenschule, 1919 kam die Berufung ans Konservatorium. Seine Opern schöpfen aus dem reichen Schatz mährischer Volksmusik; seine *Sinfonietta*, ein oft gespieltes Stück, ist der Stadt Brno gewidmet.

Ein Brünner Architekt machte in Wien Karriere – Adolf Loos –, dessen Thesen noch heute vielfach aktuell sind. Viktor Kaplan, Professor der Deutschen Technischen Hochschule von Brünn, konstruierte die nach ihm benannte Wasserturbine für geringe Gefällhöhen (ab 1918 in Serie gebaut). Aus Brünn stammen die Schauspieler und Theaterregisseure E. F. Burian und Hugo Haas, die nach der Emigration in die ČSR zurückkehrten. Die Sopranistin Maria Jeritza, eine Interpretin von Wagner- und Richard-Strauss-Arien, kam aus Brünn, Leo Slezák begann dort seine Karriere. Mehrere Literaten wurden in Brünn bzw. Brno geboren oder wirkten dort: Petr Bezruč (1867 bis 1958), der bedeutendste mährisch-schlesische Dichter, dessen Gedichtzyklus *Schlesische Lieder* seit langem zur Schulpflichtlektüre gehört; Josef Dobrovský (1753 bis 1829) war der Begründer der tschechischen Slawistik, anerkannt auch in westlichen Fachkreisen; František Gellner (1881 bis 1914); František Halas (1901 bis 1949), ein Vertreter der Avantgarde; der Dramatiker und Dramaturg Jiří Mahen (1882-1939) war u. a. Leiter der städtischen Leihbibliothek; von Rudolf Těsnohlídek (1882-1928) stammt das Libretto für Janáčeks vielleicht berühmteste Oper – *Das schlaue Füchslein*; der Literaturkritiker Bedřich Václavek schrieb da einige grundlegende Abhandlungen zur tschechischen Literatur. Lange Zeit verfemt, erscheinen nun wieder die Werke des verstorbenen Brünner Lyrikers Jan Skácel; inzwischen darf auch der international renommierte Immunbiologe Miroslav Holub wieder seine hochkarätigen Gedichte und wunderbaren Essays publizieren.

Der Geist der Stadt äußert sich auch in alten Sagen, von denen einige als Touristenattraktionen gelten. Die **Legende vom Rad** dürfte auf einer wahren Begebenheit beruhen. Der Wagnermeister Georg Birk aus Lednice (40 km entfernt) gewann eine Wette, derzufolge er an einem Tag einen Baum gefällt hatte, woraus er ein Rad anfertigte, das er noch vor dem Abendgeläut nach Brünn rollte. Der legendäre **Brünner Drache** ist ein ausgestopftes Krokodil, das fliegend die Menschen landauf, landab belästigt haben soll. Lokale Reiseführer erzählen auch noch die **Sage vom schrägstehenden Türmchen** am Portal des Alten Rathauses. Damit soll Meister Pilgram, der Erbauer der Wiener Stephanskirche, gegen den Geiz der Ratsherren protestiert haben. Anton Pilgram erweiterte innerhalb von nur zwei Jahren (1510/11) die gotische **Pfarrkirche St. Jakob** zu einem dreischiffigen Gotteshaus. In der **Klosterkirche St. Thomas**, deren Grundstein um 1350 gelegt wurde, begeistern neben einer gotischen Pietà die spätbarocken Fresken von Franz Anton Maulbertsch. Der Österreicher stattete auch die im 14. Jh. erbaute Dreifaltigkeitskirche in Královė Pole aus. Das Kloster der Thomaskirche beherbergte einige Jahrzehnte lang das Museum der Arbeiterbewegung. Wie fast alle gotischen Kirchen wurde auch

Die Abiturientenklassen übertreffen einander in den Schaufenstern der Geschäfte (links außen).

Janáček-Akademie musischer Künste (links Mitte).

Blick vom Hotel Voroněž auf die Pavillons der Brünner Messe (links oben).

Der Mittelpunkt einer der größten Fußgängerzonen im ganzen Land (links unten).

Portal am Alten Rathaus – 1510 vom berühmten Brünner Baumeister Anton Pilgram erstellt (rechts).

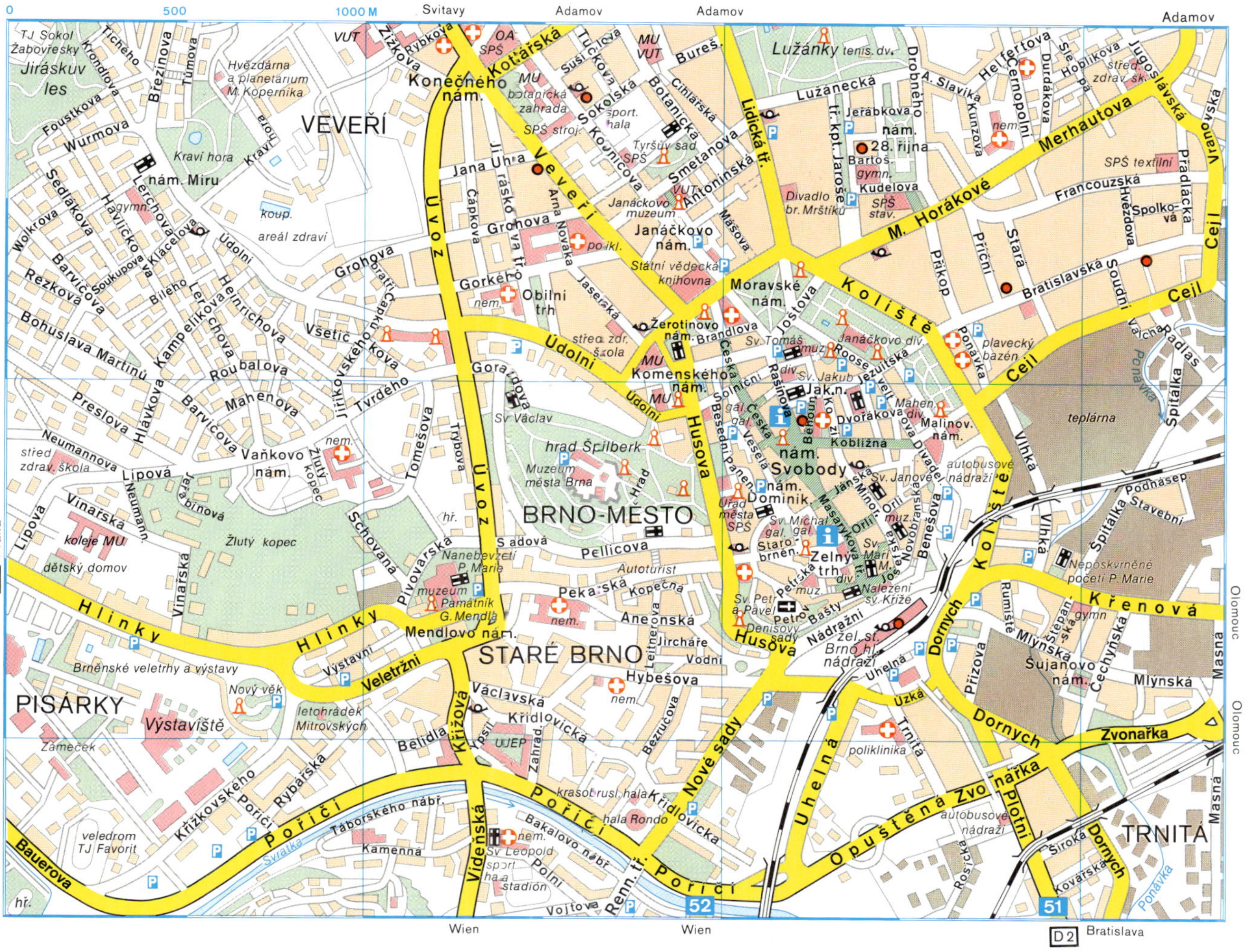

die um 1230 erbaute **Minoritenkirche St. Johannes** aufwendig barockisiert – eines der vielen Werke von Mauritz Grimm in Brünn. Im Klosterareal um die **Kapuzinerkirche Auffindung des heiligen Kreuzes** (*Nalezení svatého Kříže*) – dessen Gebäude zum Mährischen Museum gehören – stammen einige Barockbilder von

Johann Lukas Kracker. Frühbarock ist die **Dominikanerkirche St. Michael** (von Johann B. Erna 1655-1679 erbaut). Der **Dom Peter und Paul** war in der ersten Hälfte des 18. Jh. von Mauritz Grimm im barocken Stil bearbeitet worden; zu Beginn des 20. Jh. wurde die Bischofskirche regotisiert und mit zwei neugotischen Türmen bestückt. M. Grimm baute auch die Propstei der ältesten und besterhaltenen gotischen Kirche um – der **Marienkirche** in der Altstadt am Mendlovo náměstí. Berühmt ist der **Brunnen** nach Fischer von Erlach am früheren Krautmarkt (*Zelný trh*).

Die beiden **Rathäuser** sind ebenfalls einen Besuch wert: Der frei zugängliche Turm des Alten Rathauses entstand in der ersten Hälfte des 13. Jh., das feingliedrige spätgotische Portal (1510) ist eine Arbeit des Steinmetzmeisters Anton Pilgram. Die Arkaden stammen aus dem 16., der Ratsherrensaal aus dem 17. Jh. Die Fresken im Gerichtssaal sind 200 Jahre alt. Das Neue Rathaus ist auch schon etwas älter: Der Renaissancebau stammt vom Ende des 16. Jh. Sehr schön sind die Sonnenuhren, von denen die älteste 1728 angebracht wurde. Nach 1945 erhielt das einstige Dominikanerkloster, Sitz des früheren Mährischen Landtags und des Landgerichts, als Stadtmuseum eine neue Bedeutung.

Natürlich gibt es in einer Stadt wie Brno auch mehrere alte Paläste, die meist der Öffentlichkeit zugänglich sind. Im ehemaligen Dietrichsteinpalais aus dem 17. Jh. ist das reichhaltige **Mährische Museum** untergebracht; das **Ethnographische Museum** ist im früheren Damenstift zu finden. Das sog. Haus der Herren von Kunštát (15. bis 17. Jh.) mußte aufwendig restauriert werden – heute dient es als Ausstellungsort, im Sommer als Konzertstätte.

Eine Anzahl von Gebäuden unseres Jahrhunderts gilt Freunden moderner Architektur als Muß: Bank- und Versicherungsgebäude zählen ebenso dazu wie Kinos, Hotels, Villen, Schulen oder ein Kinderkrankenhaus. Ausgenommen von den seinerzeit revolutionären Ideen der Architekten in den zwanziger und dreißiger Jahren waren damals weder das Krematorium noch die Aussegnungshalle auf dem Zentralfriedhof, wo übrigens viele Prominente ihre letzte Ruhestätte fanden.

Information
Čedok
Divadelni ulice 3
658 66 Brno
Tel. (05) 42 21 10 49

Festkalender
Mehrere Verbraucher- und Fachmessen auf dem BVV-Gelände im Frühjahr und Herbst. Motorradrennen auf dem Masaryk-Ring im Juli. Hundeausstellung im Juli.

Tips
Theaterbesuch Mahenovo divadlo (Bau von Helmer & Fellner). Ethnographisches Museum. Anthropologische Sammlung im Pavilón Anthropos. Stadtmuseum. Musikalische und kulinarische Delikatessen aus Mähren im Folklorelokal Moravská chalupa am Messegelände. – Ausflüge: zum Mährischen Karst (*Moravský Kras*). Nach Slavkov (Austerlitz) – Gedenkstätte zum historischen Jahr 1805.

České Budějovice Stadt der Arkaden

Schon in den dreißiger Jahren des 19. Jahrhunderts verkehrte eine Pferdebahn von Linz nach Budweis. Heute ist České Budějovice mit dem größten quadratischen Hauptplatz des Landes eine bevorzugte Einkaufsstätte der österreichischen Nachbarn.

Geschichte

Obwohl die älteste erhaltene Urkunde erst aus dem Jahre 1265 stammt, worin die Gründung eines in der Folgezeit sehr bedeutsamen Klosters der Dominikaner bestätigt wird, dürfte Budweis wesentlich älter sein. Viele Anzeichen sprechen dafür, daß die Königstadt – ein Löwe im Wappen steht stets symbolisch für die königlichen Privilegien – bereits von Přemysl Otakar II. als ein Schutzschild an der südlichen Landesgrenze angelegt wurde. Die Gegend am Zusammenfluß der Vltava (Moldau) und Malše war im Mittelalter außerordentlich sumpfig, so daß umfangreiche Vorkehrungen erforderlich waren, den Boden trockenzulegen. Der Grundriß war mehr als großzügig: Bereits im 13. Jh. wurde der Hauptplatz angelegt, der heute den größten erhaltenen quadratischen innerstädtischen Platz Mitteleuropas bildet.

Budweis entwickelte sich schon Anfang des 14. Jh. zu einem der Zentren des Handwerks und des Handels, rasch wurde es die führende Stadt Südböhmens. Die vorwiegend deutsche Bevölkerung hielt sich in den Hussitenkriegen aus dem Religionsstreit heraus, man ergriff eher die Partei des Kaisers Sigismund. Der Monarch wußte solche Unterstützung an der Südflanke des Landes – die legendäre Hussitenhochburg Tábor ist ja nur einige Reitstunden entfernt – in klingender Münze zu belohnen. Budweis – auch geographisch als Kreuzung wichtiger Handelswege günstig gelegen – bekam gewisse Sonderrechte. Als die Stadtherren im 16. Jh. wiederum (dem katholischen) Kaiser Ferdinand I. die Treue hielten, stand dem wirtschaftlichen Aufschwung wahrhaftig nichts mehr im Wege. Budweis erhielt das Recht, Salzlager zu errichten – was damals Gold wert war. Das „weiße Gold" wurde auf der Moldau weiterbefördert. An den Erlösen aus den nahen Silbererzgruben von Rudolfsthal war die Stadt Budweis maßgeblich beteiligt; ein halbes Jahrhundert wurden dort sogar Silbermünzen geprägt. Von Budweiser Urbanität und Wohlstand – übrigens ist der Name des meistgetrunkenen Bieres der Welt vom Namen der Stadt abgeleitet – zeugt unter anderem die spätere Anlage des Platzes mit witterungsunabhängigen Laubengängen (18. Jh.).

Seit Anfang des 17. Jh. wurde auch der Name Böhmisch Budweis verwendet – man wollte sich von Budweis in Mähren (*Moravské Budějovice*) unterscheiden. Eine Anzahl von Dörfern der Umgebung war im Besitz der Stadt, das Ansehen im Landtag enorm: Die Abgeordneten von Budweis nahmen Platz neben den Herren aus Prag und Pilsen.

Eine Zäsur in der Entwicklung der Stadt brachte der Dreißigjährige Krieg, der weniger Plünderungen brachte als Schäden durch ein Feuer, das beinahe die Hälfte des Gemeinwesens zerstörte. Hiervon erholte sich Budweis nur langsam. In der Phase der Rekatholisierung des Landes entstanden innerhalb der Stadtgrenzen neue Klöster; Kirchen wurden gebaut, bereits vorhandene gotische Gotteshäuser wurden barockisiert. Der Piaristenorden gründete im Jahre 1762 ein Elitegymnasium, das mehrere bedeutende Schüler hervorbrachte. Budweis wurde im Jahr 1785 zur Bischofsresidenz bestimmt, die Marienkirche zur Kathedrale geweiht. Der großartige Hauptplatz (heute: Žižkovo naměstí – benannt nach dem legendären einäugigen Hussitenführer) erhielt mit wenigen Ausnahmen im 18. Jh. seine heutige Gestalt. Das schöne Renaissancerathaus aus dem Jahre 1555 wurde 1730 von dem prominenten Architekten Anton Erhard Martinelli im Barockstil so umgestaltet, daß der Verwaltungssitz von Fachleuten als das zweitschönste barocke Rathaus (nach Cheb/Eger) in ganz Böhmen angesehen

Privatisierung allerorten: Boutique (links außen), Markt (links Mitte oben).

Viermal 133 m schöne Häuser am quadratischen Hauptplatz (links Mitte unten).

Zweimal Renaissancerathaus: Detail der Fassade (links innen oben), Gesamtansicht (links innen unten).

Samson-Brunnen, dahinter der Schwarze Turm (rechts).

wird. In diese Periode (1720) fällt auch die Schaffung des herrlichen **Samson-Brunnens** von Dietrich und Horn nach Plänen von Baugut und Rapp, übrigens der größte steinerne Brunnen der Republik.
Die folgenden Jahrzehnte galten mehr dem Gebet als der Arbeit: Erst die Industrialisierung in den zwanziger Jahren des 19. Jh. brachte für Böhmisch Budweis wieder jenen Aufwärtstrend, der die Stadt schon im frühen Mittelalter auszeichnete. 1832 fuhr die erste Pferdebahn zwischen Linz und Budweis. Dies war der Beginn der Ansiedlung neuer Betriebe (Holz, Papier, Möbel, Maschinenbau, fischverarbeitende Industrie, Brauereien – die erste, Samson, bereits 1795 gegründet), des Baus einer Werft an der Moldau und in der Folge auch entsprechender Bildungs- und Ausbildungsinstitute verschiedener Fachrichtungen. In den siebziger Jahren des 19. Jh. erstellte der Prager Architekt Ignác Ullmann das Städtische Kulturhaus, drei Jahrzehnte später der Pilsner Baumeister Viktor Schwerdner ebenfalls im Neorenaissancestil das Gebäude des Südböhmischen Museums. Das Tüpfelchen auf dem i bildete in unseren Tagen die Errichtung eines Kernkraftwerks im nahen Temelín – bis vor kurzem zumindest als ganz besondere Errungenschaft gepriesen. Was die Architektur der letzten Jahrzehnte angeht, müssen vielleicht nur zwei Gebäude erwähnt werden: das Planetarium und das Winterbad, Anfang der siebziger Jahre eingeweiht. Der Wohnungsbau mutet ansonsten trist und willkürlich austauschbar an, wie in so vielen Städten der ehemals sozialistisch genannten Länder.

Sehenswürdigkeiten

Eine Besichtigungstour durch České Budějovice – egal, ob man aus Richtung Linzer Vorstadt oder Prager Vorstadt kommt – ist ein Spaziergang durch ein halbes Jahrtausend böhmischer Kultur. 1461, 1531, 1557, 1568, 1570, 1597 – diese Jahreszahlen finden sich noch auf den Fassaden der Häuser, die vor allem durch die Arkaden von der frühen Urbanität zeugen.
Wesentlich älter sind einige Gebäude, von denen die **Dominikanerkirche** aus dem 13. Jh. als das älteste erhalten ist. Deutlich ablesbar sind für Fachleute mehrere Bauetappen, die davon berichten, daß die jeweiligen Baumeister sich nicht um die Beweggründe der Vorgänger scherten. Das Gotteshaus, dessen Kreuzgang im 14. Jh. angefügt wurde, ist ein wertvolles Denkmal des Mittelalters. Eine Konsole am Presbyterium zeigt ein leidendes männliches Gesicht – es wird in die erste Bauphase datiert. Eine der ältesten Kirchen ist die dreischiffige gotische **Marienkirche** (*kostel Obětování Panny Marie*) aus dem 13. und 14. Jahrhundert.
Die **Bastei *Otakarova bašta*** ist ein letzter Rest der frühen Befestigung, der Wehrturm **Rabštejnská věž** stammt aus dem 14. Jh. Das ehemalige städtische Waffenhaus diente später als Salzlager – eine steinerne Fratze mit der Zahl 1531 erinnert an das Baujahr. Auf dem Hauptplatz sind noch einige (inzwischen restaurierte) Häuser aus dem 16. Jh. erhalten geblieben, ein paar Gebäude entstammen dem darauffolgenden Jahrhundert. Die meisten Bauten mit den Laubengängen wurden im 18. Jh. errichtet und sind bis heute bewohnbar.
Eine der beiden Dominanten des denkmalgeschützten Stadtkerns ist der **Schwarze Turm** (*Černá věž*), dessen Balustrade begangen werden kann. Die drei Meter dikken Wände sind aus massiven Steinquadern erbaut, zum Zeitpunkt der Erstellung (1549 bis 1577) gewiß ein respektables Unternehmen in der einst sumpfigen Landschaft zwischen den beiden Flüssen. Den anderen optischen Blickfang bildet das **Rathaus**, das sonderbarerweise nicht in der Mitte einer der vier jeweils 133 m langen Fassadenreihen plaziert ist.
České Budějovice ist das seltene Beispiel einer Stadt, in der die profanen Bauten den sakralen ein wenig die Schau stehlen. Die **St.-Nikolaus-Kathedrale** neben dem Schwarzen Turm entstand im 17. Jh. – sie erreicht jedoch nicht dessen Höhe (72 m). Östlich davon liegt die **Kapelle der Todesangst des Herrn** (*kaple Smrtelných úzkostí Páně*), erbaut von 1727 bis 1731.
In der Prager Vorstadt von Altbudweis (*Staré Budějovice*) verliert sich fast in einer Wüste moderner Fertigwohnhäuser die **Kirche Johann Baptist und hl. Prokopius** (*kostel svatého Jana Křtitele a svatého Prokopa*) aus der zweiten Hälfte des 15. Jh.
Auf bürgernahe Art wurde ein Gebäude des 16. Jh. erhalten: In den früheren **Fleischbänken** (*Masné krámy*) ist seit langem eine *zünftige* Gaststätte eingerichtet.

Information
Čedok
Náměstí Přemysla
Otakara 39
31721 České Budějovice
Tel. (0 38) 5 21 26

Festkalender
Alljährlich musikalisches Frühlingsfestival im Mai sowie die traditionelle Landwirtschaftsausstellung im Sommer.

Tips
Reichausgestattetes Südböhmisches Museum (*Jihočeské muzeum*) mit wertvollen naturwissenschaftlichen und ethnographischen Sammlungen. – Ausflug: Ein Muß ist die Besichtigung des Schwarzenberg-Schlosses Hluboká (Frauenberg – 8 km entfernt) mit einer herrlichen Sammlung gotischer Exponate.

Hradec Králové Ostböhmische Bastion

Im Mittelalter war Königgrätz eine freie Königsstadt, deren Name im Zusammenhang mit der Schlacht im Jahre 1866 zwischen Österreich und Preußen in die Geschichtsbücher einging. Die historische Festungsstadt Hradec ist heute einer der größten Industriestandorte des Landes.

Geschichte

Wie schön das klingt: Königgrätz. Man denkt dabei an Hof, Feste, Musik und unbesorgtes Leben. Hradec Králové (*hrad* steht in den westslawischen Sprachen Tschechisch und Slowakisch für Burg) stieg in der sozialistischen Ära zur Metropole Ostböhmens auf, aber um den Preis ökologischer Schäden größeren Ausmaßes. Hradec Králové wurde zu einem der massivsten Industriezentren der Tschechoslowakei (Maschinenbau, Lebensmittel, Foto, Chemie, Textil, Möbel, Glas, Elektrotechnik, Gummi, Brauerei). Wiederum: Von da treten die berühmten Petrof-Pianos die Reise in die Konzertsäle der Welt an und verbreiten einen guten Ruf.

Das Wort *hrad(ec)* verrät eine frühe Burgansiedlung bereits während der Landeroberung durch slawische Stämme. Im 9. Jh. war der Grundstein am Zusammenfluß von Labe (Elbe) und Orlice gelegt worden. Danach übernahmen die Přemysliden die Befestigung, die sie um eine Kirche – St. Klemens geweiht – bereicherten.

Die erste erhaltene Urkunde datiert aus dem Jahre 1225, Hradec (*grad* in süd- und ostslawischen Sprachen) ist eine Freie Königsstadt, deren Bedeutung noch einmal erheblich im 14. Jh. steigt, als sie Sitz von böhmischen Königswitwen wird. Seither (1337) führt die Stadt den Zusatz König. Das Stadtwappen zeigt einen weißen Löwen mit der Königskrone und dem vergoldeten Buchstaben G für Gradec. Die Heiliggeistkirche (*chrám svatého Ducha*) wird zu jener Zeit erbaut, Anfang des 15. Jh. ist die Stadt dann ein Stützpunkt der Hussiten (1420-1423). Im Dreißigjährigen Krieg stellt sich Königgrätz auf die Seite der rebellierenden Stände, was nach dem *Westfälischen Frieden* zum Verlust zahlreicher Vorrechte führt. In der zweiten Hälfte des 17. Jh. entstanden Barockbauten, von denen im denkmalgeschützten Stadtkern einige erhalten sind. 1660 wurde Königgrätz zur Bischofsresidenz ernannt. Bereits zuvor kamen die Jesuiten in die fruchtbare Ebene des Pardubitzer Kessels. Von hier aus missionierten sie die Gegend, errichteten je ein Kolleg, Gymnasium und Seminar und bauten eine mächtige Kirche – geweiht Mariä Himmelfahrt. Der italienische Baumeister Carlo Lurag(h)o gab ihr 1713 das endgültige Aussehen. Die bischöfliche Residenz in ihrer Nähe entstand unmittelbar danach: 1714-1716. Auch deren Baumeister war ein Italiener: Marco Antonio Canevalle, ein in Böhmen vielbeschäftigter Architekt. Zum gleichen Zeitpunkt entstand die gewaltige Mariensäule, mit 19 m Höhe eine der größten barocken Gruppendarstellungen des gesamten Landes.

Kaiser Joseph II. ließ Königgrätz innerhalb weniger Jahrzehnte (1766-1789) zu einer Festung mit monumentalen Mauern ausbauen. Teile der alten Stadtbefestigung bieten heute den Verliebten in den Parkanlagen Schutz vor unerwünschten Blicken...

Der 3. Juli 1866 ist ein dramatisches Datum der österreichischen Geschichte. Ein Reisehandbuch über Österreich-Ungarn von 1898 berichtet: *„In dem hügeligen Gelände nw von K. wurde die Schlacht geschlagen. Die österreichische Armee (Gesamtstärke 178.000 Österreicher und 20.800 Sachsen) hatte eine sehr starke Defensivaufstellung genommen. Um 8 Uhr morg. begann die Schlacht. Die Preußen hielten unter bedeutenden Verlusten das gewonnene Gelände, waren aber gegenüber der feindlichen Artillerie zu weiterem Vordringen nicht im stande, so daß Mittags die Schlacht zum Stehen kam. Zielpunkt des Vormarsches waren die zwei weithin sichtbaren Linden auf dem 'Tummelplatz'; Chlum, der Schlüssel der österreichischen Stellung, wurde um 3 Uhr erstürmt und hiermit die Schlacht entschieden. Der Verlust betrug einschl. der Gefangenen 1313 Offiziere und 41.490 Mann, der der Sachsen 55 Offiziere und 1446 Mann; die Preußen verloren 360 Offiziere und 8812 Mann. – Nahebei das Häuschen eines Invaliden, der Ansichten des Schlachtfeldes verkauft."*

Bereits davor – 1851 wurde Königgrätz zur Freien Stadt erklärt – begann der Bau von Eisenbahnstrekken. Anfang des 20. Jh. ist Hradec Králové eine wohlhabende Industriestadt, in der ein noch heute spielendes Theater eingerichtet wird. 1906-12 baut der Prager Architekt Jan Kotěra ein aufsehenerregendes Museum Ostböhmens.

Sehenswürdigkeiten

An den sogenannten **Weißen Turm** (*Bílá věž*) angelehnt ist die **Kirche des hl. Klemens** – obwohl barock umgestaltet –, das wohl älteste erhaltene Bauwerk von Hradec Králové, bereits zur Zeit der Romanik erbaut. Der knapp siebzig Meter hohe Renaissanceturm hingegen entstand innerhalb eines Jahrzehnts, 1574 bis 1585, mit einer fast zehn Tonnen schweren **Glocke**.

Eine Industriestadt mit Freizeitwert: An der Orlice üben junge Kanuten (links außen).

Jugendstil-Wacht am Musentempel (links Mitte).

Alte Bürgerhäuser an der Brauerei (links innen).

Frühbarocke Marienkirche von 1666 (rechts innen).

Gedenkpark 1866 bei Clum (rechts außen).

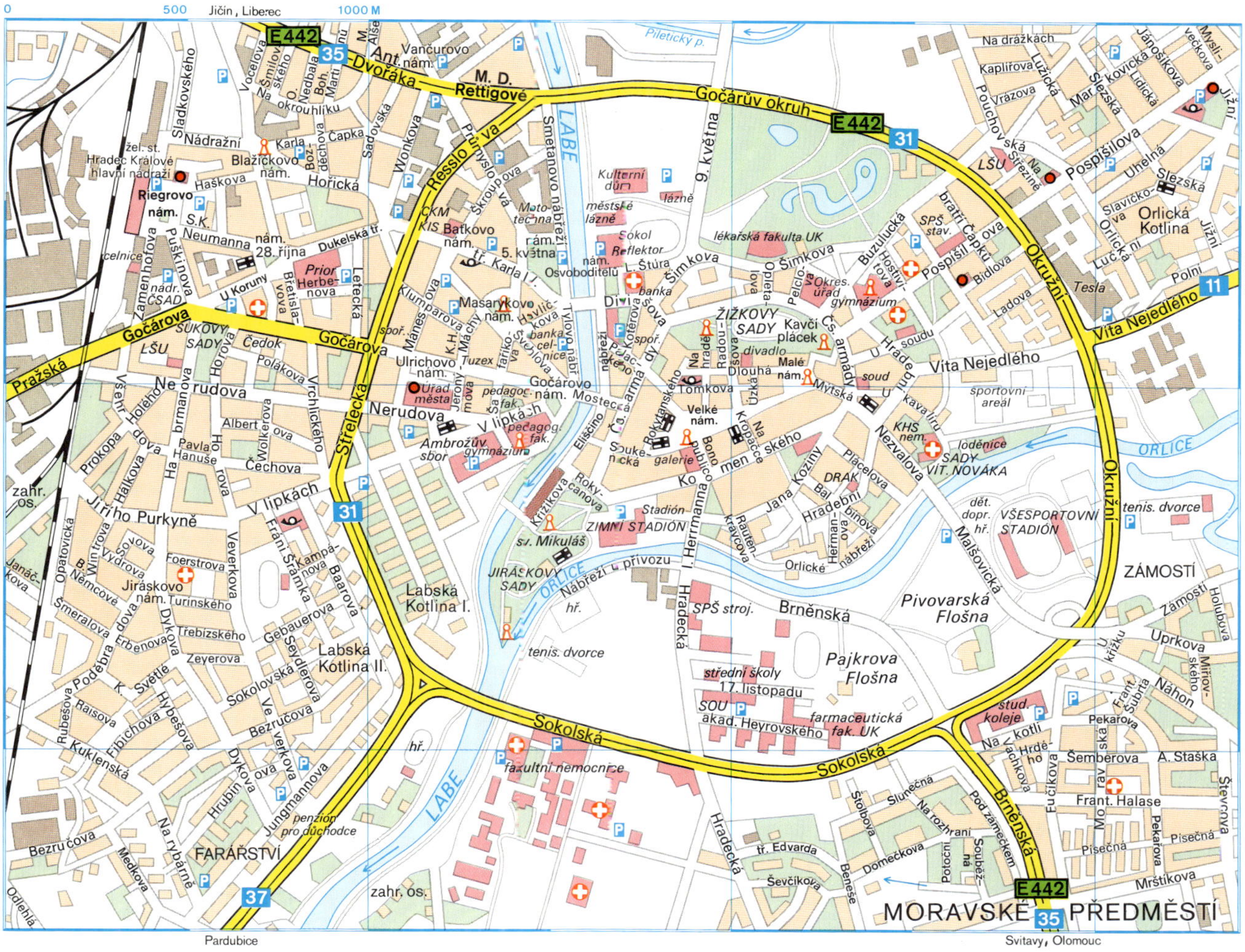

Der Grundstein zur späteren **Heiliggeistkathedrale** (*chrám svatého Ducha*) wurde im Jahre 1307 von der böhmischen Königin Eliška Rejčka gelegt. Fachleute erkennen an der dreischiffigen Kirche Einflüsse der schlesischen Architektur, die sich in Nordostböhmen öfters bemerkbar macht. Das Kreuzgewölbe stammt aus dem 14. Jh. Das Altartriptychon ist das Werk eines anonymen Meisters aus dem Jahre 1494, fast hundert Jahre älter in der 1864 bis 1876 neogotisch gestalteten Kirche ist das Zinntaufbecken (1406).

Die **Kirche Mariä Himmelfahrt** (*kostel Nanebevztoupení Panny Marie*) entstand Mitte des 17. Jh., Anfang des 18. Jh. erhielt sie weitgehend ihr heutiges Aussehen. Aus jener Periode stammen sowohl das ehemalige Jesuitenkolleg als auch die Bischofsresidenz – die beiden markantesten Gebäude auf dem Hauptplatz Žižkovo náměstí. Dem Namen des Hussitenführers Jan Žižka (1360-1424) begegnet man übrigens öfters.

Das schönste Barockhaus der denkmalgeschützten Altstadt, in der in den nächsten Jahrzehnten wohl umfangreiche Restaurierungsarbeiten notwendig sein werden, ist das Haus **U Špuláků** (*bei den Špuláks*), neben der früheren Bischofsresidenz, in der (noch) die **Kreisgalerie** mit einer bedeutenden Sammlung tschechischer Kunst des 20. Jh. untergebracht ist.

Das **Ostböhmische Museum** birgt neben historischen und naturwissenschaftlichen Sammlungen eine wunderbare Kollektion illuminierter Handschriften aus dem 15. bis 18. Jahrhundert. Man sollte nicht versäumen, die frühklassizistische **Klosterkirche der heiligen Anna** in der Vorstadt Kukleny (1777-84) zu besuchen. Ein Ausflug nach Nový Hradec Králové bringt die Begegnung mit der spätbarocken **Kirche des hl. Antonius** (erbaut 1769-72).

Wer einen Stadturlaub sucht, wird die Grünanlagen von Hradec schätzen, die einen Gürtel um die Stadt bilden. Man kann bereits unterhalb der Stadtmauern Wassersport treiben. Schön ist auch die gepflegte Gartenanlage Žižkovy sady.

Information
Čedok
Gočárova 63
50139 Hradec Králové
Tel. (0 49) 3 65 72

Festkalender
Smetana-Klavierwettbewerb in der Stadt der weltberühmten Petrof-Pianos im September.

Tips
Wertvolle Handschriften-Sammlung im *Muzeum východních Čech*. Unweit der Stadtgrenze naturgeschützter Buchen-Urwald. Ausflüge: Chlum (Schlachtfeld von 1866). Třebechovice (Betlém-Krippenmuseum).

Karlovy Vary Quellen und Häupter

Die Gästeliste des einst mondänen Kurortes liest sich wie ein Minilexikon berühmter Persönlichkeiten. Man kam zum Kuren, zur Zerstreuung oder zu Geschäften und wegen der Hohen Politik. Dem meistbesuchten Kurbad des Landes verdankte (nicht nur) Goethe „eine neue Existenz".

Geschichte

Karlsbad war bis 1945 die gängige Bezeichnung für den mondänen Kurort, der quasi ein Ableger Wiens in der Provinz war. Zweihundert Jahre lang prägten Deutsche und Österreicher das Bad, die Russen stellten die drittstärkste Besuchergruppe. Der Prager Schriftsteller Jan Neruda, der Autor der *Kleinseitner Geschichten*, berichtete, daß er in Karlsbad kaum tschechische Laute vernommen hätte, er fürchtete fast, tschechisch zu reden. Ein schwarzer Tag der Geschichte sei vorweggenommen: Karlsbad war der erste Ort der Tschechei, der den „Anschluß ans Reich" begrüßte, wofür Hitler den Bürgern mit einer Balkonrede im Oktober 1938 dankte. Doch in der Geschichte Karlsbads hatte es bis dahin schon viele andere Auftritte gegeben.

Wie so oft, wenn eindeutige Geschichtsquellen fehlen, flüchten sich die Geschichtsschreiber in Legendendarstellungen, erfindet der Volksmund Sagen und Märchen, die sich dann hartnäckig halten. In der ersten Hälfte des 14. Jh. muß es im Tal des Flüßchens Teplá (wörtlich: *die Warme*) eine kleine Badesiedlung gegeben haben, die 1370 von Kaiser Karl IV. als Teplé Lázně bei Elbogen das Stadtrecht erhielt. Der König soll hier ein Jagdschlößchen errichtet haben. Die Legende berichtet, Karl habe bei der Verfolgung eines kapitalen Hirsches eine heiße Quelle entdeckt. Daran erinnert auch die Skulptur eines sprungbereiten Hirsches. Im Tschechischen meint *var* Sieden (*vary* ist Mehrzahl), also kochende, siedend heiße Gewässer (*vařit* = kochen).

König Wenzel IV. erklärte Karlsbad im 14. Jh. zur Offenen Stadt mit dem Recht der Asylgewährung. Die erste ärztliche Eintragung ist erst aus dem Jahre 1522 verbrieft, Ende des 16. Jh. soll es bereits an die zweihundert Kur- oder Badehäuser gegeben haben. Das Quellwasser wurde durch hölzerne Pfannen abgeleitet und von dort in die Wannen geschöpft.

Das 18. Jh. brachte jene Blüte, die zahlreiche gekrönte Häupter und ungekrönte Poetenhäupter zwischen Petersburg und Neapel nach Westböhmen lockte. Die Gästeliste, noch in diesem Jahrhundert fortgeführt, liest sich wie ein Minilexikon berühmter Persönlichkeiten. Angefangen von Adam (Mickiewicz) bis zu Zar Peter dem Großen reicht dieser erlesene Katalog der prominenten Köpfe, die entweder Heilung oder gesellschaftliche Zerstreuung suchten oder die wegen den Geschäften und der Politik anreisten: Bismarck, Feldmarschall Blücher, Brahms und Chopin, Kaiserin Elisabeth (*Sissi*), Goethe, Gogol und Gontscharow, Leibniz, Lenin, Otto Lilienthal, Karl Marx, Paganini, Rousseau, Schiller, Heinrich Schliemann, Alois Senefelder, Robert Schumann, Charlotte von Stein, die beiden jüngeren Tolstoj, Tschaikowsky, Turgenjew, Richard Wagner, C. M. von Weber und Albrecht von Wallenstein. Für Antonín Dvořák (1841-1904), dessen Namen ein elegantes, im Joint-venture-Verfahren errichtetes Kurhotel unweit des Theaters und des Casinos trägt, war Karlsbad der europäische Uraufführungsort seiner Sinfonie *Aus der Neuen Welt*. An ihn erinnert auch ein Musikfestival.

Ganz andere Beweggründe führten 1819 Fürst Metternich nach Karlsbad, wo eine Neuorientierung Europas (*Karlsbader Beschlüsse*) erfolgte. Als Reaktion auf die Burschenschaftsbewegung wurden in Preußen und Österreich eine verschärfte Überwachung von Universitäten, die Verfolgung „demagogischer Umtriebe" und eine Zensur von Büchern und Zeitschriften verfügt.

Mit Karlsbads Namen sind auch bedeutende Jüdische Kongresse verbunden, die Anfang der zwanziger Jahre eine Standortbestimmung des Judentums zum Ziel hatten. Davor bereits zog Karlsbad auch eine Anzahl von Künstlern an: viele prominente und manche unbekannte, die den aufstrebenden Kurort in Bildern festhielten oder ihn architektonisch bereicherten.

Goethe, der insgesamt dreizehnmal an der Tepl war, kam stets wegen seiner Nierengeschichten zum Kuren.

Die Wiener Architekten Fellner und Helmer schufen vor der Jahrhundertwende eine Anzahl von Gebäuden, von denen das ehemalige Kaiserbad, der Gesellschaftssaal im Grandhotel Pupp, das 1991 auf eine 290jährige Tradition zurückblickte, sowie das Theater mit Fresken von Gustav Klimt auch eine weite Anreise lohnen.

Liebe zum Detail verrät vieles über die Architektur in den Bädern der vergangenen Jahrhunderte. Karlsbad ist ein sehr gutes Beispiel dafür (links außen).

Ungewöhnlicher Weg, auf eine Ausstellung aufmerksam zu machen (links Mitte oben).

Prunkvolle Hotels (links unten) sowie palaisartige Sanatorien (rechts) und Parks (links innen) laden ein.

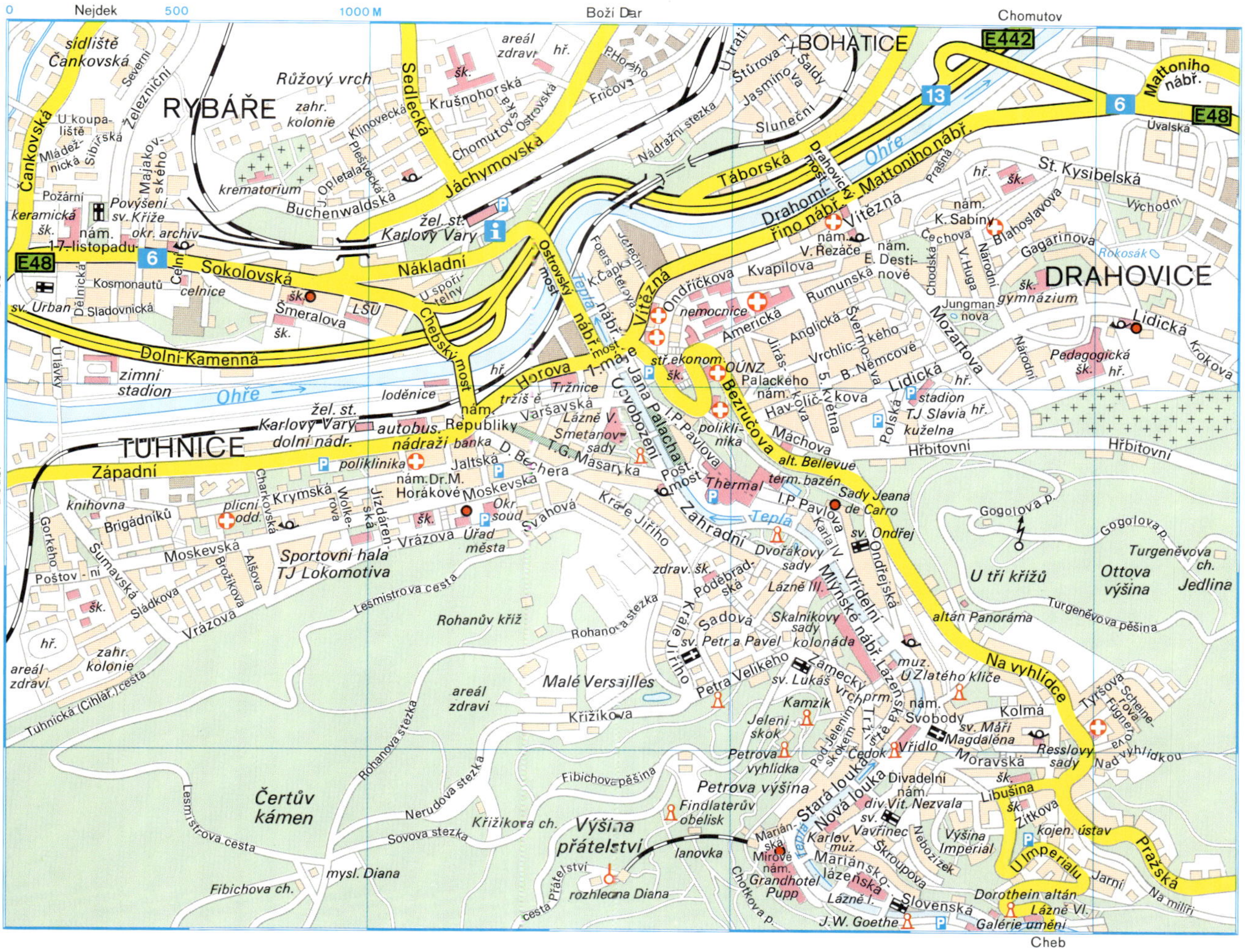

Um die Jahrhundertwende entstanden zahllose Häuser und Villen im Jugendstil, und in diesem Gewand zeigt sich Karlsbad noch heute. Die moderne Architektur – bis auf das 16stöckige Hotel Thermal – blieb aus dem historischen Kern, einige Quadratkilometer groß, verbannt.

Sehenswürdigkeiten

„Jedes Haus", hieß es in einem Reisehandbuch vor der Jahrhundertwende, „hat außer der No. (Nummer) einen besonderen Namen." Und in der Tat lohnt hier ein Fassaden- und/oder Statuenbummel, eben so, wie man anderswo einen Schaufensterbummel macht. Freilich ist Shopping in Karlovy Vary auch nicht zu vernachlässigen. Der Reiz Karlsbads für den Tagesbesucher liegt wohl im städtischen Ambiente, der Kurgast schätzt die Wirkung der Quellen. Die neoklassizistische **Mühlbrunn-Kolonnade** von Josef Zítek (1871-1881) unterstreicht dies.

Das älteste Baudenkmal ist die barocke **Dreifaltigkeitssäule** von 1716. Zwei Jahrzehnte später war die **Pfarrkirche Maria Magdalena** von Kilian Ignaz Dientzenhofer fertiggestellt, die alle Züge des böhmischen Hochbarocks vereint. Die **russisch-orthodoxe Kirche** (1893) wurde von Gästen aus Rußland finanziert, die übrigen Kirchen sind in historisierenden Stilen vor der Jahrhundertwende errichtet worden.

Sehenswert ist das neobarocke **Theater** von Fellner und Helmer, die unweit davon einen Saal mit der einzigen **Hotelkonzertorgel** der Welt (im Grandhotel Pupp) sowie das **Kurbad** (*Lázně I*) erbauten. Heute fließt überall – nicht nur im Casino – der Devisenstrom in die Kassen, denn die meisten Patienten kommen (wieder) aus dem Westen.

Nur ein Fünftel der etwa sechzig bekannten Quellen schießt bislang aus der Erde empor. Die bekannteste ist *Vřídlo* (mit 72 Grad die wärmste Quelle Böhmens), rundherum ist ein Treffpunkt der Kurgäste, die hier mehrmals am Tag ihren Becher mit dem leicht salzhaltigen Mineralwasser füllen, das ihre Verdauung fördern soll.

Information
Státní léčebné lázně
360 10 Karlovy Vary

Čedok
Ulice Karla IV. 1
36034 Karlovy Vary
Tel. (0 17) 2 67 05

Festkalender
Dvořák-Gesangswettbewerb sowie das alljährlich stattfindende Musikfestival „Dvořáks Herbst".

Tips
In der Kurzone dürfen Pkws weder fahren noch parken.
Museen: *Karlovarské muzeum* mit schönen Sammlungen (gotische Plastiken, Glas, Zinn, Mineralogie). *Sklářské muzeum* (Glasmuseum) in der traditionsreichen Firma Moser. *Muzeum karlovarského porcelánu* in KV-Březová.
Ausflüge: Jáchymov, Loket, Schloß Kynžvart, Stift Teplá.

Košice
Vielfalt der Völker

Im Mittelalter von deutschen Siedlern gegründet, wurde *Kaschau/Kassa* über viele Jahrhunderte von ungarischen Königen regiert. Košice ist ein Beispiel für das alltägliche Zusammenleben von Slowaken, Ungarn, Deutschen und der großen Gruppe der Roma.

Geschichte

„Sitz zahlreicher Militär- und Civilbehörden" war Kaschau um die Jahrhundertwende. Ein Reiseführer jener Zeit bemerkt weiter, daß „die alte königliche Freistadt mit 29 200 Einwohnern am rechten Ufer der Hernád aus der regelmäßig gebauten innern Stadt (früher Festung) und den durch breite Glacis von ihr geschiedenen drei Vorstädten besteht". Schon damals notierte der Autor bedeutenden Handels- und Gewerbeverkehr. Der Weg zu einer Industriemetropole mit über 200 000 Einwohnern war im Kaschauer Kessel seit der Industrialisierung vorgezeichnet, die Eisenhüttenwerke waren dabei der wirtschaftlich gewichtigste Faktor.

Eigentlich haben schon die ersten Siedler in geordneten städtischen Verhältnissen (erste Erwähnung 1230) das Land ausgebeutet: Die deutschen Bewohner, vom ungarischen König Béla IV. in der ersten Hälfte des 13. Jh. ins Land gerufen, umgaben die Wohnstätte mit Mauern. Die aufblühende Gemeinde erhielt 1290 die Stadtrechte mit allen sich daraus ergebenden Konsequenzen: Den Privilegien stand die Pflicht gegenüber, die königlichen Heere zu unterstützen. 1298 wurde Kaschau Sitz der Königlichen Kammer, 1342 besaß es bereits den Status einer Königsstadt, fünf Jahre später sogar den Rang einer Freien Königsstadt, die das Recht hatte, wichtige Güter zu lagern. Die Einkünfte aus den nahen Bergwerken schufen einen neuen Adel, die Kaufmannschaft (der Tokajerwein wurde beispielsweise hier umgeschlagen) pflegte Beziehungen sowohl zum Baltikum als auch zum Balkan.

Die Angst vor den Türken ließ eine mächtige Befestigung entstehen. Die ungarischen Adeligen suchten Zuflucht in Kaschau, machten Kas-

Mehrere Kirchen sind barock (jeweils links außen oben und unten).

Palaisartige Bürgerhäuser stehen in der Fußgängerzone (links oben Mitte; rechts).

Ursprünglich gotisch war der Urban-Turm, der 1943 sein jetziges Antlitz bekam (links oben innen).

Mariensäule von 1720-1740 (links unten innen).

sa (sprich: *koscha*) vorübergehend zu ihrer Heimat – was sich noch im Zweiten Weltkrieg auswirkte, als Ungarn Košice besetzte. Althergebrachte Animositäten zwischen Slowaken und Ungarn sind in der ostslowakischen Metropole heute wieder deutlicher zu spüren.
Nach der Rekatholisierung wurde Kassa ungarisch dominiert; Deutsche spielten eine untergeordnete Rolle. Viele Handwerker beriefen sich allerdings weiter auf ihre deutsche Herkunft. Die Slowaken waren noch in der Minderheit.
Die Gründung der selbständigen Tschecho-Slowakei im Jahre 1918 ermöglichte erstmals eine Trennung von Ungarn, ein Zustand, mit dem sich ungarische Nationalisten nicht abfinden wollten. 1919 gab es wiederholt Versuche, die Ost- und Südslowakei dem Rest-Ungarn einzuverleiben. Daß viele Slowaken dieses dem Nachbarn nicht verzeihen wollen, ist auch ein Faktor der mitteleuropäischen Geschichte unserer Tage.
Košice ist aber zudem jener Ort, an dem 1945 der Versuch unternommen wurde, die beiden (slawischen) Völker der Tschechen und Slowaken wieder zu vereinen, nachdem ihre Geschichten teilweise unterschiedlich verlaufen waren, wenn auch manche Könige und Kaiser zugleich Böhmen und Ungarn regierten. Das kommunistisch inspirierte *Kaschauer Regierungsprogramm* vom 5. April 1945 aus der provisorischen Hauptstadt der ČSR zeigt, wie mühsam man sich damals zur Einheit der Tschechen und Slowaken zusammengefunden hat: „Von der Tatsache zweier gleichberechtigter Nationen ausgehend, wünschen wir (uns) einen einheitlichen und gemeinsamen Föderativstaat, in dem jede der beiden Nationen allein herrschen/regieren kann..."

Sehenswürdigkeiten

Der Humanismus und die Renaissance hinterließen mehr Denkmäler auf geistigem Gebiet als in der Architektur, so etwa schrieb ein slowakischer Reiseführer treffend. In der Tat läßt sich nicht überall an den Gebäuden die reiche Geschichte der ehemaligen Königsstadt ablesen, die 1990 ihr siebenhundertjähriges Stadtjubiläum feierte. Dennoch ist die Fülle vorhandener Sehenswürdigkeiten groß. Vom **Kalvarienberg** (mit dessen etwas ungewöhnlicher Kirche aus dem 18. Jh.) zeigt sich ein schönes Panoramabild auf die Metropole der Ostslowakei, die dank des hohen Bevölkerungsanteils von Roma bzw. Sinti die höchste Geburtenrate der Republik aufzuweisen hat.
Im doppelten Sinne des Wortes herausragend ist das Nationale Kulturdenkmal **Dom der hl. Elisabeth** (*Dóm svätej Alžbety*), die großartige Dominante der Stadt, der mit dem Urbanturm und der Kapelle des hl. Michael ein innerstädtisches Ensemble bildet. Die ursprüngliche Pfarrkirche deutscher Siedler, seit 1804 Kathedrale und Domkirche, gehört zu den bedeutendsten gotischen Bauten nicht nur der Slowakei, sondern ganz Mitteleuropas. Die Kathedrale wurde bereits in den siebziger Jahren des 14. Jh. als fünfschiffige Basilika angelegt, zwei Türme flankierten sie. Eine zweite Bauhütte brachte nach 1400 die Portale an, von denen das sog. **Goldene Tor** neben der Darstelllung des Jüngsten Gerichts Szenen aus dem Leben der Patronin zeigt. Aus jener Zeit datieren mehrere Reliefs. In den ersten Jahrzehnten des 15. Jh. wurden – durch die tatkräftige Unterstützung Kaiser Sigismunds – weitere Ergänzungen vorgenommen. Die heutigen Netz- und Sterngewölbe sind zwar nur eine Nachahmung aus dem 19. Jh., als der Dom umfangreich renoviert wurde, sie geben aber einen Eindruck der gotischen Fülle wieder. Emerich Steindl, der Erbauer des Budapester Parlaments, arbeitete den Entwurf der Restaurierungsaktion aus. Der radikale Erneuerer der Budaer Matthiaskirche, der Budapester Friedrich Schulek, verfuhr als leitender Architekt in Kaschau ähnlich unmißverständlich wie in der Hauptstadt. Er *beschönigte* (zum Ruhme Ungarns) beinahe alles, was die früheren Jahrhunderte überstanden hatte. Die wichtigsten Kirchenteile stammen aus dem 15. Jh., so auch die beiden Kapellen.
Allein der **Hauptaltar**, innerhalb von nur vier Jahren (1474-77) geschnitzt, lohnt eine weite Anreise. Er gilt als der größte gotische Tafelaltar in Europa: Immerhin sind 48 Tafeln vollständig mit biblischen Szenen, Passionsdarstellungen und Begebenheiten aus den Leben verschiedener Heiliger bemalt. Großartig sind auch die hölzernen und marmornen Plastiken in den Kapellen sowie der **Domschatz** (im sog. Königlichen Oratorium). Im Dom befindet sich auch die Krypta von Ferenc Rákóczi II., einem der bedeutendsten Herrscher Ungarns.
Leider sind die Umweltschäden am Bauwerk schon recht weit fortgeschritten, so daß dringend Hilfsmaßnahmen zur Rettung dieses bedeutenden Baudenkmals geboten wären.
Der Zahn der Zeit frißt erst recht an der einschiffigen **Kapelle des hl. Michael** in unmittelbarer Nähe des Doms, deren Bau um das Jahr 1380 bereits abgeschlossen war; ihr Portal wird von Fachleuten an den Anfang des 14. Jh. datiert. Die Kapelle wurde 1902-1904 regotisiert. Aus vier Jahrhunderten (14. bis 17.) stammen die Grabsteine an den Außenwänden.
Die **Kirche der Dominikaner** wurde Ende des 13. Jh. erbaut, ein Brand (1566) machte jedoch einen Neubau notwendig, der dann im 18. Jh. barockisiert wurde. Erhalten blieb neben dem Mobiliar ein Fresko von 1756. Ein ähnliches Schicksal widerfuhr der dreischiffigen **Kirche der Franziskaner** (geweiht der Jungfrau Maria, dem hl. Nikolaus und Antonio di Padua), die ebenfalls bei einem verheerenden Stadtbrand dem Feuer zum Opfer fiel. Auch dieses Gebäude wurde ursprünglich Ende des 13. Jh. erbaut, aber im 19. Jh. noch einmal überarbeitet. Interessant ist der Hauptaltar (Vollendung um 1760). Aus der Werkstatt des an-

Information
Satur
Rooseveltova 1
04308 Košice
Tel. (0 92) 6 22 38 47

Festkalender
Kaschauer Musikfrühling mit internationalem Orgelfestival. Folklorefestival im Juni. Internationaler Marathonlauf im Oktober.

Tips
Ein Muß: Dombesichtigung mit Schatzkammer. *Východoslovenské múzeum* (Ostslowakisches Museum): Münzsammlung, Goldschatz. Urbanturm: Glockengießerei; wechselnde Ausstellungen.
Ausflug: Košické Hámre (24 km entfernt): Stausee, Erholungspark.

gesehenen Bildhauers Georg Raphael Donner stammt ein fein ausgearbeiteter Grabstein von 1740. Das Kloster diente dem Bischof von Kassa als Seminarium.

Obwohl die **Dreifaltigkeitskirche** und das angeschlossene **Jesuitenkloster** (später im Besitz der Prämonstratenser) schon im 17. Jh. mit einem schönen Kreuzgewölbe erbaut und im 18. Jh. umgebaut wurden, sind die meisten Wandmalereien erst in den Jahren 1928-32 angebracht worden. Die Kapelle und das Presbyterium gestaltete Erasmus Schrött im Jahre 1796. Das angeschlossene zweigeschossige **Kloster** mit zwei Höfen, 1671-1681 an der Stelle des einstigen Königssitzes vollendet (der Grundstein war 1654 gelegt worden), wurde kurz davor zur *Akademie* erklärt. Im Jahre 1660 erhielt sie durch die *Goldene Bulle* des Kaisers Leopold I. den Rang einer Universität. 1773 – nach der Auflösung des Jesuitenordens – wurde der Lehrbetrieb eingestellt, und die Bildungsanstalt hieß fortan Königliche Akademie. Auch heute noch wird unterrichtet: Das Staatliche Konservatorium fand darin eine Bleibe.

Das ehemalige zweigeschossige **Konvikt**, fertiggestellt 1659, wurde genau einhundert Jahre später barockisiert, wie so vieles in den ungarischen Landen, als es galt, den Triumph der katholischen Kirche nach dem Abzug der Türken aus Buda (1686) auch sichtbar werden zu lassen.

Die **Kirche des hl. Michael** wurde ursprünglich (1652-63) von den ortsansässigen Kalvinisten als Gebetsraum eingerichtet, ging dann 1698 im Rahmen der Rekatholisierung in den Besitz der Ursulinerinnen über, die auch das angeschlossene Kloster bewirtschaftet haben. Zwar sind die Möbel barock (18. Jh.), die meisten Fresken stammen jedoch aus dem Jahre 1925. Durch religiöse Wirren kam der Komplex erneut an die Kalvinisten, bis dann die Ursulinerinnen nach dem Zweiten Weltkrieg das Gebäude an den sozialistischen Staat abtreten mußten, der in einem Trakt den Städtischen Nationalausschuß untergebracht hatte.

Auch in der einschiffigen **Heiliggeist-Spitalkirche** (*kostol svätého Ducha*), die 1730 an der Stelle des gotischen Krankenhauses erbaut wurde, sind die Wandmalereien erst Anfang unseres Jahrhunderts angebracht worden.

An der **Mariensäule** haben vier Handwerker beinahe zwanzig Jahre gearbeitet, bis sie 1740 geweiht werden konnte. Die **Dreifaltigkeitssäule** bei der Dominikanerkirche (1722) vervollständigt das innerstädtische Angebot an sakralen Werken.

Die **Votivkapelle** der heiligen Rosalia, errichtet 1714/15 am Pestfriedhof auf dem Roten Hügel (*Červený vrch*), wird meist nur von Touristen aufgesucht, die sich länger in Košice aufhalten und ausreichend Zeit haben, alle Sehenswürdigkeiten zu besuchen. Die interessante, eingeschossige **Kalvarienkirche** stammt nach dem Entwurf eines Mönchs aus der Periode 1737-58. Den Leidensweg Christi entlang erreicht man die unwesentlich jüngere **Kapelle Maria Magdalena** (1771).

Aus der zweiten Hälfte des 18. Jh. stammt der ehemalige **Bischofspalast**, der nach der Verstaatlichung 1948 „anderen Zwecken zugeführt wurde", wie es so unschön im Bürokratendeutsch heißt. Nach der *samtenen Revolution* von 1989 wurde der Palast, wie zahllose andere Sakralbauten in der Slowakei, wieder „dem Zwecke der Seelsorge zugeführt". Überhaupt hat die slowakische Katholische Kirche wieder an Bedeutung und Einfluß gewonnen.

Die **Kalvinkirche** auf dem gleichnamigen Platz (*Kalvínovo námestie*) entstand 1805 bis 1811 aus einem Militärdepot (!). 1895 bekam sie ihr neoromanisches Aussehen, nachdem 1853 an der Stirnseite ein Turm angebaut wurde.

Von den Profanbauten bilden die **Basteien** eine Erinnerung an die Türkenbelagerung im 16. und 17. Jh. Die Gotische Bastei (*Gotická bašta*) wurde inzwischen vom Denkmalamt restauriert. Die Runde Bastei (*Okrúhla bašta*) wurde von der Stadt heimischen Künstlern als Werkstatt zur Verfügung gestellt. Die spätgotische Henkerbastei (*Katova bašta*), geeignet für Kanonenabwehr, wurde bereits in den zwanziger Jahren als Depot des Ostslowakischen Museums genutzt. Die vierte erhaltene Bastei, nach der Müllerinnung *Mlynárska bašta* genannt, ist ein Teil der Stadtbefestigung aus dem 17. Jh. Die Stadtmauern selbst bilden heute einen Teil der Parkanlagen, die eine kleine Oase im Groß- und Industriestadtgetriebe darstellen.

Im ehemaligen **Rathaus** (Architekt: Johannes Langer), das innerhalb von zwei Jahren (1779/80) erstellt wurde, ist neben ein paar Geschäften die Kreisbibliothek untergebracht. Das reichverzierte Gebäude, eine Augenweide für Freunde schöner Architektur, ist zwischen dem Dom und dem Theater plaziert. Die Zeitläufte überdauert hat eine Tafel am Gebäude, worauf Marschall Kutusow dem Stadtrat für die Aufnahme seiner Armee in den Napoleonischen Kriegen dankt.

Der ursprünglich gotische **Urbanturm** (*Urbanova veža*) am Dom wurde 1628 umgebaut. Die Neorenaissance-Arkaden wurden erst 1943 angefügt, 1970 mußte der Turm nach einem Brand renoviert werden.

Das ursprünglich gotische **Leutschau-Haus** (*Levočský dom*) übereignete der Statthalter Thurzo der Stadt Leutschau, deren Namen es trägt. Im Jahre 1569 ging es in städtischen Besitz über, im 17. Jh. wurde es im Renaissancestil umgestaltet, 1908-10 noch neugotisch restauriert. Von Langer stammt auch der Plan für das einstige **Komitatshaus** (*Župný dom*), das einhundert Jahre nach seiner Erbauung gründlich umgestaltet wurde.

Das ehemalige städtische Gefängnis **Miklušova väznica** birgt heute eine Ausstellung über die Lokalgeschichte. Es entstand durch die Verbindung zweier gotischer Häuser, von denen eines eine Töpferei (reiche Funde) beherbergte, das andere hingegen als Kerker diente.

Einige ehemalige **Paläste** – längst enteignet – sind in öffentlichem Gebrauch. Der sog. **Kapitänspalast** (*Kapitánsky palác*) ist ein Barockpalais, das auf gotischen Grundmauern errichtet wurde, wobei zwei Renaissanceportale einbezogen wurden. Heute ist darin das **Technische Museum** untergebracht, das große Teile des nach 1945 beschlagnahmten lokalen Ungarischen Technischen Museums enthält. Es sind respektable Sammlungen zu Bergbau, Astronomie und Hüttenwesen vorhanden.

Ein altes Magnatengeschlecht in Ungarn war die Familie Dessewffy, die auch in Kassa ein Palais hat bauen lassen, das später in den Besitz der Familie Csáky, einer anderen vermögenden Sippe, überging. Es spiegelt wunderbar den Geist des Klassizismus an der Wende des 18. zum 19. Jh. wider. Seit vierzig Jahren ist die **Ostslowakische Galerie** (*Východoslovenská galéria*) darin beheimatet. Im ehemaligen Forgách-Palais siedelt die Staatliche Wissenschaftsbibliothek.

So spielt das Schicksal mit: Das Ende des 19. Jh. im historisierenden Stil erbaute **Staatstheater** hatte seinerzeit ein ungarisches Repertoire, heute enthält der Spielplan ausschließlich slowakische Stücke. Die starke ungarische Minderheit – die inzwischen möglicherweise die Mehrheit stellt – muß sich mit einem eigenen kleineren Regionaltheater begnügen.

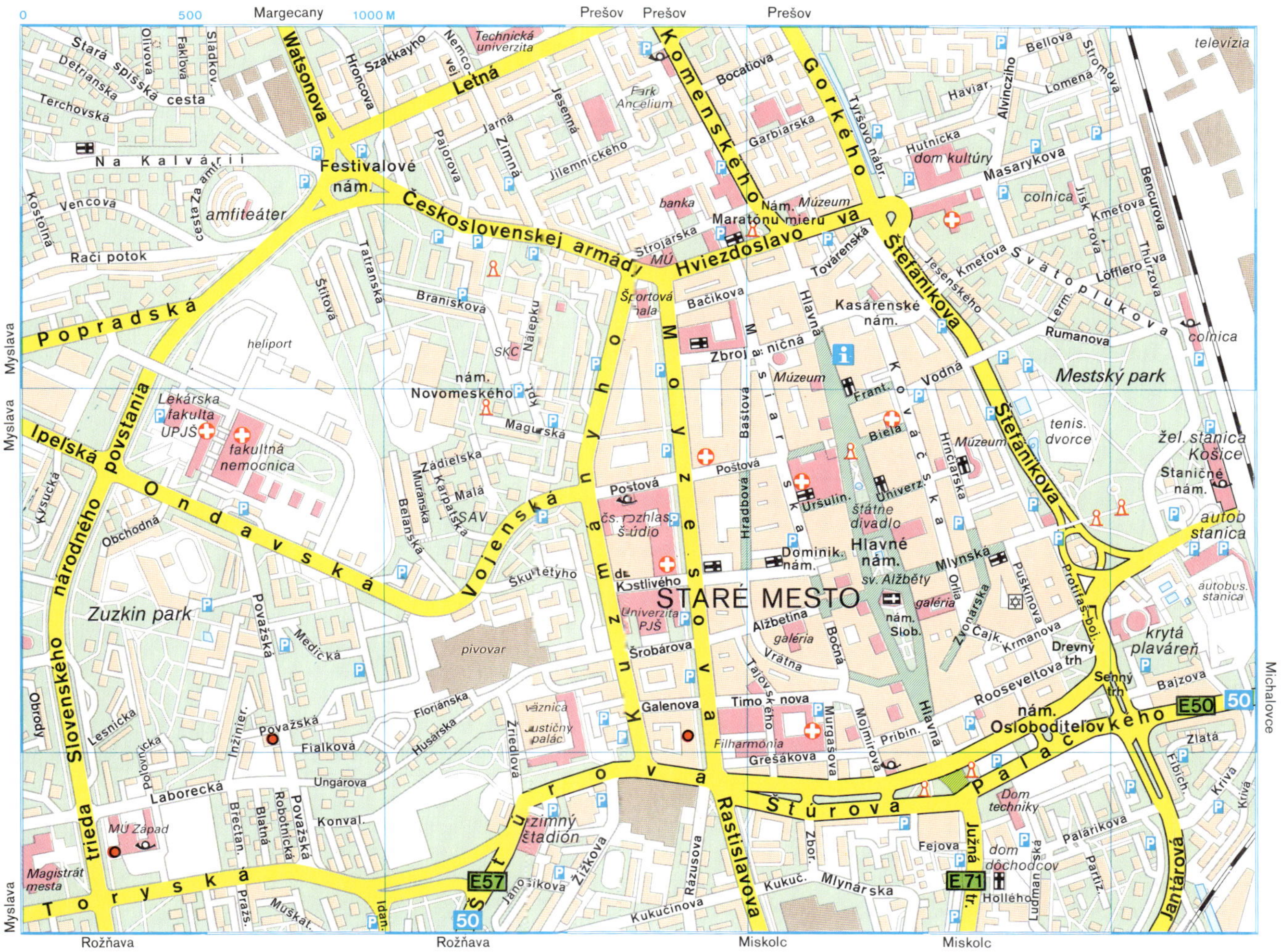

Wie in einem Bilderbuch kann man manches über die Geschichte dieser traditionsreichen Stadt von der Fassade ihrer hübschen Bürgerhäuser ablesen (links oben, unten links und unten rechts).

Der Dom der hl. Elisabeth ist der bedeutendste gotische Sakralbau in der Slowakei. Große Teile und die Inneneinrichtung stammen aus dem 14./15. Jh. (rechts innen und rechts außen).

Kroměříž Kleinod des Barock

Zwar zählt die mährische Kreisstadt an der Morava (March) nicht zu den größten Städten Mährens, doch es lohnt sich auch eine weite Anreise in die frühere Residenzstadt der Olmützer Bischöfe. Vieles vom alten Zauber wurde dort bis in unsere Tage bewahrt.

Geschichte

Die Lage der Stadt an einer seit jeher offenbar bestens passierbaren Furt über die Morava (March) läßt schon vermuten, daß an der Stelle der heutigen Kreisstadt bereits zur Zeit der frühen slawischen Besiedlung eine Burgstätte oder ein ähnlicher Ort gegründet worden war. Nur wenige Reitstunden von Kroměříž entfernt, in dem Ort Předmostí bei Přerov, wurde eine große altslawische Begräbnisstätte mit Schmuckgegenständen gefunden sowie eine Fundstätte aus der Älteren Steinzeit (vor etwa 20 000 Jahren) entdeckt, die Mammutknochen enthielt. Aus den Mosaiksteinen der Archäologen ergibt sich in dem denkmalgeschützten Stadtkern der dreieckige Grundriß einer frühen slawischen Marktsiedlung auf dem heutigen Platz Riegrovo náměstí.

Auch in den folgenden Jahrhunderten war Kremsier als Kreuzungspunkt wichtiger Handelsstraßen an der Morava begehrt. Im Jahre 1110 erwarb Bischof Johannes II. das Dorf an der Furt (200 m ü. M.). Die Siedlung blieb fortan als kaum antastbarer Kirchenbesitz in Händen des Bistums, bis sie die Residenz der Erzbischöfe von Olmütz (Olomouc) wurde.

Bischof Bruno von Schauenburg (1245-1281), einer der wichtigen Berater des Königs Přemysl Ottakar II., nutzte seine guten Beziehungen zum Hof, indem er die Marktgemeinde Kremsier (dieser deutsche Name tritt seit dem Mittelalter fast unverändert in allen wichtigen Urkunden auf) ab 1260 ausbaute. Er ließ sie 1266 zur Stadt erheben, nach seinem Tode – im Jahre 1290 – folgte ihre Gerichtsbarkeit dem *Brünner Recht*. Seit dem 14. Jh. wurde die Stadt als Lehen geführt. Aus jener Zeit blieb am Schloß ein Teil des Bergfrieds erhalten.

Die Hussitenkriege haben den Bischofsort nicht verschont. Zweimal – 1423 und erneut 1432 – wehte die Flagge des neuen Glaubens mit dem Kelch über der Stadtfestung. Erst nach einem Vierteljahrhundert wurde der Bischof in seine alten Rechte eingesetzt. Zu jenem Zeitpunkt standen bereits die Kirche des hl. Mauritius und das der Jungfrau Maria geweihte Kirchlein. Die Stadt besaß zwei Tore, das obere, das Schmiedtor, das untere trug abwechselnd zwei Namen: Wassertor oder Mährisches Tor. Beide führten zu einer Brücke über die March.

Zu gleicher Zeit gab es schon eine agile jüdische Gemeinde, die nicht nur ein eigenes Gebetshaus und ein eigenes Handelszentrum besaß, sondern auch über ein Rathaus verfügte. Die Ghettostellung wird bereits auf den alten Landkarten deutlich. Chroniken sprechen von 27 Familien, also etwa zweihundert Personen, die innerhalb der geschlossenen Siedlung lebten. Im frühen 16. Jh. sorgte Bischof Stanislaus Thurzo für Fortentwicklung. Die Burg wurde um- und ausgebaut, italienische Meister führten die notwendig gewordenen Änderungen aus. Auch die Bürgerhäuser rund um den Großen Platz (*Velké náměstí*) erhielten Renais-

Unter der Renaissancefassade verbirgt sich ein mittelalterlicher Kern (links außen oben).

Am Eingang zum mächtigen Schloß (links unten außen) können sich Kinder austoben (links oben innen).

Barockkirche des Johannes des Täufers (links innen unten).

Kroměříž genießt den Ruf, eine Blumenstadt zu sein: in Straßen sowie in Květná zahrada (beide rechts).

sancefassaden. Das Rathaus bekam einen Turm, sein heutiges Antlitz erhielt es jedoch erst nach 1611. Ebenfalls im 17. Jh. wurde die von Schweden während des Dreißigjährigen Krieges beschädigte Burg zu einem Schloß umgestaltet. Giovanni Pietro Tencalla war der Architekt eines der schönsten Schlösser Mährens, an dem bis zum 18. Jh. zahlreiche weitere Künstler mitarbeiteten. Der Bauherr Bischof Karl von Liechtenstein ließ sich den Prunk der frühbarocken Residenzstadt etwas kosten. Ein Kleinod wurde 1691 ein wenig außerhalb der Bischofstadt angelegt: der Blumengarten, ein verspieltes Werk der Gartenkunst. Etwas von diesem Zauber hat sich bis in unsere Tage gerettet: der öffentliche Garten *Květná zahrada* ist eine beliebte Oase der Einheimischen. G. P. Tencalla lieferte auch den Entwurf für die Bauten innerhalb des Parks. Gleichzeitig wurde der Schloßgarten nach allen Regeln der Gartenbaukunst gestaltet: Es war eine Lust zu leben...

Im 18. Jh. entstanden mehrere Kirchen, die sich gut ins Stadtbild fügen. Franz Anton Maulbertsch, einer der meistbeschäftigten österreichischen Maler, schmückte das Schloß mit seinen unnachahmlichen Fresken aus, Franz Hierle brachte die Stukkaturen an. Ignaz Cyrani von Bolleshaus baute für die Piaristen die Kirche des Johannes des Täufers.

1848 wird die sonst fromme Stadt plötzlich politisch: Kaiser Ferdinand flieht von Wien nach Olmütz, der österreichische Landtag, in dem František Palacký die Panslawistenpartei führt, tagt in Kremsier. Das 19. Jh. bringt auch ein Aufblühen des Handwerks. Eine der ersten Tuchmanufakturen des Königreichs Böhmen und Mähren entsteht. Industriebetriebe siedeln sich jedoch erst Ende des vergangenen Jahrhunderts an. Heute sind es Firmen unterschiedlicher Branchen (Maschinenbau, Elektrotechnik, Chemie, Holzverarbeitung, Textil und Lebensmittel), namhaft sind in der fruchtbaren Gegend aber auch die Landwirtschaft und die Verarbeitung ihrer Produkte.

Kremsier wurde auch zu einer vielbesuchten Bildungsstätte. Man nannte sie nach der Region *Haná-Athen*. Vor allem das Musikleben war über die Stadtgrenzen hinaus attraktiv. Das alljährliche Festival *Musiksommer* sowie ein angesehenes Konservatorium erinnern an diese Tradition.

Kroměříž ist die Geburtsstadt eines sehr bekannten Künstlers: Max Švábinský (1873-1962) illustrierte nicht nur Dutzende von Büchern, sondern gestaltete auch so manch eine Briefmarke oder Medaille. Dem umfangreichen Werk des Ehrenbürgers ist eine Ausstellung gewidmet. Das hohe Alter des Meisters läßt bereits erahnen, daß hier mehr als ein halbes Jahrhundert tschechischer Kunst dokumentiert wird.

Sehenswürdigkeiten

Während das regionale **Muzeum Kroměřížska** eine Anzahl sehr guter Sammlungen von der Archäologie (prähistorische Funde) über ethnographische Kollektionen, Waffen, Zinn, Möbel, Keramik, Porzellan bis hin zu Ex-libris-Beständen zeigt, ist die **Schloß-Gemäldegalerie** (*Zámecká obrazárna*) eine der besten Kunstsammlungen außerhalb Prags. Man muß wissen, daß die Gründungsstadt Olmütz fast ein halbes Jahrtausend die Hauptstadt Mährens war. Auch wenn jeweils nur Einzelexemplare vorhanden sind, sind dennoch Namen wie Tizian, Lucas Cranach, Anton van Dyck, Veronese, Jacopo und Francesco Bassano sowie Pieter Brueghel beliebte Publikumsmagneten. Ansehnlich sind die Jahrhunderte 15. bis 17. vertreten, dort vor allem niederländische, deutsche, flämische Meister. Die Räumlichkeiten des **Erzbischöflichen Schlosses** (1777 erfolgte die Erhebung) sind schon einen Besuch mit längerer Anreise wert. Die **Bibliothek** – von Josef Stern mit üppigen Fresken ausgestattet – harmoniert mit den übrigen, wunderbar restaurierten Gemächern. Die seit genau dreihundert Jahren bestehenden Gärten – **Schloßgarten** (*Podzámecká zahrada*) und **Blumengarten** (*Květná zahrada*) – sind großartige Beispiele barocker Gartenkunst.

Die Kirchen von Kroměříž sind verschiedenen Baustilen zuzuordnen. Die dreischiffige **Mauritiuskirche** (*kostel svatého Mořice*) wurde im 13. Jh. erstmals erwähnt, um 1500 war sie vollendet. Nach mehreren Umbauten erhielt das Gotteshaus von 1836 bis 1844 sein neugotisches Gewand. Die einschiffige **Pfarrkirche Mariä Himmelfahrt** (*Farní kostel Nanebevzetí Panny Marie*) datiert ursprünglich zwar auch ins Zeitalter der Gotik, die barocken Umbauten lassen dies aber kaum erahnen. Die **Piaristenkirche Johann Baptist** (*sv. Jana Křtitele*) ist ein Werk des 18. Jh. Das Ausmalen übernahm wiederum Josef Stern, die Plastiken schuf der bekannte Bildhauer Paul Troger. 1725 entstand die **Dreifaltigkeitssäule** (Johann Sturmer).

Das **Rathaus** erhielt sein Antlitz weitgehend Anfang des 17. Jh. Der **Mühlenturm** stammt von 1585. Einige weltliche Gebäude im denkmalgeschützten Stadtkern sind zwar mittelalterlichen Ursprungs, sie wurden aber jeweils den wechselnden Maßgaben der Baukunst angepaßt. So schreibt jedes System auf seine Art die Geschichte um.

Information
Čedok
Ulice Tovačovského 3161
76711 Kroměříž
Tel. (6 34) 2 22 14

Festkalender
Traditioneller Kremsier Musiksommer – *Kroměřížské hudební léto* – von Juli bis September. Ars-film: nationale Filmschau.

Tips
Ein Muß: Gemäldegalerie im Schloß mit einer der wertvollsten Kunstsammlungen des Landes; Schloß-Besichtigung. Schloßgarten und Blumengarten. Ausflug: Tropfsteinhöhle Hranice-Zbrašov.

Olomouc Mährisches Zentrum

Die stolze Universitätsstadt war ein halbes Jahrtausend die Hauptstadt Mährens. Das an Denkmälern aus siebenhundert Jahren reiche Olomouc gilt zudem als Hochburg der katholischen Kirche und erinnert an die böhmischen Könige des Mittelalters.

Geschichte

Der Eintritt in die Geschichte hätte für die Stadt nicht ungünstiger ausfallen können. In Olmütz wurde im Jahre 1306 König Wenzeslaus III. durch Verrat ermordet. Mit ihm verstarb nicht nur der regierende böhmische Herrscher, sondern damit starb auch das sagenumwobene Fürstengeschlecht der Přemysliden (andere Schreibweise: Przemysliden) aus. Ihr Ahnherr war Přemysl, der mit Libuše – der legendären Gründerin Prags – verheiratet war. Mit dem 10. Jh. betrat Herzog Wenzeslaus I. (der Nationalheilige Václav) die Szene, der von seinem Bruder Boleslav I. gestürzt wurde. 1085 erhielt Vratislav II. die Königswürde von König Heinrich IV. Der prominenteste Přemyslide, Ottakar II. – Vratislavs Sohn –, fand seinen Gegenspieler in Kaiser Rudolf von Habsburg, der ihn 1276 mit Hilfe des ungarischen Königs Béla IV. schließlich auch stürzte. Otakar (deutsche Schreibweise: zwei tt), Mitregent seines Vaters, war 1253 böhmischer König geworden. Innerhalb von zwei Jahrzehnten hatte er durch Erbschaft große Teile Österreichs erworben, so daß sein Reich vom Riesengebirge bis zum Adriatischen Meer reichte. Ottakar hatte sogar Ambitionen, Kaiser zu werden, was jedoch vereitelt wurde. Přemysl Ottakar fiel im Jahre 1278 in einer Schlacht auf dem Marchfeld. Historische Animositäten der Tschechen gegen das Haus Habsburg haben hier ihren geschichtlich-emotionalen Grund, sind also eine ganze „Ewigkeit" alt.

Übrigens wurden die Přemysliden zum ersten Mal 1541 in der *Böhmischen Chronik* des einheimischen katholischen Geistlichen und Historienschreibers Wenzeslaus Hájek aus Libočany erwähnt, dessen Interesse wohl vor allem gegen die Hussiten und Protestanten gerichtet war. Auch an die Geschichte jener Könige von Böhmen wurde angeknüpft, als der Rest des romanischen Přemysliden-Palastes in Olomouc zum nationalen Kulturdenkmal erklärt wurde. Auch wenn es nicht gesichert ist, daß tatsächlich die Přemysliden den Palast gründeten. Denn nach der neuesten Forschung handelt es sich bei dem historischen Gebäude, das auf jeden Fall einen hohen architektonischen Wert hat, um das ehemalige Domkapitel, das direkt an die Kirche angebaut wurde. Der Palast war seit 1141 Sitz der Olmützer Domherren und Bischöfe. Das Bistum selbst ist offenbar um 1063 entstanden.

Obwohl die ersten Jahrhunderte der Stadtgeschichte noch von Sagen und Legenden begleitet sind, steht dennoch fest, daß bereits in der Ära des Großmährischen Reiches (etwa zweite Hälfte des 9. bis Anfang des 10. Jh.) auf dem heutigen Stadtgebiet und in dessen unmittelbarer Nähe eine Burgstätte entstanden war, die nach und nach zu einer Burgfestung ausgebaut wurde. Wenzeslaus III. fand seinen Tod auf der Olmützer Burg. Den Status einer Königsstadt erhielt der Ort 1253, im Jahre 1314 wurde er zur Hauptstadt Mährens erkoren, das den Rang einer Markgrafschaft hatte. De facto war Olmütz seit 1187 mährisches Zentrum. Diese Stellung innerhalb der böhmischen Kronländer hatte Olmütz bis 1641. Nachgewiesen ist der Aufenthalt des späteren Kaisers Karl IV. in Olmütz, der hier wichtige Gesetze verfassen ließ.

Das Bistum scheint in allen Religionskriegen auf der Seite des Papstes und der jeweiligen Kaiser bzw. Könige gestanden zu haben. In den hussitischen Kriegen unterstützte Olmütz Kaiser Sigismund, in der Epoche des letzten nationalen Königs Georg von Poděbrad (1458-71) war Olmütz wiederum Schauplatz der Geschichte: Dort wurde 1468 der ungarische König Matthias Hunyady, genannt Corvinus, zunächst ein Verbündeter Georgs, später dessen ärgster Ri-

Jahrzehntelang ließ der mährische Adler die Flügel hängen: Der böhmische Löwe gab den Ton an (links außen).

Renovierte Rathauskunstuhr 1955 (links innen oben).

Barockpracht: Klosteranlage Sv. Kopeček (links unten).

Erker am Haunschild-Palais, Ende 16. Jh. (rechts innen).

Alte Apotheke am Hauptplatz (rechts außen).

vale, mit Unterstützung des Papstes und des Adels zum König von Mähren, Schlesien und der Lausitz proklamiert. Ein Jahr später besiegte Georg Matthias entscheidend, er starb jedoch 1471 plötzlich. Georg, im Volksmund immer noch als „Hussitenkönig" populär, obwohl er sowohl die Volksketzer als auch die hussitischen Prediger verfolgte, unternahm seinerzeit einen vergeblichen Versuch, eine gesamteuropäische Söldnerarmee zu gründen – ohne die Unterstützung Roms und der jeweiligen Kaiser. Durch den *Frieden zu Olmütz* (vertragschließende Parteien: Matthias Hunyadi und Wladyslaw II.) kamen dann die erwähnten drei Länder (bis 1490) zu Ungarn.

Das Zeitalter der Reformation ging auch an der Hauptstadt Mährens nicht spurlos vorbei. Ein Teil der Bevölkerung entschied sich für den neuen Glauben, dessen Boden ein Jahrhundert zuvor die Hussiten in weiten Teilen Böhmens bestellten, bevor Johannes Hus 1415 in Konstanz auf dem Scheiterhaufen endete.

Die Katholiken Olmütz' starteten eine Großoffensive gegen den Protestantismus, die von den Jesuiten geführt wurde. Ihr Seminar, 1566 gegründet, auf sehr hohem Niveau stehend, erhielt schon bald – 1573 als *Universitas Olomucensis* – durch Papst Gregor XIII. und Kaiser Maximilian II. den Rang einer Universität. Der Status wurde in zwei weiteren Dekreten innerhalb eines halben Jahrhunderts bestätigt. Die Theologische Fakultät war von Anfang an für Studenten aus deutschsprachigen Ländern sowie aus Polen und Skandinavien eine begehrte Ausbildungsstätte. Der Philosophischen Fakultät waren auch die Naturwissenschaften angegliedert worden, später kam die Jurisprudenz hinzu. Drei Jahre vor der Säkularisierung im Jahr 1773 – nach der Auflösung des Jesuitenordens – wurde der Universitätsbetrieb nach Brünn (Brno) verlegt – für die stolzen Lokalpatrioten eine bis heute nicht getilgte Schmach. Dort wurde sie sogar zu einem Lyzeum degradiert. Auf Betreiben des Olmützer Erzbischofs (1777 ist das Bistum befördert worden) erließ der Kaiser in Wien zu diesem Jubiläum ein Dekret, worin durch einen Verwaltungsakt des Hofs die Hochschule wieder nach Olmütz verlegt wurde. Sie hieß fortan Kaiserlich-Königliche Franzensuniversität. Die „undankbaren" Studenten wandten sich in den Revolutionsjahren 1848/49 dennoch gegen das Kaiserhaus, was zur Folge hatte, daß ab 1851 alle Zuschüsse ausblieben und 1860 die Universität für lange Zeit geschlossen wurde. Vor allem Naturwissenschaftler hatten nach Studien in Olmütz erfolgreiche Karrieren gemacht. Der Biologe Gregor Mendel, dessen Vererbungslehre bis heute gültig ist, studierte unter anderen da.

Die heutige Universität, seit 1989 *Univerzita Palackého*, rehabilitierte inzwischen etwa 500 Lehrer und Studenten, die von 1948 bis 1989 vom Unibetrieb aus politischen Gründen ausgeschlossen worden waren. Die Universität ehrte als erste Hochschule der neuen ČSFR den Dramatiker auf dem Präsidentenstuhl, Václav Havel, mit dem Ehrendoktorhut.

Die zweite Hälfte des letzten Jahrhunderts stand im Zeichen der Industrialisierung. Inzwischen haben größere Betriebe der Schwerindustrie und des Maschinenbaus ihren Standort in Olomouc, zudem verschiedene Zweige der Lebensmittelindustrie (Brauerei, Schokoladenfabrik, Molkerei, Zuckerraffinerie, Großbäckerei, alkoholfreie Getränke) sowie der Landwirtschaft.

Etwas von der Urbanität Olomouc' verrät die traditionsreiche Blumenausstellung *Flóra*. Früher – in k. u. k. Zeiten – gab es in Olmütz sogar einen Kursalon.

Sehenswürdigkeiten

„Zu einer flüchtigen Besichtigung genügen 4 St.", notierte ein Reiseführer um die Jahrhundertwende. Da der seit Jahrzehnten denkmalgeschützte Altstadtkern mit annähernd 600 Objekten, von denen ein Drittel noch einmal besonders unter Denkmalschutz steht, den Zweiten Weltkrieg weitgehend unversehrt überstand, darf mindestens ein Tag für eine Exkursion veranschlagt werden. Die Fülle der Attraktionen aus sieben Jahrhunderten ist groß, so daß nur einige Beispiele beschrieben werden können.

Aus der **Romanik** blieben größere Fragmente an der Basilika des hl. Wenzel ebenso wie an der Kapelle der hl. Barbara erhalten, Fenster am Přemysliden-Palast und an den Mauern der frühen Burg zählen auch dazu. Der Bergfried an der Mauer der Břetislav-Burg entstand spätestens Anfang des 13. Jh.

Eines der ältesten Baudenkmäler der lebhaften Kreisstadt ist der **Dóm svatého Václava** (hl. Wenzeslaus), dessen herrlicher Kreuzgang und dreischiffiger Innenraum bereits Ende des 13. Jh. entstanden. Die Kreuzgewölbeelemente wurden in der ersten Hälfte des 14. Jh. angebracht. Kardinal Franz von Dietrichstein ließ den Chor zu Beginn des Dreißigjährigen Krieges erweitern, die Krypta wurde 1661 fertiggestellt. Sehenswert ist das Steinrelief der Jungfrau Maria (1483), nur wenig jünger (um 1500) ist die Holzplastik der Krönung Mariä. Die **Renaissance-Kapelle des heiligen Stanislaus** wurde zwischen 1585 und 1598 erstellt und in der ersten Hälfte des 18. Jh. barockisiert. Das neugotische Aussehen bekam der Dom kurz vor 1896.

In dessen unmittelbarer Nachbarschaft liegt der bereits erwähnte **Přemysliden-Palast**, in dem wertvolle spätgotische und Frührenaissance-Fresken (vor 1520 angebracht) beachtenswert sind. Unweit des Doms steht auch die einschiffige frühgotische **Kapelle St. Anna**.

Der gotische Kreuzgang (um 1380) in der **St.-Michael-Kirche** der Dominikaner ist eine der wichtigsten Sehenswürdigkeiten der Stadt; der Turm stammt aus dem Jahre 1482. Der Spätgotik zuzurechnen ist die **Pfarrkirche des hl. Mauritius** (*Kostel svatého Mořice*), deren erster größerer Umbau nach der ursprünglichen Fertigstellung von 1257 Anfang des 16. Jh. abgeschlossen war. Auch diese Kirche weist einen Superlativ auf: Sie enthält die **größte Orgel** Böhmens – ein Meisterwerk Michael Englers aus den Jahren 1740-1745.

Großartig ist der Renaissanceanbau der **Edelmann-Kapelle** von 1572 mit reichhaltigem Steinmetzdekor. Die Kalvarie von 1500 fügt sich harmonisch in den barock gestalteten Innenraum. Kunsthistoriker zählen die Ölbergdarstellung (erste Hälfte des 15. Jh.) zu den schönsten und bedeutendsten mittelalterlichen Plastiken der böhmischen Länder.

Die **Kirche der Unbefleckten Empfängnis Mariä** (*Nejsvatejší Početí Panny Marie*) mit dem angeschlossenen ehemaligen Kloster der Franziskaner-Barfüßler hat ihren spätgotischen, dreischiffigen Charakter bewahrt; in einem Seitenschiff befindet sich ein beachtenswertes Fresko (Mariä Rosenkranzfest, um 1500). Das Kloster ist ebenso barock wie die ehemalige Klosteranlage der Dominikanerinnen bei der einschiffigen spätgotischen **Kirche der hl. Katharina**. Das Ensemble der **Kirche Maria Schnee** (*chrám Panny Marie Sněžné*) mit mehreren Gebäuden der Jesuiten entstand in der ersten Hälfte des 18. Jh. Die Madonna auf dem Hauptaltar wird ins Jahr 1380 datiert. Das Kolleg erbaute wahrscheinlich Christoph Dientzenhofer. Ehemalige Sakralbauten sind auch das Alte und das Neue Konvikt, das Seminarium des hl. Franz Xaver sowie das Depot des Kreisheimatmuseums.

Eine der zahlreichen Attraktionen ist die monumentale **Dreifaltigkeitssäule** auf dem Hauptplatz, an der mehrere Künstler von 1716 bis 1754 arbeiteten. Die kleinere Pestsäule entstand vor 1723. Einmalig ist das Ensemble von sechs überdimensionalen **Brunnen**, die im Zeitraum von 1683 bis 1735 aufgestellt wurden: Herkules- und Neptun-, Jupiter- und Merkur-, (angeblich) Julius-Caesar- und der Tritonenbrunnen.

Von den Profanbauten muß in erster Linie das 1378 erbaute markante **Rathaus**, das zu Beginn des 16. Jh. erweitert wurde, erwähnt werden. Um 1491 wurde die einbezogene **Hieronymus-Kapelle** (*kaple svatého Jeronýma*) mit Fresken vollendet. Das Portal stammt von 1530, der zweiarmige Treppenaufgang (mit einer Loggia) kam 60 Jahre später hinzu. Nach einigen Ergänzungen in der Renaissancezeit wurde das Alte Rathaus 1903 rekonstruiert. Die im Krieg beschädigte **astronomische Uhr**, die zweitälteste nach der Altstädter in Prag, wurde renoviert; der prominente Nationalkünstler Karel Svolinský, in Olomouc geboren, besorgte 1955 die sozialistisch inspirierte Ausmalung der Rückwand hinter dem Zeitmesser.

Eine Anzahl von ehemaligen **Kaufmannshäusern** verrät etwas vom Geist der Stadt in früheren Jahrzehnten. Das Edelmann-Palais und das Haunschild-Palais stammen jeweils vom Ende des 16. Jh., Petrášův palác, ein zweistöckiges Haus, bekam sein Gewand im Barock. Eher selten sind die Stilrichtungen des Klassizismus und Empire vertreten: Wohnhäu-

Dom des heiligen Wenzel – neugotische Türme für eine romanische Basilika aus dem 12. Jh. (links außen).

Russisch-orthodoxe Kirche (links oben).

Das Renaissancerathaus bekam 1903 sein heutiges Aussehen (links innen).

Barocktor, erbaut zu Ehren Maria Theresias – beliebter Kinderspielplatz (rechts).

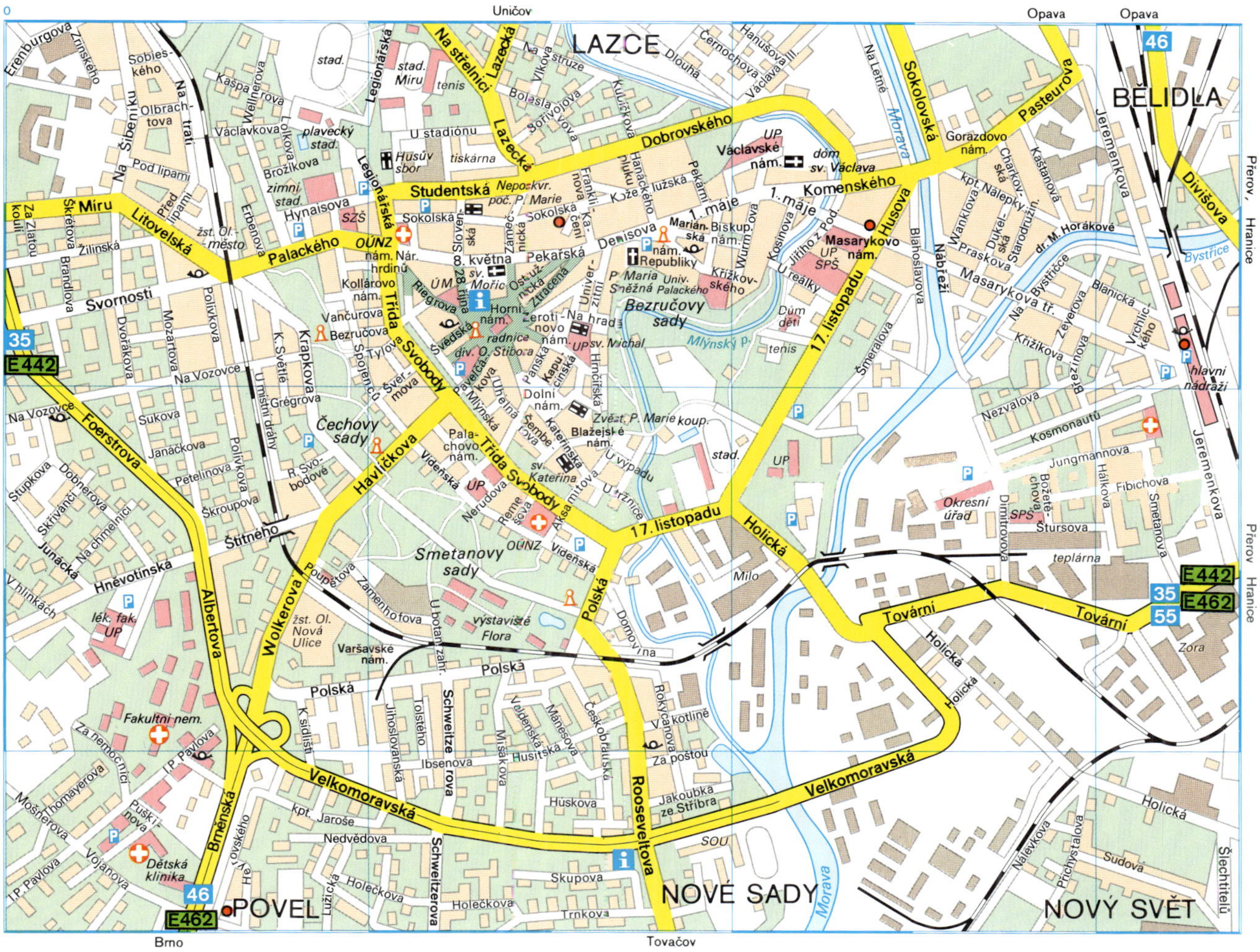

ser und je eine Apotheke, Kaserne sowie das Theater tragen die charakteristischen Merkmale.
Bei einem ausgedehnten Spaziergang wird der interessierte Besucher auch einige Jugendstilgebäude entdecken. Im kubistischen Stil ist die **Hruban-Villa** erstellt, das Verwaltungsgebäude des Krankenhauses hingegen im berühmten Stil des mährischen Funktionalismus, wie er ansonsten für Brünn so typisch ist.
Noch zum Stadtgebiet gehört der Barockklosterbau **Hradisko**, das größte Prämonstratenserkloster des Kontinents. Ein halbes Jahrhundert (1686-1736) wurde an dem *Mährischen Escorial* gebaut, etwa zur Hälfte des 18. Jh. waren alle Arbeiten ausgeführt; jedoch schon 1784 wurde das Kloster aufgelöst. Ein lohnenswerter Ausflug sei empfohlen: Der Hügel mit einer großartigen **Wallfahrtskirche** von 1714-21 heißt wieder heilig (*Svatý Kopeček*), dem der Poet Jiří Wolker (1900-1924) ein unvergängliches Gedicht widmete, das in Olomouc wirklich jedes Schulkind kennt:

„Auf einem grünen Hügel wallt
die gelbe Kirche
als Banner dieser still geweihten
Landschaft.
Svatý Kopeček – Ausflügler
kommen her und Pilger...
hier ist die Jungfrau Maria
erschienen, und noch heute
erscheint sie alten Weiblein mit
Buckelkörben
und Kindern, die Reisig suchen
im Wald.

Hier fahr ich her, seit ich
geboren bin...
begierig nach göttlichem Wort,
ich,
erwachsener Bursche, Student
und Sozialist,
glaub an mich selber,
an die Erfindungen aus Metall
und
an den guten Jesus Christ...“

Information
Čedok
Horní Náměstí 2
77103 Olomouc
Tel. (0 68) 5 22 34 38

Festkalender
Alle zwei Jahre Blumen- und Gartenschau *Flóra Olomouc* im Botanischen Garten. *Olomoucké hudební jaro* – Olmützer Musikfrühling. Orgelfestival im September.

Tips
Kreisheimatmuseum mit Sammlungen zu Geologie, Kunsthandwerk, Volkskunst und Musikinstrumenten. Klášter Hradisko, 1 km vom Dom entfernt, einst größtes Prämonstratenserkloster Europas.
Ausflug: zur barocken, auch landschaftlich herrlich gelegenen Wallfahrtskirche Svatý Kopeček.

Ostrava
Böhmens Kohlenpott

Hochöfen und Fabriken, Fördertürme und Abraumhalden beherrschen seit der industriellen Revolution das Stadtbild. Die größte städtische Zusammenballung der Republik steht am Anfang einer Wandlung. Dem geologisch und ökologisch Interessierten eröffnen sich viele Einblicke.

Geschichte

Es gab Zeiten, da konnte man offenbar auch dem Smog eine gewisse Poesie zuschreiben, wie der heimische Künstler Vilém Závada (geboren 1905 in Ostrava-Hrabová, gestorben 1982 in Prag) in seiner Lyrik dies tat:

Aus der Tiefe des Herzens
kommen Hymnen empor
...wie zum Himmel
sich wälzt dichter Rauch
über der schwarzen Landschaft
ewig überhitzt...

Zwei-, dreimal mindestens ist die Geschichte in Ostrava neu geschrieben worden: eine über die Jahrhunderte bis zur Jahrhundertwende, eine neue dann in den Zeiten des aufkommenden Nationalismus. Eine weitere Geschichtsschreibung setzte nach 1945 ein, als Ostrava zur sozialistischen Stadt erklärt wurde, in der die höchsten Arbeitsnormen erfüllt werden. Und so las sich vor dem Ende des Sozialismus 1989 die Geschichte der letzten 40 Jahre als eine lange Reihe von Erfolgsmeldungen des „werktätigen Volkes". Gegenwärtig schließen die ersten Bergwerke, aus denen in zweihundert Jahren Millionen von Tonnen zutage gefördert wurden, wegen mangelnder Rentabilität. Die Stadtverwaltung hatte auf jedem Elektromast einen roten Stern anbringen lassen; mancher in diesem *mährischen Kohlenpott* hätte Meßsonden für Kohlendioxydwerte wohl nützlicher gefunden.

Gedanken über Politik können auch beim Besucher in dieser von Arbeit und Industrie geprägten Region nicht ausbleiben: kilometerweit Kamine, Fördertürme, Halden und Kräne und auch ein Atomkraftwerk kann man nicht übersehen. Und dennoch – zwischen all den industriellen Anlagen – sind Apfelplantagen und Fischteiche, Schrebergärten und Sportplätze anzutreffen. Doch eine Idylle der Werktätigen? Die Poesie des Alltags im Revier?

Aus der an vier Flüssen (Lučina, Ostravice, Opava, Odra) im Ostrava-Karviná-Steinkohlebecken gelegenen Stadt sind kaum nachhaltige Ereignisse aus dem Mittelalter überliefert. Die Siedlung entstand an der Stelle einer slawischen Marktgemeinde, die an einem Handelsweg von Deutschland nach Polen lag. Der Grenzort entfaltete sich erst ab dem 14. Jh., als er das Recht erhielt, die Siedlung zu befestigen und Märkte abzuhalten. 1512 fiel Ostrau dem Olmützer Bischof zu. Zu jener Zeit hatten sich schon Handwerker niedergelassen: Tuchmacher, Leinweber, Schmiede, Binder und Böttcher. Diese Entwicklung wurde durch den Dreißigjährigen Krieg gestoppt: Die Bevölkerungszahl ging um die Hälfte zurück, die Handwerker wurden rar, die Wochen- und Jahrmärkte fanden nicht mehr statt.

Nach den Schlesischen Kriegen wurde Ostrau zu einer Schaltzentrale Österreichs im Handel mit dem neugewonnenen Galizien. Das Handwerk erhielt nun Aufschwung. Zu jener Zeit wurden die ersten Steinkohlevorkommen entdeckt. Freilich brachte erst die industrielle Revolution neuen Wohlstand. Der Erzbischof (!) war an der Gründung der Eisenwerke in Vítkovice beteiligt, die *Ferdinand-Nordlinie* verband die Industriebetriebe mit dem Mutterland Österreich. Die Stadtmauern wurden geschleift, die Industriemetropole sprengte bald alle Grenzen. Von periodischen Krisen begleitet, wurden ständig neue Schächte erschlossen, die Landschaft wurde immer schwärzer, die Kamine rauchten – die einen nannten es Erfolg, die anderen sprachen von sozialer Ungerechtigkeit und Ausbeutung.

Im Zweiten Weltkrieg versorgten die „Hermann-Göring-Werke" die Wehrmacht von hier mit Kriegsmaterial. Deutsche übernahmen auch die Stadtverwaltung. Ende April 1945 befreite die Rote Armee Ostrau von der deutschen Besatzung. In der Zeit des Sozialismus rollten dann Tausende von Waggons in Richtung Sowjetunion. Inzwischen rollen die Züge nach Osten nicht mehr, und der Westen ist wählerisch und wünscht Qualitätskohle. Auch Ostrava begibt sich auf die Suche nach einer neuen Zeit...

Sehenswürdigkeiten

Seit 1950 wurden Siedlungen für mehr als 300 000 Einwohner aus dem rissigen Boden gestampft, Einheitsblocks, zwischen denen die Grünanlagen dünn gesät sind. Und dennoch gibt es größere Grünzonen in dieser Region, die drei Dutzend Orte umfaßt. Die nahen **Beskiden** sorgen für willkommene Abwechslung jenseits der Industrielandschaft. Nichts mehr vom Smog zu merken ist in **Bad Darkov** bei **Karviná**, dessen Jodbromwasser viermal stärker ist als jenes der wenigen vergleichbaren westlichen Bäder.

Die städtische Zusammenballung – insgesamt größer als das frühere Berlin-West – ist in mehrere Ab-

Ostrava – das war mehr als vier Jahrzehnte das Aushängeschild des Sozialismus (links jeweils unten).

Ein überdimensionales Mosaik ziert einen Supermarkt mit Szenen, über die heute geschmunzelt wird (links außen).

Das moderne Sportstadion in Vítkovice (links innen).

Eines von drei Theatern der Großstadt (rechts).

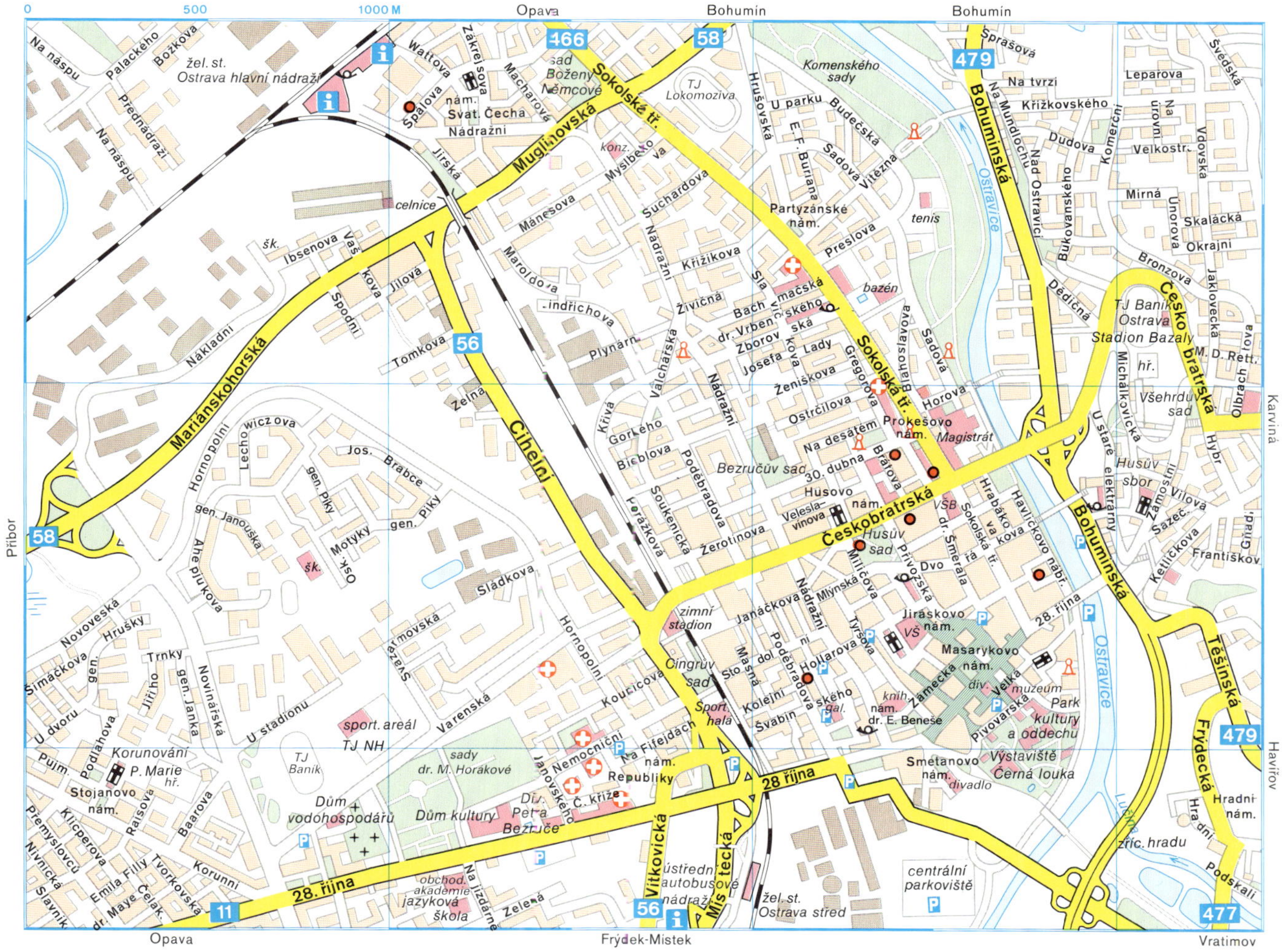

schnitte geteilt. In Moravská Ostrava, dem alten, historischen Ostrau, steht die **Wenzeslauskirche** (*kostel svatého Václava*) aus der zweiten Hälfte des 13. Jh., die mehrfach umgebaut wurde. Interessant neben all dem historisch Verwandelten ist das Original-**Kreuzgewölbe**; der Altarraum entstand um 1400. Aus der zweiten Hälfte des 16. Jh. stammt die hölzerne **Pfarrkirche** mit einem vierschenkligen Turm – geweiht der hl. Katharina in Hrabová (Ostrava 4).

Im **Alten Rathaus** (erbaut im 16. Jh., mit barockem Turm) ist das städtisch-regionale Museum untergebracht – mit mehreren Sammlungen, von denen diejenige zur schlesischen Volkskunst hervorsticht. Für alle erdkundlich Interessierten lohnt sich der Einblick in die naturwissenschaftlichen Sammlungen mit Gegenständen rund um den Bergbau. Die bescheidenen Reste der **Burg Landek** (270 m ü. M.) sind auf einem geologisch interessanten Gelände plaziert: Die Kohleschichten reichen bis an die Erdoberfläche, das Areal ist ein **Freilichtmuseum**. Der Aufenthalt in dieser Region vermittelt eine ungewöhnliche Erfahrung von Geologie und Ökologie.

Die **Galerie moderner Kunst** in Alt-Ostrau birgt eine der besten Sammlungen einheimischer bildender Kunst aus den letzten zwei Jahrhunderten. Einige Schlösser in der Region wurden nach der Enteignung für sehr profane Zwecke hergenommen: In Kunčice ist ein Lebensmittellager eingerichtet, in Polanka wurden Samen der LPG gelagert, in Zábřeh ist das Büro einer Wohnungsgesellschaft untergebracht. Lediglich das Schloß von Poruba dient weiter den höheren Weihen: Eine Kunstschule fand darin ihre Räumlichkeiten.

Aus der ersten Hälfte dieses Jahrhunderts fallen einige Gebäude im Stadtkern auf. Drei Theater bringen Abwechslung, die Sportmannschaften von Baník Ostrava und TJ Vítkovice sind in Fußball und Eishockey erfolgreich; Baníks Team wurde Pokalsieger und Meister.

Information
Čedok
Nádražní ulice 9
72993 Ostrava
Tel. (0 69) 23 15 83

Festkalender
Alljährliches Festival über Umweltgestaltung: Ekofilm. Musikalisches Festival *Janáčkův máj* im Mai.

Tips
Ostravské Muzeum. Zoo. Burg Landek mit naturbelassener Kohleschicht an der Erdoberfläche (Naturlehrpfad).
Ausflüge: Wald-Naturreservat *Polanský les* an der Oder (*Odře*). Auf dem Areal *Černá louka* (Schwarzwiese) sogenannte Wandernde Felsen (*Rovinské balvany*), die in der Eiszeit angeschwemmt wurden.
In die nahen Beskiden und ins Mittelgebirge Jeseník.

Pardubice
Pferd und Pfefferkuchen

Aus Pardubice kommen köstliche Lebkuchen. Das halbe Pferd im Stadtwappen entstammt der Legende, und legendär ist auch das Große Pardubitzer Steeplechase-Hindernisrennen, das seit 1856 alljährlich die Reiterelite der Welt ins Ostböhmische lockt.

Geschichte

Die Historie von Pardubice – der deutsche Name Pardubitz weicht von der tschechischen Version nicht einmal lautlich ab – ist über Jahrhunderte hinweg fast untrennbar mit der Geschichte der Burg verbunden, die später zu einem Schloß umgestaltet wurde. Die Besitzverhältnisse änderten sich häufig, wie es charakteristisch ist für viele Burgen des Mittelalters. Allein während der Hussitenkriege im 15. Jh. finden sich mehrere Burgherren in den ohne Lükken überkommenen Geschichtsbüchern.

Verbrieft ist, daß die Ansiedlung unterhalb der Burg schon etwas vor der recht späten Verleihung der Stadtrechte im Jahre 1340 bestand. Mag sein, daß die topographische Lage der Stadt, die sumpfige Landschaft in dem erst nach der Kultivierung fruchtbaren *Pardubitzer Kessel* mit seinen ausgedehnten Wäldern, nicht besonders einladend war. Eine gewisse Bändigung der Ströme gelang erst im 16. Jh., als ein Kanal um den Ort gebaut wurde. Die strategische Lage auf dem Wege durch Ostböhmen (von Königgrätz nach Chrudim) veranlaßte die Burgherren im 13. Jh., eine kleine Befestigung zu bauen.

Zum ersten Mal wird der Pardubicer Orden mit der Kirche des hl. Bartholomäus 1295 in einer Bulle des Papstes Bonifatius VIII. erwähnt. Bis zum ersten Drittel des 14. Jh. sind mindestens drei verschiedene Besitzer der Burg nachgewiesen. Als Arnošt von Hostyně von König Johann von Luxemburg geadelt wurde, war es gesellschaftlich ein Muß geworden, die Burg zu einer kleinen Festungsstadt auszubauen. Arnošts gleichnamiger Sohn (1310 – 1364) wurde für die Verdienste bei der Kolonisierung Ostböhmens sogar zum Prager Erzbischof ernannt. Der Geistliche wurde Berater Kaiser Karls IV., für den er diplomatische Missionen ausführte. Zu jener Zeit ließ er als Dank für die Erteilung des Rechts durch den König, Maut bzw. Zoll an der Elbfurt zu erheben, die Verkündigungskirche der Jungfrau Maria erbauen. Die Einkünfte wurden zusätzlich durch Einnahmen aufgebessert, die Elbschiffer für den Transport von Holz zu zahlen hatten. Eine praktische Lösung für *Ora et labora*!

Während der Hussitenkriege hatte die Burgfestung prominente Herren: die Gebrüder Viktorin und Boč aus Kunštát und Poděbrady, wobei Viktorin der Vater des protestantischen Königs Georg (*Jiří*) von Podiebrad war. Dieser Umstand bot Schutz vor Verwüstungen in den religiösen Kämpfen, die eine Zeitlang große Teile Böhmens erschütterten. Schäden erlitten nur die Exponenten des katholischen Glaubens – das Kloster der Cyriaken und die Bartholomäuskirche.

1435 hieß der neue Besitzer Diviš Bořek, der zunächst Hauptmann der Hussiten war, sich später aber gegen die eigenen Verbände wandte. Kaiser Sigismund wußte solche Dienste zu schätzen – Diviš gehörte fortan zum Kreis der Botschafter. Nach einem halben Jahrhundert des Verfalls erwarb Wilhelm von Bärenstein (*Pernštejn*) und zu Helfenstein 1491 die Burg. Er galt als tüchtiger Landherr, der bald ein halbes Dutzend Städte und zehnmal so viele Gemeinden sein eigen nannte. Schließlich zählte er gemeinsam mit dem Geschlecht der Rosenbergs zu den mächtigsten Häusern in Böhmen. Die Geschichtsschreiber rühmen seine religiöse Toleranz noch *vor* der Reformation.

Nach einem Stadtbrand (1507) ergänzten die Baumeister die spätgotischen Reste mit Renaissanceelementen, die zum Teil noch heute zu entdecken sind. Innerhalb eines Jahrzehnts veränderte sich das Gesicht der Stadt: Neue Kirchen entstanden, die Bartholomäuskirche wurde erneuert, ein Armenhospital erbaut. Pardubitz erhielt einige Privilegien, Handwerker siedelten sich an, das Bürgertum gewann Einfluß. Auch die Burg selbst wurde baulich verändert, die Arkaden im Hof des nunmehr zweistöckigen Gebäudes sind bis heute erhalten.

Wilhelms Erbe Adalbert war im Jahre 1526 als Hofmeister am Königshof sogar als einer der Thronkandidaten im Gespräch. Der Kinderlose hinterließ seinen Besitz dem Bruder Johann, der Pardubitz weiterhin ausbaute. König Ferdinand I. muß offenbar so angetan gewesen sein von der Stadt an der Elbe, daß er den Besitz erwarb und ihn 1564 der Böhmischen Königskammer einverleibte. Fast dreihundert Jahre (bis 1856) blieb dieses Verhältnis so erhalten. Inzwischen wurde die Burg zum Schloß umgewandelt, an dem auch das Kaiserhaus in Wien sein Interesse bekundete: Nach Karl VI. kam 1761 Maria Theresia nach Pardubitz, ihr Sohn Joseph II. war sogar zweimal dort

Information
Čedok
Palackého Ulice 1947
53104 Pardubice

Festkalender
Das schwierigste, von Tierschützern verachtete Pferdehindernisrennen des Kontinents (7200 m, 32 Hindernisse), nach englischem Vorbild (Liverpool), die *Velká pardubická steeplechase*, sorgt alljährlich im Herbst für Nervenkitzel der Wettfans. – Motorradfreunde besuchen das Rennen um den „Goldenen Helm".

Tips
Theaterbesuch. Kreismuseum im Schloß mit Waffensammlung.
Ausflüge: Burg Kunětická Hora mit barockem Mobiliar; Chlumec nad Cidlinou mit dem Barockschloß Karlova Koruna.

(1771, 1778). Die Ära des Barock hinterließ im Schloßinneren ihre Spuren.
In der ersten Hälfte des vergangenen Jahrhunderts verfiel das Schloß zusehends, so daß sich die Hofkammer gezwungen sah, einer privaten österreichischen Bank die Aufteilung zu überlassen. Der Wiener Industrielle Richard Drasche erwarb 1881 die bereits verkleinerte Domäne. Er verkaufte jedoch das Schloß 1920 dem örtlichen Museumsverein, der darin schon 1892 seine ansehnlichen Sammlungen untergebracht hatte. In der Zeit der Inflation wurde die Finanzierung unmöglich, und die entstandenen Schäden vermochte nach 1953 auch die sozialistische Gesellschaft nicht vollständig zu beheben, als das Schloß vom Kulturministerium zum Staatskulturgut ernannt wurde. Ein Jahrzehnt später, 1964, wurde der Stadtkern von Pardubice zum denkmalgeschützten Distrikt erklärt. – Weithin berühmt sind heute die traditionsreiche Herstellung von Lebkuchen (*perník*) und das gefürchtete Pferdehindernisrennen *Velká pardubická steeplechase*.

Sehenswürdigkeiten

Die **Kirche des hl. Bartholomäus** (*kostel svatého Bartoloměje*) stammt ursprünglich zwar aus dem 13. Jh., ihre heutige Form jedoch erhielt sie weitgehend in der ersten Hälfte des 16. Jh. Ihr Inneres ist das Ergebnis barocker Umgestaltung. Etwas sonderbar muten die panslawistisch-orthodox inspirierten Anbauten aus den Jahren 1912/13 durch Boža Dvořák an. In der **Kirche Mariä Verkündigung** (*kostel Zvěstování Panny Marie*), erbaut nach dem Stadtbrand Anfang des 16. Jh., ist der spätgotische Altarraum außergewöhnlich gewölbt. In der früheren Vorstadt fällt die 1938 bis 1940 restaurierte **Kirche des Johannes des Täufers** (*kostel svatého Jana Křtitele*) auf, die als Spitalkirche angelegt war und in der zweiten Hälfte des 16. Jh. umgebaut wurde.
Von den Profanbauten ragt das **Schloß** hervor, dessen wechselvolle Historie schon beschrieben wurde. Die ältesten Teile stammen vom Ende des 14., Anfang des 15. Jh., sehenswert sind die Renaissancearkaden in dessen Hof. Recht hübsch, wenn auch renovierungsbedürftig, ist das Portal aus der ersten Hälfte des 16. Jh., etwa jenem Zeitraum, aus dem auch die ältesten erhaltenen Säle stammen. Seither ist das Schloß, der heutige Sitz des Kreismuseums, aufgestockt worden. Im Volksmund spricht man auch vom *böhmischen Nürnberg*.
Ein dunkles Kapitel gibt es in der Geschichte des neugotischen **Zámeček** (Schlößchen), wo im Jahre 1942 nach dem Attentat auf SS-Führer Reinhard Heydrich etwa zweihundert Tschechen ermordet wurden. An die Opfer einer Pestepidemie erinnert die 1695 errichtete **Mariensäule**, die 1777 mit mehreren Rokokofiguren von Jakob Teplý dekoriert wurde.
Pernštýnovo náměstí, einer der schönsten böhmischen Stadtplätze, zeigt hübsche Häuser, die im 17. oder spätestens im 18. Jh. ihr Antlitz erhielten. Mehr noch als das mit Sgraffiti versehene **Rathaus** im Neorenaissancestil fasziniert die Fassade des Hauses **U Jonáše** (Zum Jonas). Die biblische Geschichte des Propheten, der vom Wal verschluckt wurde, ist über zwei Stockwerke in Szene gesetzt. – Vom Panoramaturm oberhalb des Grünen bzw. Prager Tors (*Zelená* resp. *Pražská brana*) offenbart sich die ganze Schönheit der Innenstadt.

Den schmucken Hauptplatz der denkmalgeschützten Stadt beherrschen drei Türme: Zwei gehören zum Neorenaissancerathaus aus dem Jahre 1894, der linke Turm wird Grüner genannt (links).

Theater (rechts ganz oben).

Viele Fresken und Fassaden wurden über Jahrhunderte bewahrt (rechts innen Mitte; rechts außen).

Renaissanceschloß, rechts spätgotische Bartholomäus-Kirche (rechts unten).

Plzeň
Pils und Puppen

Die Industriestadt Pilsen, die einer Biersorte den Namen gab, zählt zu den jüngsten Städten der alten böhmischen Kronländer. In Plzeň erblickten das Licht der Welt: das Škoda-Automobil, die Marionetten Špejbl und Hurvínek und die Sänger Peter Alexander und Karel Gott.

Geschichte

Kaum ein Biertrinker in Thailand oder in der Dominikanischen Republik wird wissen, daß der Name Pilsner im vergangenen Jahrhundert für ein bitteres helles Bier in Westböhmen geprägt wurde. In der Karibik braut man übrigens ein *Bohemia*-Bier...

Bis zum letzten Jahrhundert ging Pilsens Ruf kaum über die Landesgrenzen hinaus. Unweit der heutigen Großstadt, in Starý Plzenec (9 km entfernt, 4500 Einwohner), stand auf dem Berghügel Hůrka eine altslawische Burg, wo eine Rotunde aus dem 10. Jh. erhalten blieb. Sie – Petrus geweiht – ist eines der ältesten Baudenkmäler des Landes; ein *Nationales Kulturdenkmal*. Fachleute rechnen sie dem ottonischen Stil zu. In ihrer Apsis wurde der Originalaltar unversehrt vorgefunden. Die Fürstenburg wurde zum ersten Mal im Jahre 976 in der Chronik des angesehenen späteren Bischofs Thietmar von Merseburg erwähnt. Damals muß eine Pilsner Truppe einen bayerischen Kampfverband angegriffen haben, der unterhalb der befestigten Burgstätte sein Lager aufgeschlagen hatte. Der Sitz war aus strategischen Gründen auf dem 451 m hohen Berg an der alten Handelsstraße angelegt worden, die Prag mit Bayern und Franken verband. Vom Tal des Flusses Úslava aus konnte die Burg nicht eingenommen werden. Eine Reihe von Gräbern um die Rotunde beweist, daß die nahe Burg in frühchristlicher Zeit besiedelt war. Die Toten wurden jedoch nach dem orthodoxen Ritus bestattet. Fürst Jaromír soll hier Anfang des 11. Jh. byzantinische Münzen (denar) geprägt haben.

Die Burg erlebte ihre Blüte vom 11. bis zum 13. Jh. Mehrere böhmische Fürsten und später auch Könige sollen sich auf Hůrka kurz aufgehalten haben. Warum die Burg in der zweiten Hälfte des 13. Jh. verlassen wurde, ist nicht bekannt. Vermutungen zufolge war ihre Umgebung wenig geeignet, hier eine königliche Stadt auszubauen.

Ein neuer Standort wurde bestimmt. Am Zusammenfluß von Mže (Mies) und Radbuza sowie von Úhlava und Úslava wurde im Jahre 1295 von König Wenzeslaus (Václav) II. eine neue Stadt gegründet – Nová Plzeň (*plzký* bedeutet im Tschechischen etwa *glitschig, schlüpfrig, schmierig*). Die vier Flüsse ergeben einen neuen Ministrom – die Berounka. Alle fünf genannten Wasserwege eignen sich übrigens hervorragend für Wildwassersport.

Das 14. Jh. brachte wichtige Kontakte mit den alten Handelsstädten Regensburg und Nürnberg. Pilsen erlebte die erste wirtschaftliche Blüte, wenn auch keine spektakulären Ereignisse in den Chroniken jener Epoche verzeichnet sind. Offenbar überwog die Beständigkeit, die dazu führte, daß die Kleinstadt bald zu den führenden Königsstädten Böhmens zählte. Sie verhielt sich in den hussitischen Kriegen konservativ, blieb auf der Seite des Monarchen. Sie konnte einige Angriffe der protestantischen Heere erfolgreich abwehren. Aus dieser Standfestigkeit vermochten die Ratsherren im folgenden Jahrhundert Vorteile zu ziehen, wie das prunkvolle Rathaus beweist.

Dessen Vorgänger, das Große Haus aus dem 15. Jh., wurde 1559 durch einen repräsentativen, beinahe monumental wirkenden Bau ersetzt. Das dreistöckige Verwaltungsgebäude beherrscht die Fassadenfront an der Nordseite des großzügig angelegten Hauptplatzes. Als Baumeister wird Giovanni di Statio aus dem schweizerischen Lugano angegeben, von dem wahrscheinlich auch das große Wandgemälde von 1574 mit den Initialen G.S. stammt. Zu jener Zeit waren zahllose Handwerker aus Italien nördlich der Alpen beschäftigt. Kunstexperten bemängeln die Proportionen: Man habe hier versucht, den florentinischen Palaststil in eine schlichte Umgebung hineinzuzwängen. Das lasse sich vor allem in den Innentrakten und im Hof nachvollziehen. Den Besucher wird jedoch auf jeden Fall die Fülle der Sgraffiti begeistern, die Gestalten aus der böhmischen

Eineinhalb Jahrhunderte (seit 1842) wird hier ein vorzügliches Bier gebraut: das Tor der Pilsener Brauerei (links außen).

1899-1902 wurde das Theater (Neorenaissancestil) erbaut (Mitte unten).

Gemälde in der Brauereigaststätte (rechts oben).

Ein paar Blumen aus dem Vorgarten werden einen Käufer finden (rechts außen oben).

Beliebter Sgraffitoschmuck (rechts unten außen).

Geschichte darstellen. Übrigens finden sich über zwei Dutzend Fresken und Sgraffiti an verschiedenen Fassaden des denkmalgeschützten Stadtkerns, die Zeichnungen des Porträtisten und Historienmalers Mikoláš Aleš (1852 bis 1913) nachempfunden sind. An das Rathaus ist das Kaiserhaus (*Císařský dům*) angeschlossen; es stammt aus dem Jahr 1606.
Wesentlich älter ist die Dominante der Stadt, die Kirche des hl. Bartholomäus, deren Anfänge ins ausgehende 13. Jh. datiert werden. Der Kirchenprachtbau – der Deutschritterorden trat eine Zeitlang als Schutzherr auf – war in der zweiten Hälfte des 15. Jh. vollendet, danach wurden nur noch kleinere Änderungen vorgenommen.
Verbrieft ist in den Annalen, daß im Jahre 1621 der Heerführer Tilly Pilsen befehligte. Herzog Albrecht von Wallenstein (die Tschechen nennen ihn Valdštejn) nahm 1634 in Pilsen mehreren Offizieren den feierlichen Schwur ab, ihm – und gegebenenfalls nicht dem Kaiser – die Treue zu halten. Verrat bewirkte, daß 24 Verschwörer gehenkt wurden, Wallenstein selbst kam nur bis Eger (Cheb), wo er noch im Februar desselben Jahres erstochen wurde.
Wie in vielen anderen Städten Böhmens (und großen Teilen Europas) brachte die Zeit nach den Kämpfen der Reformationsära und nach dem Dreißigjährigen Krieg eine gewisse Stagnation, obwohl die Stadt nicht zerstört worden war.
Erst die Barockepoche setzte wieder einige Akzente in dem Ort, dessen Geschichte lange deutsch geschrieben wurde. Der Druck des ersten Buchs in tschechischer Sprache – *Trojanische Chronik* – in den sechziger Jahren des 15. Jh. war in dieser Hinsicht eher eine Ausnahme. Ein Minoritenkloster aus dem 13. Jh. (heute Westböhmisches Museum) mit der Kirche der Auferstehung der Jungfrau Maria wurde 1712/13 barockisiert, danach wurde auch das Kloster der Dominikanerinnen mit der Kirche St. Anna im Barockstil umgestaltet. Baumeister war in beiden Fällen Jakobus Auguston.
In der zweiten Hälfte des vergangenen Jahrhunderts besann sich die Bürgerschaft der einst gepflegten Tugenden: Pilsen wuchs rasch zu einer Industriestadt heran. Die ehemaligen Werke des Ing. Emil Škoda (nach ihm ist auch das Automobil benannt) feierten 1989 ihr 130jähriges Jubiläum. Die berühmte Urquell- bzw. Prazdroj-Brauerei begeht 1992 den 150. Jahrestag ihrer Gründung. Heute spricht man allerdings auch über die weniger erfreulichen Konsequenzen der Industrialisierung, wie sie im Zeichen des Sozialismus noch verschärft wurden: die ökologischen Belastungen durch die Betriebe der Schwerindustrie, die Waffenexporte in die Länder der dritten Welt…

Sehenswürdigkeiten

„Zur flüchtigen Besichtigung Pilsens genügen 3 Stunden", notierte 1898 ein *Handbuch für Reisende durch Österreich-Ungarn* in seiner fünfundzwanzigsten Auflage. Nun, fast hundert Jahre später, wird man gewöhnlich den Aufenthalt in Pilsen ausdehnen, selbst wenn man nicht an der Betriebsbesichtigung in der **Urquell-Prazdroj-Brauerei** teilnimmt, die mit einer zünftigen Mahlzeit und einem halben Liter Freibier endet. Auf dem Rundgang gelangt man auch in einen Teil des mehrere Kilometer langen Kellerlagers. Übrigens, in beiden Ländern gilt die 0,0-Promille-Grenze für Autofahrer, auch für ausländische! Zu sehen ist einiges in dem denkmalgeschützten Stadtkern, wobei man sich von aufgerissenen Straßen nicht abhalten lassen sollte, die Erkundung fortzusetzen.
Ein empfehlenswerter Einstieg ist der Besuch von zwei, drei Museen, selbst wenn nicht überall deutschsprachige Tafeln angebracht sind.
Das **Westböhmische Museum** (*Západočeské muzeum*), dessen Bestände in mehreren Häusern der Innenstadt verstreut sind, zeigt von naturwissenschaftlichen Themen über die Kunst der Bierbrauens bis hin zur Hinterglasmalerei Sammlungen aus acht Jahrhunderten. Eine hübsche Kollektion enthält Schlösser und Schlüssel sowie Gitter – etwas auch für Laien, die die handwerkliche Kunst früherer Jahrhunderte zu schätzen wissen.
Eine Ergänzung mag die **Západočeská galerie** bieten, die Gemälde und Skulpturen ab dem

14. Jh. präsentiert. Sie vereinigt mehrere Sammlungen, die nach 1945 zusammengelegt wurden. Vorhanden sind mehrere tausend Exponate, wovon eine systematische Sammlung tschechischer Kunst des 19. und eine des 20. Jh. hervorgehoben werden muß. Allein das Ambiente ist sehenswert: Die Westböhmische Galerie ist in dem schön restaurierten Gebäude der **Fleischbänke** (*Masné krámy*) untergebracht, die ihren Usprung im 13. Jh. haben und 1856 im neogotischen Stil umgestaltet wurden. In Pilsen ist auch die erste **Galerie der kindlichen Darstellung** daheim. Sie wurde 1979 gegründet, als dritte in der Welt, was auch von der UNESCO mit Lob bedacht wurde.

Die Innenstadt wird beherrscht von der mächtigen dreischiffigen **St.-Bartholomäus-Kirche**, deren Turm mit 103 Metern der höchste Kirchturm des Landes ist. Die gotische Kirche, in mehreren Etappen gebaut, enthält im Kirchenschiff Merkmale der mitteldeutschen Bauweise. Zu diesen Teilen des ersten Drittels des 14. Jh. kamen im selben Jahrhundert der Altarraum und die beiden Türme hinzu. Bis 1470 wurde die Deckenornamentik angebracht, wie sie heute noch zu sehen ist. Eines der Kleinodien böhmischer Kirchenkunst ist in der Kirche ausgestellt: die berühmte **Pilsner Madonna** aus der Periode

Natürlich hoch im Ansehen stehen in Pilsen die Bierbrauer – hier an der Brauereigaststätte (links außen).

Bürgerhäuser – stilvoll mit Sgraffiti versehen (links oben).

Der höchste Kirchturm des Landes (103 m) ziert die gotische Hl.-Bartholomäus-Kirche auf dem Hauptplatz (links unten).

Das Renaissancerathaus wurde historisierend mit Fresken bemalt (rechts).

um 1400. Wertvoll sind auch die Kalvarien-Figuren aus der zweiten Hälfte des 15. Jh. an den Pfeilern. Die spätgotischen Skulpturen der hl. Barbara und der hl. Katharina sind Schöpfungen des frühen 16. Jh.

Der Einfluß der Parler ist bei der Gestaltung des einstigen **Minoritenklosters** (das später auf die Franziskaner überging) für Kunsthistoriker erkennbar, das offenbar gleichzeitig mit der Gründung von Nova Plzna (so eine alte Urkunde) und der **Kirche Mariä Himmelfahrt** (*Nanebevzetí Panny Marie*) in den letzten Jahren des 13. Jh. entstand. Der frühgotische Chorraum stammt aus der Gründungsphase, im 14. Jh. wurde der Klosterkreuzgang vollendet. Mitte des 15. Jh. erhielt die Kirche ihre gotische Decke. Der barocke Kircheneingang geht auf das erste Viertel des 18. Jh. zurück.

Das **Kloster der Dominikanerinnen** mit der Kirche der hl. Anna wurde Ende des 15. Jh. erbaut, im ersten Drittel des 18. Jh. jedoch vollständig barock umgestaltet. Wertvoll ist das Mobiliar der Kirche aus dieser Zeit.

Im Stil der Gotik (15. Jh.) entstand – damals noch außerhalb der Stadtgemarkung – die einschiffige **Friedhofskirche des hl. Nikolaus**, in deren Schiff später Renaissancegewölbe angebracht wurden. Die ebenfalls einschiffige **Allerheiligenkirche** (*Kostel Všech svatých*) im Ortsteil Malice ist offenbar noch älter, sie stammt aus der zweiten Hälfte des 14. Jh. Unweit der Stadt, in Doubravka, steht die **Kirche St. Georg** (*Kostel sv. Jiří*) aus der gleichen Periode.

Die Stukkaturen im ersten Stockwerk der **Erzdekanei** (*Arcidĕcanství*) überraschen, obwohl das Gebäude am Hauptplatz – erbaut um 1710 – durchaus markant ist. Die barocke Pestsäule wurde 1681 errichtet; sie wird von einer gotischen Madonna gekrönt.

Von den Profanbauten Plzeňs ragt gewiß das palastartige **Rathaus** hervor, das innerhalb eines halben Jahrzehnts (1554-59) erbaut wurde. Die Sgraffiti an der Frontseite stammen vom Anfang unseres Jahrhunderts. Sie wurden in dem damals beliebten historisierenden Stil gehalten; den Zeitgenossen sollten die nationalen Tugenden vor Augen geführt werden. Die **Kreuzigungsszene** im ersten Stock – signiert G. S. 1574 – ist vom Baumeister Giovanni di Statio aus Lugano. Der **Wasserturm** in der Pražská ulice wurde um das Jahr 1550 erstellt, die **Prager Brücke** (*Pražský most*) etwa ein Vierteljahrhundert zuvor. Die barocke Pietà stammt von 1750.

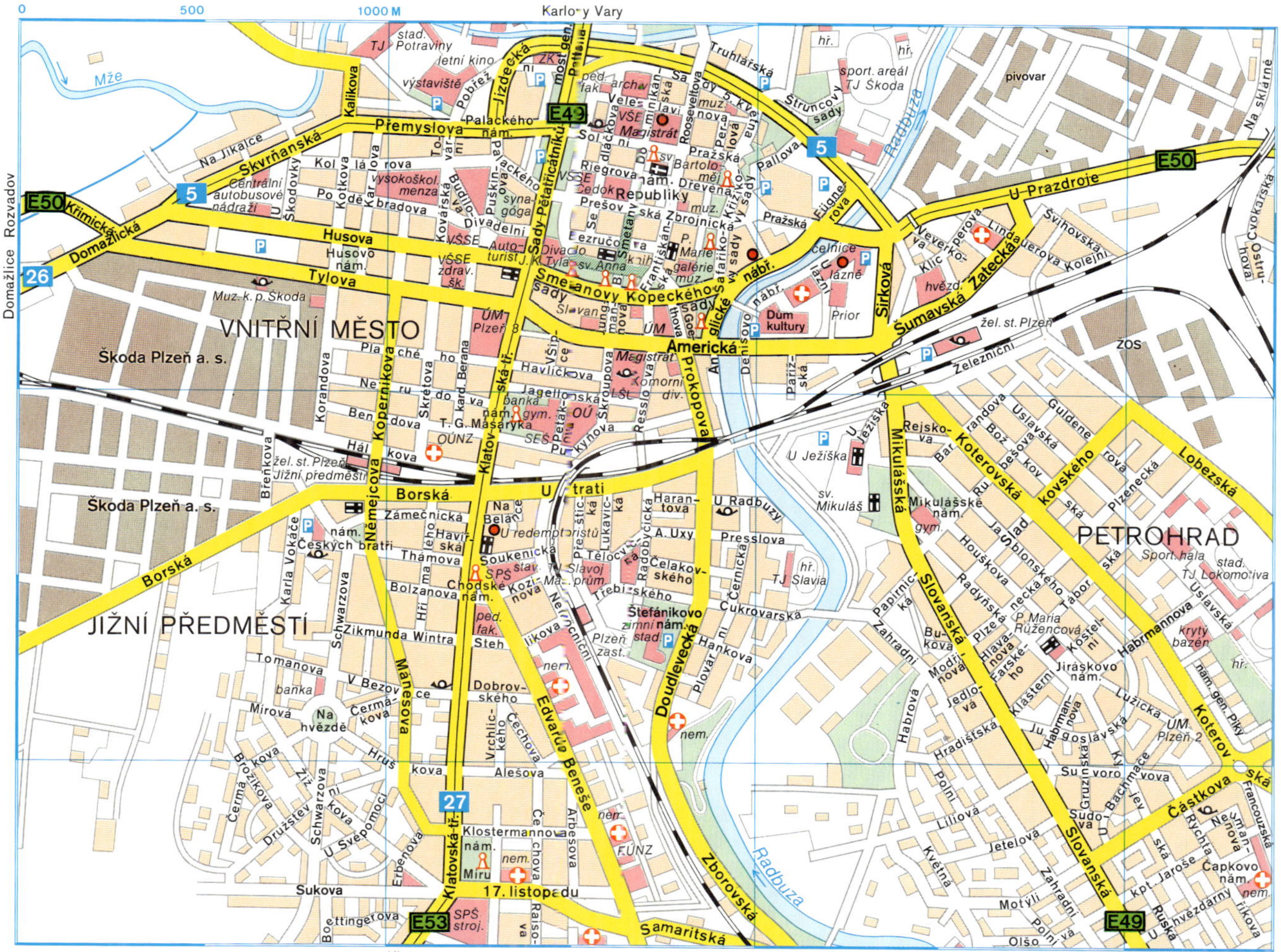

Im einzelnen können hier nicht all jene Häuser aufgeführt werden, die innerhalb des denkmalgeschützten Stadtkerns den Stilrichtungen der Gotik, der Renaissance oder des Barock zuzuordnen sind. Jeder mache seine eigenen kleinen Entdeckungen!

In der Koperníkova ulice wird dem aufmerksamen Besucher das ehemalige Gasthaus U Trnků auffallen. Der vielleicht genialste europäische Schöpfer von Puppenfilmfiguren, Jiří Trnka, wurde 1912 in Pilsen geboren, 1969 starb der phantasievolle Künstler in Prag. Zahlreiche seiner international ausgezeichneten Trickfilme liefen auch im deutschen Fernsehen. Und wie's der Zufall will: Prof. Josef Skupa, ein weiterer berühmter Pilsner, schuf zwei legendäre Marionettenfiguren: *Špejbl und Hurvínek*. Der immerzu belehrende und staunende Vater und sein gescheiter, pfiffiger Sohn führen unendliche Dialoge – von Skupas Nachfolgern auch in deutscher Sprache gespielt. Sie dienen pädagogischen Zwecken, aber auch schlicht der Erheiterung von Kindern und Erwachsenen. Mit dem ungleichen Paar wuchsen in Böhmen mittlerweile drei Generationen auf. Prof. Skupa zu Ehren wird alljährlich ein Festival der Puppenspieler veranstaltet.

Zwei Künstler der leichten Muse stammen aus Pilsen, das zwei Theater (Oper und Schauspiel) hat: Karel Gott, „Die Goldene Stimme aus der Goldenen Stadt", seit etwa 30 Jahren der populärste Sänger Böhmens, und Peter Alexander, der sich gelegentlich mit seinem „bemischen Lidderpotporri" zu seiner Heimat bekennt.

Information
Čedok
Prešovská 10
30321 Plzeň
Tel. (0 19) 3 56 39

Festkalender
Alljährliches Festival *Skupova Plzeň* der Marionettenspieler in memoriam Prof. Josef Skupa, Schöpfer der Figuren von Špejbl und Hurvínek.

Tips
Bierbrauermuseum (*Pivovarské muzeum*), Besichtigung der 1842 gegründeten Urquell-Brauerei.
Ausflüge: ins 9 km von Pilsen entfernte Starý Plzenec mit einer vorromanischen Rotunde. Ins 19 km entfernte Nepomuk, dessen Jakobskirche Kilian Ignaz Dientzenhofer um 1740 umgestaltet hatte. Zum hübschen Schloß (*zámek*) Kozel.

Praha
Die Krone Böhmens

Golden, hunderttürmig, Perle der Moldau, Mutter der Städte – unzählige Superlative wurden schon bemüht, um die Hauptstadt zu lobpreisen. „Prag sehen – und sterben", sagen die Italiener. Ein schöner Tod an einem Ort, wo es fast zweitausend geschützte Denkmäler gibt.

Geschichte

Das hunderttürmige Prag blickt auf eine tausendjährige Geschichte zurück. Ein Jahrtausend, das nicht immer frei war von kriegerischen Auseinandersetzungen und das die *Goldene Stadt* dennoch mit einer der größten Katastrophen aller Zeiten verschonte: Der Zweite Weltkrieg ging an der Moldaumetropole (fast) spurlos vorbei. Hitler wollte hier nach dem Krieg – und nach der Ausrottung der Juden – ein „Antisemitisches Weltzentrum" errichten; deshalb wurden kriegerische Zerstörungen in der Stadt vermieden.

Liest man in den Geschichtsbüchern der böhmischen Länder, so wird darin die Klage geführt, daß das fremde Element stets eine große Rolle gespielt habe, die Könige meist aus dem Ausland gekommen seien, also keine Böhmen oder Mährer waren. *Böhmen* meint die historischen Tschechen; die *Mährer*, ein tschechischer Volksstamm, bewohnen die Pufferzone zwischen Böhmen und der Slowakei. In der Tat, das deutsche Element war dort bis 1938 ununterbrochen präsent – nicht nur in der Literatur durch die berühmt gewordene *Prager Schule* mit Namen wie Kafka, Rilke, Werfel oder E. E. Kisch. Mag sein, daß auch deshalb so viele Sehenswürdigkeiten mit deutschen Bezeichnungen geläufig sind. Die ersten Zeugnisse stammen zwar aus dem 11. Jh., für Historiker steht jedoch fest, daß deutsche Kaufleute schon früher in der Nähe der Burg siedelten, denn im 10. Jh. lag die Stadt an der Kreuzung wichtiger Handelsstraßen. Die Regierung Prags war über lange Phasen identisch mit der Regentschaft des Königreichs Böhmen.

Die Geschichte Prags ist über weite Strecken jene der Burg, denn ausnahmslos hat sich das gesamte Hofleben der Monarchie(n) und der Republik(en) auf der Burg abgespielt, die dem Hradschin die – weithin sichtbare – Krone aufsetzt. Lediglich in der Gründungsphase des böhmischen Staates, im 10. und im folgenden Jahrhundert, spielte *Vyšehrad* (etwa: die hochgelegene Burg) eine wichtige Rolle, wie fragmentarische archäologische Funde beweisen. Bis zum 10. Jh. ist vieles Legende, idealisierte Wunschvorstellung der Nachfahren (vor allem der Dichter und Künstler), worin Gut und Böse ihren Platz erhielten.

Der Nationalheilige Václav (Wenzel) ließ um 930 eine Rotunde an jener Stelle erbauen, wo heute die St.-Veit-Kathedrale thront. Bereits während der Herrschaft der slawischen Fürsten und Könige, von denen Přemysl Ottakar II. der bekannteste ist, hat die Altstadt ihre ersten Ansiedlungen, die bis dahin gewährten Rechte werden bestätigt. Die Spuren der Gotik sind an mehreren Stellen bis ins 13. Jh. nachzuvollziehen (Altneusynagoge – 1270). Stets sind es Klöster und Kirchenbauten, von denen die meisten – in veränderter Form – bis heute erhalten sind. Der beliebte Luxemburger auf dem Thron, Karl IV., zugleich deutscher Kaiser, gab neue Impulse für den Ausbau der Moldauperle. Ende des 15. Jh., nach den Hussitenkriegen, die nicht spurlos vorbeigingen, ließ Wladyslaw, der Jagellone auf dem böhmischen Thron, einen heute noch nach ihm benannten (Vladislavský-) Saal erbauen , in dem die Krönungszeremonien stattfanden (Architekt Benedikt Ried).

Die Renaissancekultur brachte die ersten großen repräsentativen Bauten – und Gärten (Lustschloß Belvedere). Die religiösen Kämpfe des 16. Jh. endeten mit dem Eintritt des Hauses Habsburg in die Erbfolge – was immer wieder als

nationale Katastrophe interpretiert wurde und eine Ursache mancher Feindseligkeit war. Rudolf II. freilich machte Prag zu einem der Zentren der internationalen Politik, sein Hof wurde zur Stätte großer Geister der Wissenschaft, Kultur und Kunst. Sein Tod (1612) bedeutete einen Verlust für das Land. Der Dreißigjährige Krieg nahm 1618 in Prag seinen Anfang, als zwei Adelige ihren bekannten Fenstersturz er- und überlebten. Der entfachte (religiöse) Großkampf tobte drei Jahrzehnte lang. Weitere Unglücke waren dann ein Stadtbrand Ende des 17. Jh. und die Pest 1713/14: Über 13 000 Menschen starben.
Das 18. ist das Jahrhundert der Gegenreformation. Für Prag selbst bringt sie ein Ausmaß barocker Entfaltung, das nur in Wien eine Entsprechung fand. Zahllose Kirchen und Klöster, Dutzende von Palästen entstehen neu oder werden gründlich umgestaltet. An der Schwelle zum neuen Jahrhundert ist Prag wieder ein Salon Europas. Mozarts *Don Giovanni* wird im Prager Nostitz-Theater uraufgeführt, für den Salzburger eine große Ehre und Genugtuung.
Im Jahre 1784, drei Jahre nach Aufhebung der Leibeigenschaft, werden vier historische Städte zu Prag vereinigt, 1845 fährt der erste Dampfzug ein, dreißig Jahre später verkehren die ersten Pferdebahnen. Das provisorische Tschechische Theater nimmt 1862 seine Tätigkeit auf, 1881 erklingt Smetanas Oper *Libuše* im neuen Nationaltheater.
Tiefgreifend verändert sich das Stadtbild, als im Zeitraum von 1893 bis 1910 große Teile des mittelalterlichen Ghettos abgerissen werden. Das Prag der Sezession (Pařížská) entfaltet sich – die Werke der damaligen künstlerischen Avantgarde ziehen seither die Fans des Jugendstils an die Moldau, ganze Pilgerscharen bewundern die Anfänge moderner Architektur.
Am 28. Oktober 1918 wurde die selbständige Tschecho-Slowakische Republik proklamiert, am 15. März 1939 endete ihre Souveränität jäh: Böhmen und Mähren wurden von der deutschen Wehrmacht okkupiert. Am Tag nach der Kapitulation Deutschlands besetzen sowjetische Truppen Prag. Und am 21. August 1968 kamen

Wahrscheinlich eine der markantesten Silhouetten in Europa, ja – vielleicht in der Welt: die Karlsbrücke, die Kleinseite und darüber der Hradschin mit der St.-Veits-Kathedrale (links sowie rechts außen).

Prags schönstes gotisches Gotteshaus – Teynkirche (rechts innen oben).

Wie oft hat in diesem Jahrhundert der heilige Wenzel (svatý Václav) den Pragern den Weg gewiesen (rechts unten)?

Schönster Sezessionsstil: Hotel Europa (rechts Mitte oben).

sowjetische Panzer erneut, um den *Prager Frühling* zu beenden. 1990 schließlich begann der Abzug der sowjetischen Truppen, nachdem Praha zuvor eine der Durchgangsstationen für Tausende von DDR-Flüchtlingen geworden war. In der Erinnerung an solche dramatischen, weltbewegenden Ereignisse in der jüngeren Historie der Millionenstadt bleibt ein Datum wie das folgende wohl eher eine Fußnote, nämlich, daß seit dem Mai 1974 auch eine Metro unter der Stadt und der Moldau (*Vltava*) verkehrt.

Sehenswürdigkeiten

Kaum vorstellbar ist der Gedanke, daß dort, wo heute alltäglich Zehntausende von Pragern mit ihren Einkaufstaschen dahineilen und Tausende von Touristen mit Kamerataschen promenieren, noch im 18. Jh. ein Pferdemarkt war. Die Rede ist vom **Wenzelsplatz**, dem bekanntesten Platz der tschechoslowakischen Metropole, in der Landessprache *Václavské náměstí* genannt. Wie oft ging schon ein Fernsehbild um die Welt, wenn sich Zehntausende um das **Reiterdenkmal des hl. Wenzel** (*svatý Václav*) scharten, mit Fähnlein, Flaggen, Kerzen, Transparenten oder mit erhobener Faust. Dieser weltoffene Platz, eine der Vorzeigestuben der Landeshauptstadt, ist einer der größten Plätze Europas (**Karlovo náměstí** unweit hiervon ist der größte geschlossene Platz der Welt.). In Prag gilt: Will man gesehen werden, oder beabsichtigt man, jemanden zu treffen, so begebe man sich auf den Wenzelsplatz (im Umgangston **václavák**); die Chance ist groß, einander zu begegnen. Was macht den Reiz dieser (weitgehend) verkehrsberuhigten Insel inmitten der Millionenstadt aus? Es gibt die Möglichkeit zum abwechslungsreichsten Schaufensterbummel. Hier sind viele Cafés, Bars und Restaurants, Hotels und Kleinkunstbühnen, Buchhandlungen und Schallplattenläden, auch Gelegenheiten des Ausruhens. Kaum ein Besucher Prags durchquert den Wenzelsplatz eilig.

Den Platz beherrscht an einem Ende das im Neorenaissancestil erbaute **Nationalmuseum** (*Národní muzeum*) mit seinen historischen und naturwissenschaftlichen Sammlungen. Insgesamt umfaßt das Nationalmuseum noch acht weitere Standorte in verschiedenen Stadtteilen; dazu zählen auch das Musikinstrumentenmuseum sowie drei Gedenkstätten an Mozart, Smetana und Dvořák. Die ständige Ausstellung „Denkmäler der nationalen Vergangenheit“ befindet sich im **Historischen Museum** im Lobkowicz-Palais auf der Burg.

Am unteren Ende des Wenzelsplatzes teilt sich die Fußgängerzone in zwei Richtungen. Die **Národní (třída)**, die Nationalstraße, führt vorbei am legendären Theater Laterna Magica, am berühmten Jazzlokal Reduta sowie am Café Slavia, das einst ein Literatencafé war. Man gelangt hier zur Moldau (*Vltava*) und hinüber zum Nationaltheater. Von dieser Ecke zeigt sich der Hradschin mit der Karlsbrücke im Vordergrund von seiner fotogensten Seite, diese Silhouette ist einmalig auf der Welt.

Im Winkel zwischen dem Wenzelsplatz und der Národní – über Jungmannovo náměstí – liegt fast versteckt eine der ältesten und nach der Kathedrale die größte aller Prager Kirchen – die 1347 gegründete gotische **Kirche Maria Schnee** (*kostel Panny Marie Sněžné*). Geschmückt ist das Gotteshaus mit dem größten **Säulenaltar** der Landesmetropole. Dieses weitgehend barock ausgestaltete Bauwerk ist ebenso einen Abstecher wert wie die barocke Ursulinenkirche von M. A. Canevalle, umgestaltet von K. I. Dientzenhofer, auf dem Weg zum **Nationaltheater** (*Národní divadlo*). Dieses ist die Stätte der Aufführung aller namhaften Werke des Opernrepertoires, wobei die bekanntesten nationalen Opern bevorzugt werden. Smetanas *Libuše* erklang 1881 zur feierlichen Premiere.

Wohnen hieß in Prag stets – anderen Freude zu machen mit dem Prunk, den man sich leisten kann (links außen und links oben innen).

Nationaltheater an der Moldau (Mitte unten).

Veitsdom (rechts innen).

Alter jüdischer Friedhof (rechts außen).

Geht man vom Wenzelsplatz in die andere Richtung über den alten **Graben Na příkopě** (ebenfalls zur Moldau), bewegt man sich genau an der Gemarkung zwischen Altstadt *(Staré Město)* und Neustadt *(Nové Město)*. Man passiert einige Jugendstilgebäude, zwischen denen ein spätbarocker Palast auffällt, der längst als Bürohaus und gastronomischer Betrieb genutzt

wird. Er trägt die Handschrift von Kilian Ignaz Dientzenhofer: Der Stadtpalast von Piccolomini war einer seiner letzten Bauten (1743 bis 1751). Die Fassade gestaltete Ignaz Platzer. – Ein paar Gehminuten weiter liegt das ehemalige Kapuzinerkloster (heute Kaserne). Dort verfaßte Josef Kajetán Tyl den Text des feierlichen Liedes *„Kde domov můj?"* („Wo ist meine Heimat, mein Vaterland?"), das nach der Souveränitätserklärung 1918 Teil der **Nationalhymne** wurde. Die Slowaken entschieden sich für ein kämpferisches Liedchen mit dem dramatischen Ausruf: „Über dem Tatra-Gebirge blitzt es!"
Bevor der Königsweg eingeschlagen wird, sei eines der vornehmsten Gesellschaftsgebäude vorgestellt: **Obecní dům hlavního města Prahy** (Gemeinde- bzw. Repräsentationshaus der Hauptstadt Prag). Allegorische Malereien von Alfons Mucha, der aus Südmähren stammte und in Paris und in den USA groß herauskam, machen diesen Jugendstilbau mit mehreren Konzertsälen und gastronomischen Einrichtungen zu einem der anziehendsten Punkte eines Stadtrundgangs. Das im Umgangssprachlichen *repre* genannte Gebäude steht an jener Stelle, wo im 14./15. Jh. die Herrscher Böhmens ihren Königshof unterhielten, wenn sie nicht auf der Burg weilten.
Gleich daneben erhebt sich der 65 m hohe **Pulverturm** *(Prašná brána)*, in dem einst das Schießpulver gelagert wurde. Ursprünglich wurde er als Wachturm erbaut (1475) – durch ihn betrat man den legendären **Königsweg**, der diesen Straßen *(ulice/ul.)* und Plätzen *(náměstí; nám.)* folgt: Celetná, Staroměstské náměstí (Altstädter Ring), Malé náměstí, Karlova und Křížovnícké náměstí. Über die Karlsbrücke (Karlův most) wird die Moldau überquert, auf der Kleinseite geht es weiter über die Mostecká, Malostranské náměstí, Nerudova, Hradčanské náměstí bis zur Königlichen Burg.
Die Celetná mit ihren gotischen Häusern, im Barockzeitalter umgebaut, ist eine der belebtesten Gassen Prags. Ein Abstecher führt zu dem traditionsreichen **Obstmarkt** *(Ovocný trh)*.
Mehrere Paläste in der Celetná aus dem 18. Jh., die inzwischen ganz unterschiedlichen Zwecken dienen, säumen den Weg. In einem war bis 1989 die Beratungsstelle für Marxismus-Leninismus untergebracht. Heute sind hier eher Caféhäuser gefragt. Das Haus Nr. 34 fällt auf: *Zur Schwarzen Mutter Gottes*. Das kubistische Gebäude stammt aus dem Jahr 1912, das wunderbar restaurierte Hauszeichen hingegen kommt aus dem 17. Jh. Einige Sätze zu den populären **Hauszeichen**, wie sie sonst noch in der Schweiz zu entdecken sind: Sie entsprachen im Mittelalter – die ersten Schilder sind aus dem 14. Jh. bekannt – den Hausnummern; die systematische Erfassung der Gebäude erfolgte erst wesentlich später (ab 1770). Für Boten und Ortsfremde waren die Hauszeichen ein markantes Ziel. Noch im Jahre 1753 konnte ein einziger Postbote der amtlichen Verwaltung die gesamte Altstadt versorgen. Alle Häuser Prags werden von zwei unterschiedlichen Nummern geziert. Auf roten Tafeln ist die fortlaufende, sog. Alte Nummer festgehalten, die sog. Orientierungsnummern sind seit 1868 auf blauen Tafeln notiert. Welch ausgeklügeltes System! Die parallel zur Moldau verlaufenden Gassen und Straßen sind von Süden nach Norden fortlaufend numeriert. Linke Straßenseite – ungerade, rechts – gerade Nummern. In den Quergassen numerierte man vom Fluß her: links zum Westen, rechts zum Osten hin.
Und was zeigen die Hauszeichen? Gänse, Bären, Löwen, Hechte, Krebse, Fohlen, Strauße, Einhörner, Karpfen, Esel, Igel in allen denkbaren Farbkombinationen: blau, golden, weiß, rot, grün, schwarz. Hübsch sind auch Hauszeichen wie *Zu den drei roten Herzen*, *Zu den zwei Sonnen* – Wohnhaus des Schriftstellers Jan Neruda, *Zu den zwei Bären* – Geburtshaus von Egon Erwin Kisch, des „rasenden Reporters", in der Kožná ulice mit einem prunkvoll verzierten Renaissanceportal oder das Hotel *Zu den drei Straußen* an der Karlsbrücke.
In einem der Häuser (Nr. 602) in dem sich großzügig öffnenden Platz **Altstädter Ring** *(Staroměstské náměstí)*, *Zu den drei Königen*, wohnte die Familie Kafka, nachdem Franz' Geburtshaus ein paar Schritte weiter, am Rande des Ghettos hinter der St.-Nikolaus-Kirche, kurz vor der Jahrhundertwende der Stadtsanierung im Judenviertel Josefov zum Opfer fiel. Eine idealisierende Darstellung der Drei Könige und des hl. Wenzel zeigt das Štorch-Haus mit Fresken nach Entwürfen des bekannten Malers Mikoláš Aleš.
Eine der vielen Dominanten, zwei von den „tausend" Türmen des

0
500
1000 M
Kralupy n.Vlt.
Chomutov
Karlovy Vary
Plzeň
Strakonice
Štěchovice
HANSPAULKA
DEJVICE
ST. DEJVICE
OŘECHOVKA
BUBENEČ
Stromovka
Císařský Mlýn
LETNÁ
Letenské sady
HRADČANY
STŘEŠOVIČKY
MALÁ STRANA
STRAHOV
Stadión Strahov
PETŘÍN
SMÍCHOV
VLTAVA
Dejvická
Hradčanská
Malostranská
Staroměstská
Národní t
Karlovo náměstí
Anděl
Evropská
Jugoslávských partyzánů
Svatovítská
Československé armády
Milady Horákové
Patočkova
Střešovická
Vaníčkova
Pod stadiony
Plzeňská
Vrchlického
Duškova
Kartouzská
Jiráskův most
Resslova
Palackého most
most Legií
Karlův most
Mánesův most
Svobodova
Korunovační
Pod kaštany
Chotkova
Pražský hrad
Národní galerie
Loreta
Strahovský klášter
Lobkovická zahrada
Petřínské sady
Hvězdárna
Střelecký ostrov
Slovanský ostrov
Dětský ostrov
Žofín
Kinských
Nebozízek
Sportovní hala Sparta Praha
Stadión TJ Sparta ČKD Praha
Stadión TJ Tatra Smíchov
Stadión TJ Narodní motory Smíchov
Malý sportovní stadión
Stadión přátelství
Stadión Evžena Rošického
Místodržitelský letohrádek
Královská zahrada
Jeleni příkop
Vítězné nám.
ČVUT
ČSAV
Autobusové nádraží Dejvická
Bertramka
Husovy sady
Santoška
JOSEF
VYŠEH

Teplice
Mělník
Poděbrady
Mladá Boleslav
Kolín
Kutná Hora
Čes. Budějovice, Brno
Benešov
HOLEŠOVICE
KARLÍN
ŽIŽKOV
VINOHRADY
VLTAVA
Nádraží Holešovice
Vltavská
Palmovka
Invalidovna
Křižíkova
Florenc
Náměstí Republiky
Hlavní nádraží
Můstek
Muzeum
Jiřího z Poděbrad
Flóra
Náměstí míru
I. P. Pavlova
Vyšehrad
Libeňský most
Hlávkův most
Štvanice
Libeňský ostrov
Olšanské hřbitovy
Riegrovy sady
Národní památník na Žižkově
Vinohradská
Korunní
Slezská
Sokolovská
Seifertova
Husitská
Koněvova
Vršovická
Plynární
Argentinská
Bubenská
Wilsonova
Legerova
Sokolská
Ciklova
Bělocerkevská

„hunderttürmigen" Prag, die **Teynkirche** (*chrám Panny Marie před Týnem*), scheint förmlich den Segen über den denkmalgeschützten Platz auszubreiten. Die ältesten Teile des dreischiffigen Gotteshauses stammen vom Ende des 14. Jh. Die Plastiken am Nordportal werden ins Jahr 1390 datiert, nur unwesentlich jüngeren Datums sind die Sitznischen (1410) in den Seitenschiffen. Der Altar ist barocken Ursprungs, die Kalvarienfiguren jedoch sind noch aus dem 15. Jh. – Ein wenig in ihrem Schatten steht die **St.-Jakobs-Kirche**, an der prominente Barockkünstler mitgearbeitet haben: Die Altarbilder stammen von Brandl und von Reiner, das prunkvolle Grabmal entstand nach Entwürfen von Fischer von Erlach, die Statuen schuf Brockoff, der auch Skulpturen für die Karlsbrücke lieferte. Der Akustik und ihrer Orgel wegen ist die ursprünglich gotische Kirche ein beliebter Konzertort für geistliche Musik.

Für den schönsten Rokokobau der Stadt, den (Goltz-) **Kinsky-Palast** auf dem Altstädter Ring, erstellte Kilian Ignaz Dientzenhofer die Pläne. Der Baumeister (1755-65) war Anselmo Lurag(h)o, ein in Böhmen vielbeschäftigter Handwerker. Der **Altstädter Ring** war seit jeher der Mittelpunkt der Altstadt – der älteste Teil Prags. Er war Markt- und Versammlungsplatz, er sah 1621 aber auch die Hinrichtung von 27 böhmischen Protestanten, die gegen das Kaiserhaus revoltierten. In den letzten Jahren gewann der 9000 m^2 große Platz seinen urbanen Rang zurück: Das 1915 enthüllte Denkmal des 1415 in Konstanz als Ketzer verbrannten Reformators **Johannes Hus** vereinigt bei Live-Musik (und Bier, ab und zu kreist womöglich auch ein *joint*) Touristen aus aller Welt. Es herrscht eine ausgelassene, heitere Atmosphäre, hier ist der Platz zum Relaxen. Denn das Prager Pflaster macht müde.

Das **Altstädter Rathaus** (*Staroměstská radnice*) gilt als eines der schönsten Rathäuser der Welt, vor allem durch die **astronomische Kunstuhr** (*orloj*), deren älteste Teile aus dem 15. Jh. stammen und im 16. Jh. ergänzt wurden. Das Rathausgebäude selbst – es trägt die lateinische Inschrift *Praga caput regni* (Prag, Hauptstadt des Königreiches) – stammt aus dem 15. Jh., es wurden zahlreiche Umbauten vorgenommen. Der historische **Sitzungssaal** (um 1470) im zweiten Stockwerk ist am wertvollsten. Fresken aus jener Zeit findet man auch im spätgotischen Georgssaal. Das Rathaus ist der beliebteste Trauungsort der

Die Vergänglichkeit des Lebens an der Uhr des Altstädter Rathauses symbolisiert: Der Tod persönlich läutet die Glocke (links außen).

Ein berühmtes Haus: „Zu den drei Geigen" (links oben).

Altstädter Nikolauskirche von Dientzenhofer mit dem Hus-Denkmal (links unten).

Fassaden – wohin das Auge schaut (rechts oben/unten).

Hauptstadt. Vom **Turm** bietet sich eine unvergeßliche Aussicht auf die Stadt der hundert Türme und einiger tausend Kamine, die den denkmalgeschützten Stadtkern nicht verschonen. Die beweglichen Apostelfiguren im Turm lassen einige Male am Tag grüßen.

Trotz der vielen Superlative ist es nicht schwer, den besonderen Rang der Nikolauskirche in der Altstadt zu erkennen. Von den fünf Dientzenhofer-Brüdern, die nach Prag kamen, blieb Christoph an der Moldau. Er erbaute in Prag-Břevnov eine der großartigsten Klosteranlagen (Margarethenkirche) Böhmens. Sein Sohn Kilian Ignaz – wohl der Genialste unter den Angehörigen dieser oberbayerischen Baumeisterdynastie aus dem Inntal bei Rosenheim – wurde in Prag geboren. Seiner Vaterstadt schenkte der Jüngere eines seiner besten Werke – die 1732-35 üppig gestaltete **Nikolauskirche** (*chrám svatého Mikuláše*), die ein *Spezi* aus Bayern mit unnachahmlichen Fresken versah: Cosmas Damian Asam. Nach einem wechselvollen Schicksal wurde der Kirchenbau 1920 per Dekret der hussitischen Kirche übereignet.

Um die Ecke lag bis zur Jahrhundertwende das **Ghetto**, das seit dem Mittelalter kaum größere Veränderung erfuhr, jedoch aus allen Nähten platzte. Die Stadtverwaltung ließ die Häuser abreißen, geblieben sind nur einige Synagogen (Hohe, Pinkas-, Klausen-, Maisel-, Spanische) – und der weltberühmte **jüdische Friedhof** mit dem **Grab des Rabbi Löw**. Er soll der Sage nach aus Lehm die Figur des Golem geschaffen haben. Dessen Geist lebt noch fort in Legenden, die sich in einer so alten Stadt wie Prag gelegentlich sehr realistisch anhören. Übrigens, **Golems Statue** steht vor dem **Neuen Rathaus** (*Nová radnice*), erbaut 1908 bis 1911. Die **Altneuschul-Synagoge** von 1270 gilt als die älteste Mitteleuropas. In den übrigen Synagogen sind wertvolle Ausstellungen mit Exponaten aus einem ganzen Jahrtausend zu sehen. Auf dem Rathausturm des Ghettos fällt die Uhr auf, die die Stunden von rechts nach links anzeigt. Eine jüdische Gemeinde in Prag wurde schon im Jahre 965 erwähnt.

Mit Prags Namen ist auch die (fast ausschließlich) deutsch-jüdische Literatur der *Prager Schule* verbunden. Max Brod, der Chronist jener Zeit, berichtet, daß bis in die späten dreißiger Jahre die tschechischen und deutschen Kulturkreise in sich abgeschlossen verkehrten, wiewohl die deutschen Zeitungen Prags Besprechungen der tschechischen Theateraufführungen, Konzerte und Bücher brachten, die großen tschechischen Zeitungen selbstverständlich die Premieren der deutschsprachigen Bühnen und die Neuerscheinungen deutscher Verlage rezensierten. Brod sprach sogar von einer „Chinesischen Mauer", die bis ins erste Drittel des 20. Jh. durch das geistige Prag gezogen war. Schriftsteller wie E. E. Kisch oder Franz Kafka versuchten niemals, in Tschechisch zu schreiben; Rainer Maria Rilke übersetzte zwar aus dem Russischen, seine Poesie blieb jedoch ebenso deutschsprachig wie die Prosa Franz Werfels. Franz Kafka ist ein Synonym für die Schwärze der Prager Nächte geworden, die Kisch lebhaft beschrieb.

Fast intimen Charakter innerhalb der Großstadt hat der **Kleine Ring** (*Malé náměstí*). Die Platzmitte ziert ein kunstvoll gearbeiteter **Renaissancebrunnen** aus dem Jahre 1560. Die Häuser rundherum tragen noch einige gotische Fresken. Die meisten Sgraffiti an den Wänden entstammen jedoch der Renaissance.

Aus der Werkstatt von Matthias Braun stammen sowohl die steinernen Riesen am Eingang zu dem altehrwürdigen **Clam-Gallas-Palais** als auch Skulpturen im Treppenhaus und im ersten Hof. Der Palast entstand 1713-19 nach Plänen von Fischer von Erlach und zählt zu den bedeutendsten Schöpfungen des Prager Barock. Darin ist das *Archiv der Hauptstadt Prag* untergebracht, das Schriftstücke und Periodika ab dem 14. Jh. aufbewahrt.

Durch die geschlängelten Gäßchen kann man einen Abstecher zur **Bethlehemskapelle** auf dem gleichnamigen Platz *Betlémské náměstí* machen, in der Johannes (Jan) Hus seine „schmetternden Predigten" wider die Obrigkeit hielt und wofür er 1415 auf dem Scheiterhaufen in Konstanz verbrannt wurde. Apropos Schlange: In dem Renaissanceeckhaus *Zur goldenen Schlange* wurde vor beinahe dreihundert Jahren zum ersten Mal (sog. *türkischer*) Kaffee ausgeschenkt. Heute ist Prag eher eine Stadt der Tagesweinstuben als der Caféhäuser, auch wenn die traditionellen Kaffeehäuser den Ruf zu retten versuchen, den sie der Vorkriegsliteratur verdanken.

Ein großartiges Baudenkmal mitten in der Altstadt, allzuoft links liegengelassen, ist die um 1865 renovierte **Heilig-Kreuz-Kapelle** (*kaple svatého Kříže Menšího*): die romanische Rotunde vom Ende des 11. Jh. in der *ulice Karoliny Světlé* mit gotischen Fresken aus dem 14. Jh. Sie gehört der katholisch-orthodoxen Kirche.

Karl IV., der Erbauer der ersten Universität Mitteleuropas, der Anreger des Baus der Karlsbrücke, der Burg Karlštejn vor den Toren Prags, der Namensgeber Karlsbads, ist derjenige Herrscher, auf den der *Königsweg* hinweist. Er führt durch die Karlova am **Klementinum**, dem zweitgrößten Gebäude nach der Burg, vorbei. Bedenkt man, daß der fast zwei Hektar große Bau ein ehemaliges Jesuitenkolleg ist, vermag man zu erkennen, wie groß der Einfluß des Klerus auf das Geschehen in der Goldenen Stadt war. Ein Jahrhundert lang wurde daran gebaut: Der Grundstein ist 1653 gelegt worden. Großartig sind die Stukkaturen im **Refektorium**, das seit langem als Lesesaal I (*Studovna I*) dient; die Fresken und die einmaligen Kachelöfen verdienen Aufmerksamkeit in diesem Komplex der Staatsbibliothek. Außerdem sind zu beachten: die hochbarocke **Spiegelkapelle** (*Zrcadlová kaple*), der Mathematische Saal sowie die historischen Globen, die im Großen Saal der Nationalbibliothek (1722) gezeigt werden. Zu diesem Prachtbezirk, der von außen eher schlicht wirkt, haben irgendwann, irgendwie fast alle namhaften Künstler beigetragen, die in Prag tätig waren: Hiebl, Reiner, Kaňka, I. Platzer, Braun, K. I. Dientzenhofer.

Die **Franziskuskirche** am Kreuzherrenplatz (*Křižovnické náměstí*) entstand gegen Ende des 17. Jh., sie wurde wie fast alle sakralen Bauten Prags und Böhmens später barockisiert. Die **Salvatorkirche** (*kostel svatého Spasitele*) mit Reiners Deckenfresko (*Das Jüngste Gericht*) gilt unter Kennern als der wertvollste Frühbarockbau der Hauptstadt.

Der **Altstädter Brückenturm** (*Staroměstská mostecká věž*) ist eine der Stationen des Königswegs, wie ihn viele Besucher Prags seit dem 14. Jh. gegangen sind. Das Zugangstor zur Karlsbrücke entstand nach einem Entwurf von

Peter Parler, der sowohl die Brücke plante, als auch am St.-Veits-Dom seinen entscheidenden Anteil hat. Aus seiner Bauhütte stammt die Ausschmückung des Tors, das als einer der schönsten mittelalterlichen Stadttürme Europas gilt. Die Prager sagen natürlich: der schönste der Welt. Er wurde mehrmals beschädigt und renoviert, wie auch die **Karlsbrücke** (*Karlův most*) nach Hochwasserschäden erneuert werden mußte – zuletzt 1890. Als 1357 mit ihrem Bau begonnen wurde, war der Baumeister Peter Parler aus (Schwäbisch) Gmünd erst 27 Jahre jung. Die Karlsbrücke ist knapp zehn Meter breit, aber immerhin 516 m lang! Durch die Gestaltung als Fußgängerzone, aufgelockert durch fliegende Händler, Straßenmusikanten, Maler, Gaukler, Zauberer und last not least verliebte Pärchen, scheint die Entfernung wesentlich kürzer. Wahr ist, daß man immer wieder abgelenkt wird: Ein Ausflugsschiff fährt vorbei, ein Fischer, in seinem Boot stehend, wird beobachtet, man schaut auf die Spaziergänger oder Jogger auf der **Insel Kampa** (eine der Dutzend Moldauinseln), man verweilt bei einem Porträtmaler oder Karikaturisten – der halbe Kilometer zum **Kleinseitner Brückenturm** (*Malostranská mostecká věž*) wird schlendernd zurückgelegt.

Es heißt, was dem Römer sein Colosseum, Paris der Eiffelturm, Athen die Akropolis ist, sei für Prag die Karlsbrücke, die mit dem mächtigen Hradschin ein unvergleichliches Panorama bildet. Die Brücke war in früheren Zeiten nicht nur ein Handels- und Promenierplatz, sondern dort wurden auch Turniere veranstaltet – und sogar Gerichtstage abgehalten. Besonders wertvoll, auch wenn zum Teil nur Abgüsse (Kopien des 19. und 20. Jh.) aufgestellt sind und die Skulpturen nicht „aus einer Hand" stammen, ist die **Statuengalerie**. Die Originale der wichtigsten Plastiken, bis weit in die siebziger Jahre den Autoabgasen ausgesetzt, stammen z. T. von Jäkkel, Matthias Braun, Johann Brokoff und seinen zwei Söhnen. Das jüngste Werk (1938) ist Cyrillus und Methodus gewidmet, den beiden slawischen Religionsstiftern vom Balkan. Eines der schönsten Denkmäler ist die Kalvariengruppe, aber auch die Motive Pietà, Madonna mit dem heiligen Dominikus und Thomas von Aquin sowie die heilige Anna Selbdritt sind vielbeachtete Figuren. In Böhmen darf natürlich der heilige Johannes von Pomuk nicht fehlen. In der Tat gibt es in Böhmen kaum einen Ort, in dem keine Nepomuk-Statue stünde Die Abwandlung von Pomuk in Nepomuk ist eine Verballhornung des Ausdrucks für nichts sagen, schweigen, sich nicht äußern.

Sehr schöne **Aussicht** hat man vom Turm des Kleinseitner Tors. Am Haus *Zu den drei Straußen* vorbei, einem Renaissancebau, in dessen Restaurant noch die Balkendecken aus dem 17. Jh. zu sehen sind, kann man an einer Reihe herrschaftlicher Häuser und Paläste entlang zum einstigen **Wallenstein-Palais** (*Valdštejnský palác*) gelangen, hinter dem einer der beliebtesten städtischen Gärten, **Valdštejnská zahrada**, liegt.

Ein weiterer, historisch sehr alter Stadtteil wird betreten: Nach *Nové Město* (Neustadt) und *Staré Město* (Altstadt) heißt der Bezirk **Malá Strana** (Kleinseite), bevor der Weg Richtung *Hradčany* (Burgviertel) und zur eigentlichen Burg (*Hrad*) führen wird, zu dem Sitz des Staatspräsidenten. Die Brückengasse **Mostecká** (*ulice* wird weggelassen), seit längerem „in Rekonstruktion", ist eine der beliebtesten Einkaufsgassen der Metropole. Für Einheimische und Besucher gibt es (fast) alles zwischen Brot und Spielen: eine Bäckerei und Antiquitätenläden, eine Apotheke und Tagesbars, ein Kino und Weinstuben, einen Buchladen und ein Schallplattengeschäft.

Die weltlichen Gebäude auf dem **Kleinseitner Ring** (*Malostranské náměstí*) wie der ehemalige Kaunitz-Palast oder das Kleinseitner Rathaus (*Malostranská radnice*) stehen im Schatten des monumentalen Baus der **St.-Niklas-Kirche** (*chrám svatého Mikuláše*), die als ein Meisterwerk der Prager Hochbarockarchitektur angesehen wird. Das Gotteshaus ist das großartige Ergebnis des Zusammenwirkens mehrerer genialer Künstler. Der Architekt war Christoph Dientzenhofer, dessen Sohn Kilian Ignaz vollendete das Werk. Das 1500 m^2 große (!) Deckenfresko malte 1761 Johann Lukas Kracker, das Kuppelgemälde stammt von Franz Xaver Palko. Die meisten Großplastiken sind von Ignaz Platzer, die Kanzel schufen die beiden Prachners.

Wer rasch einen Abstecher zum **Prager Jesulein** (*Pražské jezulátko*) in der Kirche Maria de Victoria unternehmen möchte, muß ein paar hundert Meter der *Karmelit-*

Ein Sinnbild für den Barockprunk Prags (links außen).

Keine zufällige Zusammenstellung: Rechts auf dem Hradschin liegt die Burg, der Sitz der Könige und Präsidenten; im Hintergrund die Veitskathedrale; links residiert der Erzbischof (links unten).

Fresko in der Wallfahrtskirche Bilá Hora (rechts oben).

Lockerer Umgangston der Burgwache (rechts Mitte).

Goldenes Gäßchen, mal menschenleer (rechts unten).

ská folgen. Unweit hiervon ist – im ehemaligen **Lobkowicz-Palast**, einem der vielen Prager Lobkowicz-Besitztümer – die Botschaft der Bundesrepublik Deutschland eingerichtet. Aus dem benachbarten Garten hat man einen schönen Ausblick auf die Metropole. Der Königsweg führt durch die **Nerudova** weiter – einen der geschlossensten Straßenzüge der Stadt (17./19. Jh.). Sie wurde nach dem Schriftsteller Jan Neruda benannt, der sich als Autor der auch ins Deutsche übersetzten *Kleinseitner Geschichten* einen Namen machte. Neruda wohnte im Haus *Zu den zwei Sonnen* und eine Zeitlang *Zu den drei schwarzen Adlern*. Auch wenn der Palazzo nicht zugänglich ist: Der Thun-Hohenstein-Palast (heute: Italienische Botschaft) ist eine Augenweide.

Folgt man der Straße *Úvoz*, so gelangt man zum Wallfahrtsort **Loreto**. Prunkstück ist eine herrliche Monstranz mit 6222 Diamanten. An der umfangreichen Anlage (17./18. Jh.) haben wiederum Vater und Sohn Dientzenhofer mitgearbeitet. Gegenüber ist das **Czernin-Palais** (*Černínský palác*), die Stätte eines weiteren Prager Fenstersturzes – Außenminister Jan Masaryk, Sohn des Republikgründers und ersten Staatspräsidenten Tomáš Garrigue Masaryk, kam 1948 hier ums Leben. Ein paar Häuser weiter ist das **Strahov-Kloster** zu finden, das als Museum der Nationalen Literatur außer etwa 150 000 Bänden vor allem die herrliche barocke Bibliothek mit alten Globen präsentiert.

Vor der Hauptpforte zur Burg, die seit 1990 das Schauspiel der Wachablösung in neuen (farbenfroheren) Uniformen bietet, fallen noch einige Paläste auf: Jene der Schwarzenbergs sowie das Erzbischöfliche Palais sind die markantesten. Ein wenig versteckt, im Šternberk-Palais, ist ein Teil der **Nationalgalerie** untergebracht – und zwar die außerordentlich sehenswerte **Sammlung europäischer Kunst**, darunter Gemälde von Brueghel, Tiepolo, Goya, Rubens, Rembrandt, Altdorfer, Baldung, Cranach, Holbein, Dürer, C. D. Friedrich, aber auch Klimt, Schiele und Kokoschka sowie unzählige Impressionisten. Die Frankreich-Abteilung gilt als eine der besten außerhalb Paris'.

Das Areal der Burg – nicht zu verwechseln mit dem Stadtteil Hradčany – umfaßt zwei Dutzend wichtiger Sehenswürdigkeiten, von denen einige kurz vorgestellt seien. Im 10. Jh. gegründet wurde die dreischiffige **St.-Georgs-Basilika** (*svatého Jiří*), einer der ältesten Bauten des Landes. Die gotische **Sankt-Veits-Kathedrale** (*chrám svatého Víta*), die überragende Dominante, wurde von Matthias von Arras angelegt, von Peter Parler und seinen Söhnen vollendet. 1344 bis 1419 wurde der Dom errichtet, das endgültige Aussehen bekam der imposante dreischiffige Bau (125 m lang, 60 m breit, 33 m hoch) jedoch erst in unserem Jahrhundert. In den Seitenkapellen finden sich neben der gotischen auch andere Stilformen. Die sieben Schlüssel zur Kronkammer, worin seit dem 15. Jh. die **Krönungsinsignien** aufbewahrt wurden, behüten sieben verschiedene Institutionen. Der Krönungssaal heißt nach wie vor **Vladislav-Saal**. Dessen gotischer Prunk gibt eine wunderbare Kulisse auch für die Feierlichkeiten demokratisch gewählter Präsidenten ab. Einen Einblick in die wechselvolle böhmische Geschichte erhält man im (zweiten) Lobkowicz-Palast, wo das Historische Institut der Akademie der Wissenschaften residiert. Davor passiert man den Zugang zum legendären **Goldenen Gäßchen** (*Zlatá ulička*), in dem einst die Goldmacher ansässig waren. Heute prägen hier eher Geldmacher das Bild.

Falls jemand die Vorstellung der übrigen, amtlich ausgewiesenen 1421 Kulturdenkmäler vermissen sollte: Allein über den Königsweg könnte man ein ganzes Buch schreiben!

Information
Čedok
Na Příkopě 18
11135 Praha
Tel. (02) 2 12 71 11
Ministerstvo obchodu a cestovního ruchu
Staroměstské náměstí 6
110 01 Praha 1

Festkalender
Während des ganzen Jahres, tagtäglich, finden interessante und bedeutende Veranstaltungen statt. Die Rezeption Ihres Hotels ist sicherlich gern bei Auswahl und Organisation behiflich.

Tips
Ehemaliges Ghetto. Nationalgalerie (*Šternberský palác*). Bibliothek Kloster Strahov. Burgareal. Klementinum. Klosteranlage Břevnov. Wallfahrtskirchen Loreta und *Bílá Hora* (Weißer Berg). Theater Tylovo divadlo. Aussichtsturm Petřín.
Ausflüge: Lustschloß Hvězda (Stern). Kloster Zbraslav. Schloß Troja.

REISEZIELE

Die Geschichte beider Länder wird in Hunderten von Schlössern, Burgen und Kastellen, Kirchen und Klöstern sowie Museen lebendig. Der böhmische Bergkranz und die Hohe und Niedere Tatra bieten Natur pur. Das Bäderheilwesen ist auf hohem Niveau entwickelt. Aus dem Zusammenwachsen der Kulturen schöpft die farbenprächtige Folklore.

Böhmens Bergkranz Mittelgebirgsidyllen

Šumava, Orlické hory, Krušné hory oder Krkonoše scheinen unaussprechliche Zungenbrecher – die Namen Böhmerwald, Adlergebirge, Erz- oder Riesengebirge dagegen klingen vertraut in deutschen Ohren. Berge, Burgen, Bäder und vielleicht ein Besuch bei Rübezahl sind angesagt.

„Ein ganzes Leben voll Gerechtigkeit, Einfachheit, Bezwingung seiner selbst, Verstandesgemäßheit, Wirksamkeit in seinem Kreise, Bewunderung des Schönen, verbunden mit einem heiteren, gelassenen Sterben halte ich für groß." Wo anders konnte Adalbert Stifters *Sanftes Gesetz* seine Inspirationsquellen haben als im lieblichen Böhmerwald? Dies faßte der Romancier, 1805 in **Oberplan** (*Horní Planá*) geboren, „nicht weit von den schönen, ernsten Linien und den ruhigen, dämmerigen Farben des Böhmerwaldes", als seine Lebensmaxime auf. Die stimmungsvollen Naturschilderungen des Österreichers sind in der deutschen Literatur unübertroffen.

Vieles würde der Dichter wiedererkennen, da der Charakter des **Böhmerwaldes** (*Šumava*) gewahrt wurde. Wenn der *Eiserne Vorhang* je irgend etwas Gutes hatte, dann die Hinterlassenschaft einer unversehrten Landschaft, wo einmalige Biotope entstanden sind. Bei Boubín blieb sogar ein Urwald (*Boubínský prales*) erhalten. Nun ist die Gefahr gegeben, daß in dieser herrlichen Wald- und Wanderregion zahllose touristische Objekte entstehen, die aus politisch-strategischen Gründen jahrzehntelang eingefroren waren. Die freie Marktwirtschaft droht zum Politikum zu werden, weil westliche Investoren nur auf entsprechende Signale warten. Dagegen will eine grenzüberschreitende Initiative von Ostbayern aus einen großen Verbund schaffen: Die seit 1963 naturgeschützte Region **Šumava** soll bald ein **Nationalpark** werden, wodurch gewisse Bauaktivitäten von vornherein untersagt wären. Nicht nur Fachleute sind sich darin einig, daß dieses größte zusammenhängende Waldgebiet und zugleich älteste kristalline Grundgebirge Mitteleuropas für die nachfolgenden Generationen erhalten werden muß. Zu schützen ist in diesem Höhenzug mit dem poetischen Namen Šumava (*šum* = Rauschen), dessen höchste Erhebungen über 1300 m liegen, wahrhaftig vieles. Mehrere Flüsse entspringen hier, wobei der „Nationalfluß" **Moldau**, dem Bedřich Smetana eine seiner schönsten Kompositionen widmete, eine Sonderstellung einnimmt. Aus zwei Quellen, der Warmen und der Kalten Moldau (*Teplá/Studená Vltava*), wird der Fluß gespeist, der Böhmen auf einer Länge von über 430 km durchfließt. Der Moldau-**Stausee von Lipno** bietet zahlreiche Freizeitmöglichkeiten.

Der Ausbau öffentlicher Einrichtungen entspricht nicht dem Standard, der auf der anderen Seite der Grenze – im Bayerischen Wald – herrscht, der übrigens bis zum 19. Jh. ebenfalls Böhmerwald hieß. Dies ist wichtig zu wissen, wenn der Reisende vielleicht das Fehlen von Berghotels oder Restaurants bemängeln wollte; Rucksacktouristen und Campingfreunde sind noch besser dran als Reisegruppen, die mit dem Bus unterwegs sind.

Am Rande dieser lieblichen Landschaft entstand im Laufe von Jahrhunderten eine Reihe von traditionsreichen Orten, deren Besuch auch eine weitere Anreise lohnt: **Český Krumlov, Prachatice, Strakonice, Klatovy,** eventuell **Sušice**, wo ein sehr hübsches Regionalmuseum eingerichtet ist, sowie **Rožmberk** mit den zwei Burgen. Beinahe legendär ist der Ruf des Volksstammes der Choden (*chodit* = gehen, herumgehen, begehen; *chodec* = Fußgänger, Geher), die im Mittelalter mit scharfen, abgerichteten Hunden die Grenzen bewachten und sich vor allem in den Hussitenkriegen hervorgetan haben. Sie konnten aber

Mědĕnec – Richtung Sachsen (links außen oben).

Dorado im Böhmerwald (links außen unten).

Ökologische Schäden im Erzgebirge (Mitte oben).

Teichidylle (rechts oben).

Bilderbuchlandschaften allerorten (Mitte unten).

Böhmische Schweiz bei Hřensko (rechts unten).

später nie mehr die einstigen Privilegien erlangen. Ältere Gebäude finden wir u. a. in **Horšovský Týn**. Die reiche Kultur dieser über Jahrhunderte deutschorientierten Region wird in **Domažlice** und **Prachatice** sichtbar.

Etwa jene Bedeutung, wie sie der Böhmerwald für die Beziehungen zwischen den Böhmen einerseits und den Bayern, Österreichern und Franken andererseits hatte, kommt dem **Erzgebirge** im Nordwesten der Tschechischen Republik zu. **Krušné hory**, auch *Rudohoří*, nennen die Tschechen dieses 130 km lange, 6 bis 19 km breite Grenzgebirge, das noch vor kurzem zwei „sozialistische Brudervölker" das der DDR und das der ČSSR, in der Alltagspraxis mehr trennte als verband. *Hora, hory* bedeutet im Deutschen Berg(e), *krušný* meint mühselig, bitter, sauer, schwer, was bereits andeutet, wie sich das Leben in dieser erzreichen Region über viele Jahrhunderte hinweg gestaltete. Die Idyllen (beidseits der Grenzen), die sich beispielsweise in der Herstellung von filigranem Weihnachtsschmuck oder geschnitzten Krippenfiguren äußern, kontrastieren mit der größten Konzentration an Umweltgiften in der ganzen Republik. Größere Waldabschnitte sind längst dem sauren Regen zum Opfer gefallen – und doch gibt es immer noch Plätze, die sowohl im Sommer als auch im Winter zahlreiche Freizeitmöglichkeiten (**Cínovec, Měděnec**) bieten. Die höchsten Gipfel übersteigen die Tausendergrenze – **Klínovec** liegt 1244 m ü. M. Einige erloschene Vulkankegel (Velký und Malý Špičák) geben der Landschaft ein sehr eigenartiges Gepräge. Charakteristisch sind an mehreren Stellen außer dem 70 km langen Kohlerevierstreifen die bizarren **Steinformationen**, die vor allem für Extremkletterer reizvoll sind. Es gibt natürlich auch markierte **Wanderwege** für Tagestouristen, wo sich sehr schöne Ausblicke bieten. Ganze Dörfer mußten inzwischen dem Braunkohleabbau weichen; die alte Stadt **Most** (*Brüx*) existiert bis auf die um 841 m verschobene gotische Kathedrale nicht mehr. Über zweihundert ehemalige Kohlebecken sind zu Reservoirs aufgefüllt worden, die verschiedene Wassersportmöglichkeiten bieten. Die Witterung ist hier im Norden schon ab Herbst sehr rauh, so daß vielfach die Wintersportarten dominieren. Wo einst der Erzabbau erfolgte (**Jáchymov**/St. Joachimsthal), werden heute radiumhaltige Heilbäder verabreicht. Die weltberühmten Kurorte Franzensbad, Karlsbad und Teplice liegen im Einzugsbereich des Erzgebirges. Einer der schönsten denkmalgeschützten Stadtkerne befindet sich in **Kadaň**.

Südlich des Erzgebirges liegt das klimatisch begünstigte **Böhmische Mittelgebirge** (*České středohoří*, höchster Berg: Milešovka 837 m), das poetisch „Garten Böhmens" genannt wird. Dessen Charakteristikum sind Hügel und Kegel vulkanischen Ursprungs. Das Touristenparadies Böhmische Schweiz im **Elbsandsteingebirge** mit herrlichen Naturformationen (**Felsentor** – *Pravčická brána*) lohnt auch eine weitere Anreise. Auf markierten Wegen kann man zwischen canyonartigen Einschnitten und Bergklammen wandeln. Die **Elbe** (*Labe*) entspringt hier im Norden.

Der natürliche Bergkranz, der Böhmens (und zum Teil Mährens) Norden schützt, setzt sich aus dem Lausitzer Gebirge (*Lužické hory*), Jizerské hory (Isergebirge), Krkonoše (Riesengebirge), Orlické hory (Adlergebirge), Jeseník (Gesenke) sowie den Beskiden zusammen.

Das Land der Berge, Burgen und Bäder bietet auch dem Kulturreisenden eine Menge: die Wallenstein-Burg **Frýdlant** zum Beispiel. Die Fans von schönen Gläsern kommen in **Jablonec** (Gablonz) auf ihre Kosten. Die entwickelten, traditionsreichen Wintersportorte **Harrachov** und/oder **Špindlerův Mlýn** (Spindelmühle) sind Austragungsorte internationaler Wettbewerbe u.a. in den nordischen Disziplinen. Das **Riesengebirge** (*Krkonoše* – Sněžka 1602 m), das meistbesuchte Gebirge Böhmens, ist die Heimat des Rübezahl (hübsche Ausstellung in **Vrchlabí**). Dort erfüllt man sich vielleicht einen Kindermärchenwunsch.

Information
Česká centrála cestovního ruchu
Staroměstské náměstí 6
110 01 Praha 1

Tips
Urwald **Boubinský prales**. Camping entlang dem Moldau-**Stausee von Lipno**. Wanderungen im Elbsandsteingebirge, Šumava (Böhmerwald) und im Böhmischen Mittelgebirge. Wintersport im Riesengebirge – in den traditionsreichen Wintersportzentren wie **Harrachov, Špindlerův Mlýn**. Stadtbesichtigungen von **Český Krumlov, Domažlice, Kadaň, Prachatice**.

Hohe und Niedere Tatra
Die höchsten Berge

„Vielleicht verdankt das slowakische Volk seinen geschichtlich erhärteten Freiheitswillen nicht zuletzt seiner herrlichen Bergwelt", mutmaßte ein Reiseführer einmal. In den höchsten Bergen der Slowakei bieten sich phantastische Wintersportmöglichkeiten.

Viel Wasser durchlief die Flüsse der Nordostslowakei, seit der höchste Berg der Hohen Tatra, die Gerlsdorfer Spitze (2655 m), im Jahre 1896 zum Gedächtnis der Tausendjahrfeier der Landnahme durch Ungarn in der Monarchie den Namen Franz-Josephs-Spitze erhielt. Danach wurde der **Gerlachovský štít** – so sein Name – noch einmal umgetauft: Eine Zeitlang trug er den Namen von Josef Wissarionowitsch Dschugaschwili, den die Welt als Stalin kennt: *Stalinov štít*. *Štít* heißt im Slowakischen *der* oder *das* Schild, zugleich auch Schutzschild, so daß in der stalinistischen Ära der Personenkult wortwörtlich auch die höchsten Gipfel erklomm.

Freilich war das Tatra-Gebirge niemals ganz frei von politischen Wechselwirkungen: Manche übertrieben nationalistisch gesinnten Ungarn betrachten es noch heute als *ihr* Gebirge, weil es siebenhundert Jahre zu ihrem Verwaltungsgebiet Oberungarn gehört hatte. Die Grenze zu Polen verläuft durch manchen Fluß, durch manches Bergmassiv. Dabei stellen die Tschechen – gelegentlich offenbar wiederum zum Leidwesen mancher Slowaken – seit jeher die größte Anzahl der Naturfreunde, die die höchste Erhebung der Zentralkarpaten, eben die Hohe Tatra, erklimmen. Kein Wunder, denn während der höchste Berg Böhmens, die Schneekoppe im Riesengebirge, 1602 m über Meereshöhe liegt, weist die Hohe Tatra sogar mehr als zwei Dutzend **Zweitausender** auf; und auch die höchsten Gipfel der Niederen Tatra (*Nízke Tatry*) sind noch runde 2000 m hoch.

Das Hochgebirge eignet sich vorzüglich für Wintersport. 1970 fanden in Štrbské Pleso die Skiweltmeisterschaften in den nordischen Disziplinen statt. Die Skispringer tragen dort alljährlich ihre Wettkämpfe im Rahmen des Skiweltcups aus. Auch der Weltcupskizirkus gastierte in den achtziger Jahren einige Male in der Hohen Tatra, die ihre Reize rund ums Jahr zeigt. In guten Wintern sind von November bis in den April hinein ausgezeichnete Bedingungen für Langlauf garantiert. Hunderte von Kilometern gepflegter Loipen stehen den Skifans zur Verfügung. Freaks haben inzwischen längst auch die Slalompisten im **Gletschergebiet** entdeckt, nachdem schon seit Jahren in einer Höhe von 2200 bis 2000 m alljährlich ein Sommerslalomwettbewerb in Veľká Zmrzlá dolina ausgetragen wird. Herrliche Abfahrten sind bis in den Mai hinein auch von den höchsten Gipfeln oberhalb der Täler Veľká Studená dolina, Mengušovská dolina oder Velická möglich. Längst kein Geheimtip mehr sind auch die Ausläufer der **Belianske Tatry** (genau *Ždiarske sedlo*).

Die Hohe Tatra ist ein Feriengebiet mit gut ausgebauten öffentlichen Einrichtungen, da die Grundlagen

Naturgeschützt seit 1931: Súľovské skaly (links außen oben).

Plötzlicher Wetterumschwung ist charakteristisch (links unten).

Wanderparadies (links innen oben).

Sessellift am Skalnaté pleso (links innen unten).

Der malerisch gelegene Berg Kriváň gilt seit dem 19. Jh. als der Nationalgipfel der Slowaken (rechts oben).

Gerlachovský štít ist mit 2655 m der höchste Berg der Slowakei (rechts unten).

für den modernen (Massen-)Tourismus dort schon um die Jahrhundertwende gelegt worden waren. Eine Anzahl von (nicht mehr ganz modernen) Seilbahnen und Liften befördert Tausende von Rucksack- und Halbschuhtouristen hinauf, wo ausgezeichnete Wander- und Klettermöglichkeiten bestehen. In der Hohen Tatra ist mit Abstand die größte Ansammlung von Hotels, Pensionen, Villen und Privatunterkünften gegeben, zumal das gesamte Gebiet einige Jahrzehnte eine der bevorzugten Ferienregionen der Pauschaltouristen aus den sozialistischen Ländern war, vor allem jener aus Ungarn, der Sowjetunion und aus der DDR.

Allerdings findet auch der Tourist, der ohne Ski oder Schlitten anreist, zahllose Möglichkeiten der Erholung. Mehrere Gemeinden sind als Kurorte ausgewiesen, wo einige Sanatorien ärztliche Behandlung anbieten: **Nový Smokovec**, **Bardejovské kúpele** an den Ausläufern der Tatra (Stoffwechselerkrankungen); **Štrbské Pleso** (Erkrankungen der Atemwege); **Vyšné Ružbachy** (Nervenkrankheiten); auch **Starý Smokovec, Horný Smokovec** sowie **Lučivná** haben jeweils den Status eines heilklimatischen Kurortes.

Obwohl die **Niedere Tatra** (*Nízke Tatry*) die wesentlich besseren Naturbedingungen für Skiabfahrten und Skilanglauf gegenüber der Hohen Tatra bietet, mangelt es dort mit wenigen Ausnahmen an geeigneten Unterbringungs- und abwechslungsreichen Verpflegungsmöglichkeiten. In diesem Gebirgszug außerordentlich beliebt – und demzufolge recht überlaufen – ist die Gegend um **Chopok**. Über die besten Abfahrtspisten aller Schwierigkeitsgrade verfügen die Hänge des Tals **Demänovská dolina**. An der Südseite läßt **Srdiečko** (zu deutsch *Herzchen*) die Herzen von Skifreunden höher schlagen; oberhalb des bekannten Hotels *Kosodrevina* liegt eines der meistbesuchten Gebiete von Nízke Tatry. Um den höchsten Berg **Ďumbier** (2043 m ü. M.) herum sind ideale Bedingungen für Wintersport gegeben. Als besonders begehrt unter Langläufern gilt die Region bei **Jasná**.

Von den Bädern und Kurorten im Einzugsbereich der Niederen Tatra (u.a. Brusno, Kováčová, Lúčky, Sklené Teplice) ist das Thermalheilbad **Sliač** (33 Grad) das wichtigste und zugleich größte Bad im Lande zur Behandlung von Herzkrankheiten.

Bereits in den fünfziger Jahren wurden zahlreiche Gebiete der Slowakei in acht schützenswerte Gruppen eingeteilt. Schon im Jahre 1949 wurde der **Tatra-Nationalpark** (*TANAP – Tatranský národný park*) mit 510 Quadratkilometern unter Naturschutz gestellt. Den Status eines Nationalparks haben auch die Regionen **Pieniny** unweit der polnischen Grenze und die Niedere Tatra; außerdem gibt es in der gesamten Slowakei, die überhaupt als landschaftliches Kleinod angesehen wird, ein weiteres Dutzend geschützter Regionen. Dazu gehören die Kleinen (*Malé*) und die **Weißen** (*Biele*) **Karpaten** mit kräftigen, vorzüglichen Weinen beider Rebenarten, vor allem wenn sie von den zahlreichen privaten Weinbauern in den traditionsreichen Winzerorten nördlich von Bratislava gezogen werden, die **Kleine** (*Malá*) und die **Große** (*Vel'ká*) **Fatra** sowie das **Slowakische Paradies**. Daß der Rauch der Industriebetriebe, die in den Tälern dieser Gebirgszüge im Laufe des letzten Jahrhunderts entstanden sind, zuweilen die Sicht trübt, ist eine betrübliche ökologische Erkenntnis, die in Europa inzwischen keine Grenzen mehr kennt.

Information
Satur
06012 Starý
Smokovec V/22
Tel. (9 69) 24 97

Tips
Seilbahnfahrten, witterungsabhängig, zu den höchsten Massiven (über 2400 m) und zu den Gebirgsseen – genannt Meeraugen (*Morské oko*). Wanderungen auf markierten Wegen in drei Nationalparks. Einmalige Tropfstein- und Eishöhlen: **Demänovské jaskyne**, **Dobšinská ľadová jaskyňa**. Kulinarische Wochen im *Panoráma Štrbské Pleso*.

Auf Bäderreise – Quellen und Kuren

In beiden Republiken sprudeln an beinahe 180 Orten rund 3000 Mineral- und Thermalheilquellen. Schon lange verkehrten die „besseren Kreise" Europas in den traditionsreichen Bädern; heute können gelegentlich auch Kassenpatienten in den vergoldeten Wannen baden…

Als in Karlsbad bereits das innerhalb von zwei Jahren (1884-86) erbaute neubarocke, üppig ausgestattete Theater (Architekten Fellner und Helmer, Fresken von Gustav Klimt) regelmäßig Vorstellungen gab und im Grandhotel Pupp schon ein elektrischer Aufzug fuhr, wurden die Gäste ebendort immer noch mit einem Esel oder in einem von Maultieren gezogenen Gespann zu den Kurbehandlungen gefahren. Dieses anekdotenhaft anmutende Beispiel mag zeigen, welchen Wandel die Bäder seit der Jahrhundertwende mitmachten und wie sie sich in den vergangenen Jahrzehnten nach der Verstaatlichung in der Zeit des Sozialismus entwickelten.

In der Tat wurde die Gesundheitspflege in jenem Land, das sich gern als das *Herz Europas* bezeichnet, zu einer Art „Volksgut". In den Genuß von Bädern kamen nach 1948 erstmals Zehntausende, die sich dies früher nie hätten leisten können: Gewerkschaften, Industriebetriebe und natürlich auch die Versicherungsgesellschaften ermöglichten vielen Kranken und Bedürftigen eine Kur. Dieser positive Aspekt der vergangenen Ära ist kaum zu bestreiten, zumal beide Länder in der Fachwelt als eine Kurmacht anerkannt sind.

Auf dem Gebiet der früheren Tschechoslowakei, wo an beinahe 180 Orten an die 3000 Mineral- und Thermalheilquellen angebohrt sind, ist ein höchst entwickeltes Badewesen beheimatet, auch wenn die Einrichtungen (noch) nicht steril-verchromt sind. Dafür aber gibt es ein Bad – Luhačovice –, wo Kassenpatienten noch in vergoldeten Wannen baden dürfen… Die Statistiken für die späten achtziger Jahre weisen jeweils etwa 400 000 Patienten auf, die jährlich in den Kuranstalten und Sanatorien der 54 ganzjährig praktizierenden (staatlichen) Badeorte behandelt wurden. Etwa 60 000 Patienten kamen aus dem Ausland, wobei drei Viertel der Gäste aus den damals noch sozialistischen Ländern waren.

Auf Grund der außerordentlich günstigen Boden- und klimatischer Verhältnisse können hier (fast) alle Krankheiten und Erkrankungen behandelt werden. In mehreren Regionen des Landes gibt es international anerkannte Heilbäder, wobei dem weltberühmten westböhmischen „Bäderdreieck" mit den prominenten Bädern Karlsbad (*Karlovy Vary*), Franzensbad (*Františkovy Lázně*), Marienbad (*Mariánské Lázně*), Jáchymov (Joachimsthal) sowie Teplice ein eigenes Kapitel dieses Reisebuches gewidmet ist.

Verwaltungsmäßig zu Teplice zählen einige kleinere Bäder: **Kundratice** weist gute Erfolge bei der Behandlung von Erkrankungen der Bewegungsorgane auf, **Bad Libverda** hingegen wird bei Kreislauf- und seelischen Problemen verschrieben. Diese beiden Kurorte ragen schon sehr in den Norden Böhmens hinein, wo das kleine – zwar abseits, jedoch landschaftlich schön gelegene – Bad **Janské Lázně** auch für Rollstuhlfahrer die rela-

Bereits in der Monarchie bekannt: Piešt'any in der Slowakei (links außen).

Einstiges Lobkowicz-Schloß in Vráž (links Mitte).

Klein, ruhig, abgeschieden, also erholsam: Libverda bei Kreislauf- (Mitte oben), Janské Lázně bei Bewegungsleiden (Mitte unten).

Großzügiges Gruppenbad in Darkov (rechts oben).

Ausreichend Platz in Třeboň für Individualbehandlung (rechts unten).

tiv seltene Möglichkeit einer Kur bietet. Die Hauptstraße ist bodenbeheizt (!), so daß in normalen Wintermonaten die öffentlichen Wege recht gut passierbar sind. Ein hübsches, traditionsreiches Kurhaus bietet im früheren Johannisbad verschiedene Möglichkeiten der Unterhaltung. Ein großes Kindersanatorium ist die Stätte für Patienten nach Kinderlähmung, Gehirnhautentzündungen und Rükkenmarkschäden. Ebenfalls für Kinder ist die Rehabilitationsanstalt im benachbarten **Železnice** eingerichtet. Im Norden Böhmens liegt in einer Meereshöhe von rund 440 m **Jeseník** (einst Bad Gräfenberg), landschaftlich schön an den Ausläufern des gleichnamigen Gebirges (deutsch: Gesenke) angesiedelt. Das Kurbad war in der ersten Hälfte des 19. Jh. das Lebenswerk des Bauern und Fuhrunternehmers Vinzenz Prießnitz, der die nach ihm benannte Kaltwasserkur erprobte. Ein großes Sanatorium trägt seinen Namen. Aus dem vergangenen Jahrhundert stammt das denkmalgeschützte klassizistische Kurhaus, in dem aus konservatorischen Gründen generell das Rauchen verboten ist. Rauchen verboten ist – aus ganz anderen Gründen – den Patienten in **Poděbrady**, doch nicht alle halten sich daran. Der Kurort östlich von Prag – spezialisiert auf Behandlung von Herzkrankheiten – ist durch die Nähe der Landesmetropole attraktiv. Für die Einheimischen verbindet sich mit ihm die Erinnerung an König Jiří (Georg von Podiebrad – 1420-1471).

Während das kleine Bad **Teplice nad Bečvou** bei Hranice Kreislaufprobleme behandelt und landschaftliche Reize bietet, ist das nordmährische **Bad Darkov-Karviná** auf Grund seiner starken Jodbromquelle bei Erkrankungen des Bewegungsapparats und nach Unfällen außerordentlich wirksam. Mährens größtes Heilbad **Luhačovice** gilt seit der Jahrhundertwende als prominent (Erkrankungen der Atemwege, Stoffwechselkrankheiten). Der etwas versponnene Architekt Jurkovič gab dem Kurort seinen romantisch-nationalen Anstrich. In Erinnerung an die Aufenthalte des Komponisten Leoš Janáček findet alljährlich ein Musikfestival statt.

Die drei südböhmischen Bäder **Třeboň, Bechyně** und **Vráž** seien erwähnt. Während alle drei Erkrankungen des Bewegungsapparats kurieren, ist das abgeschieden gelegene Vráž (mit einem hübschen neugotischen Landschloß) zusätzlich für die Behandlung von Nervenkrankheiten gerüstet. Třeboň, das landesweit bekannte Zentrum für Karpfenzucht, eine der größten Kuranlagen Böhmens, kann seine Patienten (auch Rollstuhlfahrer) auf einem eigenen See sogar zu Fahrten auf einem eigenen Ausflugsschiff einladen.

Ein geradezu klassischer Kurort in der Slowakei, urkundlich erstmals im Jahre 1113 erwähnt, ist das am Fluß Váh gelegene **Piešt'any**. Im vergangenen Jahrhundert noch ein mondänes Schlammbad, in dem Erkrankungen des Bewegungsapparats behandelt werden, nimmt es heute selbstverständlich auch Kassenpatienten bereitwillig auf. Die jahrhundertelangen Erfahrungen machten Piešt'any (162 m ü. M.) zu einem „Mekka der Rheumakranken". Inmitten bewaldeter Berglandschaft liegt **Trenčianske Teplice**, seit dem 14. Jh. bekannt. Mehr noch als etwa die schwefelhaltigen Thermalheilquellen fasziniert die Kurhalle Bad Hamman, eine Phantasieschöpfung aus dem Jahre 1890 im maurisch-orientalischen Stil. Wenn man die Übersetzung für *smrdiet'* (stinken) liefert, erahnt man, warum das Schwefelbad **Smrdáky** so heißt. Ebenfalls schwefelgetrübt ist das Thermalheilwasser von **Dudince**, dessen Flachlandklima schon jenem der Puszta entspricht. Fünf warme Mineralquellen für die Behandlung von Herz- und Gefäßerkrankungen hat **Sliač** in der Mittelslowakei. In einem malerischen Tal der Karpaten liegt **Bardejovské kúpele**, ebenfalls schon im 13. Jh. bekannt, seit dem 19. Jh. in den „besseren Kreisen" Europas wegen der Behandlung von Bronchitis- und Asthmaerkrankungen sowie jenen des Verdauungstraktes geschätzt. Das Bad ist nur 7 km von der denkmalgeschützten Stadt Bardejov (einst Bartfeld) entfernt. Last not least seien in der Slowakei noch die beiden Luftkurorte **Štrbské Pleso** und **Nový Smokovec** erwähnt. In einem Land, dessen Smogwerte und Schadstoffemissionen noch weit über dem europäischen Durchschnitt liegen, haben diese traditionsreichen Heilbäder – so oder so – eine ungeahnte Zukunft.

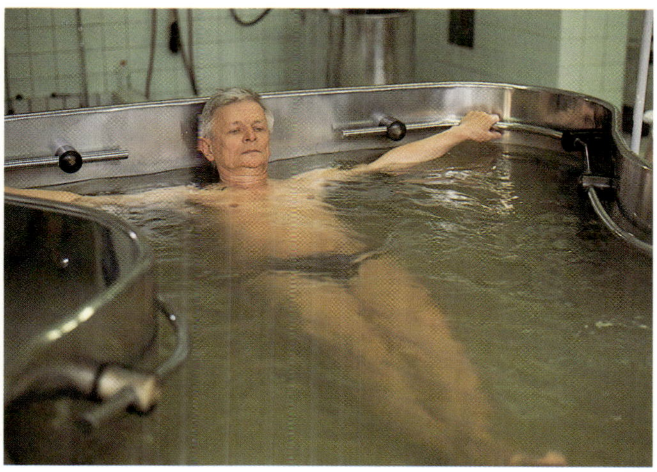

Information
zentral für die böhmischen Länder: BALNEA
Na Struze 1
110 01 Praha 1

zentral für die Slowakei:
SLOVTHERMAE
Radlinského 13
812 89 Bratislava

Auskunft erteilen auch einzelne Bäder. In Böhmen und Mähren lautet die Adresse stets Státní lázně plus Ort, in der Slowakei wird adressiert an Štátne kúpele plus Ort.

Tips
Ist eine Kur beabsichtigt, wird man den Hausarzt konsultieren; alle tschechischen und slowakischen Heilbäder haben qualifiziertes Personal. Für Tagesausflüge empfehlen sich die architektonisch interessanten Städte **Karlsbad, Franzensbad, Marienbad** sowie in der Hohen Tatra die reizvollen Höhenluftkurorte, wie z. B. **Štrbské Pleso**.

Bäderdreieck in Westböhmen

Im 18. und 19. Jahrhundert entdeckten Kaiser, Prinzen, Zaren, Maharadschas, Dichterfürsten und die Hochfinanz die wohltuenden Wirkungen der Quellen im westböhmischen Bäderdreieck. Ihr Stelldichein verhalf Karlsbad, Franzensbad, Marienbad, Joachimsthal und Teplitz zu Weltruhm.

Als Goethe 1785 – immerhin schon 36jährig – zum ersten Mal nach Böhmen kam, soll er in kurzen Hosen und weißen Strümpfen sowie mit einem Kavalierszopf jener Kutsche entstiegen sein, die er hatte einspannen lassen, um die verehrte Charlotte von Stein zu sehen. Noch einmal reiste der Poet der Dame nach. Sie war übrigens nicht die einzige „Weibsperson", die er in den Bädern zu treffen beabsichtigte. Jedoch verträgt das Reizklima mancher Kurorte offenbar keine Kurschatten... Der hochbetagte Goethe bekam am Tage seines 74. Geburtstags unweit von Karlsbad, in Loket (deutsch Elbogen), eine – letzte – Absage. Die 19jährige Ulrike von Lewetzow ließ dem alten Herrn ausrichten, sie wolle nicht des Dichterfürsten Ehefrau werden. Ihr Wort war eisern: Sie starb, hochbetagt, als lediges Fräulein.

Solcher Tratsch gehört zu den Bädern, die „peinlichst und sorgsam" die Kurlisten bis in unser Jahrhundert hinein zu führen hatten. Natürlich wurden prominente Gäste, die inkognito anreisten, verschwiegen. Neben der Pflicht war es jedoch vielfach eine gesellschaftliche Auszeichnung, als anwesend geführt zu werden. Heute können Historiker aus den Eintragungen erschließen, wer mit wem wann und wo und wahrscheinlich warum...

Die traditionsreichen Bäder im Dreieck zwischen Marienbad, Karlsbad mit dem benachbarten Bad Kyselka (Erkrankungen der Atemwege) und dem nördlich gelegenen Jáchymov (radioaktives Wasser) sowie Teplice mit den selbständigen Anhängseln Dubí, Bilina, Mšené-Lázně, Kundratice und Libverda bilden eine Region, in der (beinahe) jede Krankheit durch Badekuren behandelt werden kann.

Ein Kleinod ist das älteste anerkannte Moorheilbad der Welt, **Františkovy Lázně** (Franzensbad), das 1991 sein 200jähriges Bestehen mit attraktiven Jubiläumsonderangeboten beging. 24 Quellen sprudeln hier: Außer gynäkologischen Krankheiten – die Skulptur des nackten Jungen *František* ist an einer bestimmten Stelle recht abgegriffen – werden auch Erkrankungen des Bewegungsapparats und Kreislaufs behandelt. Das Städtchen, eine parkartige Oase in der Industriewelt, würde auch noch Ludwig van Beethoven wiedererkennen, der 1800 dort weilte. Die Stadt, deren Häuser und Sanatorien fast ausnahmslos in einem angenehmen Gelb-Weiß angestrichen sind, sieht noch so klassizistisch aus wie zum Zeitpunkt der Entstehung vor zweihundert Jahren.

Auf Tradition legen auch die anderen Bäder wert. **Teplice v Čechách** benannte vor kurzem sein größtes Sanatorium nach Beethoven; doch wird hier mit den natürlichen Vorzügen eines Kurorts unvorsichtig umgegangen: Die Kurzone wird vom Verkehr durchquert. Mitten im Kurbetrieb residierte ein Casino. So mancher Patient mußte in dem traditionsreichen Bad mit seinem interessanten Theater die erhoffte Ruhe missen. „Der Salon Europas" nannte sich Teplitz-Schönau einst, als noch der deutsche Name (*teplo, -ý, -á, é* deutet stets auf Wärme hin) eines der ältesten Thermalbäder der Welt geläufig war. Goethe, Beethoven, Chopin, Liszt, Wagner kurten einst dort – und nun zahlt auch manche Krankenkasse Zuschüsse zur Arztrechnung.

Zu Teplice gehören noch fünf kleinere Bäder, von denen neben Kundratice und Libverda der Kurort **Bilina** vor allem Krankheiten des Verdauungstraktes heilt und **Dubí** sich ebenso auf die Behandlung von Nervenkrankheiten spezialisiert wie **Mšené-Lázně**.

Der Schloßpark in Teplice (links oben).

Františkovy Lázně: Moderne Keramikkunst (links außen).

Bei Darmleidenden wegen der intensiven Wirkung beliebt: Glaubersalzquelle in Franzensbad (links unten).

Vor vierhundert Jahren so angelegt: Bad Joachimsthal/Jáchymov (rechts oben innen).

Marienbad: die Kolonnade von 1889 und ihre Dekors (rechts unten und außen).

Mariánské Lázně (Marienbad) – flankiert von den kleineren Bädern Konstantinovy Lázně (Kreislauf) und Kynžvart (Erkrankungen der Atemwege) – ist nach Karlovy Vary das zweitgrößte Bad Böhmens, spezialisiert vor allem auf Erkrankungen der Harnwege, der Atemwege und des Bewegungsapparates. Mehr als drei Dutzend Quellen sowie ein gepflegtes Stadtbild mit einem reichhaltigen kulturellen (Konzerte, alljährlich internationales Chopin-Musikfestival), aber auch Freizeit-Programm (Golf), einem hübschen Kurpark und mehreren Cafés machen den Kurort sehr anziehend. Das winzige Bad **Konstantinovy Lázně** hat kaum westliche Gäste, hingegen suchen Touristen das hübsche Empireschloß in **Kynžvart** (Verballhornung von Königswarth) auf, dessen Bauherr im 19. Jh. der in Europa nicht gerade überall beliebte Fürst Metternich war.

Alle Superlative vereinigt **Karlovy Vary** auf sich, das größte Bad des Landes, dessen 60 Thermalquellen noch nicht ausgeschöpft sind. Für die Trinkkuren, die eine wohltuende Wirkung auf den Stoffwechsel, den Verdauungstrakt und die Drüsen haben, wurden mit die schönsten Kurkolonnaden des Kontinents erstellt, die zugleich auch gesellschaftliche Treffpunkte waren. (Karlsbad wird im Städteteil dieses Reisebuchs ausführlich beschrieben.) Noch nicht erwähnt wurde, daß zahlreiche Privatunterkünfte auch ein ambulantes Kuren außerhalb der Sanatorien erlauben. Das nahe Bad **Kyselka**, landschaftlich sehr schön an der Eger (*Ohře*) gelegen, gibt zugleich einem uralten, sehr wirksamen Bitterwasser (*Mattoni*) den Namen.

Eine Sonderstellung unter den westböhmischen Bädern nimmt **Jáchymov** (St. Joachimsthal) ein. Dieser Ort, in dem einst die berühmten Joachimsthaler Silbermünzen geprägt wurden, gab allen Währungen einschließlich des (amerikanischen) Dollars den Namen, die sich als Thaler, Taler, tolar u. ä. ableiten. Nun, der alte Ruhm ist weg, die Silberader nicht mehr anzuzapfen. Doch die Uranvorkommen, die nach 1945 jahrzehntelang von den Sowjets ausgebeutet wurden und die auch den Flug der vielen Sputniks, Luniks und der Wostok-Raketen, 1961 das Vordringen des ersten Menschen ins Weltall (Jurij Gagarin) ermöglichten, machten Jáchymov begehrt. Das französisch-polnische Ehepaar Curie isolierte aus dem Uranerz erstmals das seltene Element **Radium**. Das radioaktive Wasser kann in entsprechenden Dosierungen Erkrankungen des Bewegungsapparats heilen, Nervenkrankheiten und frühzeitig erkannte Krebserkrankungen zumindest lindern. Neben den modernen Kursanatorien sei das **Radium Palace** erwähnt, ein verspieltes Jugendstilgebäude, das im *Joint-venture*-Verfahren nun für die neunziger Jahre aufgemöbelt werden soll.

Information
Zentrale Auskünfte erteilt die Nachfolgeorganisation der einstigen Generaldirektion aller Staatsbäder BALNEA, Na Struze 1, 110 01 Praha 1. Zudem schicken alle genannten Orte Informationen in deutscher Sprache zu. Die Anschrift lautet dann jeweils: Státní léčebné lázně (Staatliches Heilbad), Direktion; Ort.

Tips
In **Karlsbad** sehenswert: Theater, Casino, Grandhotel Pupp; Maria-Magdalena-Pfarrkirche von Dientzenhofer, der auch das nahe Kloster Teplá entwarf. Ausflug nach **Loket**. Von **Marienbad**: Schloß Kynžvart. Bei **Franzensbad**: Naturreservat Soos mit Naturlehrpfad. Für Kulturfans ist eine Wanderung auf Goethes Spuren in dieser Region eine Reise voller Entdeckungen.

Reisen in die Naturparadiese

Ein Paradies für Wanderer in Europa. 50 000 km markierte Wanderwege führen durch die vielfältigsten Landschaften. Zu den besonderen Naturerlebnissen zählen bizarre Felsengebilde, Eis- und Tropfsteinhöhlen und auch verschiedene vulkanische Erscheinungen.

Natürlich könnte der Leser mit Zahlen erschlagen werden: Über eintausend Felsenformationen – sog. ***Steinstädte*** – gibt es allein in der Tschechischen Republik (Böhmen und Mähren). In der Slowakei bestehen die bizarren Gebilde nicht aus Sandstein, sondern vielfach aus Dolomitengestein (**Vel'ký Rozsutec** in der Kleinen/*Malá* Fatra) und aus porösem Kalkstein, Travertin genannt, beispielsweise unweit der Zipser Burg in **Spišské Podhradie**, bzw. aus Trümmerstein (**Súl'ovské skaly**). Bis auf die letztgenannte Stätte eignen sich die slowakischen Steinstädte weniger für Kletterer, wobei die „Kraxler" die außerordentlich lohnenden Kletterpartien in der **Hohen Tatra** (*Vysoké Tatry*) bevorzugen, die zum hohen Schwierigkeitsgrad auch noch die phantastischen Ausblicke auf die Kette der vielen Zweitausender bieten. Mehr als ein Dutzend der Gipfel über 2000 m ist sogar bequem auf markierten Wegen zu erreichen, darunter **Rysy** (2499 m) und der legendäre Nationalberg der Slowaken – **Kriváň** (2494 m). Die **Niedere Tatra** (*Nízke Tatry*) – um dies zu erwähnen – eignet sich durchaus auch für Wanderer mit entsprechend solider Ausrüstung. Im westlichen Teil von Vysoké Tatry (im Slowakischen deutet das –y oft auf die Mehrzahl hin) sind ideale Möglichkeiten für alpines Klettern gegeben. Naturfreaks schwärmen von der Kleinen Fatra, in der vier größere Zentren fürs Bergsteigen vorhanden sind. Das sog. **Slowakische Paradies** (*Slovenský raj*), vor allem am linken Hornád-Ufer, gilt bei den Fans als das, was der Name der Region besagt. Etwas für Kenner, immer noch als Geheimtip auch im Inland gehandelt, ist die kleine Region der **Chočské vrchy** in der Nordwestslowakei. Im Grunde freilich bieten alle Naturerhebungen einschließlich des **Slowakischen Karstes** (*Slovenský Kras*) im Südosten, unmittelbar an Ungarn grenzend, interessante Naturerlebnisse.

Fast spiegelbildlich zur Erdoberfläche gestaltet sich der Naturreichtum in vielen Teilen des Landes auch unter der Erde. Beide Republiken gelten in Fachkreisen als eine Weltmacht der Eis- und Tropfsteinhöhlen. Die meisten findet man zwar in Böhmen und in der Slowakei, dafür hat Mähren aber einige wichtige, ausgezeichnet erforschte Höhlen aufzuweisen, von denen der **Mährische Karst** (*Moravský kras*) nordöstlich von Brno mit der sog. *Stiefmutter*-Schlucht (*propast* ***Macocha***), 138 m tief, eine der von Touristen meistbesuchten Regionen des Landes ist. Der Besuch einer der Tropfsteinhöhlen mit ihren kilometerlangen erschlossenen Wegen zählt sicherlich zu den Höhepunkten eines solchen Urlaubs. Ein Tip für Freunde ausgefallener, ganz seltener Höhlen ist die **Zbrašov-Aragonit-Höhle** von Teplice nad Bečvou (bei Hranice). Im Böhmischen Karst (*Český kras*) unweit von Beroun kann man die **Koněpruské jeskyně** besichtigen. Die Schwärmer nennen viele der Höhlen *unterirdische Märchen*. Warum auch nicht?!

Außer den großartigen, sehenswerten **Tropfsteinhöhlen** entlang der ungarischen Grenze (Domica, Jasovská jaskyňa, Gombasecká jaskyňa, Ochtinská aragonitová jaskyňa) befinden sich die meisten größeren Eis- und Tropfsteinhöhlen der Slowakei jeweils am Rande der beiden größten Gebirgsmassive Hohe bzw. Niedere Tatra. In Vysoké Tatry (Hohe Tatra) zählt dazu die **Belianska jaskyňa** (*jaskyňa* = Höhle; tschechisch *jeskyně*), immerhin in einer Höhe von 1752 m gelegen, die seit über einhundert Jahren der Öffentlichkeit zugänglich ist. Die **Dobšinská l'adová jaskyňa** (1368 m ü. M.) liegt im Slowakischen Paradies. Sie ist nicht nur die schönste *Eis*höhle der Slowakei, sie gehört nach Ansicht von Fachleuten sogar zu den schönsten und üppigsten der ganzen Welt. Die Höhle von Dobšiná – 1887 war sie als erste Eishöhle Europas elektrisch beleuchtet – hat eine konstante Temperatur von -1 Grad Celsius. Die Eiswände sind bis zu 25 m tief.

Von den Höhlen der Niederen Tatra ragen seit jeher die beiden mehrstöckigen, labyrinthartigen **Demänovské jaskyne** hervor, die jeweils aus Tropfstein- *und* Eishöhlen bestehen. Mehr als ein Viertel von insgesamt sieben Kilometern in der Tropfsteinhöhle ist zugänglich. Der Rundgang in der Eishöhle, in einer Meereshöhe von 1665 m gelegen, ist annähernd 700 m lang. Mehrere kleine Seen, mannigfaltige Formationen sowie die ungewöhnliche

Typisch für die Hohe Tatra: Meeraugen (links außen).

Versteinerter Baumstamm in Nová Paka (links oben).

Basaltfelsen bei Steinschönau (unten Mitte) und eine der Tropfsteinhöhlen (rechts oben außen).

Felsen in Adršpach (rechts innen, rechts Mitte).

Aragonithöhle Hranice: Hohler Stein (rechts unten).

Farbenvielfalt – teilweise durch Scheinwerfer zusätzlich betont – machen einen Besuch unvergeßlich. Der sog. Große Dom (*Vel'ký dóm*) in der Tropfsteinhöhle von Demänová ist allein 41 m hoch.

In allen Regionen Böhmens sowie in Mittelmähren gibt es einige sehenswerte Naturformationen, die zum Teil auch eine weitere Anreise lohnen, falls man nicht ohnehin einen naturverbundenen Urlaub plant. Im **Böhmerwald** (*Šumava*) ist auf einer Fläche von 47 ha noch ein Urwald zu finden: **Boubínský prales**. Entlang einem früheren Moldau-Flußbett bei Vyšší Brod bilden Granitblöcke die sog. **Teufelswand** (*Čertova stěna*). Der jüngste Vulkan Mitteleuropas, sogar von Meister Goethe erforscht und beschrieben, **Komorní hůrka**, liegt ebenso nah bei Františkovy Lázně (Franzensbad) wie das **Torfmoorgebiet Soos** mit tätigen Solfataren, aus denen schwefelhaltige heiße Wasserdämpfe ausströmen.

Die **Böhmische Schweiz**, die nahtlos in die Sächsische Schweiz übergeht, ist voller herrlicher Sandsteinformationen. Das Felsentor **Pravčická brána** lohnt auch eine weite Anreise. Zudem lassen sich von Ústí nad Labem (Aussig an der Elbe) einige Naturwunder erreichen. Die unterschiedlichsten Figuren aus der Welt der *Phantasia* wird man sich auch in den ostböhmischen Adersbacher Felsen einbilden, die in den Landkarten unter **Teplicko-Adršpašské skály** zu finden sind. *Nomen est omen:* **Das Böhmische Paradies** (*Český ráj*) birgt neben der einmaligen Burgruine von Trosky gleich zwei sehenswerte Felsgebilde: **Prachovské skály** bei Jičín und die Felsstadt **Hrubá Skála** bei Turnov.

Ein Geysir in der Ostslowakei? Ja, er sprudelt in **Herl'any**, 26 km nordöstlich von Košice.

Drei der vier Nationalparks wurden übrigens in der Slowakei geschaffen; in Böhmen steht das **Riesengebirge (Krkonoše)** unter diesem Schutz. Dort sind auch mehrere reizvolle Wasserfälle zu sehen; die kann man auch in Slovenský raj und in Vysoké Tatry erleben. Dutzende von Naturlehrpfaden und ein ausgezeichnetes Wanderwegenetz mit sehr genauen Karten sind eine Einladung an den umweltbewußten Naturfreund. Zahlreiche Stauseen und viele wilde Bäche bieten Möglichkeiten für Wassersport – und (gegen Gebühr) zum Angeln. Es gibt mehr als 200 ausgewiesene **Fischteiche**, wo man dieser beliebten Freizeitbeschäftigung nachgehen kann. Zudem sind die über 200 **Naturseen** in allen Landesteilen begehrte Reiseziele. Obwohl das Land 3000 **Mineral- und Thermalquellen** an fast 180 Orten besitzt, wird nur ein Teil für therapeutische Anwendungen genutzt.

Information
Česká centrála cestovního ruchu
Staroměstské náměstí 6
110 01 Praha 1

Ministerstvo hospodárstva
Slovenskej republiky
Mierova 19
82715 Bratislava

Tips
Von Děčín aus: *Pravčická brána* (Steinbogen, 21 m hoch). **Böhmisches Paradies** (*Český ráj*). Im Nationalpark **Hohe Tatra** können Bergführer engagiert werden. Von den Eis- und Tropfsteinhöhlen seien empfohlen: Demänovské jaskyne, Dobšinská l'adová jaskyňa, Macocha – Moravský Kras. Geysir von **Herl'any**.

Spiš – Altsächsische Gebirgskultur

Seit Jahren ist die traditionsreiche Spiš, von ihren deutschen Bewohnern einst Zips genannt, eines der beliebtesten Ziele auf touristischen Rundreisen. Sächsische Aussiedler hatten dort im 12. und 13. Jahrhundert verschiedene Städte gegründet, die heute noch an die vergangenen Zeiten erinnern.

Natürlich wird man kein Hinweisschild mehr nach Deutschendorf, Donnersmarkt, Gansdorf, Gorgau, Landeck, Nehre oder Wallendorf finden. Daran hat auch die jahrzehntelange „unverbrüchliche Freundschaft mit dem brüderlichen Volk der Deutschen Demokratischen Republik" nichts geändert. Die einst sächsische Zips, slowakisch Spiš (sprich: *ßpisch*), ungarisch Szepes (*ßeppesch*) genannt, ist nur noch eine historische, zum Teil eine geographische Größe, die touristisch seit vielen Jahren zu den wichtigsten Anziehungspunkten einer Slowakei-Rundreise gehört. Längst heißen die oben erwähnten Orte Poprad, Spišský Štvrtok, Gánovce, Spišský Hrhov, Lendak, Strážky oder Spišské Vlachy. Nur Archive und die Architektur erinnern in der Nordostslowakei heute daran, daß hier einst eine Ansammlung blühender Städte war, die „weder Gott noch Kaiser zu fürchten hatten".

In der Tat haben da seit jeher freie Menschen gewohnt, die von den jeweiligen Herrschern zahlreiche Privilegien erhielten, die aber auch verpflichtet waren, diesen ungewöhnlichen Status teilweise teuer zu bezahlen. Kam der König des Weges, so hatte die gastgebende Stadt den gesamten adeligen Troß und das Fußvolk in Begleitung des Monarchen freizuhalten. Nicht nur im Mittelalter hatten die Städte auch Soldaten für die königlichen Heereszüge abzuordnen. Weil manche kleinere Stadt den Aderlaß an Männern nicht verkraften konnte, schlossen sich die Städte zu unabhängigen Bünden und Verbänden zusammen.

Da die Zips abseits der großen Völkerstraßen lag, gab es kaum Kämpfe um ihren Besitz. Der einzige blutige Streit wurde wegen des vermeintlich rechten Glaubens geführt, wobei sich die beiden führenden freien königlichen Städte Leutschau (*Levoča*) und Käsmark (*Kežmarok*) die Köpfe einschlugen. Der (ungarische) Árpádenkönig Géza II. berief während seiner Herrschaft (1140-1160) Aussiedler aus deutschen Landen nach Oberungarn: Diese vereinigten sich bald zu drei größeren Bünden. Der älteste war der *Stuhl der zehn Spießträger*. Die Bezeichnung verrät, daß lediglich zehn Kämpfer dem König zu folgen hatten. Die Einwohner hatten weder Steuern noch den Zehnten zu zahlen. Die Städte erwählten ihren eigenen Grafen (Sitz in Leutschau). Nach der zweiten Ansiedlungswelle im 13. Jh. verlieh der ungarische König Stephan V. im Jahre 1271 den bedeutendsten Städten (Leutschau, Käsmark) den Status einer Freien Königlichen Stadt. Andere, bereits vorhandene und neu gegründete Städte der Provinz der Zipser Sachsen bildeten 1344 einen selbstbewußten Bund der XXIV. Die Zahl 24 ging auch in die amtliche Bezeichnung für die aus einer Kirchengemeinschaft entstandene Vereinigung ein. Die Privilegien umfaßten bald eine eigene Gerichtsbarkeit nach dem seinerzeit als entwickelt geltenden Sachsenrecht – die „Willkü(h)r der Sachsen in dem Zips". Die namhaftesten Orte waren neben Leutschau und Käsmark Bela (heute: *Spišská Belá*), Deutschendorf (*Poprad*), Georgenberg (*Spišská Sobota*), Kirchdrauf (*Spišské Podhradie*), Leibitz (*Ľubica*), Michelsdorf (*Stráže*), Neudorf (*Spišská Nová Ves*) und Völk (*Vel'ká*). Im 14. Jh. entstand um Göllnitz (*Gelnica*)

Reminiszenz an mittelalterliche Zeit (links außen).

Lourdes-Grotte in Hervartov (links Mitte oben).

Die Häuschen auf dem Land blieben während der Zeit des Sozialismus in Privatbesitz und sind meist gut erhalten – wie hier in Ždiar (links Mitte unten).

In Gegenden, in denen man heutzutage den Urlaub verbringt, leben fast nur alte Menschen (rechts oben).

Zwei Symbole früherer Zipser Macht: Der Klerus residierte in Spišská Kapitula, der weltliche Herr des Landes auf der Burg Zips (Spiš) (unten Mitte).

durch die „Gründler" der Bund von sieben Bergstädten, deren Reichtum den Wohlstand der Region bewirkte. König Béla IV. gewährte auch ihnen eigenes Recht innerhalb des Komitats. Sie durften darüber hinaus frei nach Erz schürfen und die Funde aufarbeiten. Den Gemeinderäten waren diese Sonderrechte kräftige Steuern wert gewesen.
1412 erfolgte eine Teilung: Kaiser Sigismund, zugleich König von Ungarn, verpfändete dreizehn der Städte an Polen, die dadurch teilweise eine andere Entwicklung nahmen. Der neue Regierungssitz wurde die Burg von Lublau (*Ľubovňa*). Eine Rückkehr erfolgte erst nach 360 Jahren, als bei der ersten Teilung Polens erneut ein Gebietsausgleich stattfand. Bis ins 18. Jh. gab es einige kurzfristige Verschiebungen innerhalb der Bünde, da die Hussiten eine Zeitlang regierten, dann wieder protestantische Fürsten für einige Jahre die Rekatholisierung aufhalten konnten. In den städtischen oder regionalen Museen läßt sich der Einfluß der wichtigsten ungarischen (siebenbürgischen) Oberhäupter wie Bocskay, Bethlér, G. Rákóczi, Thököly oder F. Rákóczi II. nachvollziehen. Der letzte Verbund umfaßte 16 Städte (XVI), die 1876 – also neun Jahre nach der Bildung der österreichisch-ungarischen Monarchie – im eigenen Zipser Komitat aufgingen. Diese Verwaltungseinheit hörte erst auf zu existieren mit dem Ende der k. u .k. Monarchie.
Was blieb von der Zips übrig? Die Mundarten sind weitgehend ausgestorben, da zuletzt nur noch ältere Personen miteinander deutsch sprachen. Berichtet wird in alten Urkunden, daß die Sprache der Sachsen in jeder Gemeinde anders „nuancirt" gewesen sei. Üppig waren die mit Silber und Gold besetzten Trachten. Gerühmt wird der Fleiß in der kargen Gebirgsgegend, die sich heute als ein Touristenparadies erweist. „Wer sich in Zipsen will ernähren, muß viel arbeiten und wenig verzehren" war mehr als ein geflügeltes Wort. Sparsamkeit und Gastfreiheit, Geselligkeit und tiefverwurzelte Religiosität sowie Heimatliebe waren die ausgeprägten Charakteristika dieses traditionsbewußten Volkes. Daß während des Zweiten Weltkrieges NS-Heimatfunktionäre den Anschluß ans Reich betrieben, rächte sich nach 1945. Viele Familien mußten die Slowakei mit vielen Erinnerungen und wenig Gepäck verlassen.
Geblieben sind am Fuß des Tatra-Gebirges die charakteristischen Glockentürme, großartige gotische Kirchen und Kapellen sowie Rathäuser, die noch ein Bild früherer Zeit vermitteln. Paläste und Bürgerhäuser in den Ortszentren ergänzen den Gesamteindruck einer städtischen Geschlossenheit. Die Zipser Burg **Spišský hrad** ist das größte Burgareal des Landes. Das Rathaus von **Levoča** ist das schönste Renaissanceverwaltungsgebäude der Slowakei, der **Flügelaltar** des Meisters Paul von Leutschau in der benachbarten Jakobskirche gilt als eine der prächtigsten Holzschnitzerarbeiten Mitteleuropas. Das denkmalgeschützte **Spišská Kapitula** deutet im Deutschen (Kirchdrauf) darauf hin, daß eine ursprünglich romanische Kirche in der Gotik erweitert wurde. In **Spišský Hrhov** ist eine großartige Kirche anzutreffen, in **Spišská Sobota** – zu Poprad gehörend – stammen viele Häuser aus dem 16. und 17. Jh., auch der Glockenturm entstammt der Renaissanceära. Ebenfalls im 16. Jh. wurde der Glockenturm in **Kežmarok** erbaut. Zwei weitere Attraktionen der denkmalgeschützten Stadt: die gotische Kirche (14. Jh.) sowie die Holzkirche vom Anfang des 18. Jh. Da alle erwähnten Orte landschaftlich einmalig gebettet sind, lohnt sich auch eine weite Anreise in dieses Stück mitteleuropäischer Vergangenheit.

Information
Ministerstvo hospodárstva
Mierova 19
82715 Bratislava

Tips
Gelnica: Ruinen einer Königsburg. **Spišské Podhradie** mit Burg Spiš. **Stará Ľubovňa**: Burg. Malerische Dörfer wie **Lendak**, **Ždiar**. Die einstigen Königsstädte **Levoča**, **Kežmarok**.

Kirchen – Klöster – Synagogen

Es wäre beinahe unmöglich, in Ländern, in denen im Laufe seiner Geschichte sowohl katholische als auch protestantische, jüdische und orthodoxe Glaubenseinflüsse vorhanden waren, auf einer Übersichtskarte alle sakralen Denkmäler einzuzeichnen.

Böhmen und Slowakei sind außerordentlich reich an kirchlichen Zeugnissen aus beinahe tausend Jahren, seit es Aufzeichnungen über städtische Siedlungen gibt. Trotz der offiziell atheistischen Politik in der Zeit des Sozialismus wurde so manch eine Kirche vom staatlichen Amt für Denkmalpflege sorgfältig restauriert, die beschlagnahmten Klöster und deren Besitz wurden oft liebevoll gepflegt. Gleichzeitig nutzte man vielleicht in einem benachbarten Landkreis die alten Kirchenräume als Lagerhallen für Altpapier oder Felle, in vielen Klöstern lagerte man Samen und Futtermittel, in die Synagogen zogen oft Galerien oder Museen ein. Für einen gläubigen Juden ist die Vorstellung absurd und verletzend, daß in einem ehemaligen jüdischen Gebetshaus wie in Bechyně nunmehr ein (zugegeben sehr schönes) Feuerwehrmuseum eingerichtet ist. Dort, wo einst wertvolle Thorarollen untergebracht waren, lehnen heute ausrangierte Feuerwehrleitern an der Wand oder hängen gebrauchte Wasserschläuche...

Der teilweise schon 1945 und spätestens nach 1948 beschlagnahmte Kirchenbesitz soll in den nächsten Jahren wieder zurückgegeben werden, und so manch ein Orden richtet sich inzwischen im früheren Eigentum ein. Selbstverständlich bringt diese gutgemeinte Rückgabe wiederum Ungerechtigkeiten mit sich, weil zu befürchten ist, daß manch ein – bislang der Öffentlichkeit zugängliches – Kulturdenkmal Privatgrund werden und nie mehr so wie bisher zu sehen sein wird. In erster Linie trifft dies auf bischöfliche Objekte zu, woran auch die Öffentlichkeit ihr berechtigtes Interesse hatte. Daß ein Kompromiß mit der Kirchenleitung ausgehandelt wird, wäre wünschenswert. Dies muß man nach der *Sanften Revolution* von 1989 wissen, wenn man vielleicht mit einem älteren Reiseführer in der Hand unvermittelt vor einer verschlossenen Pforte mit der Inschrift „*Vstup zakázán*" (Eintritt verboten) steht.

Auf die sehenswerten Kirchen, Klöster und Synagogen wird in den jeweiligen Land- und Stadtkapiteln dieses Reisebuchs hingewiesen. Wer sein Augenmerk ganz besonders auf Gotteshäuser und kirchliche Denkmäler legen

Strahlt Ruhe aus: Madonna in Rokycany (links außen).

Jüdischer Friedhof in Trnava (links oben links).

Viele Heiligenfiguren sind unversehrt (links innen).

Vyšsná Boca (links unten).

Denkmalgeschützte Kalvarie Křížky (rechts oben).

Kloster Osek (rechts unten).

will, findet hier wichtige Hinweise. Von den älteren **Synagogen** sind jene des Prager Staatlichen Jüdischen Museums von Bedeutung. Die anderen Gebetshäuser fristen – bis auf wenige Ausnahmen – ein kümmerliches Dasein; die im romantischen Stil erstellte Hauptsynagoge von Bratislava wurde beispielsweise vor zwanzig Jahren einem Brückenbau geopfert. Die sog. *Altneuschul* (1270) im ehemaligen Prager Ghetto Josefov (früher Josephstadt) ist die älteste erhaltene Synagoge Mitteleuropas. Die jüngsten Teile stammen aus dem 17. Jh. Ein spätgotischer Bau ist die Pinkas-Synagoge am Rande des weltberühmten Jüdischen Friedhofs, unweit davon ist die Klaus(en)-Synagoge. In den ehemaligen Gebetshäusern sind außerordentlich interessante Ausstellungen zur Geschichte des Judentums zu sehen, die auch eine weitere Anreise lohnen, da sie in ihrer Art einmalig auf der Welt sind.
Von den christlichen Denkmälern gilt die Krypta der Klosterkirche in **Doksany** (Kreis Litoměřice), einer romanischen Basilika, als besonders wertvoll. Die Himmelfahrts-Basilika der Benediktiner in mährischem **Třebíč** entstand um das Jahr 1260 – hier vermischen sich romanische Elemente schon mit frühgotischen Einflüssen. Die dreischiffige frühgotische Himmelfahrts-Basilika in **Osek** (Kreis Teplice) wurde im Jahre 1220 vollendet. Das später umgestaltete Klosterareal gilt als eines der Kleinodien der Barockkunst. Im äußersten Osten der Slowakei ist die gotische (später barockisierte) Klosterkirche von **Kráľovský Chlmec** sehenswert, deren älteste Teile aus der ersten Hälfte des 13. Jh. stammen. Als *Nationales Kulturdenkmal* ausgewiesen ist die Klosterkirche des hl. Romuald im ostslowakischen **Červený Kláštor** (Kreis Stará Ľubovňa), die im Jahre 1319 an einer Furt über den Dunajec angelegt wurde. Das sog. Rote Kloster wurde durch Maut und Zoll vermögend. Auch in dem an Denkmälern reichen Land stellt das ostslowakische Prämonstratenserkloster von **Jasov** (Kreis Košice) – ebenfalls ein *Nationales Kulturdenkmal* – eine Ausnahme dar. Die allegorischen Darstellungen des österreichischen Malers Johann Lukas Kracker in der Bibliothek sind ein Beispiel barocker Meisterschaft.

In einer ganzen Reihe kleinerer Orte in allen Landesteilen sind sehr schöne (meist barocke) Wallfahrts- und Klosterkirchen oder lediglich Kapellen, die gegenwärtig eine Renaissance erleben, zu finden. Von den bekanntesten seien **Svatá Hora** (Heiliger Berg) in Příbram, **Svatý Kopeček** (Heiliges Hügelchen) bei Olomouc, **Dobrá Voda** (wörtlich: gutes Wasser) im Landkreis Jindřichův Hradec, **Křtiny** (wörtlich: Taufe), **Římová** (Řím = Rom), **Bohosudov** (etwa: Gottesgericht) genannt. In **Velehrad** zelebrierte der Papst 1990 und 1991 Gottesdienste. Viele gläubige Menschen erzählen, daß sie in **Stará Boleslav** ihre Gesundheit gefunden haben, ähnlich wie im westslowakischen Wallfahrtsort **Šaštín** (Kreis Senica). Zu Recht denkmalgeschützt ist ein Ensemble von 27 hölzernen Kirchen in der Ostslowakei, die aus dem 18. Jh. stammen und meist orthodoxen Ursprungs sind (in den Landkreisen Bardejov, Humenné, Michalovce, Prešov, Svidník und Stará Ľubovňa).
Mehrere Kirchtürme in allen Landesteilen laden zu einer Begehung ein, wo herrliche Panoramablicke möglich sind. Ein paar Kuriosa seien noch erwähnt: Nicht etwa der Turm der Veits-Kathedrale im Areal der Prager Burg ist der höchste der Republik, sondern mit 103 m der Turm der Bartolomäus-Kirche von **Pilsen** (*Plzeň*)! Dafür hat die hauptstädtische Dominante die größte Glocke (über 17 Tonnen schwer). Die größte Kirchturmuhr ist in **Třebíč** anzutreffen, deren Ziffern eine Größe von über sieben Metern aufweisen. Es gibt auch in der Tschechoslowakei einen schiefen Turm: Jener der Dekanatskirche von **Ústí nad Labem** (Aussig an der Elbe) hat eine Neigung von 186 cm. Eine großartige technische Leistung vollbrachten Ingenieure im nordböhmischen Ort **Most** (einst: Brüx). 1975 wurde die dreischiffige gotische Mariä-Himmelfahrt-Pfarrkirche (älteste Teile aus dem 14. Jh.) in einer Millionenaktion zentimeterweise exakt um 841 m ohne irgendwelche Schäden verschoben. Etwas im Schatten des Ruhmes der beiden Dientzenhofers (Christoph und Sohn Kilian Ignaz) steht übrigens ein böhmischer Baumeister italienischer Herkunft: **Giovanni Santini**. Von ihm stammen etwa hundert (!) großartige Bauten in verschiedenen Orten Böhmens (u. a. Sedlec, Praha, Kladruby, Žďár nad Sázavou, Želiv).

Information
Česká centrála cestovního ruchu
Staroměstské náměstí 6
110 01 Praha 1

Ministerstvo obchodu a cestovného ruchu
Slovenskej republiky
Špitálska 8
813 15 Bratislava

Tips
Romanische Rotunden in **Budeč**, **Říp**, **Skalica**, **Znojmo**. Klöster **Teplá** und **Vyšší Brod**, **Předklášteří** bei Tišnov, **Zlatá Koruna** bei Český Krumlov. Kirchen in **Kuks**, **Dolní Ročov**, **Košice**, **Žehra**, **Spišská Kapitula**. Mariensäulen in **Velvary**, **Olomouc**. Altar in **Levoča**.

Burgen – Schlösser – Residenzen

150 größere und etwa 3000 kleinere Burgen, Schlösser und Ruinen aus acht Jahrhunderten erheben sich auf 128 000 Quadratkilometern. Etwa alle zehn Autominuten erblickt der Reisende ein neues Objekt – eine Fülle, einmalig in ganz Europa.

Manch eine Burg trägt die Endung *-štejn* oder *-perk*, in Abwandlung der deutschen Wörter Stein oder Berg. Und so begegnet man neben Karlštejn und Pernštejn, neben Rožmberk und Lemberk den adeligen Residenzen Šumperk und Špilberk, Vildenberk oder Rokštejn. Die Tschechen, die Mähren und die Slowaken leben im „Herzen Europas" – ihre Burgen und Schlösser geben ein Bild der Geschichte des Kontinents wieder, in der weder Hus noch Wallenstein noch Hitler fehlen, in der auch Stalins Erben ihre Spuren hinterließen. Die Soldaten der Sowjetarmee besetzten so manch ein Schloß, anderswo entstanden in den enteigneten Residenzen des Adels Kunstgalerien oder Museen (Náchod, Hluboká, Konopiště, Rychnov, Moravský Krumlov, Zvíkov, Březnice, Orlík).
Die Wörter *hrad, hrádok, hradište* (im Slowakischen) bzw. *hrad, hradec, hrádek, hradiště* (im Tschechischen) deuten stets auf eine Burg bzw. Burgansiedlung hin. Enthalten ist diese Bezeichnung auch im Namen des Prager Stadttteils *Hradčany*, der die königliche Burg (*Hrad*) umgibt; legendär ist die **Burg Vyšehrad** in Prag. Schloß heißt im Tschechischen *zámek*, in der slowakischen Sprache *zámok*. In der Slowakei findet man öfters ein *kaštiel'* (Kastell) vor.

Burgdame im Schloß Zvíkov lädt ein (links außen).

Alte Burgruine in Starhrad (links oben).

Es gibt nur *ein* Karlštejn (links unten).

Renaissanceschloß in Nový Jičín (rechts oben innen).

Prunkvoller Saal in Buchlovice (rechts oben außen).

Červená Lhota (rechts unten).

Aus der Gründungsphase Böhmens bzw. des Vorläufers der Slowakei (die sich als tschechoslowakische Teilrepublik erst 1918 aus Ungarn herausschälte) gibt es oft nur fragmentarische Zeugnisse (Bratislava, Devín, Nitra). Im ausgehenden 11. Jh. entstehen nach deutschem Vorbild Pfalzen, die sich die Herrscher leisten, um den Hof mächtig erscheinen zu lassen. Aus dem 12. Jh. gibt es bereits Teile von Herrschersitzen in Prag, Olomouc, Znojmo oder Vyšehrad. Im 13. Jh. werden größere Landstriche in der heutigen Slowakei besiedelt (vielfach durch Sachsen), wo die mächtigen Burgen von Trenčín, Liptov oder Spiš im Kern erhalten blieben. In Mähren erinnert die romanische Burg Landštejn an frühere Zeiten.
Spätestens ab Anfang des 14. Jh. ändert sich der Charakter der Burgen erneut, sie werden zunehmend zu Festungen ausgebaut, die vor den Einfällen größerer Armeen oder verfeindeter Fürstenheere schützen sollen. Die Burgen entstehen oft in unwegsamem Gelände, Flüsse bilden zudem einen natürlichen Schutzwall. Auch Wasserburgen in flachen Landabschnitten sind ein Ergebnis strategischer Überlegungen, die jedoch die gesellschaftliche Repräsentation keinesfalls vernachlässigen (Červená Lhota, Orlík, Zvíkov, Švihov, Libochovice, Bytča, Humenné).
Aus dieser Epoche findet sich eine Anzahl größerer Burgen, um die herum bereits kleine Gemeinden entstanden sind: Pernštejn, Český Krumlov und Karlštejn, eine Gründung Kaisers Karl IV., der wesentliche Impulse zum Aufbau Prags (Universität, St.-Veit-Kathedrale, Karlsbrücke) gab; Český Šternberk, Telč, Jindřichův Hradec oder die größte Burg des Landes, Rábí, in den böhmischen Kronländern; in der Slowakei Orava, Zvolen, Tekov, Spiš, Trenčín, um nur die wichtigsten zu nennen.
Zu den Wehrtürmen kamen nunmehr Kirchtürme hinzu: Die religiöse Ausrichtung und demzufolge im 15. Jh. auch die konfessionellen Kämpfe um die weltliche Macht und den rechten Glauben hinterließen Spuren des Aufbaus und zum Teil auch Spuren der Zerstörung. Die Bauernkriege fügten manchen Regionen weitere Wunden zu. Inzwischen hatte sich das Bürgertum entfaltet: Die Rathäuser entstanden – im Gegensatz zu den Kirchen, Kapellen und Klöstern – so gut wie niemals auf einer Burg. Eine Ausnahme bildeten die *Stadtburgen* der sächsischen Bergbaustädte Oberungarns (Kremnica, Banská Štiavnica, Banská Bystrica, Kežmarok), die direkt im Kern einer Siedlung entstanden, um die herum von vornherein eine städtische Zone mit Hof, Rathaus und Pfarrkirche gruppiert wurde. Ansonsten war man bestrebt, auf Distanz zu gehen, dabei aber ein gutes Verhältnis zum jeweiligen Landesherrn zu haben. Daß die Herren oft in rascher Folge wechselten, wird auf so mancher Burg ersichtlich. Die baulichen Veränderungen hingen vom jeweiligen Geschmack des Adeligen ab. Dennoch gibt es mehrere *gotische Burgen*, deren ursprünglicher Charakter weitgehend gewahrt wurde; einige sind als Ruinen erhalten.
Die Türkengefahr veranlaßte so manchen Burgherrn, die Burg zur Festung auszubauen. Vor allem auf den Burgen Oberungarns (wegen der Türkenbelagerung) spürte man die Notwendigkeit eines vorbeugenden Schutzes. Und so brachte die *Renaissanceära* in vielen Orten der heutigen Tschechoslowakei auch optisch eine Festigung der Macht mit sich. Einige Beispiele: Nelahozeves, Mělník, Třeboň, Červený Kameň, Telč, Markušovce, Duchcov, Klášterec, Frýdlant.
Das 17. Jh. mit dem Dreißigjährigen Krieg, der mit dem Prager Fen-

stersturz seinen Anfang nahm, ging natürlich an den Ländern der böhmischen Krone nicht vorbei. Die heutige Slowakei wurde zu jener Zeit von drei Seiten eingeklemmt – von den Türken, den Siebenbürger (protestantischen) Fürsten und den (katholischen) Habsburgern. Plünderungen waren die unausweichliche Folge in einer Gegend, die sich als das Herz Europas empfand, das dementsprechend den kriegerischen Puls der Zeit wiedergab. Daß dennoch viele Burgen relativ gut erhalten sind, ist nicht nur den Restauratoren zu verdanken, sondern auch der soliden Anlage in den Jahrhunderten davor. (Die Substanz hielt zwar manchmal den Kanonenkugeln stand, nicht jedoch dem sauren Regen unserer Tage.)

Das ausgehende 17. Jh. lehrte nach den Kriegswirren auch ein neues Lebensgefühl: Die ersten großen Gärten – wie in Kroměříž – entstanden und blieben mehr oder weniger in ihrer ursprünglichen Form bis heute erhalten.

Eine neue Epoche bricht an, die beinahe alles umkrempelt, was bis dahin da war: *der Barock*. Die Gotteshäuser werden umgebaut, umgestaltet, neue Klöster entstehen, die Festungsmauern werden geschleift, Paläste werden förmlich aus dem Boden gestampft, Schlösser treten an die Stelle von Burgen. Die neue Kunstrichtung scheint unnachgiebig; für lange Zeit verbietet die Rekatholisierung ein Bekenntnis zu den bisherigen Werten. Freilich besitzt dieser üppige neue Kunststil eben jene Schönheit, die heute die zahllosen Museen, Kirchen und Schlösser der Barockepoche mit Besuchern füllt. Ihre Beschreibung allein würde den Rahmen dieses Reisebuchs sprengen.

Kaum Fuß faßte das *Rokoko*. Drei hübsche Ausnahmen: Nové Hrady in Ostböhmen, Kinsky-Palais in Prag und in Bratislava das Haus zum guten Hirten (*Dom u dobrého pastiera*).

Der *Klassizismus* hinterließ einige Schlösser und Herrenhäuser, vor allem in der Slowakei. Sehr schöne Beispiele des *Empire* befinden sich in Dolná Krupá, Kačina, Ratibořice, Dačice, Hrádek oder Kynžvart.

Und als ob die zweieinhalbtausend Burgen, Schlösser und Festen noch nicht genügt hätten, entstanden im 19. Jh. und noch Anfang des Industriejahrhunderts zahllose Schlösser in allen denkbaren Pseudostilen (Lednice, Vráž, Hluboká, Bojnice). So stellt der verblüffte Besucher des Landes fest, daß ungefähr alle zehn Autominuten irgendeine Burg zu sehen ist. Und die Schlösser sind zwar im jeweiligen Stadtbild oft eine Etage tiefer angesiedelt, jedoch ebenso sehenswert.

Information
Česká centrála cestovního ruchu
Staroměstské náměstí 6
110 01 Praha 1

Ministerstvo hospodárstva Slovenskej republiky
Mierova 19
82715 Bratislava

Tips
Aus hunderten landesweit herausgegriffen: **Spiš** – **Hořovice** – **Karlštejn** – **Český Krumlov** – **Zvíkov** – **Opočno** – **Kuks** – **Frýdlant** – **Nové Město nad Metují** – **Kroměříž** – **Trenčín** – **Betliar** – **Krásna Hôrka** und natürlich **Praha**.

Die Dientzenhofers – Barockbaugenies

„Vater und Sohn erbauen Prag und Böhmen!" würde heute eine Sensationsschlagzeile verkünden, wollte man das Werk der Architekten Christoph und Kilian Ignaz Dientzenhofer würdigen. Eine bayerische Baumeisterfamilie überzog von Prag aus das Land mit zahllosen Barockprunkgebäuden.

So fingen früher Märchen an: Es war einmal ein Vater (Georg Dientzenhofer, *1614), von Beruf Landwirt und Bergbauer, der hatte elf Kinder – drei Mädchen und acht Buben; drei Kinder verstarben früh. Der oberbayerische Hof am nördlichen Rand der Alpen, am Fuße des Wendelstein, im heutigen Landkreis Rosenheim, ergab nur kargen Unterhalt für die Großfamilie, und so ließ der Vater die Jungen einen *anständigen* Beruf erlernen. Der zweitjüngste Sproß, Abraham (1650-1722), wurde Ofensetzer und verbrachte sein langes Arbeitsleben in Bayern und Franken. Die anderen fünf Buben erlernten das Maurerhandwerk: Georg (1643-1689), Wolfgang (1648-1706), Christoph (1655 bis 1722), (Leonhard (1660-1707) und Johann (1663-1726). Die fünf Brüder, so könnte das Märchen weitererzählt werden, wenn es nicht wahr (geworden) wäre, suchten ihren Broterwerb außerhalb der engeren Heimat. Und so ergibt sich das Phänomen, daß es im gesamten Landkreis Rosenheim kein einziges barockes Baudenkmal gibt, das die fünf berühmt gewordenen genialen Barockbaumeister und drei ihrer Söhne im Laufe zweier Generationen dort geschaffen haben. Die stolze Heimat widmete ihnen 1991 in enger Zusammenarbeit mit der Nationalgalerie Prag eine vielbeachtete Gesamtschau im *Lokschuppen* Rosenheim (ein reichbebilderter Katalog enthält einen ausgezeichneten Überblick über ihr Schaffen in Böhmen).

Die fünf Architekten haben – einmalig in der Geschichte des Bauwesens – das geschaffen bzw. geschafft, was etwa die fünf Rothschild-Brüder – ebenso unnachachmlich und einmalig – als Bankiers im Finanzbereich zu schaffen vermochten. Die fünf Brüder Dientzenhofer überzogen von Prag aus Franken, Hessen, Böhmen und Schlesien mit einem dichten Netz herrlichster Barockprunkgebäude, die man auch als Nichtkatholik mit dem gebührenden Respekt betrachten wird.

Christoph Dientzenhofer blieb in Prag, heiratete, wurde dort Bürger und blieb in Böhmen ansässig. Bis vor kurzem war sein Werk – die Tschechen nennen ihn Kryštof – auf Grund einer wohl irrtümlichen Erwähnung in einer alten Urkunde recht umstritten, weil das Dokument ihn, den tüchtigen Baumeister und Architekten, als Analphabeten auswies. Die Prager Kunsthistorikerin Milada Vilímková, gemeinsam mit Johannes Brucker die Verfasserin des umfangreichsten Werks über die *Dientzenhofer – eine bayerische Baumeisterfamilie in der Barockzeit* (Rosenheimer Raritäten), unternimmt eine Rehabilitierung Christoph Dientzenhofers, der stets im Schatten seines genialen, bereits in Prag geborenen Sohnes Kilian Ignaz (1689 bis 1751) stand.

In Teplá, unweit von Marienbad, erbaute Christoph das Prämonstratenserstift und die Spitalkirche. Für den gleichen Orden erstellte er in Útery die Kirche Johannes' des Täufers. In Cheb steht von ihm die ehemalige Klosterkirche St. Clara. Unweit davon, in Chlum nad Ohří, entstand eine weithin sichtbare Wallfahrtskirche. Die Schloßkapelle in Smiřice in Nordostböhmen, gebaut für Graf Sternberg, gilt als eines der reifsten Werke des Meisters. In Broumov leitet Christoph die Umbauarbeiten des Benediktinerklosters, in Nová Paka entsteht die Klosterkirche der Paulaner. Für die Dominikaner führte Vater Chri-

Prag-Neustadt, Am Graben, Palais des Fürsten Ottavio Piccolomini (links oben).

Prager Altstadt: Nikolauskirche (links innen).

Ehemalige Jesuitenkirche in Klatovy (links unten).

Prag-Hradschin: Hauptfassade der Loreto-Wallfahrtskirche (rechts oben innen).

Detail der Klosterkirche Břevnov (rechts außen).

Prag, Villa Amerika, einst Lusthaus, heute Dvořák-Museum (rechts unten).

stoph die Abschlußarbeiten an der Kirche Maria Magdalena auf der Prager Kleinseite aus. Das letzte Jahrzehnt verbringt er ausschließlich in Prag, wo er eine der Dominanten der Moldaustadt, die Niklaskirche auf der Kleinseite (Malá Strana), baut, die sein Sohn Kilian Ignaz im doppelten Sinne des Wortes vollendet. Vor den Toren Prags entsteht zwischen 1709 und 1715 das Benediktinerkloster Břevnov

und die Margarethenkirche. Nach 1714 bauen Vater und Sohn immer öfter gemeinsam: Auf dem Hradschin entstehen die Antoniuskapelle in der Wallfahrtskirche Loreto, später die Franziskuskapelle sowie der Westteil der Christ-Geburt-Kirche. Ein Jahr vor seinem Tod unterzeichnet Christoph den Vertrag für die Änderung der Hauptfassade des Loreto-Komplexes, die der getreue Sohn fertigstellt. Sowohl Christoph als auch Kilian Ignaz zogen zahlreiche großartige Künstler anderer Sparten an. Der prominenteste ist Cosmas Damian **Asam** (1689-1739), der mit Vater und Sohn Dientzenhofer an der Ausstattung des Klosters Břevnov und der Nikolaus-Kirche in der Prager Altstadt am Rande des Ghettos, mitwirkte.

Das Gesamtwerk von **Kilian Ignaz Dientzenhofer** (im folgenden KI), der allein mehr gebaut hat als sein Vater und alle vier Onkel zusammen, umfaßt über einhundert herausragende Werke. Obwohl die Auftraggeber oft Klöster waren, überwiegen nicht die sakralen Bauten. Alle Dientzenhofers schufen auch Wohnhäuser, Paläste, Lustschlösser, Wirtschaftsgebäude, Brauereien und Stallungen. Allerdings sind die Kirchengebäude wesentlich spektakulärer. In Karlsbad thront die Maria-Magdalena-Kirche unmittelbar über der Sprudelquelle; in Kladruby errichtete KI ein Klostergeviert, in Kutná Hora ein Kloster und eine Kirche für die Ursulinerinnen. Im südböhmischen Domažlice baute er die Burg zum Salzhaus um, in dem (nach dem Auszug der Sowjets noch nicht zugänglichen) Schloß zu Děčín des Grafen Thun entwarf er den Kornspeicher. In Klatovy dominiert die ehemalige Jesuitenkirche den Hauptplatz. In Brandýs nad Labem gibt es gleich mehrere Dientzenhofer-Werke, darunter das Schloß. In Nepomuk bei Pilsen baute KI die gleichnamige Kirche. In (Dolní) Ročov entstand die Augustiner-Klosterkirche, Spuren hinterließ der tüchtige KI auch bei Příbram (Wallfahrtskirche Svatá Hora), in Chválenice, Nicov, Paštiky. In Vižňov (Kreis Náchod) kündet die zauberhafte Annakirche der Benediktiner vom Ruhm Dientzenhofers. Für die Benediktiner entstand in Bezděkov nad Metují eines der schönsten Gotteshäuser des Pragers.

Obwohl die Bautätigkeit Kilian Ignaz' weite Teile Böhmens umfaßte (in Mähren baute er nur in Olmütz, ansonsten in Schlesien und in Eger/Ungarn), entstanden die Meisterwerke in Prag.

KI war als Hof- und später auch als Festungsbaumeister – beides Ehrentitel, aber mit Hungerlohn ausgestattet – für alle kleinen Reparaturarbeiten auf der Burg und auf den kaiserlichen Hofgebäuden in und außerhalb von Prag verantwortlich. Er – der mit Abstand beharrlichste Baumeister des blühenden Barock – wurde vom Habsburger Hof sehr kümmerlich entlohnt: Als er starb, richtete die Witwe (KI hatte mit zwei Frauen 18 Kinder) mehrere dramatische Bittgesuche an die Kaiserin Maria Theresia, die jedoch abschlägig beschieden wurden. Zuletzt bekam die Frau jenes Genies, ohne dessen Wirken große Teile Böhmens und Prags ein anderes Antlitz hätten, aus Wien gar keine Antwort mehr.

Information
Bei den Baudenkmälern vor Ort. Manche Kirchen sind zwar geschlossen, werden aber auf Wunsch (Hinweis) geöffnet. Ausgezeichnet informieren der Bildband „Dientzenhofer – Eine bayerische Baumeisterfamilie in der Barockzeit" von M. Vilímková und J. Brukker, 1989, und der Ausstellungskatalog „Die Dientzenhofer – Barocke Baukunst in Bayern und Böhmen", hrsg. v. Kulturamt Rosenheim, 1991.

Tips
In **Prag** allein und in unmittelbarer Umgebung sind Dutzende von Bauwerken von Christoph und Kilian Ignaz Dientzenhofer vorhanden. Es gibt Bauten in **Cheb**, **Karlovy Vary**, **Teplá**, **Úterý**, **Chlum**, **Nicov**, **Kladruby**, **Klatovy**, **Paštiky**. Rege Bautätigkeit entwickelten die beiden Architekten in Nord- und Nordostböhmen; in Broumov und Umgebung hinterließen sie mehrere Bauwerke.

Volkskunst und Folkloretraditionen

Riesige Weihnachtskrippen, bemalte Ostereier und orthodoxe Holzkirchen, Trachten in allen Variationen und Töpferarbeiten zählen ebenso zum Volksschatz wie Musik und Tanz. Besonders die östliche Slowakei ist eine Fundgrube für den Freund der überlieferten Volkskunst.

In einem Landstrich, in dem vier große Völker – Tschechen, Slowaken, Ungarn und Deutsche – sowie einige Minderheiten (Ukrainer, Polen) und die große ethnische Gruppe der Roma bzw. Sinti leb(t)en, in einem solchen Landstrich sind die Dokumente einer mannigfaltigen Volkskunst überaus reichhaltig. Die Skala reicht von Architektur über Blaufärberei, Glasmalerei, Eierfärben, Lebkuchenmodeln bis hin zur Herstellung ausgefallener Musikinstrumente wie etwa Dudelsack oder wunderschöner, gelegentlich quadratmetergroßer Krippen (*betlém* genannt) mit mehreren tausend Figuren.

Jeder Landstrich der Region – wobei noch einmal unterschieden werden muß zwischen Böhmen, dem mittleren, historischen Landesteil Mähren und Schlesien sowie der Slowakei – hat ihre volkskundlichen Besonderheiten. Die Volkskunst variiert in traditionsreichen Gegenden zuweilen sogar von Dorf zu Dorf.

Wahr ist, daß die Folklore auf allen Gebieten fast nur noch gewerblich gepflegt wird. Lediglich in einigen Gemeinden (Südböhmens, Mittel- und Südmährens bzw. der Nordostslowakei) werden Trachten getragen, wie sie noch vor zwei Generationen zum Alltag gehörten. Ihre Träger sind stets Angehörige der älteren Generationen, wobei bei besonderen Anlässen wie Taufe, Kommunion, Konfirmation, Hochzeit oder Begräbnis noch in den Familienschrank gegriffen wird. Gängig ist bei Frauen das Tragen eines Trachtenrockes oder gar mehrerer Röcke, teilweise plissiert; beinahe selbstverständlich scheint ein Kopftuch, worunter sich oft eine handgestickte, manchmal eine alte vererbte Haube versteckt. Die Kopfbedeckung kann – je nach Region – schlicht sein oder auch Halb- oder Edelsteine enthalten. Bei Männern sind ein (meist schwarzer) Hut und Schaftstiefel die Reste jener Tracht, die noch zwischen den Kriegen gepflegt wurde.

Mehrere professionelle Ensembles haben gleich nach Kriegsende die Volkskunst mit großem Erfolg in alle Welt „exportiert". Die zwei bedeutendsten kommen aus Bratislava, der slowakischen Hauptstadt: *Lúčnica* und *Slovenský l'udový umelecký kolektív (SĽUK)*. Die Tänze, der Gesang, die Trachten, die von Nummer zu Nummer wechseln, können auch in einem zweistündigen Programm lediglich einen Bruchteil der Vielfalt zeigen, die es vor allem in der Slowakei gibt, wo slowakische, ungarische und teilweise ukrainisch-russische Elemente zusammenwirken, wobei das Zigeunerelement nicht vernachlässigt werden sollte, obwohl... Ja, obwohl die authentische Sintimusik und der Gesang der Roma mit der Kaffeehausmusik der Salonzigeuner (manchmal mit dem Diplom eines Konservatoriums) kaum Ähnlichkeit hat. Ihre Lieder und ihre Originalmusik klingen noch viel sentimentaler, der Gesang verzichtet oft auf jedwede Instrumentalbegleitung, Finger sind der Ersatz für rhythmische Begleitung (sogen. Schnalzen).

Es gibt Tausende von Volksliedern unterschiedlichen Charakters. Während bei den böhmischen Liedern die Blechinstrumente und bei den südböhmischen der Dudelsack und die Geigen den Ton angeben, sind es bei den mährischen Liedern eher das Zimbal und Geigen – ähnlich wie bei den slowakischen, da vielleicht in umgekehrter Reihenfolge. Die getanzte, gesungene Volkskunst hatte in den letzten vierzig Jahren mehrere (internationale) Foren bei Festivals in verschiedenen Teilen der Republik (z. B. **Strážnice** in Südmähren, **Domažlice** in Südwestböhmen, **Náměšť** im Haná-Gebiet, in der Slowakei **Východná, Terchová,**

Wird hier noch als Brauchtum gepflegt: „Hexenverbrennung" (links außen).

In der Ostslowakei begegnet man auch der zauberhaften ukrainischen Folklore (links innen oben).

Die Volkskunst erlebt eine Renaissance (links innen Mitte).

Volksarchitektur auf dem Pustevny in den Beskiden (Mitte unten).

Denkmalgeschützt ist das Ensemble von Weinkellern in dem mährischen Winzerort Petrov (rechts oben).

Domažlice: Trachtenpflege im Alltag (rechts außen).

Detva, Svidník). Alljährlich kommen einige tausend Laienkünstler zusammen, die sich dieser Freizeitbeschäftigung widmen und von denen manche absolut professionelles Niveau erreichen. Geschmackvoll auch die Tracht, die nach alten Vorlagen angefertigt wird.

Ein Blick in die regionalen Museen verrät die Vielfalt früherer Jahrhunderte. Mehrere Freilichtmuseen – siehe auch das Kapitel *Die schönsten Museen* – erinnern an das traditionelle dörfliche Leben. Altes Handwerkszeug wird ausgestellt, Geräte für Leinenfärberei oder Maschinen fürs Weben werden vorgestellt. Herrliche Stickereien stammen aus den kleinen slowakischen Gemeinden **Očová** und aus **Čičmany**, einem einst deutschen Dorf in der Ostslowakei, wo auch noch sehr hübsche volkstümliche Architektur zu bewundern ist. Schön geschnitzte Berghäuschen kann man in **Ždiar**, ebenfalls in der Slowakei, sehen. Dieser kleine Ort erlangte gewisse Bekanntheit durch die Trachten der Berghirten sowie Metalltreibarbeiten und Schnitzereien, die entweder auf der Weide oder an langen Winterabenden daheim entstanden sind. Die östliche Slowakei ist ohnehin eine Fundgrube für den Freund der Volkskunst: Ein Ensemble von 27 **Holzkirchen** (die meisten sind dem orthodoxen Ritus geweiht) ist denkmalgeschützt. Auch die Friedhöfe in ihrer Nähe künden zuweilen von der Fähigkeit der Kunstschmiede. Wegen ihrer Bergstöcke mit Beschlägen sind die Bewohner des mittelslowakischen Landstrichs **Detva** bekannt, ihre Trachten und ihre Mundart landesweit beliebt. Viele volkstümliche Witze werden hierhin verlegt, woher auch ein guter Käse kommt. Der berühmte Liptauer (Schafskäse) stammt aus der Ortschaft **Liptov** in der Niederen Tatra, die zugleich die Heimat gesuchter Schäfererzeugnisse und hübscher Frauentrachten ist.

Bei den Mustern überwiegt die kunstvolle, üppige Verarbeitung. Wahre Meisterwerke sind die bemalten Eier, wobei nicht nur Hühner-, sondern auch Enten- und Gänseeier mit schönen Ornamenten verziert werden. Zu Hunderten schmücken sie in der Osterzeit die Schaufenster der Geschäfte. Besonders prachtvolle Exemplare – entstanden aus jahrhundertealter Tradition, bemalt ohne Schablone – landen dann in den Heimat- oder Regionalmuseen. Erstaunlich die Vielfalt der Motive, die auf wenigen Quadratzentimetern entwikkelt werden.

Während in den böhmischen Ländern die Herstellung von Glas und Bijouterie (**Jablonec**) auf einem sehr hohen Niveau erfolgt, sind einige Orte in der West- und Ostslowakei für ihre Keramiken bekannt. Im äußersten Osten des Landes liegt **Pozdišovce**, berühmt geworden durch seine Töpferwaren. Im Westen des östlichen Landesteils liegen **Modra** und **Stupava**, woher ebenfalls wertvolle und als Mitbringsel beliebte Keramikarbeiten stammen.

Im mährischen **Třebíč** sind im städtischen Museum sehr schöne Krippen – aus Papier und anderen Materialien – ausgestellt. Sie zeigen den hohen Standard, den im vergangenen Jahrhundert gleich mehrere Dutzend Volkskünstler, meist Handwerker aus der näheren Umgebung, bei der Gestaltung der „Bethleheme" erreichten. In **Třebechovice pod Orebem** unweit von Hradec Králové wird unter anderen eine **Krippe** von 7 x 3,2 x 2,7 m (!) gezeigt, die zwei Handwerker namens Probošt und Kapucián im 19. Jh. geschnitzt haben. Über 2000 Objekte aus Holz sind darin untergebracht, über 50 Figuren bewegen sich mechanisch, 120 sind auf Förderbändern montiert. 152 hölzerne Originalrädchen treiben den Mechanismus der überdimensionalen Krippe an, die im oberen Teil Szenen aus dem Neuen Testament zeigt, im unteren Bereich das Alltagsleben der Landbevölkerung vorführt. Trotz millionenschwerer Dollarangebote auf der EXPO in Montreal war die (kommunistische) Regierung nicht gewillt, das Kunstwerk zu veräußern. Auch damals schon hat man den Wert der Volkskunstwerke erkannt – und gewürdigt.

Information
Česká centrála cestovního ruchu
Staroměstské náměstí 6
110 01 Praha 1

Ministerstvo hospodárstva
Slovenskej republiky
Mierova 19
82715 Bratislava

Tips
Dorfmuseen (Skanzen) in **Banská Štiavnica, Bardejovské kúpele, Humenné, Kouřim, Martin, Nová Bystrica, Pribylina, Přerov, Rožnov, Stará Ľubovňa, Strážnice, Svidník, Třebíz, Vysočina, Zuberec, Zubrnice**.
In vielen Städten gibt es Volkskunstläden. Sehenswert sind die Krippen in **Třebechovice** und **Třebíč**.

Auf den Spuren der Musik

Die Vorliebe der Tschechen für Musik ist beinahe sprichwörtlich. Jedoch lassen sich auch die Mährer und die Slowaken gern vernehmen. Welche Bedeutung die Musik im Kulturverständnis des Landes hat, zeigen zahlreiche Museen, die sich den musikalischen Traditionen widmen.

Lange bevor die Welt Kenntnis vom politischen „Prager Frühling" (1968) erhielt, reisten Musikliebhaber schon zum **„Prager Frühling"** (*Pražské jaro*). Dieses namhafte Musikfestival – seit 1946 alljährlich durchgeführt – war in den Zeiten des kalten Krieges eine Gelegenheit für Musikfreunde, einen Vergleich zwischen den östlichen und westlichen Starsolisten und Orchestern anzustellen. Es ist interessant, daß nach dem Krieg die drei wichtigsten **Opernkomponisten** aus der Slowakei kamen: Ján **Cikker**, Eugen **Suchoň** und Alexander **Moyzes**, alle drei vor 1911 geboren. Sie haben sich vor allem nationalen Themen gewidmet, die nach der Gründung der Tschechoslowakei modisch waren. Ihre modernen Stücke, für das westliche Publikum ohne Erklärung nicht immer zu verstehen, werden gelegentlich auch auf westeuropäischen Bühnen gespielt.

Der „Export" an **Gesangsinterpreten** aus Böhmen scheint gegenwärtig zu versiegen, wenn man von der Präsenz **Karel Gotts** oder der Chansonette **Hana Hegerová** in deutschen Schallplatten- und Fernsehstudios absieht. Mehrere Opernsolisten gastieren jedoch seit Jahren nicht nur in Salzburg, Bayreuth, München, Berlin und Hamburg, sondern sind an der Scala und der Met begehrte Gäste (Lucia **Popp**, Gabriela **Beňačková**, Edita **Gruberová**, Peter **Dvorský**). Einige **Jazzsolisten** musizieren längst erfolgreich in den USA: Jiří **„George" Mráz**, Miroslav **Vitouš** oder Jan **Hamer**, der die TV-Musik zu *Miami Vice* komponierte.

Prag ist die Heimat von **Jiří Kylián**, der seit 1976 als künstlerischer Direktor das Nederlands Dans Theater zu einer der international namhaftesten Ballettcompagnien machte. Der renommierte Choreograph kehrte nach der *Sanften Revolution* von 1989 als einer der ersten Exulanten an die Moldau zurück.

Stellvertretend für viele Dirigenten, die in den letzten Jahrzehnten auch in Deutschland bejubelt wurden (Bělohlávek, Opela, Smetáček), sei **Václav Neumann** genannt, der auf ein halbes Jahrhundert künstlerischer Tätigkeit zurückblickt. Die **Tschechische Philharmonie**, sein Orchester, wäre ohne ihn etwa so wenig vorstellbar wie die Berliner Philharmoniker einst ohne Karajan.

Die tschechischen Sinfonieorchester und auch die Kammerensembles haben es verstanden, zu den führenden Klangkörpern der Welt aufzurücken. Allerdings haben auch kleinere Gruppen wie das *Prager Nonett*, die *Smetana-, Janáček-, Dvořák-Quartette* oder das *Suk-Trio* im In- und Ausland begeistert. Der Violinist Suk ist ein Nachfahre von **Josef Suk** (1874-1935), eines oft gespielten Komponisten. In ihrer Heimat sehr bekannt sind Josef Bohuslav **Foerster**, Vítězslav **Novák** oder Otakar **Ostrčil**, die allesamt zeitgenössische Musik komponierten.

Bohuslav Martinů (1890-1959) wirkte lange in Paris, bevor er 1941 in die Vereinigten Staaten emigrierte – ähnlich wie Rudolf **Friml** („Über die Prärie"), dessen Schaffen gegenwärtig eine Renaissance erlebt. Martinů, ein Schüler Suks, blieb zeitlebens slawischen Motiven verbunden. Aus dem umfangreichen Liederschatz seiner mährischen Heimat schöpfte auch der Kraftprotz unter den Komponisten, **Leoš Janáček** (1854-1928), dessen Werke (neun Opern) immer wieder auch auf den westlichen Bühnen gespielt werden: *Jenufa, Die Sache Makropoulos* (nach Karel Čapeks utopischem Roman), *Das Schlaue Füchslein, Katja Kabanova* oder *Aus einem Totenhause* (nach Dostojewskij). Seine sinfonischen Dichtungen (darunter *Taras Bulba*) sowie seine

Fresko im Buchmuseum Žd'ár nad Sázavou (links außen).

Historischer Musicalstoff für Probleme von heute in Teplice (links unten).

Verehrung Smetanas in Mladá Boleslav (rechts oben).

Die alten Meister sind präsent (rechts innen).

Keine Spiegelung: Angebot (rechts außen oben).

Hochzeitsmarsch – geblasen in Tábor (rechts).

Kammermusiken machen ihn zu einem der meistgespielten Komponisten.
Janáček teilt sich den Rang – auch was die Beliebtheit im Westen angeht – mit **Antonín Dvořák** (1841-1904), der zu seinem 50. Geburtstag Ehrenprofessor der Universität in Cambridge wurde. Der Freund Johannes Brahms' unternahm Gastspielreisen nach Wien, Deutschland, Rußland und England, bevor er 1892-95 künstlerischer Direktor des Nationalkonservatoriums in New York wurde. Sechs Jahre später hatte er einen ähnlichen Posten in Prag inne. Von den neun Sinfonien ist die bekannteste – *Aus der Neuen Welt* – eine Reminiszenz an den US-Aufenthalt. Dvořáks *Slawische Tänze* schöpfen wie so viele seiner Kompositionen aus dem reichen Fundus der Nationalmusik, die er auch in seine liturgische Musik einbezog. Während seine Opern im deutschsprachigen Raum mit Ausnahme von *Rusalka* kaum gespielt werden, ist seine *Humoreske* geradezu ein Pophit.
Ein äußerst beliebtes Lied (*Poem*) von **Zdeněk Fibich** (1850-1900) läßt beinahe vergessen, wie umfangreich und vielseitig sein Werk ist. Fibich, der in Leipzig, Paris und Mannheim studierte, gilt als der treueste Smetana-Schüler. Ein tragisches Schicksal überschattet das schöpferische Werk von **Bedřich Smetana** (1824-1884): Der als Sohn eines Braumeisters geborene Komponist, der u. a. in Göteborg studierte und zu dessen Förderern Franz Liszt gehörte, wurde 1874 völlig taub. Sein Werk umfaßt u. a. Streichquartette (*Aus meinem Leben*) und sinfonische Dichtungen (*Mein Vaterland*), die auch im Westen oft aufgeführt werden. Als 1881 das Nationaltheater in Prag zum ersten Mal seine Pforten öffnete, erklang Smetanas *Libuše* zu Ehren der legendären Gründerin der böhmischen Hauptstadt. Als nach einem Brand zwei Jahre später eine Neueröffnung stattfand, ehrte man erneut den Philharmoniker, der aus der Schatztruhe der nationalen Volksmusik schöpfte. Die Opern *Der Kuß/Hubička* oder *Dalibor* sind natürlich nicht am Welterfolg *Die verkaufte Braut* zu messen, deren Melodien so populär sind, daß sie sogar in der Metro von Barcelona als Backgroundmusik zu hören sind.
Alle größeren Städte beider Länder unterhalten eigene professionelle Orchester, insgesamt findet man mehr als ein Dutzend Opernbühnen. Die Kurorte Karlsbad, Franzensbad, Teplice und Poděbrady unterhalten gar eigene Symphonieorchester. Die Operetten sind jedoch fast ausschließlich Importware, zumal auch die in Tábor bzw. in Komárno geborenen Komponisten Oskar **Nedbal** bzw. Franz **Lehár** deutsche Libretti vertonten.
Welche enorme Bedeutung die Musik jeglicher Art im Kulturverständnis eines Landes hat, aus dem übrigens auch die Filmmusik zum Fernsehwelterfolg *Die Biene Maja* stammt (Komponist: Karel Svoboda, einer von Karel Gotts Hausautoren), mag die Tatsache beweisen, daß sich in annähernd zwanzig Orten ein Museum entweder mit dem Theaterwesen oder der Musik beschäftigt. Neben Kleinstädten wie Hukvaldy (Janáček) oder Litomyšl (Smetana) sind innerhalb des Nationalmuseums *(Národní muzeum)* in Prag drei eigene **Musikmuseen** eingerichtet zu Ehren von Smetana, Dvořák (*Villa Amerika*) und – Mozart. Jawohl: Obwohl Beethoven Böhmen – vor allem dessen Bäder – öfters besuchte als der Salzburger, ist diesem eine der schönsten Villen der Hauptstadt (*Bertramka*) gewidmet. Das schönste Denkmal schuf sich Mozart selbst, während Eduard Mörike dessen *Reise nach Prag* in einer Novelle beschrieb. Im ehemaligen Deutschen Ständetheater wurde 1787 Mozarts *Don Giovanni* feierlich uraufgeführt, eine Arbeit, die er „für meine Prager" schrieb. Bereits zuvor war sein Figaro an der Moldau begeistert gefeiert worden. Die Landesmetropole weihte das inzwischen renovierte Theater – nun *Tylovo divadlo* – 1991 wiederum mit Mozarts Werken ein.

Information
Česká centrála cestovního ruchu
Staroměstské náměstí 6
110 01 Praha 1

Ministerstvo hospodárstva Slovenskej republiky
Mierova 19
82715 Bratislava

Tips
In **Prag**: das renovierte Tylovo divadlo, das Nationaltheater, die Villen Amerika (Dvořák) und Bertramka (Mozart). In **Bratislava**: das von den Wiener Architekten Helmer und Fellner erbaute Theater (*Slovenské národné divadlo*).
Außerordentlich preiswert sind Schallplatten, Cassetten und CDs aller Musikgattungen.

Auf den Spuren der Literatur

Eine Nation liest, was das Zeug hält. Etwa 100 Millionen Bücher erscheinen alljährlich für 10 Millionen Tschechen und 5 Millionen Slowaken. Eine der legendärsten Figuren der böhmischen Literatur ist der *Brave Soldat Schwejk.*

Bedenkt man, daß es nur zwei Millionen mehr Tschechen als Schweden gibt, so ist der Anteil der tschechischen Literaten an der Weltliteratur enorm. Jenes Land, das Heinrich Böll 1968 nach dem Einmarsch der Sowjettruppen ironisch-verbittert den größten „Kulturfriedhof Europas" nannte, hat seit 1990 einen weltweit renommierten Dramatiker zum Staatspräsidenten. **Václav Havel** wurde bereits in den sechziger Jahren populär, als seine ersten Stücke gespielt wurden. Er verbrachte dann mehr Zeit im Gefängnis als an den Regiepulten der Prager Theater... In diesen Jahren hat er sich zu einem Pamphletisten (Verfasser von Streit- und Schmähschriften) – im guten Sinne des Wortes – entwickelt, der Petitionen verfaßte und Essays schrieb. Seine Rede in Frankfurt für den Friedenspreis des Deutschen Buchhandels 1989, den er persönlich nicht empfangen durfte, war eine Demonstration jener Werte, die im zum Ende neigenden Sozialismus schon zu verkümmern drohten.
Wahrscheinlich können sich nur kleine Nationen einen Luxus solcher Wahl leisten. Die Ungarn haben mit dem außerordentlich beliebten Árpád Göncz ebenfalls einen Literaten als Staatsoberhaupt auserwählt. Freilich überrascht dies den Kenner nicht, der weiß, daß in den einstigen Ostblockländern die Literatur stets politisch motiviert war. Sogar ein solcher Geistesanarchist wie **Jaroslav Hašek**, dem in der Monarchie wirklich nichts heilig war und der in seinen bissigen satirischen Artikeln Politiker aller Parteien karikierte, versuchte während seines mehrjährigen Rußland-Aufenthaltes, als Kommissar der kommunistischen Staatsmacht politisch tätig zu sein. Freilich, berühmt wurde Hašek (1883 bis 1923), übrigens im gleichen Jahr geboren wie Franz Kafka, durch seine unsterbliche Schöpfung des *Braven Soldaten Schwejk* (der alles andere als brav war). Das Rezept ist so einfach wie genial: Švejk hinterfragt alle Werte der Gesellschaft, er stellt einfache, primitive Fragen, wiederholt die Antworten und führt sie ad absurdum. Es ist ein dadaistisches Spiel, das so fast nur in Prag oder Böhmen denkbar ist. Jedenfalls hat Hašek dem „Volk aufs Mau " geschaut. Von Havel weiß man, daß er diese Atmosphäre inzwischen vermißt.
Ein Schriftsteller unserer Tage, ein anachronistisches Produkt der sozialistischen Gesellschaft, **Bohumil Hrabal**, wird in seiner Skurrilität und in seinem eigenartigen Witz sowohl mit Hašek als auch mit Kafka verglichen. Der Prager **Jiří Menzel** bekam für die Verfilmung seines Romans *Scharf verfolgte Züge* als jüngster Regisseur sogar den Oscar. Übrigens, der tschechoslowakische Film – die lautere Schwester der Poesie – ist in Hollywood öfter mit Oscar-Ehrungen bedacht worden: **Ján Kádár** und **Miloš Forman** (*Einer flog übers Kuckucksnest*, *Amadeus*) gehören zu den Preisträgern.
Dennoch dauerte es bis zum Jahre 1984, als der erste Tscheche den Nobelpreis für Literatur erhielt: Kurz vor seinem Tode wurde **Jaroslav Seifert** – vermutlich auch stellvertretend für seine mundtoten Kollegen – mit dem begehrten Preis geehrt. Eine Nation von Leseratten ist mitgeehrt worden: Fast 100 Millionen Bücher erscheinen pro Jahr bei 15 Millionen Einwohnern. Bereits vor Seifert war seit 1935 in Fachkreisen die vielleicht größte literarische Begabung dieses Jahrhunderts als Nobelpreis-Kandidat im Gespräch – **Karel Čapek** (1890-1938). Der Autor zahlreicher Dramen – gemeinsam mit seinem Bruder Josef im Stück *R.U.R.* (*Rossums Universal Roboter*) ist er der Schöpfer des Begriffs *Roboter* – studierte in Heidelberg und Berlin (Philosophie) und wur-

Als „Land der Leseratten" könnten die Tschechen und die Slowaken bezeichnet werden (links außen oben).

Karel Čapek, der Schöpfer des Ausdrucks „Roboter", schrieb fünfzig Bücher (links außen unten).

Mönche waren wichtige Kulturvermittler (links innen; rechts oben).

Goethe wird in Franzensbad verehrt (rechts innen).

Leserwerbung (rechts außen).

de bald ein enger Freund des Republikgründers Tomáš G.Masaryk, eines Philosophen, mit dem er die auch in Deutschland verlegten *Gespräche* erarbeitete. Čapek gilt als ein leidenschaftlicher Verfechter der Wahrheit, die er literarisch in Fabeln oder Parabeln kleidete. Sein *Krieg mit den Molchen* ist eine verfremdete Schilderung des aufkeimenden Nationalsozialismus in Deutschland, wobei die Molche für Nazis stehen. Der schriftstellernde Maler und Essayist **Josef Čapek** starb 1945 in einem deutschen Konzentrationslager.

Zahlreiche Schriftsteller waren damals gezwungen zu emigrieren, nachdem die Tschechoslowakei zuvor vorübergehend ein Hort für verfemte Poeten geworden war: O. M. Graf etwa; Thomas Mann nahm die tschechoslowakische Staatsangehörigkeit an.

Die Bücher der jüdischen Autoren aus der ČSR wurden übrigens bei der nationalsozialistischen Bücherverbrennung nicht ausgespart.

Egon Erwin Kisch, der später aus dem mexikanischen Exil heimkehrte, fühlte sich im neuen Prag nicht mehr sehr wohl. Viele Freunde und (kommunistische) Weggefährten der Zwischenkriegsjahre, alte Spanienkämpfer, sind im Ausland geblieben oder gingen in die damalige Sowjetische Besatzungszone Deutschlands. Die Rehabilitierung eines bis dahin Unverstandenen namens **Franz Kafka** erfolgte 1963 in der Tschechoslowakei und ist eng mit dem Namen des Prager Germanisten Eduard Goldstücker verbunden.

Die Übergänge in einer **mehrsprachigen Landschaft** wie in der Tschechoslowakei waren in der k.u.k. Monarchie fließend: Die großen Slowaken des 19. Jh. schrieben zum Teil in deutscher Sprache, sie haben teilweise aber auch in ungarischer Sprache korrespondiert, weil sie ja Einwohner Oberungarns waren. Deshalb war es für die slowakische Nationalliteratur lange Zeit so schwierig, sich zu artikulieren. Dieses Problem kannte die böhmische Literatur nicht. Die großen Tschechen haben – **Jan Neruda** verfaßte auch deutsche Kolumnen – tschechisch geschrieben, die Gedichte von **Jiří Wolker** beispielsweise klingen eben in Tschechisch viel eindrucksvoller als in der Übersetzung. Ein Romancier wie **Adalbert Stifter**, der im Böhmerwald aufwuchs, schrieb wiederum nur deutsch, ebenso wie die *drüben* geborenen **Marie von Ebner-Eschenbach** oder **Karl Kraus**. Deutsch war zudem vielfach die Sprache der namhaften Historiker, deren Werke literarisch durchaus anspruchsvoll sind.

Auch in unseren Tagen gibt es diese Wechselbeziehungen zwischen mehreren Kulturen. Der Satiriker und Havel-Übersetzer **Gabriel Laub** schreibt seit seiner Übersiedlung nach Hamburg nur noch deutsch, ebenso wie **Ota Filip**; ein ähnliches Phänomen war der vielfach preisgekrönte Kinderbuchautor **Ludvík Aškenázy**, der mühelos den Sprung in die neue Sprache schaffte. Das Jahr 1968 brachte eine neue **Emigration**: Viele Schriftsteller gingen ins westliche Exil (Israel, Kanada, Frankreich, Westdeutschland), andere lebten zwanzig Jahre lang in der *inneren* Emigration und schrieben Bücher für die Schublade oder für den Westmarkt (**Ivan Klíma**, **Ludvík Vaculík**). In den siebziger Jahren wurden unbequeme Literaten reihenweise ausgewiesen. Der erfolgreiche Dramatiker **Pavel Kohout** gehörte zu ihnen, er wurde Dramaturg am Wiener Burgtheater. **Milan Kundera** lebt inzwischen als mehrfach prämiierter Literat in Paris. Nur Václav Havel wollte sich nicht abschieben lassen; er war jahrelang abwechselnd Brauereihilfsarbeiter und Polithäftling. Zum Schreiben, sagt er, komme er nicht mehr. Seine engagierte Haltung und Verantwortung als Schriftsteller hat er allerdings ins Präsidentenamt übernommen.

Information
Mehr als sechzig Museen im ganzen Land zeigen innerhalb ihrer ständigen Ausstellungen jeweils eine größere Schau, die der Literatur oder einem bestimmten Autor gewidmet ist.

Tips
Das bedeutendste Museum in der Provinz ist das Buchmuseum in **Žd'ár nad Sázavou**. In **Prag** sind die Klosterbibliothek von Strahov und die Bibliothek im Klementinum ein Muß, auch wenn man in den Folianten nicht blättern darf.

Reisen durch geschichtliche Zeit

Obwohl das Gebiet der böhmischen und slowakischen Länder seit Urzeiten besiedelt ist, fanden die Tschechen und die Mährer sowie die Slowaken erst 1918 in einem Staat zueinander. Die Rückschau auf zwiespältige Erfahrungen seit 1918 steht am Anfang einer neuen Ära.

Die Historie beider Länder ist eigentlich die Geschichte von zwei recht unterschiedlichen (westslawischen) Völkern. Sie fanden erst in der historischen Stunde der Auflösung der österreichisch-ungarischen Monarchie den Weg zur Gründung eines eigenen Staates, der Tschecho-Slowakei. Damals, in der Euphorie der langersehnten, zuweilen bitter erkämpften Selbständigkeit, trennte die beiden Staaten bloß ein Bindestrich. Heute, ein Dreivierteljahrhundert später, sind die Bande wieder zerrissen. Es kam, zu Ausschreitungen, slowakische Patrioten und Nationalisten demonstrierten gegen den Staatspräsidenten Václav Havel in Bratislava beispielsweise. Dabei steht Havel ohne Zweifel als Symbol der jungen tschechoslowakischen Demokratie. Er spielt eine entscheidende Rolle für den Zusammenhalt und die Ausgestaltung des Staates. Doch am Ende trennten sie sich und gründeten zwei selbständige Staaten.
Offenbar machen die Erfahrungen seit 1918 das Zusammenleben schwierig: Die Emotionen, angestaut in vierzig Jahren autoritärer Herrschaft, machen sich vor dem geschichtlichen Hintergrund Luft, daß die Slowaken beinahe siebenhundert Jahre lang als Oberungarn eine Provinz Ungarns waren. Tief sitzt demnach die nationale Schmach, vermischt mit dem Stolz der knapp fünf Millionen darüber, die nationale und sprachliche Identität nicht verloren zu haben. Daran erinnert in **Martin** die nationale Dachorganisation *Matica Slovenská*. Der Druck aus Buda – und auch aus Wien – war in den königlich-kaiserlichen Jahrhunderten nicht gering. Übrigens leben zwei Millionen Slowaken, der Heimat freilich entwurzelt, seit den zwanziger und dreißiger Jahren, als die Armut in der Slowakei besonders groß war, in den Vereinigten Staaten von Amerika und in Kanada.
Es war kein Zufall, daß die Gründung der neuen, der sog. Ersten Tschecho-Slowakischen Republik, ausgerechnet in den USA vorbereitet wurde. Der Philosophieprofessor Tomáš Masaryk (1850-1937), der den Familiennamen seiner amerikanischen Ehefrau, Garrigue, als Zweitnamen annahm, war schon vor 1918, als vorauszuahnen war, daß die Donau-Monarchie zerfallen würde, der Motor der staatlichen Einheit der Tschechen und Slowaken. In den ersten Jahren herrschten die Tschechen im Land vor, die Slowaken fühlten sich erneut zurückgesetzt. Als sich die (fragwürdige) Gelegenheit zur Loslösung bot (1938/39), wurde der Slowakische Staat proklamiert; eine profaschistische Nationalregierung von Hitlers Gnaden übernahm das Kommando. Böhmen und Mähren kamen unter deutsche Herrschaft: Sie wurden *Protektorat*, die böhmischen Länder waren von der Wehrmacht be-

Ex-Dissident als Präsident: der Dramatiker Václav Havel (links außen).

1969 verbrannte sich Jan Palach auf dem Wenzelsplatz (links innen unten).

Dunkler Fleck deutsch-tschechischer Beziehungen: „Protektorat Böhmen und Mähren" (links oben).

Kopie der Krönungskleinodien im Nationalmuseum (rechts oben).

„Väterchen" Stalin nannte man bis 1953 den Despoten, heute steht er im Abseits (rechts innen unten).

Der heilige Wenzel (*svatý Václav*) ist Böhmens Patron (rechts außen).

setzt. Dieses Unrecht haben viele Tschechoslowaken nicht vergessen, und noch 1990, als Präsident Havel die Vertreibung der Deutschen nach 1945 bedauerte, schlugen die Wogen der Empörung hoch. Seit 1948 war nur noch vom friedlichen Zusammenleben *zweier* brüderlicher Völker die Rede gewesen, die Minderheiten wurden vielfach ignoriert.
Für beide Völker war die Demütigung von 1968, die Besetzung in der Nacht zum 21. August durch die Sowjetarmee und Truppenverbände aus Polen, Ungarn, Bulgarien und der DDR, unerträglich. Im Juni 1991 verließ der letzte sowjetische Soldat die ČSFR, Prag feierte mit einem Rockkonzert. Ironie des Schicksals: Der letzte Genera verabschiedete sich vom amtierenden Parlamentspräsidenten. Es war jener Alexander Dubček, der 1968 auf Breschnjews Geheiß in die Sowjetunion geholt wurde, um die Kapitulation zu unterzeichnen.
Im Februar 1948, als am 25. in **Prag** kommunistische Arbeiterbrigaden die „Herrschaft des Volkes" übernahmen, erklangen Militärmärsche, begleitet von Liedern, die den Sieg des Sozialismus verkündeten. Ein Blick auf die politische Landkarte Europas zeigt, wie weit sich seither die Realität von den einstigen Plänen entfernt hat. Die Zeit des Sozialismus kostete so manche Karriere. Allein eine mittlere Universität wie **Olomouc** rehabilitierte nach der *Sanften Revolution* von 1989 ca. 500 Professoren und Studenten, die bis dahin Repressalien ausgesetzt waren.
Ein ähnliches Schicksal hatte die kritische Intelligenz im Laufe der Geschichte öfters zu erleiden. **Johannes Hus**, der protestantisch gesinnte Reformator aus Husinec in Südböhmen, der in der **Bethlehemskapelle** zu Prag wider die Pfaffendogmen und den Sprachmißbrauch wetterte, endete 1415 in Konstanz auf dem Scheiterhaufen. An den Märtyrer erinnert am 6. Juli ein Staatsfeiertag. Ein anderer (protestantischer) Reformer, der Pädagoge und Autor des "Orbis Pictus" **Johann Amos Comenius**, mußte ins bittere Exil. Zahllose Schul- und Kirchengebäude sowie Statuen in Parks und auf Marktplätzen erinnern an den 1592 vermutlich in **Nivnice bei Uherský Brod** geborenen Komenský – ein gütiger, bärtiger Herr blickt zu den Kindern hinunter, streichelt ihre Häupter. Lange genug waren seine Thesen wider die Obrigkeit verpönt.
Andere Helden hatte das Land: Partisanen und streikende Bergleute, namenlose kommunistische Funktionäre, zahllose Barrikadenkämpfer und dekorierte „Helden der Arbeit". Zwar wurden in den letzten vierzig Jahren die Bauernaufstände des 16.-18. Jh. hervorgehoben, gleichzeitig wurde die *Charta 77*, aus der Václav Havel hervorging, unterdrückt. Die religiös motivierten Hussitenkrieger (**Tábor**) oder der König Georg (*Jiří*) von Podiebrad (15. Jh.) wurden historisch hoch bewertet, der Gottesdienst war zu gleicher Zeit unerwünscht, der Religionsunterricht in den Schulen untersagt. Mit solchen Widersprüchen lebten die beiden „brüderlichen Völker" ein halbes Jahrhundert lang. Die Slowaken waren von Amts wegen zur Freundschaft mit Ungarn verpflichtet, andererseits brodelten die Feindseligkeiten gegen die Minderheit von eineinhalb Millionen Ungarn auf dem Gebiet der Slowakei, die das ostslowakische **Košice** gleich zweimal besetzten. Auf welches neue historische Selbstverständnis wird man sich einigen? Zu welchen Werten wird man sich in Zukunft bekennen? Das einigende Band des Panslawismus ist in unserem Industriezeitalter eine Illusion, das Problem der ungarischen Minderheit ist nicht gelöst, die Sudetendeutschen, die jahrhundertelang an der Entwicklung mitwirkten, wollen mitreden, eine große, weitgehend rechtlose Minderheit von mehr als einer halben Million, die **Roma** bzw. **Sinti**, verlangt mehr demokratische Rechte. In diesen bewegten Zeiten entsteht das Europa des 21. Jahrhunderts, und allzu oft ist der Blick dabei in die längst vergangenen Zeiten gewendet. Was wird der neugewonnenen Freiheit folgen, wie werden sich die zwei neuen Republiken im *Europäischen Haus* einrichten?

Information
Česká centrála cestovního ruchu
Staroměstské náměstí 6
110 01 Praha 1

Ministerstvo hospodárstva Slovenskej republiky
Mierova 19
82715 Bratislava

Tips
Prag: Ausstellung zur tschechoslowakischen Geschichte im Historischen Museum auf der Burg (in tschechischer Sprache).
Bratislava: Dokumente zur slowakischen Geschichte (in Slowakisch).
Den vielfältigen Spuren der nationalen Geschichte begegnet man in jeder größeren Stadt, beinahe in jedem Stadt- oder Regionalmuseum.

Die schönsten Museen

„Der Weg zurück nach Europa“ – eine Losung der *Sanften Revolution* von 1989 – führt auch durch die vielen herrlichen tschechischen und slowakischen Museen. Dort sind für die Besucher wichtige Beiträge zur gesamteuropäischen Kulturgeschichte zu entdecken.

Man könnte durch die Städte Böhmens und der Slowakei, deren Stadtkerne unter Denkmalschutz stehen (in den jeweiligen Land-Kapiteln vorgestellt), wie durch ein Open-air-Museum wandeln, sofern man urbane Siedlungen bevorzugt. Demgegenüber vermittelt ein Dutzend **ethnographischer Museen**, sogenannter ***Skanzen***, sogar montags geöffnet, in verschiedenen Landesteilen einen Eindruck vom Landleben früherer Zeiten. Mehr als drei Dutzend größerer **Kunstgalerien** – vor allem in den Kreisstädten und in einigen größeren verstaatlichten Schlössern bzw. Burgen eingerichtet – präsentieren etwa eine dreiviertel Million Kunstgegenstände aus dem Schaffen des In- und Auslands (Gemälde, Skulpturen, Grafiken, Zeichnungen, Industrie- und Gebrauchskunst). Mehr als die Hälfte davon, über 400 000 Exponate seit der Antike, sind allein im Besitz der **Nationalgalerien**, die gezwungen sind, in mehreren Gebäuden auszustellen. Bis zum Wendejahr 1989 wurden diese großartigen Bestände der jeweiligen Regionen, teilweise aus beschlagnahmtem Kirchen- und Privatbesitz, alljährlich von mehr als vier Millionen Menschen gesehen. Stolze Statistikzahlen bei einer Bevölkerungszahl von 15 Millionen! Noch einige imposante Zahlen: Die mehr als **dreihundert Museen** und hundert Gedenkstätten mit mehr als 16 Millionen Exponaten wurden bis 1990 jährlich von über zehn Millionen Menschen aufgesucht.

Selbstverständlich waren die meisten musealen Sammlungen in den vergangenen vierzig Jahren nicht frei von sozialistischen Wertungen. Die Themenstellung hing oft ab vom Marxismus-Leninismus, so daß in vielen Museen Zitate von Friedrich Engels, Karl Marx oder Wladimir Iljitsch Lenin (sowie führender KP-Funktionäre) die Exponate rechtfertigen mußten. Solche politisch motivierte Zurschaustellung wurde seit 1990 größtenteils aufgegeben; wo sie noch blieb, gibt es wohl noch kein Geld zur Umgestaltung. Die Lenin-Museen in Prag und Bratislava verschwanden, das Klement-Gottwald-Museum, in der Hauptstadt zum Gedenken an den ersten kommunistischen Präsidenten errichtet, hat ebenfalls seine Pforten geschlossen. Viele Museen nützen die *Sanfte Revolution* und die Chance der Neuorientierung dazu, die Bestände neu zu sichten, die Gebäude zu renovieren – und das heißt für den Besucher immer öfter, vor verschlossenen Türen und Toren zu stehen.

Viele Museen, wie z. B. das Staatliche Jüdische Museum in Prag oder das Museum des Tatra-Nationalparks in Tatranská Lomnica, sind jeweils auf ihre Weise einmalig. Einen besonderen Rang besitzen natürlich die beiden **Nationalmuseen** in Praha und Bratislava: Das **Národní muzeum** in der Landeshauptstadt sowie das **Slovenské národné múzeum** in der slowakischen Metropole. Das Prager Nationale Technische Museum birgt zahlreiche Erfindungen und Entdeckungen aus allen drei Landesteilen. In Praha, Brno und Bratislava sind beinahe alle Stilrichtungen vertreten, andere Kollektionen haben sich in der Regel auf ein bestimmtes Sammelgebiet spezialisiert, bieten aber auch allgemeine Übersicht der jeweiligen Region. In 45 Städten bestehen bedeutende

Eingang zum Museum in Levoča (links außen oben).

Eines der vielen Krippenmuseen ist jenes von Třebechovice (links außen unten).

Moderne Kunst im Burghof zu Bratislava (links oben).

Feuerwehrmuseum in Bechyně (links innen unten).

Bienenstöcke im Dorfmuseum Rožnov (rechts oben).

Versammlung vor dem Keramikmuseum in Klášterec (rechts unten).

archäologische Sammlungen, wobei die Begegnung mit der altslawischen Kultur des Großmährischen Reiches (8./9. Jh.) für den Interessierten einige wichtige Aufschlüsse bietet. Selbstverständlich reichen die ältesten Funde bis in die ältere Steinzeit. Es gibt eine Stelle (**Předmostí** bei Přerov), wo Mammutreste von etwa tausend (!) Tieren gefunden wurden. Außerdem beschäftigen sich vierzig Museen mit Geologie, Mineralogie und Paläontologie. Die allgemein sehr beliebten Sammlungen zur Anthropologie, Botanik und Zoologie sind in über dreißig Museen beider Republiken zu sehen.

In mehr als sechzig Museen gibt es größere, selbständige **Geschichtsausstellungen**, die jedoch auf Grund der sprachlichen Barrieren nur schwer nachzuvollziehen sind. Viele Museen haben einen Fremdsprachenservice, wobei dafür zum Teil der vier- bis fünffache Eintrittspreis entrichtet werden muß. Freilich ist für Gäste aus dem Westen der Eintritt dennoch relativ billig.

Handwerk und **Industrieentwicklung**, **Technik** und **Wissenschaft** werden in mindestens fünfzig Museen vorgestellt. Freunde von Porzellan oder Glas kommen in den Glashütten auf ihre Kosten (Karlsbad, Jablonec).

Ein Dutzend Ausstellungen widmet sich ausführlich der **Landwirtschaft**, dem **Forst- und Jagdwesen** sowie der **Fischerei**. Trophäen zeigen die Tschechoslowakei als ein Paradies für Jäger und Angler.

Unweit des Prager Altstädter Rings, wenige Schritte vom Hus-Denkmal und der Dientzenhofer-Nikolauskirche, am Rande des ehemaligen Ghettos, wurde im Juni 1991 eine **Kafka-Gedenkstätte** errichtet. Sie ehrt jenen Schriftsteller, dessen Name lange Zeit verpönt war. In **Lipnice** auf der Böhmisch-mährischen Hochebene gedenkt man eines anderen bekannten Pragers (ebenfalls Jahrgang 1883) – Jaroslav Hašek, der dort seine letzte Ruhestätte fand. In **Strž**, Kreis Příbram, und in seinem nordostböhmischen Geburtsort **Malé Svatoňovice** ist je eine repräsentative Schau für den bekanntesten Schriftsteller dieses Jahrhunderts, für Karel Čapek (1890-1938), eingerichtet. In mehreren Städten (Fulnek, Uherské Hradiště, Přerov) wird das Gedenken an Johann Amos **Comenius** (*Komenský*), den universal wirkenden Pädagogen und Reformator, wachgehalten, der viele Jahre seines Lebens im Exil verbringen mußte. Von den fast siebzig Museen, die eine **Literatur**-Abteilung haben, ist das Museum des Buches im ehemaligen Kloster von **Žd'ár nad Sázavou** besonders hervorzuheben. Einmalig schön sind die beiden Prager Bibliotheken von **Strahov** und im **Klementinum** mit wertvollen Buchbeständen und alten Globen.

Einige Museen haben sich der **Militaria** verschrieben: In **Chlum** erinnert man an die legendäre Schlacht bei Königgrätz von 1866, in den meisten werden der Widerstand gegen die faschistische Invasion und der Slowakische Nationalaufstand von 1944 dokumentiert. Mehrere Burg- und Schloßmuseen zeigen ihre Bestände an mittelalterlichen Waffen und Gewehren.

Freunde der **Numismatik** finden in 15 Städten größere, bedeutendere Kollektionen aus zwei Jahrtausenden vor.

Theater und/oder **Musik** haben sich landesweit insgesamt zwanzig Museen verschrieben, von denen einige Gedenkstätten an bedeutende Komponisten sind.

Reichhaltig vertreten ist die **Volkskunst**: Beinahe vier Dutzend Museen laden Besucher ein, den großartigen Folkloreschatz jener Völker zu besichtigen, die auf dem Gebiete des Vielvölkerstaates seit jeher lebten. „Der Weg zurück nach Europa" – neben dem alten Spruch „Die Wahrheit siegt!" eine der Losungen der *Sanften Revolution* von 1989 – führt also auch durch die tschechischen und slowakischen Museen.

Information
Česká centrála cestovního ruchu
Staroměstské náměstí 6
110 01 Praha 1

Ministerstvo hospodárstva Slovenskej republiky
Mierova 19
82715 Bratislava

Tips
Uhrmachermuseum in **Bratislava**, in einem der schönsten Rokokohäuser. Feuerwehrmuseum in der ehemaligen Synagoge in **Bechyně**. Schloßtheater in **Litomyšl** (Smetanas Geburtsort) und in **Český Krumlov** – mit Fresken von 1748 (Karnevalsmotive). Alte Apotheken in mehreren Orten. Schloß **Nové Město nad Metují**. Mucha-Museum in **Moravský Krumlov**. Ikonen-Museum in **Bardejov**.

Aus Küche und Keller Üppig und vielfältig

Pilsner Bier, Prager Schinken, Mährischer Sauerbraten, Serviettenknödel, Preßburger Mohn- oder Nußkipferl und Karlsbader Kräuter-Becher sind die Stationen einer kulinarischen Reise. „Dobrou chut'!" heißt es in Böhmen, „Dobrú chut'!" in der Slowakei.

Die Planwirtschaft prägte sogar die Essensgewohnheiten der Tschechen und Slowaken. Als gälte es, die Kalorien- bzw. Joulezufuhr von Staats wegen auf das Gramm genau zu beschränken, erscheinen immer noch auf fast allen Speisekarten vor der jeweiligen Nennung des Gerichts ominöse Zahlen zwischen 50 und bestenfalls 150. Sie sollen die Menge des Fleisches in gekochtem, gedünstetem oder gegrilltem Zustand ausdrücken. Wie aber Restaurantschefs auf 72 g kommen, wenn sie nicht etwa mit Apothekerwaagen arbeiten, scheint dem hungrigen Gast rätselhaft. Jedenfalls werden die am heimischen Küchenherd erfahrenen Hausfrauen und Hausmänner staunen, wie wenig 15 Deka, so die gängige Bezeichnung für 150 Gramm, auf einem Gasthausteller sein können... Ein leidiges Problem, diese wenig liebevolle Essenszuteilung, das auch die *Sanfte Revolution* nicht wegfegte. Nach wie vor wird landesweit Schindluder mit der Portionierung getrieben; geändert haben sich lediglich die Preise für die Mahlzeiten, die sich seit 1989 vervielfacht haben. Für die Einheimischen ist der einst so beliebte Gang ins Restaurant beinahe unmöglich geworden. Und so wird in den Gasthäusern zunehmend mehr (Bier aus Dutzenden von Brauereien) getrunken als gespeist.

Und dabei hat doch die böhmische Küche – mehr für Gourmands als für Gourmets geschaffen – seit jeher einen ausgezeichneten Ruf. Weltweit erfreuen sich böhmische Spezialitätenrestaurants größter Beliebtheit. Die an die ungarische Küche angelehnte slowakische Gastronomie wurde oft mit der Wiener Küche gleichgesetzt, die ein Produkt der k. u. k. Monarchie ist. Dies ist also keine Erfindung von Peter Alexander oder Karel Gott.

„Dobrou chut'!" sagt man in den böhmischen Ländern Tschechei und Mähren, „Dobrú chut'!" wünscht man in der Slowakei. In beiden Landesteilen wird als Aperitiv in der Regel der bekömmliche Karlsbader *Becherovka*-Kräuterlikör (neuerdings gibt es ihn auch für Diabetiker – ohne Zucker) angeboten. Er ist oft notwendig, denn die meisten Speisen sind fett, üppig. Nur wenige Köche richten sich nach westlich-modernen Diätprogrammen.

Von den **Vorspeisen** hat der Prager Schinken – obwohl allzuoft aus der Konserve, weder mager noch frisch – eine Popularität erreicht, die über die Grenzen der Landeshauptstadt reicht. Nichts für Cholesterinanfällige ist der schmackhafte Gänselebertoast mit gänsefettbestrichenem gerösteten Brot, zuweilen mit Knoblauch angerichtet. Dieses Produkt der berühmten Prager Gans, die man in jedem westlichen Supermarkt tiefgekühlt erwerben kann, wird in der Slowakei öfter durch Entenleberpastete ersetzt. Viele Lokale bieten als Vorspeise Eiergerichte an: Omelette mit gedünsteten Champignons, mit Hackfleisch, mit Schinken oder Innereien gefüllt. Je nach Preiskategorie sind auch Wurstsalate beliebt.

Suppen: In Böhmen ist die Kuttelflecksuppe äußerst beliebt: Gut (d. h. richtig) gewürzt, kann sie ebenso eine Delikatesse sein wie eine kräftige Kartoffelsuppe. Oft findet man neben den traditionellen Rindfleischsuppen mit wenig Fleisch und viel handgeschnittenen Eiernudeln auch Bier- und Griessuppen, Kümmel- sowie Tomaten(mark)suppen auf dem Speisezettel. Unabhängig von der Saison wird Erbsensuppe aus der Dose angeboten, viel seltener eine kräftige Frischgemüsesuppe.

Die Soßen machen oft zunichte, was dem Koch vielleicht gelungen ist: Da grundsätzlich alle Zutaten eines Mahls einschließlich des seltenen Frischgemüses oder Salats auf einem einzigen Teller serviert werden, wird nicht nur das Fleisch ertränkt, sondern auch das Gemüse oder die Bratkartoffeln. Die Bezeichnungen klingen durchaus verheißungsvoll: Dill- oder Kapernsoße, Krensoße (Meerrettichsauce), Senf- oder Pilzsoße. Der Weg des geringsten Widerstandes in der Gastronomie heißt landesweit: Pommes frites.

Immer wieder entdeckt man Fischgerichte (*ryby*), vor allem Forelle und Karpfen, unterschiedlich zubereitet: gegrillt, gedünstet, paniert, gebacken oder in feineren Häusern in Folie gegart oder gefüllt (Karpfen).

Information
Česká centrála cestovního ruchu
Staroměstské náměstí 6
110 01 Praha 1

Ministerstvo hospodárstva
Slovenskej republiky
Mierova 19
82715 Bratislava

Tips
Die Auswahl an erstklassigen Restaurants unterwegs ist – außerhalb der Großstädte – gering. Dennoch speist man auch in Lokalen II. und III. Preiskategorie preiswert und einwandfrei.

Einer der Topfavoriten auf den Speisekarten – sofern aus Rindsfilet zubereitet – ist der sog. Lungenbraten (*svíčková*) – korrekt mit *Serviettenknödeln* gereicht. Keine Phrase: Eintausend Hausfrauen, eintausend Köche machen tausenderlei Knödel. Außer dem Filetfleisch (als Ersatz kann Lende verwendet werden), das zunächst kurz angebraten wird, gibt vor allem die Sauce aus Sellerie, Karotten, Petersilienwurzel, auf Speck ausgelassenen Zwiebeln, gewürzt mit Pfeffer und Lorbeerblatt, den typischen Geschmack, wobei all diese Zutaten zuvor passiert werden.

Knödel schmecken vorzüglich auch zum Beusche(r)l. Das sind weichgekochte Schnitten vom Schwein oder Kalb und dem Herz der beiden Tiere. Eine der **Nationalspeisen** ist der Schweinebraten, wiederum mit Serviettenknödeln und Sauerkraut gereicht. In Böhmen ist diese Dreiereinheit *vepřo, knedlo, zelo* ein geflügeltes Wort, und sie mundet in der Slowakei ebenso gut, sofern der Braten mit viel Kümmel gewürzt ist. Rinderbraten diverser Zubereitungsarten – beliebt ist der *Mährische Braten* – können auf den Speisekarten entdeckt werden.

Die meisten Kellner sprechen übrigens soviel Deutsch, daß sie ein Gericht empfehlen können; es muß also nicht immer Gulasch sein.

Fast immer gut (reell im Preis-Leistungs-Verhältnis) ist ein Wiener oder paniertes **Schnitzel** (tschechisch: *vídeňský řízek*, slowakisch *viedenský rezeň*), auch wenn es fast niemals vom Kalb, sondern meist vom Schwein zubereitet wird.

An **Geflügel** wird oft gebratene Ente mit Knödeln und Rotkraut angeboten, vom Wild immer wieder entweder Hase oder/und Reh offeriert, in manchen Lokalen wird man zuweilen durch ein oder zwei Fasanengerichte überrascht.

Außer Tomaten-, Gurken- oder/und Kopfsalat – in der Slowakei gern süß-sauer zubereitet – kommt frisches **Gemüse** nur selten auf den Tisch. Meist sind es konservierte Bohnen, Essiggurken, Kraut oder Zwiebeln.

Von den vielen Desserts, die so charakteristisch sind für die Prager wie für die Wiener Küche (und damit auch für die slowakisch-ungarische), könnte man ein ganzes Buch der Mehlspeisen aufstellen: Hefeknödel, mit Aprikosen, Pfirsichen oder Kirschen gefüllt, mit Mohn, Nuß oder gerösteten Semmelbröseln bestreut; Quarkknödel; Zwetschgenknödel aus Kartoffeln; Apfel-, Kirsch- oder Topfenstrudel; Palatschinken sowie die legendären Powidltaschen (mit Pflaumenmus gefüllt). Krapfen, Buchteln und Kolatschen (Hefeteigbackwaren), sogen. Preßburger Mohn- und/oder Nußbeugel oder/und -Kipferl, zahllose Crémetorten und Kleingebäcksorten ergänzen das ohnehin üppige Mahl. Ein Mokka, *espreso*, darf nicht fehlen. Wer nicht Auto fahren muß (0,0-Promille!), wird vielleicht einem Sliwowitz, einem Wacholderschnaps (*borovička*) oder Wodka zusprechen. Da die Weine – meist aus Südmähren, dem Elbetal oder von den Karpatenhängen – selten den Jahrgang benennen und kaum Hinweise auf die Säure enthalten, begibt man sich bei ihrer Wahl in ein *böhmisches Dorf*. Der Magen muß das Richtige finden.

Man kann auch in Gaststätten dritter Klasse preiswert und nach Hausfrauenart essen (links oben).

Die Werbung ist originell oder liebenswürdig naiv (links Mitte unten; rechts innen oben).

Jeder größere Ort braut sein eigenes Bier (links innen).

Weltburgertum (rechts außen).

Sgraffito-Hausfassade in Klatovy (rechts unten).

MIT DEM AUTO UNTERWEGS

„Geehrte Besucher, seien Sie willkommen. Wir wünschen Ihnen, dass Sie auf unseren Strassen sorglos fahren und nicht in unserer Statistik der Verkehrsunfälle erscheinen. Im Jahre 1990 verursachten Besucher aus Ausland in der Tschechischen Republik 4892 Verkehrsunfälle, bei denen 128 Leute Gestorben sind und 224 schwer verletzt wurden. – Wir wünschen Ihnen einen schönen Aufenthalt!"
Dies ist der Wortlaut eines Handzettels der Polizei, der beim Grenzübertritt nach Böhmen ausgehändigt wurde.

Alkohol
In beiden Ländern besteht trotz aller politischen Liberalisierungsmaßnahmen absolutes Alkoholverbot – das heißt konkret: 0,0 Promille! Daran sollte man sich auch als Ausländer unbedingt halten, da ein schwerwiegender Verstoß bei Unfällen ggf. auch mit der Beschlagnahmung des Fahrzeugs geahndet werden kann. Obwohl seit 1990 Straßenkontrollen relativ selten (geworden) sind, ist die unbestechliche Polizei zwar höflich, aber auch bei Touristen unnachgiebig.

Einreise
Für die Einreise deutscher, österreichischer und Schweizer Staatsangehöriger genügt jeweils ein gültiger Personalausweis oder ein Reisepaß. Führer- und Fahrzeugschein sind vorgeschrieben, das jeweilige Nationalitätskennzeichen muß am Fahrzeug angebracht sein.
Eine Anmeldepflicht besteht nicht. Geldumtausch kann anonym vorgenommen werden, es muß kein Dokument vorgelegt werden, wenn man es nicht wünscht. Die Ein- und Ausfuhr fremder Währungen ist frei. Valuten oder Devisen können in Kronen getauscht werden. Die Ein- und Ausfuhr tschechischer oder slowakischer Währung ist nur mit einer Devisenbewilligung der Staatsbank erlaubt.

Grenzübergänge
Zwischen der Bundesrepublik Deutschland bzw. Österreich und der Republiken bestehen jeweils mehr als ein Dutzend Grenzübergänge, die für Personenkraftwagen bzw. für Züge geöffnet sind (Angaben ohne Gewähr):
Von Deutschland aus: Bad Brambach – Bad Schandau – Bahratal – Bayerisch Eisenstein – Furth im Walde – Oberwiesenthal – Philippsreut – Reitzenhain – Schirnding – Schmilka – Schönberg – Seifhennersdorf – Waidhaus – Waldmünchen – Waldsassen – Zinnwald – Zittau.
Von Österreich aus: Berg – Drasenhofen – Gmünd – Grametten – Hohenau – Klein Haugsdorf – Laa an der Thaya – Marchegg – Neuangelberg – Summerau – Weigetschlag – Wullowitz.
Weitere Übergänge bestehen jeweils von Polen bzw. Ungarn aus. Die Botschaften bzw. Autoklubs informieren darüber.

Straßenverkehr
Das Straßennetz inklusive der Autobahnen ist gut. In beiden Ländern fährt man grundsätzlich auf der rechten Straßenseite. Sicherheitsgurte sind – auch bei Stadtfahrten – vorgeschrieben. Auf jeden Fall das Alkoholverbot beachten!
In Städten und geschlossenen Ortschaften darf maximal 60 km/h gefahren werden. Die höchste Geschwindigkeit auf den Landstraßen liegt bei 90 km/h, auf gut ausgebauten bzw. auf autobahnähnlichen Straßen erster Ordnung sowie auf Autobahnen (blaue Markierung) darf man mit höchstens 110 km pro Stunde fahren.

Unfall und Pannenhilfe
Bei Unfällen muß eine Grundregel beachtet werden: Verlassen Sie niemals den Ort des Verkehrsdelikts, auch wenn Sie sich schuldlos fühlen! Auch wenn Sie sich mit dem Kontrahenten – sprachlich – nicht verständigen können, warten Sie auf die Polizei. Bei Unfällen: Das Telefon 02/77 34 55 in Praha 10 - Malešice, Limuzská 12 für die böhmischen Länder ist ununterbrochen besetzt, falls es zu einer Verkehrsstörung kommt. Alternativ ist die Telefonnummer 154 des Unfallstraßendienstes zu verständigen: Es meldet sich „Havarijní silniční služba". – In der Slowakei muß der Abschleppdienst Autoturist in Bratislava, Haláškova ulica 3, Tel. 07521 54 59, 24 40 13 verständigt werden.
Der Abschluß von Policen vor der Reise bei westlichen Automobilklubs ist eine zusätzliche Absicherung, da zwischen den tschechischen und slowakischen Autoklubs und den namhaften deutschen, österreichischen und Schweizer Automobilklubs gegenseitige Hilfsabkommen bestehen.

Reparaturwerkstätten
Obwohl die Autowerkstätten bei weitem nicht so komfortabel ausgestattet sind wie im Westen, gelingt es durch Improvisation oft, den Schaden mehr als nur notdürftig zu beheben. Der Hinweis SERVIS ist eindeutig – man ist bereit zu helfen. Die Prager Telefonnummern lauten 02/123 oder 02/73 33 51.

Sonstige Notfälle
Notarzt-Tel. 155
Feuerwehr-Tel. 150
Polizei-Tel. 158

Medizinische Betreuung
Die Tschechische und die Slowakische Republik haben relativ gut funktionierende, wenn auch nicht sehr moderne Gesundheitssysteme. Das Netz an Bezirks-, Kreis- und städtischen Krankenhäusern (mit ununterbrochenem Bereitschaftsdienst) ist recht dicht gespannt, so daß Erste Hilfe schnell und unbürokratisch gewährt werden kann und in der Regel auch kostenlos geleistet wird. Zusätzliche Kosten müssen durch den Patienten oder dessen Versicherung nach Abschluß der Behandlung erstattet werden.

Parken
In immer mehr Städten sind im Zentrum oder am Rande des Stadtkerns Parkplatzmöglichkeiten gegeben, die für ein paar Kronen genutzt werden sollten, auch wenn von Ausländern oft mindestens die doppelte Summe verlangt wird. Immer mehr findige Privatunternehmer organisieren Abschleppdienste, deren Opfer oft allzu sorglose oder überheblich auftretende Ausländer sind.

Mietwagen
Außer in Prag und in den größten Städten – dort meistens nur in den Vier- oder Drei-Sterne-Hotels – ist es mühselig, einen Wagen zu mieten. Mietautos mit Automatik sind erst recht Mangelware.

Kraftstoff
Das Benzin *speciál* (90 Oktan) und *super*-Benzin mit 96 Oktan gibt es an (fast) allen Tankstellen. Immer öfter findet man auch bleifreies Benzin *natural*, das in der Regel mit grüner Schrift hervorgehoben wird. Es hat 91 Oktan. Diese gibt es an jeder Tankstelle.

Diplomatische Vertretungen

Botschaft der Bundesrepublik Deutschland:
Velvyslanectví Spolkové republiky Německo
/umgangssprachlich: *německé velvyslanectví*/
Praha 1 (Malá Strana – Kleinseite), Vlašská 19
Tel. 53 23 51 (Vorwahl Prag 02)

Velvyslaňectvo Spolkovej republiky Německo
Palisády 47
81303 Bratislava
Tel. 31 53 00 (Vorwahl Bratislava 07)

Botschaft der Republik Österreich:
Velvyslanectví republiky Rakousko
/umgangssprachlich: *rakouské velvyslanectví*/
Praha-Hradčany, Kanovnická
Tel. 54 65 57 (Vorwahl Prag 02)

Velvyslaňectvo Rakúskej republiky
Holubyho 11
81103 Bratislava
Tel. 31 11 03 (Vorwahl Bratislava 07)

Schweizer Botschaft
/umgangssprachlich: *švýcarské velvyslanectví*/
Praha 6 (Dejvice), Pevnostní 7
Tel. 32 83 19 (Vorwahl Prag 02)

Telefonieren
Das tschechische Wort *mezinárodní*, slowakisch *medzinárodný*, steht stets für *international*. In ausreichend bezeichneten Telefonzellen ist mit entsprechend vielen Münzen das Telefonieren ins Ausland möglich. Die Mindestgebühr beträgt 20 Kronen (Münzen). Das Wählverfahren ist meistens symbolhaft dargestellt.

Währung
Die Währungen Krone (Kč, Sk) ist in 100 Heller eingeteilt (tschechisch *haléř/halier* = slowakisch; abgekürzt *h*). Es gibt Noten von 1000, 500, 100, 50Kronen, Münzen im Wert von 50, 20, 10, 5, 2 und 1 Kronen, 50, 20, 10 h.

Zahlungsmodus
In ausgewählten Hotels und in bestimmten Läden ist das Zahlen mit Kreditkarten möglich.

VERANSTALTUNGSKALENDER

Die Tschechische und die Slowakische Republik sind Stätten zahlreicher internationaler Veranstaltungen auf allen Sektoren, von Kongressen und Symposien sowie Europa- und Weltmeisterschaften in diversen Sportdisziplinen. Darüber hinaus finden unzählige regionale oder lokale Kultur- und Sportereignisse statt, deren Zeuge man oft ganz spontan wird. Der Terminplan ist rund ums Jahr gefüllt, so daß nur einige wiederkehrende Feste oder Festivals herausgegriffen werden können. Ein ausführlicher Kalender des Fremdenverkehrs ist bei den Ministerien für Handel und Tourismus der Tschechischen Republik in Prag bzw. der Slowakischen Republik in Bratislava erhältlich.

Januar
Das Jahr fängt gut an! Hunderttausende durchtanzen die Silvesternacht bis in die frühen Stunden des Neujahrstages. In vielen ländlichen Orten sind wieder die *Heiligen Drei Könige* unterwegs, die in der Zeit des Sozialismus lange Zeit aufgehalten wurden... Der kalte Monat ist die Zeit der Hausschlachtungen, die nach traditionellem Verständnis der Vertiefung der Nachbarschaft dienen sollen. Die ersten Faschingsbälle finden statt, wobei jeder Ortsverein sein eigenes ausgelassenes Fest veranstaltet.

Februar
Weitere Faschingsbälle finden in vielen Städten und kleineren Gemeinden statt. Karnevalsumzüge sind relativ selten, vereinzelt sieht man Larven in den ländlichen Bezirken des Chodenlandes (Südböhmen), in der Mährischen Slowakei (*Slovácko*) sowie in der Slowakei in Stará Ľubovňa, Liptovský Mikuláš oder in Tekov. Die Wintersportorte beleben die alten Faschingstraditionen auf den Pisten neu.

März
Sehr beliebt ist über die Hauptstadt hinaus die Matthias-Kirmes (*Matějská pouť*) im Prager Ausstellungsgelände. In mehreren Gemeinden der Mährischen Slowakei und der Wallachei (*Valašsko*) sowie in der Slowakei findet die symbolische Vernichtung des Winters (Tod, Skelett) statt, verbunden mit dem Willkommensgruß für den Frühling. Der Ostermontag ist mit Weiderutenschlagen und guten Wünschen für das Frühjahr verbunden. In vielen Teilen des Landes, vor allem in der Slowakei, werden die Mädchen von den heranwachsenden Männern mit einem kalten Wasserguß, die verheirateten Frauen und Mütter von Männern jeglichen Alters hingegen mit Parfümtropfen besprüht. Die ledigen Mädchen in den böhmischen Ländern revanchieren sich würdig: Sie schenken den Jungs bemalte Ostereier.

April
Am Monatsletzten finden vielerorts, alten Überlieferungen entsprechend, sogenannte Hexenverbrennungen statt.

Mai
Der 1. Mai ist gesetzlicher Feiertag, befreit vom Ballast der offiziellen Umzüge zur Lobpreisung der Regierung. In vielen Gemeinden werden Maibäume aufgerichtet. In Třebenice findet alljährlich, in Bratislava alle zwei Jahre je ein Blumenfestival („Flóra") statt. Zu Pfingsten gibt es in Hluk, Vlčnov und Uherské Hradiště die traditionellen Königsritte.

Juni
Alle zwei Jahre zieht die Blumenausstellung „Flora" in Olomouc Hunderttausende von Besuchern an. In Kolín bei Prag gibt es ein zünftiges Kmoch-Blasmusikfestival, in den südslowakischen Orten Gombasek und Želiezovce feiern die slowakischen Ungarn ihre Folklorefeste. In mehr als eineinhalb Dutzend Ortschaften beider Länder finden Folklorefestivals statt, darunter in Strážnice das größte und bedeutendste (bis in den Juli hinein).

Juli
Das Pendant zu Strážnice ist in der Slowakei Východná, ein wichtiger Treffpunkt von Folkloreensembles aus dem ganzen Land. Im Freilichtmuseum von Rožnov pod Radhoštěm treffen sich alljährlich Volkstanz- und Liedergruppen in stimmungsvoller Umgebung. In Detva kommen traditionell die Auslandsslowaken zusammen.

August
Ein Blick auf den Terminkalender läßt vermuten, daß die ganze Republik singt und tanzt bzw. sich dem Konzertwesen widmet. In der Tat, in Hunderten von Orten finden Sommer(kultur)festivals statt, immer öfters unter internationaler Beteiligung. Einige Highlights: Brno, Stříbro, Vranov, Znojmo. Besonders bekannt, weil seit Jahrzehnten tradiert, ist das Folklorefest von Terchová in der Mittelslowakei, wo an den slowakischen Robin Hood namens Jánošík erinnert wird.

September
In Žatec gibt es ein Hopfenerntebzw. Hopfenkranzfest, in Mělník ein Weinlesefest, in Znojmo ein Winzerfest mit historischem Umzug. Bis in den Oktober hinein feiert man auch in den übrigen Weingebieten (Westslowakei nördlich von Bratislava) eine gute Lese. Die Tradition des Erntedankfestes wurde in Náměšť (Haná-Region) auch in der Zeit des Sozialismus aufrechterhalten. In Karlovy Vary werden alljährlich im Herbst Videos und Filme des Fremdenverkehrs vorgeführt. In einer Anzahl Kreisstädte finden Herbstjahrmärkte statt, auch wenn größtenteils nur noch industriell hergestellte Ware verkauft wird. In mehreren Städten stehen Konzerte und Herbstmusikfestspiele auf dem Programm.

Oktober
In Pardubice findet alljährlich das von einigen Tierschützern scharf kritisierte Pferdehindernisrennen „Große Steeplechase" statt. Jedem das Seine: In der Slowakei gibt es Gänsebraten-Feiern, in Südböhmen werden aus Hunderten von Teichen Karpfen und andere Fische herausgeholt, was auch einen Grund zum Feiern ergibt.

November
Dies ist der Monat der Hausschlachtungen und Jagden mit anschließenden Wildspezialitätenwochen. In Jihlava auf der Böhmisch-Mährischen Hochebene kommen Vokalisten aus dem In- und Ausland zu einem Festival zusammen.

Dezember
Der Weihnachtsmonat ist bereits die Zeit kleinerer familiärer Festlichkeiten. Die Touristen bleiben in der Regel aus. Sie wissen wahrscheinlich nicht, daß es in fast allen Mittel- und alpinen Gebirgen beider Länder (Siehe Reiseziele „Böhmens Bergkranz" und „Hohe und Niedere Tatra".) in guten Wintermonaten zu diesem Zeitpunkt bereits zahlreiche Wintersportmöglichkeiten gibt.

Übrigens ist die naturverbundene **Namensgebung der Monate** in der tschechischen Sprache außerordentlich interessant. Januar – *leden* wird vom Wort *led* = Eis abgeleitet. *Únor* für Februar hängt mit *nořiti* zusammen: auftauchen, hervortreten (gemeint sind das Sichtbarwerden der Sonne bzw. längere Tage). *Březen* (März) hängt mit Birke(n) zusammen, *duben* (April) bezieht sich auf *dub* = Eiche. *Květ* ist die allgemeine Bezeichnung für Blüte, Blume, *květen* ist der Wonnemonat Mai. Rot in allen Farb- und grammatikalischen Schattierungen wird mit *červený/-á/-é* ausgedrückt, *červen* ist der Juni; im Sinne von noch roter, rötlicher kann *červenec* (Juli) verstanden werden. *Srpen*, der Erntemonat August, ist eindeutig benannt: *srp* heißt Sichel, Sense. Der September (*září*) leitet sich ab von *zářit* = schimmern, strahlen, scheinen, *říjen* (Oktober) hingegen hat etwas mit der Brunft zu tun: *říjet* heißt brunsten, röhren. *Listopad* für den November ist aus zwei Wörtern zusammengesetzt: *list* (Blatt) und *padat* = fallen. Wenn man weiß, daß *prosit* bitten heißt, erkennt man rasch, was für die Altvorderen *prosinec* als Dezember bedeutete.

Reisewörterbuch

Einige Bemerkungen zu den Landessprachen

In der Tschechischen Republik spricht man Tschechisch, in der Slowakischen Slowakisch. Etwa 10 Millionen Tschechen und Mährer sprechen Tschechisch und an die 5 Millionen Slowaken Slowakisch. Viele Slowaken sprechen Tschechisch. Die beiden westslawischen Sprachen ähneln einander sehr, manche Ausdrücke (relativ viele) unterscheiden sich jedoch grundlegend voneinander. Grundsätzlich ist es so, daß man sich mit der Kenntnis einer Sprache im anderen Landesteil ohne größere Probleme verständigen kann. In der tschechischen Sprache gibt es einige Buchstaben, die im Slowakischen nicht vorkommen: ě (etwa je), ř (rsch), ů (uh); das Tschechische hingegen kennt weder ď (dj), ľ (lj), ň (gn wie in Cognac) noch ô (uo).
Die Buchstaben e, ě und i bewirken hinter den Mitlauten d, n, t eine weiche Aussprache.
Um ohne Schwierigkeiten im Lande zu reisen, empfiehlt sich die Anschaffung jeweils eines entsprechenden Wörterbuchs (deutsch-tschechisch resp. deutsch-slowakisch).
Übrigens: Alle Worte, die in Tschechisch oder Slowakisch mit CH anfangen, sind in Registern zwischen H und I p aciert. Buchstaben mit Dehnungs- (á, Á, é, É, í, Í, ů, ô, ú, Ú, ý) oder mit Sonderzeichen (č, Č, ď, Ď, ě, ľ, Ľ, ň, ř, Ř, š, Š, ť, Ť, ž, Ž) erscheinen stets erst hinter dem jeweiligen Basis-Buchstaben (z. B. e - ě - é).

Häufig wiederkehrende Wörter in den Landkarten und Stadtplänen (s = slowakisch, t = tschechisch)

brod	Furt (s, t)
brána	Tor (s, t)
cesta	Weg, Straße (s, t)
česká, -é, ý	tschechische, -s, -r (s, t)
	böhmische, -s, -r (s, t)
cintorín	Friedhof (s)
divadlo	Theater (s, t)
dolina, -y	Tal, Täler; Niederung (s, t)
dolná, -é, - ý	untere, -s, -r (s, t)
háj, -e	Hain(e) (s, t)
hora, -y	Berg, -e
horná, -é, -í	obere, -s, -r (t)
horná, -é, - ý	obere, -s, -r (s)
hrad	Burg (s, t)
hradba, -y	Mauer(n), Schanze(n) (s, t)
hřbitov	Friedhof (t)
jaskyňa	Höhle (s)
jaskyne	Höhlen (s)
jazero	der See (s)
jeskyně	Höhle, -n (t)
jezero	See (t)
klášter	Kloster (t)
kláštor	Kloster (s)
kostel	Kirche (t)
kostol	Kirche (s)
kotlina	(Tal)Kessel, Becken (s, t)
koupaliště	Schwimmbad (t)
kras	Karst (s, t)
kúpalisko	Schwimmbad (s)
kúpele	Bade-, Kurort (s)
ľadová	Eis- (s)
lanovka	Seilbahn (t)
lázně	Bade-, Kurort (t)
ledová	Eis- (t)
les, -y	Wald, Forst; Wälder (s, t)
malá, -é, -ý	kleine, -s, -r (s, t)
mesto	Stadt (s)
město	Stadt (t)
mladá, -é, -ý (ml.)	junge, -s, -r (s, t)
moravská, -é, -ý	mährische, -s, -r (s, t)
morské oko	Meerauge (Gletschersee) (s)
most	Brücke (s, t)
na	auf, in (s, t)
nábřeží (nábr.)	Kai, Uferpromenade (t)
nábrežie (nábr.)	Kai, Uferpromenade (s)
nad (n.)	über, oberhalb (s, t)
nádraží (nádr.)	Bahnhof (t)
nádražie (nádr.)	Bahnhof (s)
nádvoří	Hof (t)
náměstí (nám.)	Platz (t)
námestie (nám.)	Platz (s)
nadrž	Sammelbecken (s, t)
národní	nationaler (t)
národný	nationaler (s)
nízka, -e, -y	niedere, -s, -r (s)
nížina	Tiefebene, Niederung (s, t)
nižná, -é, -ý	niedere, -s, -r (s)
nová, -é, -ý	neue, -s, -r (s, t)
ostrov	Insel (s, t)
pahorkatina	Hügelland (s, t)
pánev	Becken (t)
planina	Hochebene, Plateau (s, t)
pleso	Bergsee (s)
pod	unter, unterhalb (s, t)
podolí	Niederung (t)
podolie	Niederung (s)
podhradí	Vorburg, Burgansiedlung (t)
podhradie	Vorburg, Burgansiedlung (s)
podhorie	Vorgebirge (s)
podhůří	Gebirgsvorland (t)
pohoří	Gebirge (t)
pohorie	Gebirge (s)
prales	Urwald (s, t)
přehrada	Stausee, Damm (t)
pri	bei (s)
priehrada	Stausee, Damm (s)
priesmyk	Paß, Klause (s)
průsmyk	Paß, Klause (t)
rad	Häuserzeile (s)
rovina	Ebene (s, t)
rozhľadňa	Aussichtsturm (s)
rozhledna	Aussichtsturm (t)
sad, -y	Garten, Parkanlagen (s, t)
skala, -y	Felsen, Stein(e) (s)
skála, -y	Felsen, Stein(e) (t)
slovenská, -é, -ý	slowakische, -s, -r
splav	Schleuse (s, t)
stanica	Bahnhof, Haltestelle (s)
stanice	Haltestelle, Bahnhof (t)
stará, -é, -ý (st.)	alte, -s, -r (s, t)
svatá, -é, -ý (sv.)	heilige, -s, -r (t)
svätá, -é, -ý (sv.)	heilige, -s, -r (s)
štít	(Berg)Spitze (s, t)
u	bei, zu (t)
ulica (ul.)	Straße, Gasse (s)
ulice (ul.)	Straße, Gasse (t)
ulička	Gäßlein (s, t)
v	in (s, t)
velká, -é, -ý	große, -s, -r (t)
veľká, -é, -ý	große, -s, -r (s)
ves	Dorf (s, t)
věž	Turm (t)
veža	Turm (s)
vinohrady	Weingärten (s, t)
voda	Wasser (s, t)
vrch, -y	Gipfel, (Berg)Spitze (s, t)
vrchovina	Bergland (s, t)
vysočina	Hügelland, Anhöhe (s, t)
vysoká, -é, -ý	hohe, -s, -r (s, t)
vyšší	höherer (s, t)
zahrada	Garten (t)
záhrada	Garten (s)
ze	Mauer (t)

Deutsch - Tschechisch - Slowakisch

Allgemeines

bitte	prosím	prosím
danke	děkuji	ďakujem
ja	ano	áno
nein	ne	nie
Guten Morgen!	Dobré jitro!	Dobré ráno!
Guten Tag!	Dobrý den!	Dobrý deň!
Guten Abend!	Dobrý večer!	Dobrý večer!
Gute Nacht!	Dobrou noc!	Dobrú noc!
Gute Reise!	Šťastnou cestu!	Šťastnú cestu!
Männer	muži	muži
Frauen/Damen	ženy	ženy
Frühstück	snídaně	raňajky
Mittagessen	oběd	obed
Abendessen	večeře	večera
gestern	včera	včera
heute	dnes	dnes
morgen	zítra	zajtra
Montag	pondělí	pondelok
Dienstag	úterý	utorok
Mittwoch	středa	streda
Donnerstag	čtvrtek	štvrtok
Freitag	pátek	piatok
Samstag	sobota	sobota
Sonntag	neděle	nedeľa
Frühjahr	jaro	jaro
Sommer	léto	leto
Herbst	podzim	jeseň
Winter	zima	zima
Osten	východ	východ
Westen	západ	západ
Norden	sever	sever
Süden	jih	juh

Lebensmittel

Brot	chléb	chlieb
Brötchen	žemle	žemľa
Butter	máslo	maslo
Fleisch	maso	mäso
Käse	sýr	syr
Milch	mléko	mlieko
Ei	vejce	vajce
Fisch	ryba	ryba
Salz	sůl	soľ
Pfeffer	pepř	čierne korenie
Gemüse	zelenina	zelenina
Obst	ovoce	ovocie
Wein	víno	víno
Bier	pivo	pivo
Speiseeis	zmrzlina	zmrzlina

Zahlen

Null	nula	nula
eins	jedna	jedna
zwei	dvě	dve
drei	tři	tri
vier	čtyři	štyri
fünf	pět	päť
sechs	šest	šesť
sieben	sedm	sedem
acht	osm	osem
neun	devět	deväť
zehn	deset	desať
zwanzig	dvacet	dvadsať
dreißig	třicet	tridsať
vierzig	čtyřicet	štyridsať
fünfzig	padesát	päťdesiat
sechzig	šedesát	šesťdesiat
siebzig	sedmdesát	sedemdesiat
achtzig	osmdesát	osemdesiat
neunzig	devadesát	deväťdesiat
hundert	sto	sto
tausend	tisíc	tisíc

Register der Ortsnamen
Benutzungshinweise

Karlovy Vary	**CZ**	24	Nf 47
①	②	③	④

① Ortsname
② Nationalität
③ Seitenzahl
④ Suchfeldangabe

CZ Tschechische Republik
SK Slowakische Republik

A

B

C

P

R

W